盾构隧道管片设计

——从容许应力设计法到极限状态设计法

[日] 土木学会　　组织编写
[日] 小泉　淳　　主编
官林星　　　　　翻译
朱合华　周质炎　审校

著作权合同登记图字：01-2011-5332 号

图书在版编目（CIP）数据

盾构隧道管片设计——从容许应力设计法到极限状态
设计法/（日）小泉　淳主编，官林星译.—北京：中国
建筑工业出版社，2011.12（2023.7 重印）
　ISBN 978-7-112-13556-1

　Ⅰ.①盾…　Ⅱ.①小…　②官…　Ⅲ.①隧道施工-盾构
法-管片-设计　Ⅳ.　①U455.43

中国版本图书馆 CIP 数据核字（2011）第 192095 号

　　本书系统论述了盾构隧道管片设计的两种方法，即容许应力设计法和极限
状态设计法。全文分为 5 部分，从设计理念、设计流程出发详细阐述了盾构隧
道管片的设计技术和理论，汇集了日本目前盾构隧道设计领域的最新设计方法
和科研成果，并配带了具体的设计图纸。在第 Ⅴ 篇给出了特殊管片的设计方法
及设计过程中具体设计参数的计算方法等。相信本书的引进可以为从事盾构隧
道设计和科研的工作者提供借鉴和帮助。

"原著：日本土木学会发行「トンネル・ライブラリー第 23 号 セグメントの設
　　計［改訂版］（2010 年 2 月）」"
　　本书由日本国社团法人土木学会授权翻译出版

责任编辑：刘婷婷　刘文昕
责任设计：赵明霞
责任校对：肖　剑　赵　颖

盾构隧道管片设计
　　——从容许应力设计法到极限状态设计法
［日］土木学会　　　组织编写
［日］小泉　淳　　　主编
官林星　　　　　　　翻译
朱合华　周质炎　　　审校

＊
中国建筑工业出版社出版、发行(北京西郊百万庄)
各地新华书店、建筑书店经销
北京红光制版公司制版
建工社（河北）印刷有限公司印刷
＊
开本：880×1230 毫米　1/16　印张：22¼　插页：6　字数：810 千字
2012 年 3 月第一版　　2023 年 7 月第三次印刷
定价：**98.00** 元
ISBN 978-7-112-13556-1
　　　　(41303)

译 者 序

　　本书原版由日本土木学会组织编写，在早稻田大学小泉淳教授的主持下由来自金泽工业大学、太平洋咨询公司（PCKK）、日本土木咨询公司、鹿岛建设、大成建设等机构的近 30 名活跃在日本盾构隧道技术第一线的技术工作者分别执笔。本书对盾构隧道管片的设计进行了全面缜密的论述，可以说是日本盾构隧道管片设计技术的结晶。此书细致全面的论述，图文并茂的特点也是译者决定将这本书介绍给中国盾构隧道技术设计者的初衷。

　　本书不同于盾构隧道设计规范，而更偏重于实际应用，是为那些正在从事或将要从事盾构隧道设计工作的技术工作者而编写的。它对规范进行了补充与深化，对那些在规范中很难规定的内容作了具体的分析，并给出了实例与相关设计图纸。本书分为 5 篇，分别是容许应力设计法，极限状态设计法，设计细则，设计计算实例，参考资料。在容许应力设计法中论述了传统的、技术者所熟悉的设计方法。在极限状态设计法中结合盾构隧道的结构力学特点，将极限状态设计法的基本理念引入到盾构隧道设计中，对安全系数、材料设计值作了解说。在设计细则中论述了管片设计中的具体细节如密封沟、接缝沟、注浆孔、接头角度、楔形环等。在设计计算实例中将容许应力设计法、极限状态设计法与管片种类如钢管片、铸铁管片、混凝土管片进行组合并示范了设计流程，同时提供了具体的设计图纸。在参考资料中主要为特殊情况下盾构隧道的施工，荷载计算，隧道的防水设计等提供详细的参考信息。

　　本书可作为相关设计单位、高校隧道工程与地下建筑工程专业的教师、研究生及高年级本科生的参考用书。盾构隧道技术工作者可以将自己的设计方法与本书中所述的理论进行对比，也可以参考书中的相关图纸。如果读者能从中吸收到一点经验或获得一点新的见解，译者将倍感高兴。

　　本书在翻译过程中得到原书主编小泉淳教授的支持，对译者在内容上把握不准的地方，均作了细致详细的解释。感谢原版书籍的统稿人太平洋咨询公司（PCKK）的清水辛范工程师，对译者在翻译过程中举棋不定的地方，均一一作了解答。在此表示感谢。

　　译者虽然努力表达原作的意图，但限于水平，难免有欠妥之处，望读者能不吝指教，以便改正。

官林星

2012 年 2 月

原 版 序

在都市中已成为隧道建设主流方法的盾构隧道施工方法于 1920 年在奥羽主线折渡隧道工程中第一次被引入我国，在这 90 年中取得了显著的发展。在盾构隧道施工方法引入时，无法想象的大断面隧道、非圆形隧道、深覆土或浅覆土隧道、长距离施工及超近施工、高速施工等隧道工程现在都可以平常地进行施工了。

在盾构施工方法引入我国初期，以铸铁管片与钢筋混凝土中子型管片等作为主流衬砌，但近年钢筋混凝土平板型管片、钢管片、铸铁管片等成为了主流。同时从这些管片的接头结构及螺栓接头出发，为了实现管片拼装的自动化、高速施工、制造成本的降低、二次衬砌省略等，提出并开发了多种接头结构，管片也真正地迎来了一个多样化的时代。

到目前为止管片设计是按照容许应力设计法进行的，在我国现行的设计规范中也大多采用了容许应力设计法。但是，近年因在隧道以外的结构物设计中一直在引入极限状态设计法与性能验算设计法，土木学会于 2006 年对《隧道设计规范（盾构施工法）及解说》进行了修订。在此次修订中对过去有使用实例的容许应力设计法进行记述的同时，新增了依据极限状态设计法进行管片设计的基本理念。

对那些长期使用容许应力设计法的盾构隧道技术者来说，对极限状态设计法还不是很习惯，说到底这可归因于很难建立周围受到地层支持的盾构隧道极限状态的基本概念。此外，在依据容许应力设计法进行管片设计中，对施工荷载的评价、接头刚度的评价、隧道纵断方向上力学行为的评价、地震时其力学行为的评价等，需因事而论。特别从年轻的技术者那儿也听到了不易应用于管片设计的意见。

在 1994 年作为隧道丛书出版了《管片设计》，但在 2006 年制定的《隧道设计规范（盾构施工法）及解说》出版之际，考虑到对管片的设计部分进行更加详细具体解说的参考图书的必要性，于 2007 年在土木学会"隧道工学委员会技术小委员会"的指导下，成立了"管片设计方法研究部门"，对《管片设计》进行了修订。在这个研究部门中，有大学教师，来自建设单位、建设咨询公司、管片制造商等活跃在第一线的众多的盾构技术者及参与隧道设计规范改定的技术者作为委员参与了编写。在这 2 年中举行了超过 50 次的研究部门会议及工作小组会议，经多次审议而成文。

本书由容许应力设计法，极限状态设计法，设计细则，设计计算实例，参考资料共 5 编构成。虽然可以独立地阅读各篇与各章，但为了达到系统理解管片设计的目的，特别推荐年轻的技术者要通读一遍全文。本书的特点是对那些在隧道设计规范中不好表述的实际工作，进行了更加详细的解说，采用了更多的图表与照片并记述了具体的计算方法与实例。对目前技术中不明确的事项，至少从为了能够得到管片衬砌偏于安全的设计结果的观点出发，记述了其考虑方法的基本理念。

将本书内容应用于实际的设计中时需要注意 3 点。首先，在本书中记述了很多的计算方法与实例，但并没有评价哪种方法好，哪种方法不好，也没有推荐特定的方法，始终只是记述了实际工作中所用的计算方法及其考虑方法的基本理念。换言之，采用哪种方法这依赖于从事实际工作的技术者的判断；第 2 点，设计计算算例是出于明示设计流程，有助于更好地理解容许应力设计法及极限状同设计法，但并不表示是最佳的构件设计结果。因此，特别在依据极限状态设计法进行实际设计工作时，要根据极限状态设定几个荷载工况来进行结构计算，选择合理的衬砌结构显得尤为重要；第 3 点，考虑到读者阅读的方便性，参考资料只是现行设计规范中验算方法的一例。这里所述的事例并不是唯一的方法，有必要注意除此以外还有很多的验算方法与事例。

本书所记述的设计考虑方法并不是"遵此设计就没有问题"的所谓规范规定，而是接近于"帮助技术设计者扩展判断范围"的性能规定。管片所使用的材料及设计中所使用的容许应力、安全系数等，也只表示了其标准值，要根据地层条件及环境条件、隧道用途，具体情况具体对待，有必要对这些数值进行合理的判断。在设计中建立结构与荷载的模型是不可欠缺的，但对盾构隧道这样的结构物，这些不都是确定好的模型，因为有必要按照所要求的性能来进行管片设计。如果本书能对今后的管片设计起到一点帮助，我倍感荣幸。

最后对积极参与部门审议会议和本书写作，并为本书提供计算算例与参考资料的各位委员，以及长期支持委员参加部门活动的所属公司，表示由衷的感谢。

土木学会隧道工学委员会技术小委员会

管片设计方法研究部门

部门会长　小泉淳

2009 年 9 月

委 员	服部 佳文	大成建设株式会社土木本部土木设计部
委 员	藤野 丰	GeoStar 株式会社管片事业部
委 员	松冈 馨	JFE 建材株式会社管片生产技术部
委 员	向野 胜彦	株式会社 Kubota 产业机材营业部

极限状态设计法小组

主 查	齐藤 正幸	日本土木咨询株式会社事业统括本部构造技术方案部
副主查	岩波 基	长冈工业高等专门学校环境都市工学科
委 员	阿南 健一	东电设计株式会社土木本部都市土木部
委 员	今野 勉	株式会社 Kubota 恩加岛事业中心
委 员	木村 定雄	金泽工业大学环境建筑学部环境土木工学科地域防灾环境科学研究所
委 员	小林 一博	石川岛建材工业株式会社管片土木事业部技术部
委 员	清水 幸范	太平洋咨询株式会社交通技术本部铁道部
委 员	多田 幸夫	鹿岛建设株式会社土木设计本部工程设计部
委 员	桥本 博英	石川岛建材工业株式会社管片土木事业部 技术部
委 员	藤沼 爱	东京地下铁株式会社铁道本部改良建设部
委 员	三木 章生	株式会社间组土木事业本部技术第一部
（前任）	宫下 英子	株式会社间组土木事业本部技术部
委 员	三户 宪二	西松建设株式会社土木技术部
委 员	三宅 正人	新日本制铁株式会社建材开发技术部
委 员	吉田 公宏	株式会社大林组东京本社生产技术部盾构技术部
委 员	吉本 正浩	东京电力株式会社工务部

设计计算实例小组

主 查	阿南 健一	东电设计株式会社土木本部都市土木部
副主查	岩田 和实	GeoStar 株式会社管片事业部
副主查	三宅 正人	新日本制铁株式会社建材开发技术部
委 员	今野 勉	株式会社 Kubota 恩加岛事业中心
委 员	小林 一博	石川岛建材工业株式会社管片土木事业部 技术部
委 员	桥本 博英	石川岛建材工业株式会社管片土木事业部 技术部
委 员	服部 佳文	大成建设株式会社土木本部土木设计部
委 员	藤沼 爱	东京地下铁株式会社铁道本部改良建设部
委 员	松冈 馨	JFE 建材株式会社管片生产技术部
委 员	向野 胜彦	株式会社 Kubota 产业机材营业部

参考资料小组

主 查	三户 宪二	西松建设株式会社土木技术部
副主查	入田 健一郎	清水建设株式会社土木技术本部盾构统括部
委 员	近藤 纪夫	日本土木咨询株式会社事业统括本部
委 员	铃木 润	东京都下水道局计划调整部
委 员	藤野 丰	GeoStar 株式会社管片事业部
委 员	三木 章生	株式会社间组土木事业本部技术第一部
委 员	吉本 正浩	东京电力株式会社工务部
执笔委员	增田 祐一	旭化成株式会社土木产业资材部
执笔委员	村上 初央	西松建设株式会社土木技术部

编 辑 小 组

主　查　　岩波 基　　长冈工业高等专门学校环境都市工学科
副主查　　名仓 浩　　株式会社间组土木事业本部技术第一部
委　员　　荻野 竹敏　东京地下铁株式会社铁道本部改良建设部
委　员　　齐藤 正幸　日本土木咨询株式会社事业统括本部构造技术方案部
委　员　　清水 辛范　太平洋咨询株式会社交通技术本部铁道部
委　员　　多田 辛夫　鹿岛建设株式会社土木设计本部工程设计部
委　员　　西岗 严　　大成建设株式会社东京分店土木部
委　员　　吉田 公宏　株式会社大林组东京本社生产技术部 盾构技术部

目　　录

第Ⅰ篇　容许应力设计法

第 II 篇 极限状态设计法

第Ⅲ篇 设 计 细 则

第Ⅳ篇 设计计算实例

第Ⅴ篇　参　考　资　料

第I篇　容许应力设计法

1　序　论

1.1　前言

盾构施工法主要是通过盾构机内部的土压力或者泥水压力与作用在开挖面上的土压力和水压力保持平衡的方式取得开挖面的稳定，同时使用坚固的盾构外壳支撑着隧道周边的地层，在盾构内部进行开挖和衬砌的施工，通过重复这样的过程建造隧道的一种施工方法。如图I.1.1所示，盾构隧道的衬砌是由一次衬砌及其内侧的二次衬砌组成。一次衬砌大多是由在工厂制作的圆弧状管片所组成，平常所说的衬砌施工就是把这些管片拼装成环的作业过程。二次衬砌大多为在一次衬砌内部直接浇筑的混凝土结构。

盾构隧道衬砌的主要作用可以分为以下三类：①承受着作用在隧道上的荷载，确保内部空间；②具有与隧道用途相对应的使用性能与耐久性能；③满足隧道施工条件和施工方法的要求。

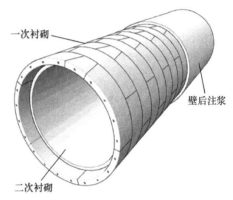
图I.1.1　盾构隧道衬砌

关于①，大多将一次衬砌作为主要结构，只靠一次衬砌来承受荷载，但也有把一次衬砌和二次衬砌一起作为主体结构，二次衬砌承受部分荷载的考虑方法。关于②，主要是隧道投入使用后必须具有的功能，过去主要是靠二次衬砌来承担这些功能，但近年来，不设二次衬砌仅靠一次衬砌来承担隧道这些功能的工程也在增加。关于③，在盾构机内部拼装完成后的管片环为盾构机的掘进提供反力的同时，在盾尾通过后立即承受着壁后注浆压力的作用。这也是盾构隧道施工过程中一次衬砌所具有的特殊功能。

为了实现衬砌的这些功能，在设计过程中就需要合理地评价管片拼装完成后和隧道施工完成后长期作用在管片上的荷载，并将这些荷载进行组合，同时还要考虑衬砌的耐久性能。

衬砌设计一般是通过容许应力设计法来进行的，这已经有了很多设计实例。但是，要考虑的荷载不仅有地层荷载，还要包括隧道的断面形状，结构及施工方法对荷载的影响，要正确评价这些荷载还存在着很多难题。同时，盾构隧道的一次衬砌是通过接头将管片连接起来的一种环状结构，所以在其结构计算中还必须合理地评价接头的位置与刚度。但在目前还无法合理地评价材料的劣化程度和衬砌安全性的关系。

本书对过去有很多设计成果的容许应力设计法进行详细具体解说的同时，还对2006年日本土木学会修订的《隧道设计规范（盾构施工法）及解说》中的极限状态设计法进行了解说。本篇的主要目的是明确一次衬砌与二次衬砌的功能，详细论述隧道横断面的结构计算的两种方法，即惯用计算法和梁-弹簧模型。惯用计算法具有较多的设计实例，而梁-弹簧模型可以合理地评价接头的位置和刚度。同时对主要用来评价地震影响及小半径曲线施工时的隧道纵向结构计算方法、管片的耐久性、防水性能等进行了更加详细的说明。

另外，关于地震的影响以及施工荷载的详细论述，可参考日本土木学会主编的隧道系列丛书第19号《盾构隧道的抗震研究》及第17号《盾构隧道的施工荷载》。

1.2　设计的基本原则与适用范围

（1）设计的基本原则

衬砌设计的基本原则是满足隧道使用功能的同时，保证隧道结构性能的安全。在设计中，以采用预定的材料，依据预定的方法可以进行施工为前提。必须依据经验和理论选用尽可能正确说明现象的荷载与结构解析模型。但是，隧道的力学特性是很复杂的，在理论不明确的情况下，要以确认结构的安全性能为基本。

近年，以混凝土结构物为中心，其设计方法在向极限状态设计法和性能验算设计法改变，考虑到这种情况，在2006年日本土木学会主编的《隧道设计规范（盾构施工法）及解说》的修订中，对过去主要采用的有丰富使用实例的容许应力设计法作为基础的同时，新加入极限状态设计法一篇，并承认了其适用性。在本书第Ⅱ篇中也对依据极限状态设计法进行衬砌的设计方法进行了解说。这两种设计方法的概要如表Ⅰ.1.1所示。在极限状态设计法中对结构物的承载力、耐久性等的使用性能分别设定安全系数进行验算，从此观点出发，可以明确结构物对某种状态是否具有富余。从这种意义上说，它是一种合理的设计方法。但是，在衬砌设计中，要在正确把握荷载和隧道破坏机理的基础上，对隧道的极限状态进行明确的定义是很困难的。所以，就目前的状况而言，用极限状态来进行设计的例子还很少，今后还要依据设计实践进行提炼总结，这也留给我们一个课题。在《隧道设计规范（盾构施工法）及解说》中，无论采用哪种设计法，都必须理解该设计法的特点以及现阶段的问题，在此基础上进行正确的判断，不可混用两种设计法。但是，在2级地震动的验算中，从设计合理性的角度出发采用了极限状态设计法。

容许应力设计法与极限状态设计法的概要　　　　　　　　　　表Ⅰ.1.1

项目	容许应力设计法	极限状态设计法
概要	将材料，荷载，结构计算方法等的离散性及不确定性作为对容许应力即通过使用材料强度的安全率来综合进行评价的方法。具体来说，设定由结构物承载性能决定的作用荷载，由此来计算结构物上产生的应力，并校核此应力是否处于容许应力以下，来确保安全性能的设计方法	为了保证结构物的安全性能（承载能力，变形等），使用性能（裂缝，变形等）来设定极限状态（承载能力极限状态，使用极限状态等），确保结构物没有达到极限状态的设计方法 可以分别将材料，荷载，结构计算法等离散性及不确定性作为主要因素来设定安全系数，进行考虑
荷载	平常，施工时，地震时等荷载的设定	承载能力极限状态：超过设计使用寿命出现的最大值或最小值 使用极限状态：设计使用寿命期间经常出现的荷载大小
结构解析	惯用计算法，修正惯用计算法，梁-弹簧模型计算法。结构计算基本上为线性解析	梁-弹簧模型计算法 可以评价承载能力极限状态时构件刚度降低的模型
验算方法	确认平常，施工时所发生的应力处于容许应力以下 根据需要，对变形及裂缝进行验算	荷载效应值（断面内力，变形量等）处于限值（承载力，限制值等）以下 承载能力极限状态实例：设计断面内力处于设计断面承载力以下 使用极限状态实例：发生的应力处于应力限值以下，裂缝宽度处于容许裂缝宽度以下

另外，为了能够安全经济地设计衬砌，必须正确把握隧道的力学特性，还需继续深入研究，并将研究成果反映在设计中。图Ⅰ.1.2表示了依据容许应力设计法进行衬砌设计的流程。

（2）适用范围

本书主要是以圆形盾构隧道为对象，依据过去的理论和实际设计实例进行判断，记述了可以合理地用于衬砌设计的相关事项。此外，对于圆形断面以外的隧道，在讨论本书适用性的基础上，也可以应用其中的很多部分。但是，根据地层情况、隧道的断面形状、施工方法的不同，盾构隧道衬砌的力学性能也是不同的。如果将本书的设计方法应用于圆形以外的隧道设计中，原则上要进行充分的论证。

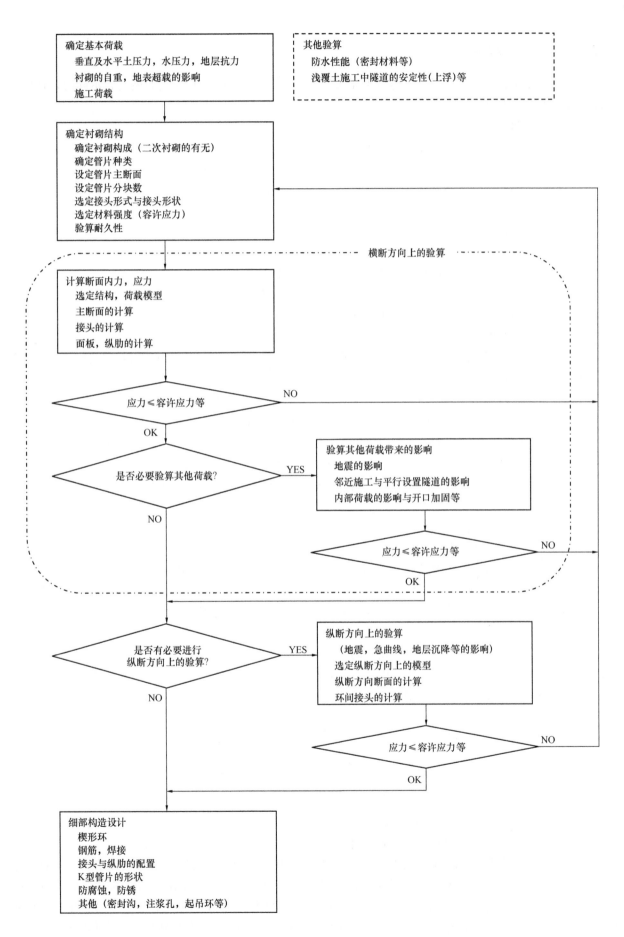

图 I.1.2　依据容许应力设计法进行的衬砌设计流程

1.3 相关规范与标准

对本书没有论述到的事项可以参考以下相关规范[1]~[22]。在使用这些规范的最新版本同时，还要充分注意规范的更新和变更。

(1) 规范类等

[1] 隧道设计规范盾构法及说明（2006），日本土木学会；

[2] 盾构工程用标准管片（2001），日本土木学会，日本下水道协会；

[3] 混凝土设计规范（设计编，2007），日本土木学会；

[4] 混凝土设计规范（施工编，2007），日本土木学会；

[5] 混凝土设计规范（维持管理编，2007），日本土木学会；

[6] 混凝土设计规范（标准编，2007），日本土木学会；

[7] 混凝土设计规范（耐震性能验算编，2002），日本土木学会；

[8] 道路桥梁规范（I～V）及说明（2002），日本道路协会；

[9] 日本工业规格（JIS），日本工业标准调查会。

(2) 按照用途分类的设计规范

[10] 铁路结构物等设计标准及说明，SI单位版（盾构隧道）（2002）铁路综合技术研究所；

[11] 盾构隧道设计与施工指南（2009）日本道路协会；

[12] 下水道设备的耐震设计指南及说明（2006），日本下水道协会；

[13] 下水道设备耐震计算实例——管路设备编（2001），日本下水道协会；

[14] 地下河川（盾构隧道）内水压作用下隧道衬砌结构设计指南（1999），先端建设技术中心；

[15] 隧道结构物设计要领（盾构法编）（2008），首都高速道路有限公司；

[16] 下水道盾构隧道工程用二次衬砌一体型管片的设计与施工指南（2009），东京下水道服务有限公司；

[17] 下水道临时设计手册（2002），东京下水道服务有限公司。

在[10]中不但记述了铁路盾构隧道的相关内容，还详细记载了接头刚度的评价方法。在[11]中，不但记述了道路盾构隧道及共同沟的相关内容，还论述了防火工程及附属构造物的设计。在[12]，[13]中，以下水道沟渠为对象，详细论述了抗震设计指南及其设计实例。在[14]中总结了地下河川等在内水压作用下盾构隧道管片的设计法及能够应用的管片和管片的相关特性。在[15]中，不但记述了道路盾构隧道的相关内容，还详细论述了大断面隧道特有的自重、上浮及邻近隧道的影响等。[16]是由东京下水道局制定的在管片内表面设置防腐蚀层、二次衬砌一体化管片的设计指南，总结了在不设二次衬砌的情况下，这种管片的适用范围及防水，防腐蚀方面等应该考虑的事项，并论述了小半径曲线施工验算中的相关事项。在[17]中，详细论述了盾构隧道进行开口施工时加固结构的设计方法。

(3) 与盾构隧道相关的书籍

[18] 极限状态设计法在隧道中的应用（2001），日本土木学会；

[19] 都市NATM与盾构隧道施工方法的边缘课题-荷载确定方法的现状和课题（2003），日本土木学会；

[20] 隧道的维持管理（2005），日本土木学会；

[21] 盾构隧道的施工荷载（2006），日本土木学会；

[22] 盾构的抗震设计（2008），日本土啪学会。

在这些参考书籍中，[18]论述了明挖隧道、山岭隧道、盾构隧道的极限状态设计法，这也是《隧道设计规范》中"第5编 极限状态设计法"的基础。在[21]中，记述了由于施工荷载造成的管片损伤事例的调查，在原因推定的同时，还详细论述了施工荷载的对策及其解析方法。在[22]中，依据盾构隧道的抗震设计指南，对地层响应法、地震时的结构解析、验算方法及算例进行了详细论述。

对本书中使用频度很高的参考文献，省略了文献的编号，采用了以下的简称。

[1]《隧道设计规范》

[2]《标准管片》
[3] ～ [7]《混凝土设计规范》（根据需要添加具体参照篇目）
[8]《道路桥规范》（根据需要添加具体参照篇目）
[10]《铁路设计规范》
[14]《内水压指南》
[15]《首都高速公路设计要领》

1.4　衬砌结构的选定

　　盾构隧道衬砌的功能是直接承受地层的压力确保隧道的内部空间，同时还要满足隧道的使用性能及满足进行正常施工的条件要求。为了达到这个目的，必须与地层情况、施工方法相适应，还要考虑隧道的防水、防腐蚀等耐久性能，来选定衬砌的结构、材质、形式等。

　　另一方面，传统的盾构衬砌是由一次衬砌和二次衬砌所构成，一般认为一次衬砌承担主要的力学功能，二次衬砌承担耐久性功能。但是在现在的社会背景下，为了达到降低造价，缩短工期的目的，多使一次衬砌具有二次衬砌的功能。如在工厂管片的制作阶段，在管片的内表面涂上具有抗腐蚀性能的合成树脂来代替二次衬砌的功能，这样就可以只使用一次衬砌来建造衬砌结构。考虑到此种现状，在 2001 年改定的《标准管片》中，明确记述了二次衬砌的功能及为了附加代替措施而进行的验算事项等。

　　下面，对一次衬砌及二次衬砌的功能、种类分别进行解说。

1.4.1　一次衬砌的功能与种类

(1) 一次衬砌的功能

　　一次衬砌必须具备能够承受作用在隧道上的水土压力、自重、地面超载的影响、地层反力等基本荷载，还要能够承受千斤顶推力、壁后注浆压力等施工荷载的力学性能。还必须具备容易拼装、操作的特点及便于储存、运输等施工性能。并且还必须具有施工中及投入使用后隧道的防水功能，满足隧道用途的使用功能，耐久性能及容易维护管理等重要机能。

(2) 管片的种类

　　盾构隧道的一次衬砌一般是在隧道的横断方向和纵断方向上通过螺栓接头，将由工厂制作的箱形或者平板形的管片拼装成环而组成的。从材质出发，可以分为混凝土、钢、球墨铸铁及用这些材料制作的合成管片（参考表 I.1.2）。各种管片的特点如下所示。且相关用语可参照"1.6.1 名称"。

管　片　的　种　类　　　　　　表 I.1.2

种　　类		材　　质	断面形状	备　　注
混凝土管片		钢筋混凝土 预应力混凝土 钢纤维加固混凝土	平板形	代替钢筋也有使用扁钢的实例。
			箱形	中子形管片
钢铁管片	钢管片	钢材	箱形	
		钢材＋素混凝土	平板形	充填混凝土钢管片
	铸铁管片	球墨铸铁	箱形	
		球墨铸铁＋素混凝土	波纹形	
合成管片		钢材＋钢筋混凝土	平板形	
		钢材＋素混凝土	平板形	

　　1）混凝土管片

　　混凝土管片如照片 I.1.1 所示。因混凝土管片具有优越的经济性能，在中大口径隧道中具有最多的使用实例。它的优点是具有很好的耐久性和抗压性能，刚度也比较大，只要精心施工就可以取得很好的水密性能。另一方面，混凝土管片具有重量大，抗拉强度低，管片边缘容易破损的特点，在脱模、运输以及施工时需要十分小心。从形状来看一般有平板型及主要用在铁路隧道上的箱型。

2）钢铁管片

钢铁管片从材质上可以分为钢管片与使用球墨铸铁的铸铁管片。

①钢管片

钢管片是一种箱形管片，如照片Ⅰ.1.2所示，一般多用在小口径的隧道上，具有一定的经济性。用在中大口径隧道时，因为具有承载力大，容易制作和施工的优点，所以在混凝土管片应用比较困难的小半径曲线区间、开口处等特殊部位，钢管片得到广泛应用。

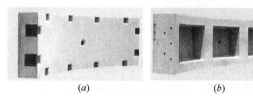
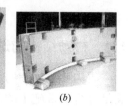

(a)   (b)   (a)   (b)

照片Ⅰ.1.1 混凝土管片[23]   照片Ⅰ.1.2 钢管片
(a)平板形；(b)箱形（中子形管片）   (a)箱形[24]；(b)平板形（充填混凝土钢管片）[25]

钢管片具有材质均一、可以保证强度、焊接性能好、重量轻的优点，所以在现场可以方便地进行加工和修正。而另一方面，和混凝土管片相比，它具有容易变形的特点，当千斤顶的推力与壁后注浆过大时，需要考虑屈曲的问题。为了提高防腐蚀性能与内表面的平滑性能，一般情况下需要设置二次衬砌。

近年来，不设二次衬砌，在工厂制作钢管片的阶段，在管片的内表面浇注混凝土的事例也在增多。

②铸铁管片

铸铁管片（照片Ⅰ.1.3）具有强度高、机械加工出来的接头板具有高精度的特点，所以拼装出来的隧道具有很好的防水性能。主要应用在以铁路隧道为主的中大口径隧道的承受较大地面建筑物荷载和特殊荷载的部位以及小半径曲线施工区间。从断面形状出发，除了箱形以外还有波纹形。另一方面，与钢管片一样，需要考虑屈曲及不设二次衬砌的情况下隧道的防腐蚀问题。在铁路上一般是通过涂装环氧树脂来进行防腐蚀处理。

③合成管片

合成管片（照片Ⅰ.1.4）一般分类于平板形管片，通过铆钉将环肋与混凝土一体化，为将面板的钢材与钢筋混凝土，或者将钢材和素混凝土进行组合的构件。也开发了用格构桁架、扁钢、角钢来代替钢筋的钢骨混凝土管片。对合成管片来说，同样的断面形状下具有较高的承载力，和混凝土管片相比造价较高，但具有可以减少管片厚度的优点。在需要减小隧道外径或局部扩大隧道内径的部位及在有内水压作用及非圆形断面的隧道中，常常采用合成管片。

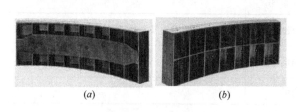

(a)   (b)   (a)   (b)

照片Ⅰ.1.3 铸铁管片[26]   照片Ⅰ.1.4 合成管片[27]
(a)波纹形；(b)箱形   (a)钢材＋钢筋混凝土；(b)特殊型钢＋素混凝土

(3) 接头结构与管片的平面形状

管片也可以通过管片接头、环间接头的结构形式及管片的平面形状来进行分类。管片接头的结构形式可以分为过去使用的螺栓接头及最近使用的嵌合接头、楔形接头、插销接头、混凝土管片的对接接头。这些接头为简易的接合结构，多利用千斤顶的推力来进行拼装，可以使过去的螺栓接头的拧紧作业变得自动化、省力化，在施工上有一定的优越性。但是，和过去的螺栓接头相比具有较小刚度，必须选择和地层特点相适应的接头结构形式。关于接头结构的详细情况在"4.5节 接头结构"中得到详细论述。另一方面，管片的平面形状有过去一直使用的矩形，还存在六角形、梯形和凸形等施工实例。

1.4.2 二次衬砌的功能与种类

一般多通过在现场浇筑混凝土来建造二次衬砌。在这种情况下，一次衬砌作为主体结构来承受土压力和水压力等外荷载，而二次衬砌主要承担防腐蚀，保持内表面平滑等与一次衬砌不同的功能，一般并不作为承受外荷载的结构。近年来，根据隧道的用途只设一次衬砌的盾构隧道工程也在增加。

(1) 二次衬砌的功能

在将一次衬砌作为隧道主体结构的情况下，依据隧道的用途及环境条件等，二次衬砌的功能是不同的，大概可以分类如下。

1）管片的防腐蚀

由于盐害、碳化等化学上对混凝土的侵蚀，钢筋混凝土会发生各种各样的劣化。并且，管片接头等金属部分以及钢管片也会生锈。二次衬砌可以对这些腐蚀因素起到隔离的作用，可以达到防止或延缓管片腐蚀的效果。

另外，即使在设有二次衬砌的情况下，比如污水管道等强腐蚀的环境下，也要注意二次衬砌混凝土本身的防腐蚀措施。

2）隧道的防水

采用壁后注浆层，一次衬砌及二次衬砌来防止隧道漏水。使用一次衬砌来进行防水是基本的考虑方法，而二次衬砌可以起到减少漏水量等二次防水的效果。

3）确保线形

通过调整二次衬砌的衬砌厚度，可以修正一次衬砌施工时造成的相对于设计线形和设计坡度的蛇行。

4）保证内表面的平滑

在下水道及地下河流等流水隧道中，为了保证流水能力，隧道内表面有必要进行平滑处理。在只设一次衬砌的隧道中，由于管片内表面的螺栓孔以及接头的接缝、注入孔等造成的不平会损害内表面的平滑。二次衬砌的设置可以将这些不利因素消除，保证隧道的流水能力。

5）管片的加固和防止变形

一般情况下，将一次衬砌作为隧道的主体结构来进行设计，省略二次衬砌的结构计算。但是，为了一次衬砌的加固和防止隧道的变形，也有进行二次衬砌施工的事例。例如：在隧道的开口处局部承受较大荷载的作用，在有内水压作用，为了防止不均匀沉降，需要提高隧道轴向刚度等类似情况下，也会把二次衬砌和一次衬砌共同作为隧道的主体结构来进行设计。

6）上浮的防止

在水底隧道等地下水位高、覆土厚度小的情况下，作为防止隧道上浮的对策，有通过建造二次衬砌来增加隧道重量的事例。

7）内部设备的放置与固定

在电力、煤气、通信用隧道及共同沟等工程中，作为电缆类及煤气管的架台，或为了固定照明设备及安全设备，建造二次衬砌。

8）隔板和隔墙

在下水道及共同沟等隧道中，为了将污水与雨水，电缆和煤气管等使用空间进行分离时，需要使用二次衬砌，并在其中设置隔墙和水平隔板。在这种情况下，由于二次衬砌要承受内水压力及设备等的重量，一般都将其设计为钢筋混凝土结构。

9）防磨耗措施

在流水隧道中，由于流水中的流砂及空洞现象会造成隧道内表面的磨损，在这种情况下，为了保护一次衬砌需要设置二次衬砌。

10）防振动与防噪声

在铁路隧道投入使用后，为了解决轨道的振动和噪声的问题，在对轨道结构进行改良的同时，还可以通过设置二次衬砌来增加隧道的重量，从而降低轨道的振动与噪声。

11）耐火

在公路隧道发生火灾时，二次衬砌起到防火材料的作用，防止由于火灾造成主体结构管片的损伤和劣化。

12）其他功能

除了上述功能以外，二次衬砌还起到支撑与一次衬砌之间防水布的作用。另外，考虑到隧道的使用周期，为了更好地进行隧道的维护管理、维修、将来可能要进行二次衬砌的施工，在设计隧道断面时，要预先考虑到二次衬砌所需要的施工空间。这一点不同于二次衬砌的其他功能，为了满足隧道的用途，对二次衬砌的功能有各种各样的考虑方式。

为了上述1）、2）、5）、9）等功能而进行二次衬砌建设时，二次衬砌可以防止一次衬砌性能的低下，更进一步说，可以认为二次衬砌提高了隧道的整体耐久性能。在《标准管片》中，依据对企业的调查，按照隧道的用途对二次衬砌的功能进行了整理，如表Ⅰ.1.3所示。详细内容可参照该书。

按照隧道用途整理后的二次衬砌的功能　　　　　　　　　　　　　表Ⅰ.1.3

	下水道（污水）	下水道（雨水）	下水道（合流）	电力	通信	煤气	共同沟	地下河川	铁路	公路
1）管片的防腐蚀	◎	○	◎	◎	◎	◎	◎	◎	◎	◎
2）隧道的防水	○	○	○	◎	◎	◎	◎	◎	◎	◎
3）保证线形	◎	◎	◎	—	—	—	—	◎	—	—
4）保证平滑性	◎	◎	◎	—	—	—	—	◎	—	—
5）加固管片，防止变形	○	○	○	○	○	○	○	○	○	○
6）防止上浮	○	○	○	○	○	○	○	○	○	○
7）内部设施的设置，固定	—	—	—	◎	◎	◎	◎	—	◎	◎
8）隔板，隔墙	○	○	○	○	○	○	○	○	○	○
9）摩擦对策	○	◎	◎	—	—	—	—	◎	—	—
10）防振，防噪声	—	—	—	—	—	—	—	—	◎	—
11）耐火性能	—	—	—	—	—	—	—	—	—	◎

注：1. ◎为主要功能；

　　2. ○为附加或者特殊情况下的功能。

（2）特别需要设置二次衬砌的部位

特别需要设置二次衬砌的部位如下所示。

1）使用钢管片的区间

在《标准管片》中，在使用钢管片的情况下原则上需要建造二次衬砌。采用以钢管片为主的隧道中多对整条隧道修建二次衬砌。即使在以混凝土管片为主的隧道中，在小半径曲线部位及承受较大荷载的部位局部采用钢管片时，一般多建造二次衬砌。

2）盾构机钢壳的内部

在到达竖井的附近，在将盾构机的钢壳残留在与竖井的安装位置时，将盾构机内部的部件进行解体，撤出后，多在钢壳的内部采用现场浇筑钢筋混凝土的方式建造二次衬砌。这时，多将盾构机的钢壳看作临时结构，二次衬砌作为承担水土压力等荷载的主体结构，采用与一次衬砌同样的方式进行设计。在采用地中接合方式时，盾构机钢壳部位的衬砌也要采用同样的考虑方式。

3）开口部位

在隧道中部，有时为了和支线隧道、竖井等构造物的连接，需要对隧道进行开口。在这种情况下，由于在不完整圆形环内会产生较大的断面力以及开口处的管片需要撤去的原因，一次衬砌一般会采用钢管片，并在其内部设置二次衬砌。过去主要采用在管片的内表面设置钢板浇筑混凝土的方法。但近年来，将加固用梁和柱的钢材内藏在钢管片中，在其内侧浇筑薄层混凝土构筑二次衬砌的工程事例也在增加。

（3）新型二次衬砌的种类

过去，一般采用现场浇筑混凝土的方式来建造二次衬砌。近年来，为了节约成本，缩小隧道断面，缩短工期，新型二次衬砌材料及施工方法得到了应用。其实例如下所示。

① 设置如FRPM管及钢管等内插管，并向其与一次衬砌的间隙中充入气泡砂浆等填充材料。

② 在一次衬砌的内侧采用喷射混凝土的施工方法。

③ 在一次衬砌的内侧粘贴块状板材，或沿着一次衬砌的内侧组装护墙板，并向其与一次衬砌的间隙中充入填充材。

关于这些新型二次衬砌的适用性，所具有的性能是能够完全满足对象隧道的用途，不仅要考虑建造费，还要从以维护管理、维修费用为代表的隧道使用费用是否最小的观点出发，进行慎重的考虑。

（4）不设二次衬砌时的验算

在不设二次衬砌时，要考虑到隧道的使用目的、隧道内部的环境条件、隧道周围地层的环境条件、隧道承受荷载的性能及稳定性能、特殊结构部位的对应措施、隧道使用周期费用等因素，将隧道的一次衬砌作为主体结构，在考虑其力学性能的同时，还必须考虑能否附加上二次衬砌所承担的功能。在附加二次衬砌功能困难时，不能只仅仅考虑经济性能，有必要如过去一样建造二次衬砌。

关于二次衬砌省略时要考虑的基本验算事项如下，图 I.1.3 表示了其验算流程。

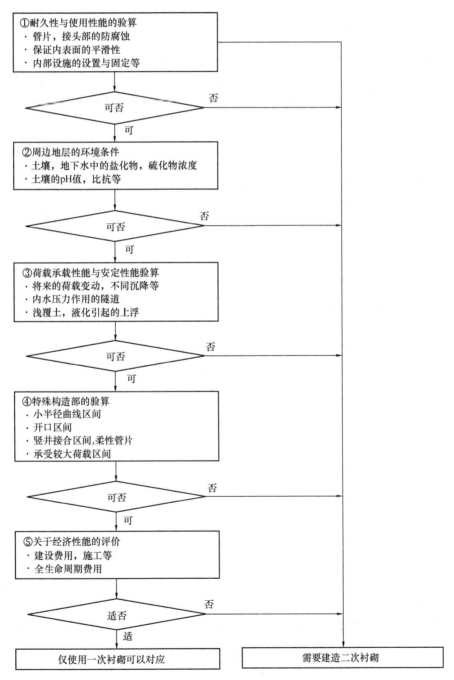

图 I.1.3　关于论证省略二次衬砌的流程实例

1）关于隧道耐久性能及使用性能的验算

根据隧道用途确定二次衬砌的功能，必须在一次衬砌上采取相应的代替措施。为此，必须充分把握隧道投入使用后内部的环境，从确保隧道的耐久性能及使用性能的观点出发进行慎重的论证。

2）周边地层的环境条件

在隧道周围的地下水及土壤中含有盐化物及硫化物，或者为电阻比较低、酸性地层时，不仅仅为直接的腐蚀，还会由于漏水更容易促进衬砌的劣化。在这样的腐蚀性环境条件下，在隧道的规划阶段，就要充分调查周围地层及地下水的状况，论证其带给衬砌的影响及应采取的措施。

3）对隧道的承载性能和稳定性能的验算

在会发生固结沉降的软弱地层中修建隧道时，因考虑到隧道会承受覆土厚度以上的垂直荷载的作用及由于不均匀沉降带来的隧道变形，需要充分论证隧道的承载性能。此外，在有内水压作用而不设二次衬砌的隧道中，需要考虑由于内水压所引起的管片主断面及接头的拉应力。在选取能够满足这些条件的管片的同时，还要充分论证提高接头刚度及防水等措施。另一方面，在不设二次衬砌，隧道的自重比较小，在浅覆土及有液化可能性的饱和砂地层中，有必要论证隧道的上浮及隧道周边地层的稳定性。

4）特殊结构区间的对应

在盾构隧道中，除了一般区间之外，还有小半径曲线区间、开口区间、竖井结合区间、承受重荷载区间、柔性管片等特殊结构区间。在隧道的全线不设置二次衬砌的情况下，对于这些特殊结构区间，要论证刚度较大的充填混凝土钢管片及合成管片的适用性。

5）关于经济性能的评价

在上述1）～4）的技术问题得到解决的情况下，要对是否设置二次衬砌的经济指标进行评价。首先，作为对建设费用的影响，由于要对一次衬砌采取二次衬砌的某些功能的代替措施，所以管片的厚度会增加以及特殊结构区间的处理需要费用。伴随着隧道外径的缩小，盾构机及竖井的规模也会缩小，同时挖掘土量也会减少，工期会缩短及产生其他的影响。在考虑满足隧道用途及设计使用寿命期间的维护管理、维修、加固等寿命周期费用的基础上，从经济指标出发进行综合评价，判断是否设置二次衬砌。除此以外，还要考虑到工程用地的宽度、覆土厚度、隧道之间的间隔等因素对隧道外径及工程项目的制约，也可以考虑选择在一次衬砌上采用代替措施而不设置二次衬砌的方法。

（5）二次衬砌的代替措施实例

在以污水下水道及合流式管渠为代表的隧道，其内部为腐蚀环境条件时，在一次衬砌上实施二次衬砌的代替结构。这种衬砌结构形式得到了应用，使用实例如下。

① 将合成树脂板等覆盖材料与一次衬砌内表面一体化的管片制作方法。
② 在一次衬砌的内表面涂刷合成树脂等覆盖材料或者采取浸泡的方法。
③ 提高钢筋混凝土管片中混凝土的抗菌、耐酸等防腐蚀功能的方法。
④ 与一般情况相比，增加管片内表面的保护层厚度，将保护层的一部分看作二次衬砌的方法。

在采用这些措施时，不仅只考虑隧道内部环境的耐久性能，还有必要慎重地论证施工与维护管理的便利性。

1.4.3　管片的选定

要在考虑隧道的规模、使用目的、地层条件、使用环境及施工方法等基础上，选择合适的管片形式与种类。

（1）依据隧道规模与使用目的进行选定

在上（下）水道、电力、通信等中小断面隧道中，可以参考《标准管片》，综合考虑使用目的、地层条件、小半径曲线的有无及其长度及经济性能等基础上，多选定混凝土管片及钢管片。在直径2m左右的小口径隧道中，从管片的拼装及运输、搬送等施工性能出发，多选择比较轻的钢管片。

另一方面，在铁路、公路等大断面隧道中，主要选用混凝土管片。除此之外在开口部位，小半径曲线区间等要求断面具有较大承载力的情况下，根据需要在了解市场的基础上，多选定铸铁管片、比较厚的钢管片及合成管片。对于大断面隧道，各个企业并不依据《标准管片》，而是根据独自的技术来选用管片的形式及种类。

此外，不仅仅对于管片的选定，还对是否选用带有二次衬砌的衬砌结构形式，都有必要考虑投入使用后隧道的维护管理。在考虑隧道的使用目的、使用环境、周边地层环境及满足使用寿命的耐久性要求的同时，还要考虑进行隧道维护管理及维修、加固的容易程度，来选定衬砌结构。这些都是很重要的。

（2）管片的选定与断面内力的计算

在计算管片环断面内力时，正确地评价所使用管片的种类、接头形式、由错缝拼接引起的拼装效应，衬砌结构的力学特性是很重要的。管片环的断面内力计算方法，大致可以分为完全刚度均匀环法、多铰环法、带有转动弹簧、剪切弹簧环法。这些考虑方法都依据隧道的使用目的及地层条件，与衬砌的结构特性紧密地联系在一起。因此，在选定衬砌结构时，充分考虑所选用管片与断面内力计算方法之间的关系也是很重要的。关于这一点，在"5. 横断方向上的结构计算"中进行详细论述。

1.5　结构计算的基本内容

盾构隧道一般是通过管片接头和环间接头将管片在隧道的圆周方向与轴向方向上进行连接的方式，建造的一种环状结构物。为此，在受到荷载、隧道的线形、约束条件及地层变形的影响时，在隧道的横向方向与纵向方向上同时会产生变形。但是，考虑到计算的简便性及对断面内力的影响程度，一般是将隧道在横向与纵向方向上分别进行模型化，进行独立的结构计算。另外，结构计算主要是以横断方向上的计算为主，根据需要来进行纵断方向上的计算。

要根据施工过程中的各个阶段及施工完成后的荷载状况按照偏于安全的方式来进行结构计算。除要对隧道完成后长期作用在隧道上的荷载进行结构计算之外，还要根据需要进行如下的验算。

① 对千斤顶推力及壁后注浆压力等施工荷载引起的断面内力及变形进行验算。
② 在管片拼装完成到壁后注浆硬化期间，对管片环的稳定性能、断面内力及变形进行验算。
③ 对小半径曲线区间施工时的状况进行验算。
④ 对地震时，特别是地层急变及隧道与竖井结合部位进行验算。
⑤ 对将来可预测的荷载变动的影响，邻近施工的影响等，对各种状况进行验算。
⑥ 对如内水压力等内部荷载引起的管片断面内力及变形进行验算。

另外，有必要从"2. 荷载"所记述的荷载中依据衬砌所处的状态来设定施工过程中及完成后各阶段的荷载组合。一般来说，随着作用在衬砌上荷载的增加，管片的断面内力也会变大。另一方面，例如在有内水压力作用的隧道中，一般会采用上述的最大土压力作为对象来进行设计。但在有内水压力的作用时，随着作用在隧道上土压力的变小，轴压力也会减小，从而使隧道处于不利的状态。有必要根据衬砌所处的状态来合理地设定这些荷载组合。

另外，大深度、高水压力下的混凝土管片由于完成后水土压力的影响，产生的轴向压力会很大，因此在结构计算上可以减少管片的厚度。但是，在施工阶段由于高地下水压力的影响，千斤顶推力和壁后注浆压力也会比以前所使用的压力大，所以对施工荷载的验算是很重要的，要根据验算结果来决定管片厚度。

1.6　名称与记号

本书所使用的术语与记号是根据《隧道设计规范》来确定的，如下所示。

1.6.1　名称

（1）衬砌厚度

衬砌厚度的总和，由一次衬砌厚度与二次衬砌厚度组成（参照图Ⅰ.1.4）。

（2）箱形管片

由环肋、接头板、纵肋、面板及背板组成的具有凹部的格子状管片的总称。对钢管片及铸铁管片称为箱形管片，对混凝土管片也可称为中子型管片（参照图Ⅰ.1.10，图Ⅰ.1.11）。另外，对于铸铁管片，当其断面形状为波纹形，在其背面凹部内填入充填材料时，称为波纹形管片。

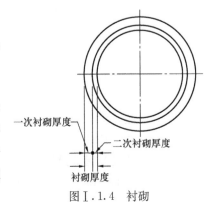

一次衬砌厚度
二次衬砌厚度
衬砌厚度

图Ⅰ.1.4　衬砌

并且也将钢管片与铸铁管片总称为钢铁管片。

(3) 平板形管片

指具有实心断面平板形状的管片。一般为钢筋混凝土管片，也有通过向钢铁管片内表面的凹部充填混凝土制作而成的管片或用钢材来代替钢筋制作而成的合成管片。

(4) 管片环

指构成一次衬砌的环状结构，由 A 型，B 型及 K 型管片组成。A 型管片为在管片的两端没有接头角的管片。B 型管片是指在管片的一端具有接头角或插入角度或者同时具有二者的管片。K 型管片指在管片的两端具有接头角或插入角度或者同时具有二者、将管片环闭合的管片。另外，A 型，B 型，K 型管片的中心角分别用，θ_A，θ_B，θ_K 来表示（参照图 I.1.5）。此外，对钢管片与混凝土管片，由于制作方法的不同，B 型管片及 K 型管片的中心角的测定位置根据外径侧、内径侧是不同的，这要引起注意。

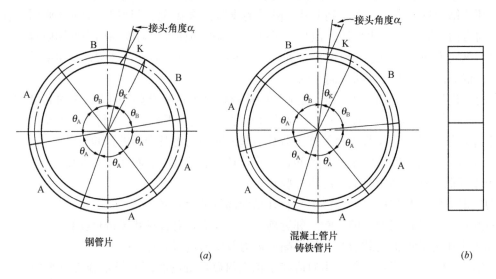

图 I.1.5　管片环的构成实例

(a) 横断面；(b) 侧面

K 型管片可以分为半径方向插入型与轴向插入型。在隧道半径方向上设有锥度从内侧插入的称为半径方向插入 K 型管片，在隧道轴向上设有锥度从开挖面插入的称为轴向插入 K 型管片（参照图 I.1.6）。

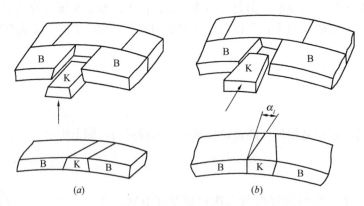

图 I.1.6　K 型管片的种类

(a) 半径方向插入型；(b) 轴方向插入型

(5) 分块数

构成一环的管片数。

(6) 通缝拼装与错缝拼装

管片的接头面在隧道纵断方向上连续时称为通缝拼装，相互错开时称为错缝拼装（参照图 I.1.7）。

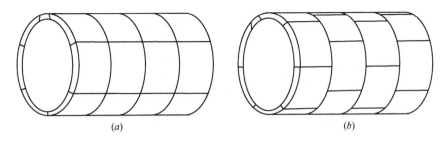

图Ⅰ.1.7　通缝拼装与错缝拼装

(a) 通缝拼装；(b) 错缝拼装

在日本，为了得到管片拼装效应，大部分盾构隧道都采用错缝拼装方式。

(7) 楔形管片环

指在曲线区间及修正蛇行施工时所使用具有楔形量的管片环（参照图Ⅰ.1.8）。对于特别窄的呈板状的环称为楔形板状环。

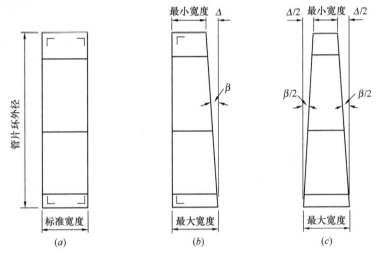

图Ⅰ.1.8　楔形环

(a) 标准环；(b) 单侧楔形环；(c) 双侧楔形环

(8) 楔形管片

构成楔形管片环的管片称为楔形管片。

(9) 楔形量（Δ）

楔形管片环中，最大管片宽度与最小管片宽度的差（参照图Ⅰ.1.8）。

(10) 楔形角（β）

图Ⅰ.1.8中所示的 β 角。

(11) 接头角度（α_r）

如图Ⅰ.1.5，图Ⅰ.1.9所示，主要用于半径方向插入 K 型管片。

(12) 插入角度（α_1）

如图Ⅰ.1.6所示，用于轴向插入 K 型管片。

(13) 管片宽度

在管片纵断方向上所测得的管片尺寸（参照图Ⅰ.1.10）。

(14) 管片长度

在隧道横断面上所测得的管片弧长（参照图Ⅰ.1.9）。

(15) 管片高度（厚度）

如图Ⅰ.1.10所示。在平板型管片中也可称为管片厚度。

(16) 管片接头

在隧道横断方向上将管片相互连接，形成管片环的接头。

(17) 环间接头

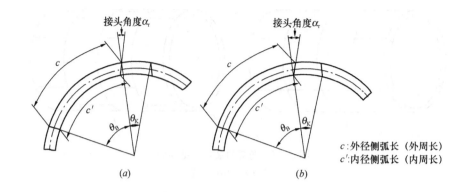

图 I.1.9 管片环断面
(a) 钢管片；(b) 混凝土管片铸铁管片

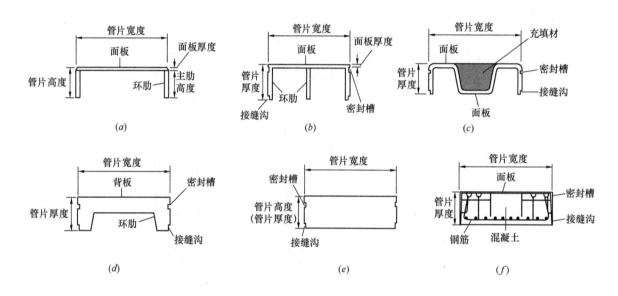

图 I.1.10 管片断面实例
(a) 钢管片；(b) 铸铁管片；(c) 波纹形铸铁管片；(d) 中子形管片；(e) 平板形管片；(f) 合成管片

在隧道纵断方向上将管片环相互连接，形成隧道的接头。

(18) 接头板

连接接头的板或者板状结构物（参照图 I.1.11）。

(19) 面板与背板

指在箱形管片中由环肋和接头板支承的板。在钢管片中称为面板，在中子型管片中称为背板（参照图 I.1.10 与图 I.1.11）。

(20) 纵肋

在箱形与中子形管片中，在隧道纵向方向上所配置的构件（参照图 I.1.11）。

(21) 管片接头螺栓

管片之间相互连接形成管片环所用的螺栓。

(22) 环间接头螺栓

管片环之间相互连接所用的螺栓。

(23) 密封槽

为了粘贴密封材料在管片接头面上设置的沟槽（参照图 I.1.10）。

(24) 接缝

为了接缝在接头面内侧设置的沟槽（参照图 I.1.10）。

(25) 注浆孔

为了进行壁后注浆在管片上设置的孔（参照图 I.1.11）。

（26）起吊环

为了管片装配器能抓握管片而设置的金属构件，在混凝土管片中，多与注浆孔并用（参照图 I.1.11）。

（27）加固板

在钢管片中用来加强接头板的三角形板（参照图 I.1.11）。

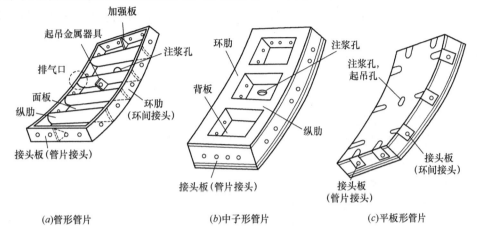

图 I.1.11　管片各部位的名称

1.6.2　记号

在衬砌结构计算中所使用的记号如下所示。在图 I.1.12 及图 I.1.13 中表示了符号的使用例子。

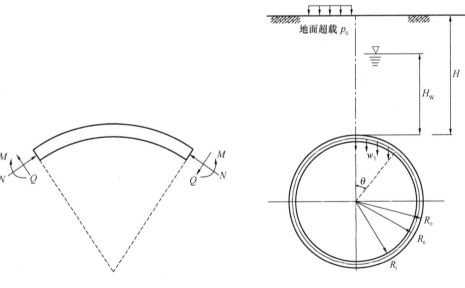

图 I.1.12　弯矩，轴力，剪力　　　　图 I.1.13　记号的使用示例

E_c，E_s，E_d：混凝土，钢材及球墨铸铁的弹性模量

A：断面面积

I：断面惯性矩

M，N，Q：弯矩，轴力及剪力（断面内力的符号以图 I.1.12 中所示方向为正）

η：受弯刚度（EI）有效率

ζ：弯矩增加率

R_o，R_c，R_i：一次衬砌的外径、形心半径及内径

h_1，h_2：一次衬砌及二次衬砌的厚度

b：管片宽度

θ：断面内力计算位置的角度（从隧道顶部开始的中心角，以顺时针为正）

γ，γ'，γ_w：土的重度、土的浮重度及水的重度

H：衬砌外圆周顶点处设计覆土厚度

H_w：衬砌外圆周顶点处设计地下水高度

p_0：地面超载

W_1，W_2：一次衬砌与二次衬砌自重（隧道纵断方向上单位长度的重量）

w_1，w_2：沿着衬砌的形心线、单位周长一次衬砌与二次衬砌的自重（隧道纵断方向上单位长度的重量）

p：垂直方向上的荷载强度

q：水平方向上的荷载强度

λ：侧向土压力系数

k：地层抗力系数

δ：管片环水平直径点处的水平位移（向地层移动时为正）

c：土的黏聚力

ϕ：土的内摩擦角

k_θ：管片接头的转动弹簧系数

k_r：环间接头半径方向上的剪切弹簧系数

k_t：环间接头切线方向上的剪切弹簧系数

1.7　设计文件

1.7.1　设计计算书

在设计计算书中，除了设计结果以外，还要明确记述计算过程、适用条件、设计上的考虑方式及假定等，以便更好地服务于施工过程中产生的问题及竣工后隧道的维护管理、维修与加固。

特别对于设计条件，应在明确写在设计书的前面，以便容易地确认设计和施工之间是否有差异。在设计计算书中，原则上应该明确记述以下的设计计算基本事项。

① 地层与地下水条件

② 设计荷载

③ 使用材料的种类与特性

④ 容许应力与安全率

⑤ 施工条件

⑥ 设计责任者

⑦ 设计年月日

1.7.2　设计图

在设计图中，要明确表示隧道和周围建筑物之间在平面和纵断面上的位置关系，在图示衬砌的形状与尺寸的同时，对细部构造细目的详细图也不能有不明确点。并且要满足对施工过程中所产生的问题及竣工后隧道的维护管理与易于维修的要求。为此，要在设计图中明确表示隧道的建造位置、衬砌结构的形状、尺寸及断面强度等各量。另外根据需要，要明确记述以下的设计条件，以便确认设计和施工之间是否有差异。可参照"第Ⅳ篇 设计计算实例"中的设计实例。

① 地层与地下水条件

② 设计荷载

③ 使用材料的种类与特性

④ 容许应力度与安全率

⑤ 施工条件

⑥ 设计责任者

⑦ 设计年月日

⑧ 比例尺

2　荷　　载

衬砌的设计不仅要满足隧道的使用目的，还要满足施工过程中衬砌的安全性能和功能要求。从这种观点出发，在《隧道设计规范》中对要考虑的荷载进行如表Ⅰ.2.1所示的分类。在这些荷载中，垂直土压力及水平土压力、水压力、衬砌自重、地面超载的影响、地层抗力、千斤顶推力及壁后注浆压力等施工荷载为在衬砌设计中必须考虑的基本荷载。另一方面，地震的影响、邻近施工的影响、地层沉降的影响、平行配置隧道的影响：包括内水压力在内的内部荷载等，为根据隧道的使用目的、施工条件及所处的地层条件应该考虑的荷载。

通常在设计中多将这些荷载按照静荷载来进行处理，但对于地震作用也曾引进动解析方法，利用其解析结果进行处理。

在本章中，从"2.1 土压力与水压力的考虑方法"到"2.5 施工荷载"，对衬砌设计中必须要考虑的荷载进行解说，特别对惯用计算法与梁—弹簧模型计算法中的荷载处理方法的相异进行了详细论述。另外，对根据隧道的使用目的，施工条件及所处的环境应该考虑的荷载，到目前为止还没有明确的评价方法。因此，对"2.6 地震的影响"与"2.7 其他应该考虑的荷载"中的基本考虑方法进行解说的同时，也介绍了各规范中的具体实例。

荷　载　分　类　　　　　　　　　　　　　　　　　表Ⅰ.2.1

基本荷载	1. 垂直与水平土压力 2. 水压力 3. 衬砌自重 4. 地面超载的影响 5. 地层反力 6. 施工荷载	应该考虑的荷载	7. 地震的影响 8. 邻近施工的影响 9. 地层沉降的影响 10. 平行设置隧道的影响 11. 内部荷载 12. 开口部（扩展部）的影响 13. 其他

2.1　土压力与水压力的考虑方法

2.1.1　土压力

（1）土压力计算中对水的处理

1）水土分离与水土一体的考虑方法

在土压力计算时，有将土压力与水压力分开进行处理（水土分离）与将水压力作为土压力的一部分（水土一体）的两种方法。一般情况下，水土分离适用于砂质土，水土一体的方法适用于黏性土。

土粒子是由露出地表的岩石或者火山喷出物生成的砾石和砂通过物理上的风化而形成的，黏土和粉土为通过化学溶解再结晶的极小粒子。砾石和砂通过土粒子之间的固体接触来传递力，土粒子之间的间隙水可以快速自由地移动。对于这样性质的土，原则上采用水土分离的方式进行处理。另一方面，黏土与粉土的土粒子通过吸附水的电分子斥力来进行力的传递，电分子吸引力使土粒子相互不分离。吸附水吸附在土粒子上，它的流出需要很长的时间。对于此种性质的土原则上采用水土一体的方式进行处理。

但是，要正确把握实际地层中水的特性是很困难的，在设计时明确区分是采用水土分离的方式，还是水土一体的方式有时也是很困难的。在考虑隧道周围的地质条件、地下水位等条件之外，还要考虑既往隧道的利用实例，同时进行慎重的判断。对自立性较好的硬质黏土与固结粉土采用水土分离的方式也有合理的一面，对砂砾土也有将砂粒除去，依据粒度分析的结果进行判断的情形，这些都要引起充分的注意。对含有细粒成分较多的砂土、含砂粉土等这样的中间土，无法进行明确区分时，将水土分离与水土一体二者同时进行计算，有必要采用使衬砌应力偏于安全的作用形态。

另外，可参考"第Ⅴ篇 参考资料 3. 土压力与水压力的计算实例"中土压力与水压力计算详细实例。

2）土的重量

在进行水土分离计算时，对地下水位以上的土采用湿重度，对地下水位以下的土采用浮重度。在进行水土一体计算时，对地下水位以上的土采用湿重度，对地下水以下的土采用饱和重度。有必要根据地质勘查结果来决定土的重度。

(2) 垂直土压力

将垂直土压力处理为作用在隧道顶部的均布荷载。土压力的大小是根据隧道的覆土厚度、隧道的外径及地层条件来确定的。隧道的覆土厚度有两种计算方法，一种是地表到衬砌顶部的距离，另一种是地表到衬砌轴线顶部的距离。在《隧道设计规范》中采用了前者的考虑方式。当隧道具有一定的覆土厚度，且上部覆土具有一定强度时，多采用松弛土压力，其余情况下一般采用全覆土重。

另外，在进行土压力计算时，一般不考虑圆形隧道顶部到侧部之间角部的土体重量。在 2006 年对《隧道设计规范》进行修定时，对角部土压力的影响进行了论证。试设计的结果表明将角部土压力考虑进去，并不一定可以取得偏于安全的设计，所以采用了与原来一样的垂直荷载作用模式。但在超大断面隧道、圆形以外的隧道、衬砌的开口部位等角部荷载的影响很大时，有必要对角部荷载进行合理的考虑。下面对松弛土压力进行详细说明。

1) 全覆土土压力与松弛土压力的判断

对作用在隧道上的土压力，当覆土厚度和隧道的外径相比很小时，一般不考虑土拱效应。不仅是黏性土，即使是砂质土，当设计土压力采用松弛土压力时会有诸多问题。对于这样的隧道，一般是采用全覆土压力作为垂直土压力。

另一方面，覆土厚度与隧道外径相比变大时，地层产生拱效应的效果比较可靠，设计计算土压力可以采用松弛土压力。依据隧道的覆土厚度、隧道外径、地层条件及设计规范等来确定采用全覆土土压力还是松弛土压力。图 I.2.1 表示了一般的大概标准。

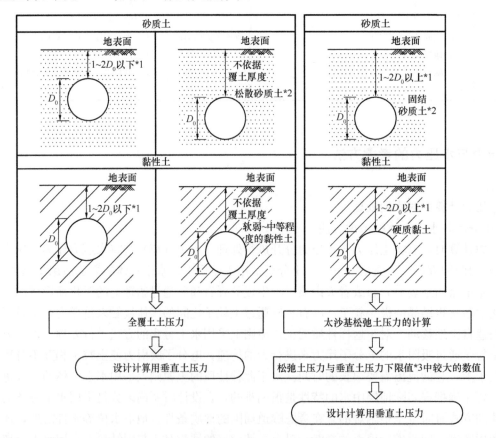

图 I.2.1　确定全覆土土压力或松弛土压力时的概念图

＊1　因覆土厚度依各企业的设计标准而异，要加以注意。

＊2　东京地铁（有限公司）《盾构隧道（管片）设计指南》[28] 中的事例。

＊3　参照 "2.1.1 (2) 4) 松弛土压力作用时的注意点"

2) 松弛土压力的计算

一般采用太沙基（Terzaghi）公式来计算松弛土压力。由于隧道的开挖而引起隧道上方的土块向下滑移，在隧道的侧面与顶部之间产生了主动滑移面，此滑移面沿着铅直方向延伸到地表，通过土块垂直方向上力的平衡来得出太沙基公式。

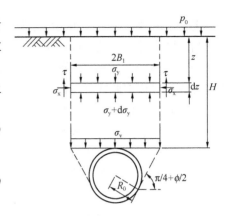

如图Ⅰ.2.2所示，考虑在深度z处宽为$2B_1$，厚为$\mathrm{d}z$的土块，根据土块上作用力的平衡可以得到下式：

$$2B_1\gamma\mathrm{d}z = 2B_1(\sigma_y + \mathrm{d}\sigma_y) - 2B_1\sigma_y + 2\tau\mathrm{d}z \quad (Ⅰ.2.1)$$

但B_1是隧道开挖影响宽度的一半，由下式计算：

$$B_1 = R_0\cot\left(\frac{\pi/4 + \phi/2}{2}\right) \quad (Ⅰ.2.2)$$

又，τ是根据库伦破坏准则，由下式进行计算：

$$\tau = c + \sigma_x\tan\phi = c + K_0\sigma_y\tan\phi \quad (Ⅰ.2.3)$$

这里，K_0是根据试验来确定的常数，通常可取为1。

将式（Ⅰ.2.3）代入到式（Ⅰ.2.1）中，整理后得到，

$$\frac{\mathrm{d}\sigma_y}{\mathrm{d}z} = \gamma - c/B_1 - K_0\sigma_y\frac{\tan\phi}{B_1} \quad (Ⅰ.2.4)$$

考虑到$z=0$处的边界条件$\sigma_y = p_0$，可以得到，

$$\sigma_y = \frac{B_1(\gamma - c/B_1)}{K_0\tan\phi}(1 - e^{-K_0\tan\phi \cdot z/B_1}) + p_0 e^{-K_0\tan\phi \cdot z/B_1}$$

$$(Ⅰ.2.5)$$

因此，可以得到隧道顶部的土压力σ_v，

$$\sigma_v = \frac{B_1(\gamma - c/B_1)}{K_0\tan\phi}(1 - e^{-K_0\tan\phi \cdot H/B_1}) + p_0 e^{-K_0\tan\phi \cdot H/B_1}$$

$$(Ⅰ.2.6)$$

R_0：隧道外半径

B_1：隧道开挖影响宽度的一半

H：隧道顶部深度

γ：土的重度

ϕ：土的内摩擦角

p_0：地面超载

σ_y：深度z处的垂直方向应力

σ_x：深度$z+\mathrm{d}z/2$处的水平方向应力

τ：作用于土块上向上的摩擦应力

σ_v：作用于隧道顶部的垂直方向应力

图Ⅰ.2.2　松弛土压力的概念

在"第Ⅴ篇 参考资料 4. 太沙基松弛土压力计算公式"中，记述了在有地下水、只考虑黏性土的黏聚力c及多地层情况下松弛土压力的计算实例。

3）松弛土压力计算时土的强度参数评价

在松弛土压力计算中所采用的土的内摩擦角ϕ与黏聚力c，应依据土质试验结果，使衬砌处于偏于安全设计状态的原则来确定。在《铁路设计规范》中，列举了如表Ⅰ.2.2所示的土的强度参数评价方法，可以参考。

松弛土压力计算中所用的土的强度评价实例　　　　　　　　　　　表Ⅰ.2.2

土的种类	内摩擦角ϕ（°）		粘结力c（kN/m²）	
	依据三轴试验等进行评价时	只用N值评价时	依据三轴试验等进行评价时	只用N值评价时
砂质土 （15<N）	考虑数据的数量及离散性来设定偏于安全的数值	$\phi=0.9(0.3N+27)$ （0.9为折减系数）	$c=0.5c_{\text{test}}$ （0.5为折减系数）	0
砂质土 （10<N≤15）		0		
砂质土 （0<N≤10）	不使用松弛土压力，将全覆土土压力作为设计土压力			
黏性土 （8<N）	0	0	$c=0.5c_{\text{test}}$ （0.5为折减系数）	$c=0.5(N/16)$ （0.5为折减系数）
黏性土 （4<N≤8）				0
黏性土 （0<N≤4）	不使用松弛土压力，将全履土土压力作为设计土压力			

注：c_{test}为依据试验结果考虑数据的数量与离散后所求得的数值。

4）采用松弛土压力时的注意点

一般在垂直土压力设计值采用松弛土压力时，考虑到施工中及隧道完成后的荷载变化，多将松弛土

压力设为下限值。垂直土压力的下限值虽因隧道的用途不同而异,但在下水道、电力以及通信隧道中采用相当于隧道外径 2 倍厚的覆土荷载,在铁路隧道中采用相当于隧道外径 1.0~1.5 倍厚的覆土荷载或者取为 $200kN/m^2$。太沙基公式已经包含了地面超载计算项,但关于设计中地面超载的处理,在将地面超载分为可以依据此式进行评价或无法评价两类后,对那些无法评价的地面超载的影响及设计所用的垂直土压力有必要作出合理的判断。

在互层地层中,以构成地层的支配地层为基础,将地层假定为单一地层来计算松弛土压力,或者采用按照互层计算松弛土压力的方法。在互层地层中,由于松弛土压力因各层的土质特性、层厚及与隧道的位置关系而异,与单一地层相比松弛土压力的评价显得困难。特别对隧道上部有软弱黏土层和松散砂层时,要充分注意松弛土压力的采用。

对圆形断面以外的隧道,如果能够合理地评价开挖影响宽度($2B_1$),就可以使用太沙基(Terzaghi)公式来计算松弛土压力。但是,由于荷载的分布形状等会因隧道的断面形状而异,有必要慎重地进行判断。另外,在此情况下,现场实测数据是重要的参考依据,希望能够类比相似工程的实际水压力与土压力,做出判断。

(3) 水平土压力

水平土压力是作用在衬砌两侧的线性分布荷载,其大小是通过垂直方向的土压力乘以侧向土压力系数来计算。和垂直土压力一样,准确地计算水平土压力也比较困难。从设计是为了确认结构的安全状态的观点出发,在《隧道设计规范》中规定可以采用表 I.2.3 所示的侧向土压力系数。必须注意到,这里和侧向土压力系数相乘的垂直土压力是和设计用土压力整合的荷载,而不是相当于全覆土的土压力。换言之,就是将松弛土压力、在(2)中所确定的垂直设计土压力作为施加在在隧道顶部水平面上的上部荷载,并加上与深度(以隧道顶点为基点)成正比的土体自重作为垂直荷载来计算水平土压力。

在难以得到地层抗力的情况下,在考虑施工条件的基础上,可以考虑将静止土压力系数作为侧向土压力系数。在可以得到地层抗力的情况下,可以将主动土压力系数作为侧向土压力系数,或者将静止土压力系数进行一定程度的折减来作为侧向土压力系数,这也是实情。另外,不仅要与土质,还要与设计计算方法、施工方法等关联起来确定侧向土压力系数。当然,准确地确定侧向土压力系数是非常困难的,一般按照表 I.2.3 所示的范围,与地层抗力系数关联起来进行确定。管片的设计断面内力会受到垂直方向荷载与水平方向荷载之间微妙的平衡关系而变化,在充分考虑侧向土压力系数 λ、地层抗力系数 k、地层条件及隧道用途的基础上,慎重地进行确定。

侧向土压力系数与地层反力系数　　　　　　　　　　　　　　　　表 I.2.3

水土的处理	土的种类	λ	k (MN/m³)	N 值标准
水土分离	非常密实砂质土	0.35~0.45	30~50	$30 \leqslant N$
	密实砂质土	0.45~0.55	10~30	$15 \leqslant N < 30$
	松散砂质土	0.50~0.60	0~10	$N < 15$
	固结黏性土	0.35~0.45	30~50	$25 \leqslant N$
	硬质黏性土	0.45~0.55	10~30	$8 \leqslant N < 25$
	中等程度黏性土	0.45~0.55	5~10	$4 \leqslant N < 8$
水土一体	中等程度黏性土	0.65~0.75	5~10	$4 \leqslant N < 8$
	软黏性土	0.65~0.75	0~5	$2 \leqslant N < 4$
	非常软黏性土	0.75~0.85	0	$N < 2$

例如,对非常软的黏土,采用水土一体计算,当侧向土压力系数采用最大值 0.85 时,作用在隧道上的垂直荷载与水平荷载的比率与其他情况相比显得比较大。这样,隧道周围受到几乎同样的荷载的作用,衬砌断面的轴力有变大的倾向,设计会出现偏于危险的可能。因此,要在考虑以往工程实例的基础上,来确定侧向土压力系数。作为参考,表 I.2.4 列举了各个企业的松弛土压力的下限值,侧向土压力系数及地层抗力系数。

各设计规范中的考虑方法　　表Ⅰ.2.4

<table>
<tr><th colspan="2" rowspan="3">地层种类</th><th rowspan="3">标准管片
日本下水道协会
2001 年 7 月</th><th rowspan="3">盾构隧道设计指南
东京地铁有限公司
2008 年 4 月</th><th colspan="3">铁路结构物等设计标准
铁路综合技术研究所 2002 年 12 月</th></tr>
<tr><th colspan="2">全周弹簧模型</th><th rowspan="2">惯用模型</th></tr>
<tr><th>壁后注浆硬化过程中</th><th>壁后注浆硬化后</th></tr>
<tr><td rowspan="3">砂质土</td><td>非常密实砂质土</td><td rowspan="7">水土分离地层时
<table><tr><th>λ \ k</th><th>10.0</th><th>20.0</th><th>40.0</th><th>80.0</th></tr><tr><td>0.4</td><td></td><td></td><td>○</td><td>○</td></tr><tr><td>0.5</td><td>○</td><td>○</td><td>○</td><td>○</td></tr><tr><td>0.6</td><td>○</td><td>○</td><td>○</td><td>○</td></tr><tr><td>0.7</td><td>○</td><td>○</td><td></td><td></td></tr></table>水土一体地层时
<table><tr><th>λ \ k</th><th>0.0</th><th>2.5</th><th>5.0</th><th>10.0</th></tr><tr><td>0.6</td><td></td><td></td><td>○</td><td>○</td></tr><tr><td>0.7</td><td>○</td><td>○</td><td>○</td><td>○</td></tr><tr><td>0.8</td><td>○</td><td>○</td><td>○</td><td>○</td></tr><tr><td>0.9</td><td>○</td><td>○</td><td></td><td></td></tr></table>○：λ 与 k 的组合</td><td>30≤N
λ=0.40～0.50
k=30～50</td><td>30≤N<50
λ=0.45
$k_r \times R_c$=35.0～47.0</td><td>30≤N<50
λ=0.45
$k_r \times R_c$=55.0～90.0</td><td>30≤N
λ=0.45
k=30～50</td></tr>
<tr><td>密实砂质土</td><td>15≤N<30
λ=0.45～0.55
k=10～30</td><td>15≤N<30
λ=0.40～0.50
$k_r \times R_c$=21.5～35.0</td><td>15≤N<30
λ=0.40～0.50
$k_r \times R_c$=28.0～55.0</td><td>15≤N<30
λ=0.45～0.55
k=10～30</td></tr>
<tr><td>松散砂质土</td><td>N<15
λ=0.50～0.60
k=10～20</td><td>N<15
λ=0.50～0.60
$k_r \times R_c$=～21.5</td><td>N<15
λ=0.50～0.60
$k_r \times R_c$=～28.0</td><td>N<15
λ=0.50～0.60
k=0～10</td></tr>
<tr><td rowspan="5">黏性土</td><td>固结黏性土</td><td>另行考虑</td><td>25≤N
$k_r \times R_c$=31.5～</td><td>25≤N
$k_r \times R_c$=46.0～</td><td>25≤N
λ=0.35～0.45
k=30～50</td></tr>
<tr><td>硬黏性土</td><td>8≤N
λ=0.45～0.55
k=10～30</td><td>8≤N<25
λ=0.40～0.50
$k_r \times R_c$=13.0～31.5</td><td>8≤N<25
λ=0.40～0.50
$k_r \times R_c$=15.0～46.0</td><td>8≤N<25
λ=0.45～0.55
k=10～30</td></tr>
<tr><td>中等程度黏性土</td><td>4≤N<8
λ=0.55～0.65
k=5～15</td><td>4≤N<8
λ=0.50～0.60
$k_r \times R_c$=7.0～13.0</td><td>4≤N<8
λ=0.50～0.60
$k_r \times R_c$=7.5～15.0</td><td>4≤N<8
λ=0.55～0.65
k=5～10</td></tr>
<tr><td>软黏性土</td><td>2≤N<4
λ=0.65～0.75
k=0～5</td><td>2≤N<4
λ=0.60～0.70
$k_r \times R_c$=3.5～7.0</td><td>2≤N<4
λ=0.60～0.70
$k_r \times R_c$=3.8～7.5</td><td>2≤N<4
λ=0.65～0.75
k=0～5</td></tr>
<tr><td>非常软黏性土</td><td></td><td>N<2
λ=～0.75
k=0</td><td>N<2
λ=0.70～0.80
$k_r \times R_c$=～3.5</td><td>N<2
λ=0.70～0.80
$k_r \times R_c$=～3.8</td><td>N<2
λ=0.75
k=0</td></tr>
<tr><td colspan="2">条件等</td><td>考虑标准化后的 λ 与 k 的组合</td><td></td><td colspan="2">* 也可以将表中 $k_r \times R_c$ 的数值除以隧道半径后的值作为地层抗力系数。</td><td></td></tr>
</table>

（k 值：$\times 10^3 kN/m^3$）

2.1.2　水压力

作用在衬砌上的水压力，由于隧道施工过程中施工条件等原因，与原地层中的水压力很不相同。另外，在隧道施工后，在很长的时间内由于自然或者人为的影响，地下水位会发生变化，预测水压力非常困难。对于圆形隧道，在设计计算上并不是采用高地下水位就一定可以取得偏于安全的设计，相反有时采用低地下水位进行设计往往可以取得偏于安全的设计。因此，为了计算水压力，对地下水位的确定进行充分的论证是很重要的。

设计水压力的考虑方式可以分为如图Ⅰ.2.3 所示的两种方法，①为了简化设计计算，将水压力的分布形状与大小与土压力一样，分别按照垂直方向与水平方向施加的方法；②在隧道横断面的形心线

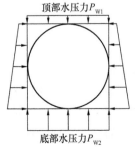

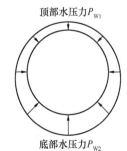

①垂直，水平方向分别作用的方法　②半径方向作用的方法

图Ⅰ.2.3　设计水压力的考虑方法

上沿隧道半径方向施加地下水压力的方法。在《隧道设计规范》中，考虑到采用惯用计算法的设计实例比较多，采用了方法①。在东京地下铁（有限公司）制定的《盾构隧道（管片）设计指南》[28]（以下简称为《盾构隧道设计指南》）中，采用了梁-弹簧计算模型，考虑到计算的简便性与对断面内力影响程度小的特点，采用了方法①。在《铁路设计规范》、《首都高速公路设计要领》中，在利用惯用法进行断面力的计算时采用①，在利用梁-弹簧模型时采用方法②。

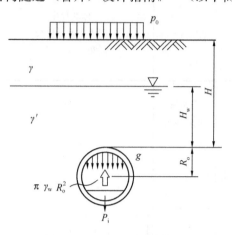

图Ⅰ.2.4　论证隧道稳定性
时的概念图

2.1.3　隧道抗浮验算

将隧道排开水的重量作为浮力作用在隧道上。一般考虑到设计上的安全与方便，将垂直方向上水压力的差作为浮力。作用在隧道顶部的垂直荷载（不包括水压）与衬砌自重的和比浮力小时，在隧道的顶部地层会产生反向的土压力，由于浮力的作用隧道会发生上浮。在浅覆土高地下水位的情况下，由于浮力的作用隧道容易受到损害，这要引起注意。

在《铁路设计规范》中，要对施工时及施工完成后的隧道上浮进行论证。将抵抗上浮的荷载与浮力的比作为安全率（F_s），如果安全率超过1，同时考虑到土的抗剪强度，可认为隧道是安全的，采用式（Ⅰ.2.7）进行论证（参照图Ⅰ.2.4）。这里，抵抗上浮的荷载包括隧道上部土荷载、隧道自重、内部荷载、永久常荷载以及可以预测的地面超载，浮力为隧道体积与水的重度之积。另外，在此情况下要对施工时及完成后地下水位及土重度的确定加以充分的注意。

安全率处于1以下的情况时，隧道会发生上浮，需要采取防止隧道上浮的措施，如采用二次衬砌来增加隧道的重量等。

这里，F_s：抵抗上浮的荷载除以浮力后的安全率

H：覆土厚度（m）

H_w：到地下水位的覆土厚度（m）

g：管片环单位面积自重（kN/m²）

P_i：内部荷载（kN/m）

p_0：地面超载（kN/m²）

R_0：隧道外半径（m）

γ：土的重度（kN/m³）

γ'：土的浮重度（kN/m³）

γ_w：水的重度（kN/m³）

安全率的设定是由各个企业独自设定的，例如：在《首都高速公路设计要领》中，施工时取为1.0，施工完成后取为1.2。

$$F_s = \frac{2R_0\{\gamma'(H_w+R_0)+\gamma(H-H_w)\}-\pi\gamma'R_0^2/2+2\pi R_0 p_0+P_i}{\pi\gamma_w R_0^2} > 1.0 \qquad （Ⅰ.2.7）$$

在隧道的周边存在地震时可能发生液化的地层时，要对隧道的上浮进行论证。在隧道中心以下地层完全液化失去强度时，液化土的重度要采用用来计算浮力时的水的重度，有必要论证隧道的稳定。当可以判定因隧道的上浮引起隧道位移时，要采取修改隧道设计或者改良隧道周边地层等措施。

2.2　衬砌自重

一次衬砌的自重作为沿着隧道横截面的衬砌形心线均匀分布的荷载，依据下式进行计算：

$$w_1 = \frac{W_1}{2\pi R} \qquad （Ⅰ.2.8）$$

这里，W_1：衬砌的总重量（kN）；

　　　w_1：衬砌单位长度的重量（kN/m）；

　　　R：衬砌的形心半径（m）。

对于箱形管片，自重沿着轴心线的分布不均匀时，可以采用平均重量。一般在管片环的变形达到一定程度的稳定之后进行二次衬砌的施工，且二次衬砌本身成环状或者拱状可以自身承受自重，所以在设计一次衬砌时，一般忽略二次衬砌的自重。但是，在一次衬砌与二次衬砌共同承受荷载时，必须考虑二次衬砌的施工时机对二次衬砌的自重进行计算。

关于衬砌自重计算时的重度，在《隧道设计规范》中规定可以按照表Ⅰ.2.5来进行确定。如果知道实际重度时，可采用此值。另外，在《盾构隧道设计指南》中，从过去的地铁工程中混凝土管片的设

计实例出发，重度取为 26.5kN/m³。

衬 砌 的 重 度　　　　　　表Ⅰ.2.5

衬砌种类	一次衬砌			二次衬砌	
	混凝土管片	钢管片	铸铁管片	素混凝土	钢筋混凝土
重度	26.0	78.5	72.5	23.5	25.0

2.3 地面超载的影响

地面超载为地面上交通、轨道的荷载或建筑物的基础反力等。在衬砌设计时，必须对地面超载的影响作出合理的评价。地面超载的影响程度，因荷载的种类、隧道的覆土厚度、荷载的位置与范围、建筑物与构造物的基础形式、作为应力传播媒体的地层特性而不同。为此，原则上要考虑土中应力传播特性来评价地面超载的影响。

2.3.1 评价地面超载影响的实例

（1）路面交通荷载

盾构隧道一般多建在道路下面，常将路面交通荷载作为地面超载来考虑。路面交通荷载是路面上行驶汽车的荷重。对路面交通荷载的影响，通常是假定 T-25 满载荷重作用在地表上，在隧道的覆土厚度达到一定程度的前提下，多取 $P_0 = 10kN/m^2$。在浅覆土厚度的情况下，可采用布辛尼斯克（Boussinesq）公式或寇克娄（kogler）公式进行路面荷载的评价。可参考"第Ⅴ篇 参考资料 5. 由路面交通荷载引起的地面超载计算实例"中的相关例子。

在《标准管片》中，因适用此规则的隧道大多建造在道路下面，假定将道路桥设计中所用的 T-25 满载荷重作用在地表上，在采用全覆土土压力时，作为地面超载的影响将 10kN/m² 荷载作用在隧道的顶部。在采用松弛土压力的情况下，将 10kN/m² 荷载作为地面超载来计算松弛土压力。

（2）建筑物等荷载的计算方法

在盾构机通过建筑物正下方，或者在道路的下方但靠近民用住宅时，有必要合理地评价建筑物等荷载带给隧道的影响。

建筑物荷载带给隧道的影响因建筑物与隧道的距离、基础形式、地层条件等不同而异，不能简单地确定。

当建筑物的规模比隧道大，建筑物位于隧道正上方时，不考虑因地中应力传播造成建筑物荷载的减少，多采用将荷载作用在全地表面上的考虑方法。当建筑物的规模比隧道小，建筑物位于隧道的侧面时，在考虑土中应力传播的基础上，多考虑建筑物荷载的影响。但在隧道的左右两侧受到均等或者不均等的荷载作用时，有必要注意选用使隧道设计偏于安全的作用形式。

在明确知道实际重量及基础的设计反力时，建筑物荷载就使用这些数值，但往往不得不根据区域用途、容积率、建筑面积率、建筑物的层数来计算。此时，建筑物荷载的大致标准多取为 20kN/m²/层。

另外，对于大深度隧道，分为都市规划法的第 1 种与第 2 种低层住居专用区域及其以外的区域，按照各自不同的方法进行建筑物荷载的评价。可参考"第Ⅴ篇 参考资料 6. 大深度地下隧道的地面超载计算实例"中大深度地下的定义与建筑物荷载的评价方法。

2.3.2 基于弹性理论的地中应力计算法

因土的应力与应变关系复杂，严密说来，以应力与应变成线性关系为前提的弹性理论不能应用于地层。但当地层支持着结构物时，在地层中产生的应力一般比较小，在这个范围内土的应力-应变关系基本上可以看作呈线性关系，从而可以应用弹性理论。

对土中应力传播的评价在确定大致分布宽度后，有简易计算方法、依据布辛奈斯克（Boussinesq）与威斯特卡德（Westergaard）等理论解的方法、弹性有限元解法等。另外，将地层假定为各向同性体，各种地中应力计算公式及其计算结果的图表列举在土木学会隧道丛书第 6 号《管片设计》[29]中，可以参考。从这些地中应力计算实例的比较可以看出，以弹性理论为基础的方法与简易计算法的计算结果之间有差异，在精度要求比较高的情况下，应该采用以弹性理论为基础的方法或者弹性 FEM 解析。

2.4　地层抗力

地层抗力是作用于衬砌的全部荷载中，相对独立于衬砌变形的垂直土压力、水平土压力及水压力等荷载、设计计算用地层所产生的反力的总称。地层反力通常可以分为独立于地层变形的反力与从属于地层变形的反力。关于前者，一般是作为与已施加荷载相平衡的反力，其分布形状可以预先设定。另一方面，后者是依据诸如文克勒（Winkler）假定等伴随着管片环向地层的位移而发生的。

这些地层反力所发生的范围，分布形状与大小与侧向土压力系数及断面内力的计算紧密相连，考虑方法也各异。以下记述了惯用计算法与地层弹簧模型计算法中对地层反力的考虑方法。

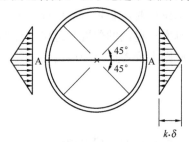

图Ⅰ.2.5　水平方向上的地层抗力
k：水平方向上的地层抗力系数（kN/m³）
δ：A点偏向地层的位移（m）

2.4.1　惯用计算法对地层抗力的考虑方法

在惯用计算法中，与垂直荷载、水平土压力、水压力、衬砌自重及地面超载相对应的地层抗力与地层位移是相互独立的，并为与这些荷载相平衡的均布荷载。因此，当垂直土压力与顶部水压力的和比较小，而底部水压力变大时，在隧道的顶部会产生地层抗力。另一方面，作用在隧道侧面水平方向上的地层抗力基本上认为是伴随着管片环向地层的位移而发生的，在管片环水平直径上下45°的中心角范围内，以水平直径点为顶点的三角形分布的荷载（图Ⅰ.2.5）。在《隧道设计规范》中，使用惯用计算法对断面内力进行计算时，水平方向上的地层抗力系数也可依据地质条件参考表Ⅰ.2.3来进行确定。

2.4.2　地层弹簧模型对地层抗力的考虑方法

在地层弹簧模型计算法中，将由地层位移确定的地层反力作为管片环与地层之间的相互作用，并建立地层的弹簧模型来评价地层抗力。这时，基本上当管片环产生偏向地层的位移时地层表现出受压的力学特性，当产生偏向隧道内侧的位移时地层表现出受拉的力学特性，需要将由这些力学特性所产生的荷载作为地层反力来进行合理的表现。

在欧美等国，采用全周弹簧模型（图Ⅰ.2.6（a））的例子比较多，即将由地层的受压力学特性与受拉力学特性产生的反力二者进行模型化。在日本，采用只考虑地层受压区域地层反力的部分地层弹簧模型（图Ⅰ.2.6（b），图Ⅰ.2.7）的例子比较多。

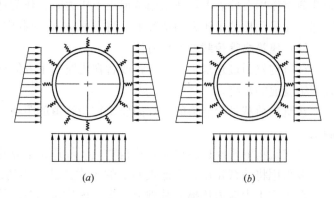

图Ⅰ.2.6　地层弹簧模型实例
（a）全周地层弹簧模型；（b）部分地层弹簧模型

用来评价地层受压力学行为的受压弹簧系数可以参考惯用计算法中地层反力系数来确定，或者假定隧道周围的地层为弹性体，考虑地层的变形系数、泊松比及壁后注浆等影响后来确定。

在惯用计算法中，通过参考地层抗力系数来确定的方法采用了表Ⅰ.2.3及表Ⅰ.2.4中所示的地层抗力系数来计算地层弹簧系数。《隧道设计规范》，《盾构隧道设计指南》及《东京高速公路设计要领》等设计规范基本上都采用了这种方法。

另一方面，将隧道周围地层假定为弹性体来确定的方法，从 Muir Wood，A. M. 理论出发，在考虑壁后注浆层、隧道周围地层各自的变形特性的基础上来计算地层抗力系数。在《铁路设计规范》中采用了这个方法，详细可参考"第Ⅴ篇参考资料 7. 铁路结构物的地层抗力系数计算实例"。

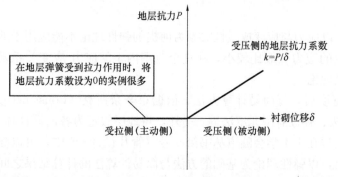

图Ⅰ.2.7　只对受压力学特点进行模型化后的地层抗力设定实例

关于地层反力，在通常的荷载状态下，

考虑切线方向上的地层抗力时，断面内力会变小。从安全设计的角度出发，只采用半径方向上抗力的例子较多。由于邻近施工的影响破坏了作用在隧道上的荷载平衡，切向方向上地层抗力对断面内力变得很重要时，或者使用地层响应法论证地震对隧道横断面的影响时，要考虑切线方向上的地层抗力。根据弹性理论，切线方向上的地层抗力系数取为法线方向上的 1/3。

近年来，采用密闭式盾构机及同步壁后注浆技术的工程在增加。使用密闭式盾构机，再加上正确地使用形状保持装置与千斤顶推力，对过去没有考虑的由管片自重引起的地层抗力也可以加以考虑。在盾构机内拼装好的管片环的力学特性到目前为止还不是很清楚，但在这样的前提条件下，在铁路隧道及公路隧道中往往考虑由自重变形引起的一定程度的地层反力。此外，梁-弹簧模型计算法将地层反力、接头的力学特性作为非线性来进行处理，不考虑由自重变形引起的地层反力时，或考虑地层反力时其大小发生改变时，由自重引起的断面内力不能简单地和外荷载引起的断面内力进行简单的迭加计算，最好能采用逐次解析模型来评价自重和外荷载的作用。

在"第 V 篇参考资料 8. 由管片自重变形引起的地层抗力系数计算实例"中记述了由管片自重变形引起的地层抗力系数计算实例，可以参考。

2.5　施工荷载

将施工时作用于正在拼装或者拼装完成后的管片上的临时荷载总称为施工荷载。过去将施工荷载的影响作为施工过程中的临时荷载，在管片长期安全性的验算中没有考虑施工荷载。但是，近年为了缩减建设费用，降低环境负荷而将隧道断面缩小，只建设一次衬砌的隧道在增加，人们也开始担忧施工中管片受到的损害会降低隧道的耐久性能。另外，由于管片宽度在加宽，管片厚度与分割数的减少，以及接头的简略化，过去没有预想到的对管片的影响因素变得显著。更进一步，在大深度及高水压的施工条件下，千斤顶推力与壁后注浆压力也会变大，导致施工荷载的影响变大。这就要求建立精度更高的验算方法来评价施工荷载的影响。

现在，对施工荷载影响的评价方法的研究在不断地进展，但还不能说已经确立了评价方法。为此，希望能在参考施工实例及实验结果的基础上，慎重地验算施工荷载的影响。另外，关于施工荷载验算方法的实例，可以参考"第 V 篇　参考资料 9. 施工荷载验算方法实例"，关于施工荷载，在日本土木学会·隧道丛书·第 17 号《盾构隧道的施工荷载》[21]中进行了详细论述。

2.5.1　千斤顶推力

千斤顶推力是在盾构机掘进中作用于管片上的临时荷载，为在施工荷载中带给管片影响较大的荷载。一般是将一个千斤顶的推力以偏心轴压力作用在管片上来对千斤顶推力进行验算。

在验算中，将混凝土管片看作承受弯矩与轴力的短柱来计算混凝土的压缩应力，对钢管片要验证纵肋的压缩应力及判断是否有屈曲现象的发生。在钢管片中盾构机一个千斤顶的推力作用于 2 根纵肋上，并不能让纵肋的弱轴承受偏心压力的作用（参考图 I.2.8，图 I.2.9）。

另外，在《标准管片》中提出将盾构机千斤顶的偏心量设为 10mm，在实际的施工中，依据施工条件也有将偏心量设为 30～40mm 的实例。特别在小半径曲线施工时，管片环的变形及千斤顶推力作用方向的变化会造成偏心量变大。另外，对部分环肋高度小

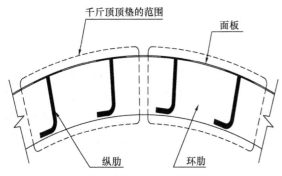

图 I.2.8　纵肋与千斤顶顶垫的配置

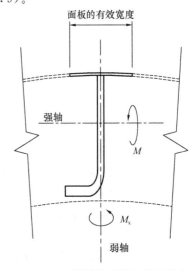

图 I.2.9　对纵肋的强轴与弱轴的弯矩

的钢管片及小半径管片等，由于使用与直线部位不同形状的管片，也会导致作用在管片上的千斤顶的偏心量增大，最好能考虑这些施工条件进行验算。

另外，对小半径曲线施工影响的验算，可参考"第I篇　容许应力设计法 6. 纵断方向上的结构计算"。

2.5.2　壁后注浆压力

对壁后注浆压力作用下管片的验算，在考虑地层条件及施工方法的基础上来确定壁后注浆压力及压力的分布是很重要的。壁后注浆压力一般以比泥水压、泥土压大 $50\sim100\mathrm{kN/m^2}$ 的压力值作为标准。但在注浆孔附近由于受比较大注浆压力的作用，注浆压力也有变为偏心荷载的情形。

在使用半径方向插入 K 型管片时，有必要验算壁后注浆压力是否会造成 K 型管片的脱落，特别是 K 型管片比较大（A，B 型管片尺寸 1/3 以上时）或者 K 型管片接头剪切承载力小时，有必要慎重地验算。另外，对于箱型管片，要对面板及纵肋进行验算来确保施工时构件的安全性。

2.5.3　其他施工荷载

(1)　管片装配器的操作荷载

要将管片装配器的操作荷载用于管片起吊环的验算，同时还要验算管片拼装时管片装配器的操作荷载带给管片各部分的影响。最近，由于对接接头的简单化，管片的大型化，管片拼装的自动化等，促使拼装器向具有更高的拼装能力方向发展。为此，在管片拼装时，由于管片装配器的拉进、下压、旋回、表面移动等操作，望能对冲击进行考虑来确认管片的结构不会产生问题。

在混凝土管片中，起吊孔与注浆孔并用的情况比较多，也有将其作为抓握金属器具和螺栓孔来使用。另外，在施工中也有为后方设备及建筑材料的起吊提供反力支持等功能。在《标准管片》中考虑到这个情况，规定混凝土管片的起吊孔须具有完全可以承受相当于 1 环管片环重量的构造，必须论证起吊环的材料、螺纹的形状、螺纹的深度、锚筋、焊接规格等。

《标准管片》是以外径大约 2~6m 的下水道隧道作为对象，近年随着外径超过 10m 的大断面公路隧道的增加，管片向大宽度化及大型化方向发展，管片的重量也越来越重，这样要求起吊孔具有完全承受 1 环管片环重量的构造是很困难的。在这种情况下，考虑到要验算起吊孔的管片大多是混凝土管片，一般选取构成隧道的管片中最大重量的管片，使起吊孔具有承受其重量的 3~4 倍的构造。

(2)　密封材料的压缩反力

预先将密封材料粘贴在管片上，在拼装管片时通过接头的拧紧，管片装配器，盾构机千斤顶的压力将密封材料封入密封槽中。这时，密封材料在厚度方向受到压缩，将压缩反力作用在管片上。

在混凝土管片中，当密封材料位于管片外边缘或者内边缘，压缩反力过大时，由于密封材料的压缩反力会造成混凝土保护层的开裂、破损或剥离等损伤。在损伤部位，密封材料的封入变得困难，降低了管片的防水性能。为此，在向防水槽中封入密封材料时，要慎重地论证密封材料的体积率、压缩反力及安装位置等。

(3)　其他

对于施工荷载，除了上述荷载以外，还有后方平板车、管片运输平板车及土砂运输车等自重的影响，形状保持装置操作荷载的影响，刀头旋转力的影响，盾尾刷的约束力，盾尾与管片的接触等。一般对这些施工荷载多不作验算，但盾尾与管片的接触可能会对管片带来较大的损伤，有必要进行预防。有必要在综合考虑管片宽度、隧道线形、盾构机设计、施工计划或施工管理等基础上，来考虑防止盾尾与管片接触的对策。

2.6　地震的影响

对地下构造物来说，隧道的质量与建造时所排出土的质量相比是比较小的，所以地震发生时作用在隧道上的惯性力与周边地层上作用的惯性力相比也是比较小的。另外，由于地震动的振动能量会被隧道周围的地层吸收，衰减也很大，不易产生如地上构造物一样因惯性力作用而产生的共振现象。在隧道有一定程度的覆土厚度时，可以认为隧道基本上可以适应地层的变形，对具有很大的覆土厚度、处于良好地层中的隧道，可以认为地震影响是比较小的。

在兵库县南部地震中，盾构隧道虽然受到了一定的损伤，但是和明挖隧道不同，并不认为地震对主体结构造成了影响。这是因为盾构隧道一般是建造在比较深的地层中，构造为比较稳定的圆形及所具有的大量接头可以比较容易地适应地层变形的柔性结构。为此，对大覆土良好地层中的隧道，一般来说，也可以省略对地震影响的验算。但是，对以下情况认为地震的影响达到不能忽视的程度，有必要进行慎重的验算：

在如地中接合部位，分歧部位，竖井接合部位等这些衬砌结构急变的部位，隧道结构与竖井结构的刚度与地震时的力学特性差别很大，和隧道的一般部位相比会产生较大的断面内力。为此，在这些部位要采用可以吸收地震时力学特性差别的结构。如采用可以降低隧道纵向刚度的柔性管片，在环间接头配置弹性垫圈将其变成柔性结构等措施。

与通常的地层位移相比，软弱地层的位移是相当大的，为了使隧道能够适应地层的变形，需要在隧道纵方向上采用柔性结构的措施。

在土质、覆土厚度、基础深度等地层条件急变时，隧道纵断方向上的地层响应差别很大，隧道会产生很大的变形与断面内力。

在小半径曲线施工区间，地震波的入射方向与隧道的方向发生激烈的变化，在隧道纵断向上会产生断面内力。

另外，当隧道位于饱和松散砂质土等地震时可能产生液化的地层中时，地震时约束着管片环变形的地层会发生很大力学特性变化，有必要考虑隧道承受过大浮力作用的情况。

盾构隧道一般为力学性能较好的圆形，即使构件的部分断面内力超过了断面承载力，只要受到周围地层的支持，隧道就不会崩塌。但是，与满足使用目的的隧道所必须具有的功能不同，希望能依据地震规模，设定隧道所受到损害的控制标准来验算隧道的安全性能。

在验算地震影响时，一般将中等规模地震动（1 级地震）作为临时荷载来考虑，提高构件所发生的应力度，相对于材料的容许应力度来进行安全性能的验算。对大规模地震动（2 级地震），从保持隧道内部断面的观点出发，一般容许构件出现局部损伤来进行设计。在验算大规模地震动时，可参照"第 II 篇 极限状态设计法"，合理地考虑构件的非线性性能。

另外，在以多圆断面为代表的圆形以外的隧道中，在中柱等发生超过最大承载力的断面内力时，隧道发生突然崩塌的可能性比较大，有必要在考虑各自结构特性的基础上进行验算。

此外，在土木学会隧道丛书第 19 号《盾构隧道的抗震研究》中详述了盾构隧道的抗震研究，可以参考。

2.6.1 隧道及隧道周围地层稳定性的验算

当隧道位于饱和松散的砂质土等地震时可能产生液化的地层中时，伴随着地震时发生液化后的土层剪切强度的失去，作用在隧道上方的有效荷载会减少，隧道会失去抵抗浮力的反力。因此，在可能发生液化的地层中建造隧道时，有必要论证由于液化而造成隧道的上浮、侧向流动、地震后的地层由于排水固结而导致隧道的沉降以及液化后地层压力的变化在隧道上产生的应力。

关于液化的判定方法，在日本道路协会的《道路桥设计规范 V 抗震设计编》中，列举了液状化抵抗比法，对完全满足如下 3 个条件的地层，要进行地层液化的验算：土层为冲积砂质土，地下水位处于现地表面以下 10m 以内；现地表面以下深度 20m 以内有饱和土层的存在，细粒成分含有率 FC 在 35％以下；或者即使 FC 超过 35％，但塑性指数 I_p 处于 15 以下的地层。平均粒径 D_{50} 处于 10mm 以下，且 10％粒径 D_{10} 处于 1mm 以下。

在选择隧道及隧道周围地层稳定性的验算方法时，必须充分考虑隧道所处的周围环境、土质条件、该地区的液化历史等，特别是地层的粒度分布及相对密度与液化具有密切的关系，有必要对可能产生液化的地层进行专门调查。

2.6.2 地震影响的验算顺序与模型

盾构隧道与周边地层相比，隧道的质量十分小，可以认为地震时隧道的力学行为带给周围地层的影响可以忽略不计。为此，盾构隧道的抗震分析一直以来多采用位移响应法。另外，也会采用通过一次计算就可以得到周围地层与衬砌力学行为的响应震度法以及精度更高、可以把握隧道力学行为的动解析法。

图 I.2.10 与图 I.2.11 系统地表示了隧道横断方向与纵断方向上解析方法的种类。对于表层地基响应值的计算,有反应谱法、一维重复反射理论法及 FEM 动解析法。另外,在选定解析模型时,要依据周围环境及地层条件,充分考虑盾构隧道具有很多接头的结构特性,有必要进行慎重的验算。对于隧道的结构解析,可以使用"5. 横断方向上的结构计算"及"6. 纵断方向上的结构计算"中的结构模

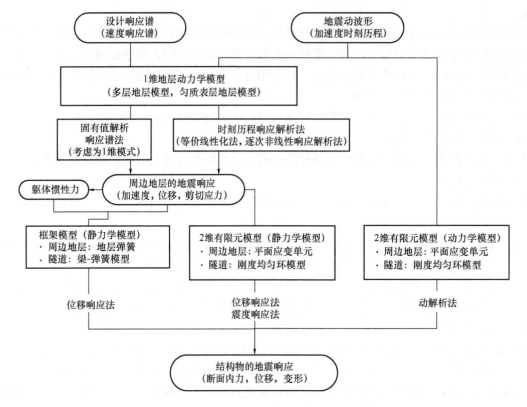

图 I.2.10　隧道横断方向上的抗震分析手法实例

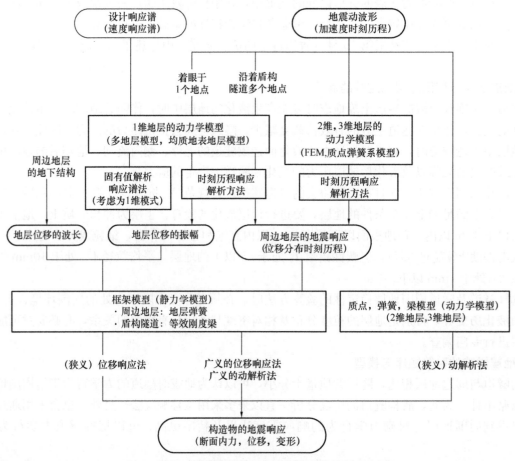

图 I.2.11　隧道在纵断方向上的抗震分析手法实例

型。依据位移响应法对隧道纵断方向与横断方向的断面内力进行计算时，要根据结构计算模型、设计条件等所要求的计算精度，进行合理的选择。另外，在将地层与隧道一起进行解析的有限元模型中，一般是将管片环处理成刚性一样的梁单元，但也有将梁-弹簧模型直接组入有限元模型的例子。

2.7 其他应该考虑的荷载

2.7.1 邻近施工的影响

在预测到盾构隧道完成后其他的构造物要进行邻近施工时，应充分验算邻近结构物及其施工带给隧道的影响，有必要确认施工的安全性。这时的计算并不局限于施工时，如果对衬砌的影响长期残留在衬砌上时，有必要将其作为设计荷载来考虑。在判断出邻近施工的影响较大时，要在合理评价荷载的同时，有必要采用考虑荷载随着时间变化的计算方法来进行评价。表Ⅰ.2.6列出了考虑邻近施工的事例。

邻近施工的影响   表Ⅰ.2.6

	工 况	邻近施工实例	特 征
①	隧道的正上方或其近旁建设新的构造物，地面超载发生很大变化时		为长期作用在隧道上的荷载，有必要作为设计荷载来评价 关于评价方法，参照"2.3地面超载的影响"
②	隧道的正上方，正下方及其近旁受到了开挖影响，垂直土压力与水平土压力等荷载条件及地层特性发生很大变化时		· 施工时所发生的偏压荷载的影响很大 · 望能考虑荷载的随时间变化，探讨合理的设计方法（荷载历史及衬砌应力历史）
③	隧道近旁的地层被扰动，侧向土压力及地层抗力发生很大变化时		长期，短期作用的影响
④	作用在隧道上的水压发生很大变化时		由于地下水的降低，弯矩增加，轴力减少，衬砌变为不利的状态

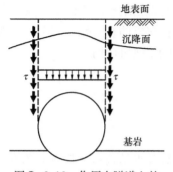

图Ⅰ.2.12　作用在隧道上的
垂直方向土压力概念图[10]

2.7.2　地层沉降的影响

在易发生地层沉降的软弱地层中修建隧道时，有必要验算隧道完成后的地层沉降对隧道的影响。一般情况下，作为地基沉降的影响，多考虑垂直荷载的增加及隧道轴向上的不均匀沉降。

（1）垂直荷载的增加

在软弱地层中修建隧道时，伴随着地层的固结沉降，垂直土压力的增加部分作用在隧道上。固结沉降是由于周边含水层中地下水位的变化引起黏土中孔隙水的移动而造成的土体体积变化。伴随着地层的固结，隧道侧向地层沉降与隧道变形之间产生相对位移，在隧道上方的土块上产生负向摩擦力，从而导致垂直荷载的增加（参照图Ⅰ.2.12）。

由固结沉降引起的垂直荷载与隧道力学特性之间的关系并不明确，但是结构物安全上的重大问题，有必要慎重地论证。

在《铁路设计规范》中，论述了通过有限元分析来确定垂直荷载增加部分的方法，可参考。

（2）隧道纵断方向上的不均匀沉降

在隧道纵断方向上隧道下部固结层厚度发生变化的区域，竖井与隧道的接合部位等，由于不均匀沉降使隧道产生了弯曲变形，在衬砌与环间接头部位可能会产生过大应力。另外，接头部位的开裂会导致隧道的漏水，也会明显损坏隧道的健全性。因此，关于隧道纵断方向上的不均匀沉降的影响，基于通过FEM解析等合理方法所得的沉降量来验算隧道纵断方向上的力学特性，有必要验算衬砌及接头部位的安全性。作为对应措施，可以考虑在接合部采用可动或者柔性结构来防止应力集中（图Ⅰ.2.13）。

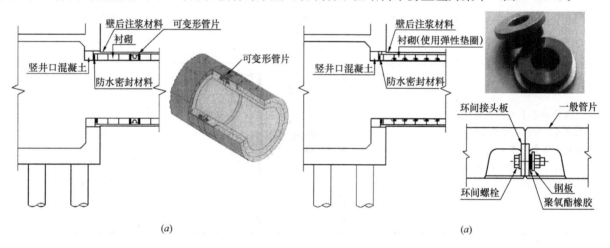

(a)　　　　　　　　　　　　　　　　　　　　　　(a)

图Ⅰ.2.13　竖井与隧道接合部的对策实例
(a) 使用可变形管片时[30]；(b) 使用弹性垫圈时[31]

2.7.3　平行设置隧道的影响

平行设置隧道指在一定的区间内，并行建设有多条隧道的情况。由于各条隧道施工的影响，可以预测到地层的松散区域会变化，由后期施工隧道的开挖而引起地层的位移及壁后注浆压力会对先期施工隧道带来影响。一般来说，隧道的间距超过 $1.0D_0$（D_0 为隧道外半径）时，平行设置隧道间的相互影响会很小，可以忽略不计。另一方面，隧道间的间距处于 $0.5D_0$ 以下时，要充分地进行验算。

近年，由于用地的限制及大断面隧道的建设，平行设置隧道的接近程度有增高的趋势，要充分论证邻近施工的影响，有必要确保隧道结构物的长期安全性。

在多条盾构隧道平行施工时，伴随着后期隧道的施工，先期施工的隧道会受到临时的影响，除此之外周围地层也会受到各条隧道施工的影响。无论是先期施工隧道还是后期施工隧道，长期的土压力与地层抗力等都表现出与单独隧道施工时相异的状况。要注意，这些影响根据隧道周围的地层条件、相互接近程度、位置关系、隧道的直径及施工方法而不同，有必要对这些影响进行适当的评价，并包括是否要对邻近施工的影响进行论证。特别在软弱地层中，可以预测到这些影响会变大，望能更慎重地进行验算。

　　有必要区分后期隧道施工带来的临时影响与对各条隧道施工带来的长期影响，来论证平行设置隧道相互间的影响。

　　临时影响可以考虑为后期施工隧道壁后注浆压力的影响，盾构机的推力带来的偏压，隧道轴向上的影响等。这些影响主要在后期施工隧道的盾构机通过时，在比较短的时间内集中发生。在圆形隧道时，隧道在横向方向上会变成扁平状的管片环，由于从侧面传来的偏压作用使隧道向恢复圆形的方向发展，可以认为其影响是比较小的。但是对矩形断面、长轴在竖向上的椭圆形断面的盾构隧道，可以预测从侧面传来的侧压力使断面的弯矩急剧增加，有必要进行慎重的讨论。一般多采取将预测到的最大荷载从后期施工隧道的一侧作为偏压力作用的评价方法。

　　长期影响可以考虑为后期施工隧道带给前期施工隧道的影响，前期隧道的施工导致地层松动区域的变化而引起作用在后期施工隧道上土压力的变化，隧道之间地层的扰动导致地层反力的变小等。目前还没有建立定量地评价这些影响的方法，但可以参考如图Ⅰ.2.14所示的已经发表的公路隧道及铁路隧道的现场监测结果，从而进行合理的评价。

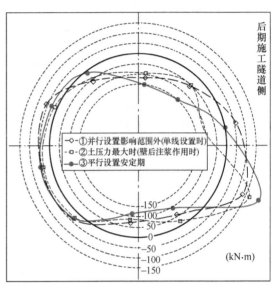

图Ⅰ.2.14　道路隧道中现场监测结果一例[32]

　　后期隧道的施工带给前期施工隧道的影响是通过盾构机的掘进所引起地层的变形来进行的。盾构机的掘进导致隧道周围地层发生位移是主要的原因，可考虑为掘进面前地层的松弛、盾构机通过时地层的松弛、盾尾间隙处地层的松弛等。这些影响都会助长单个隧道在横向方向上的"扁平状"变形，并且其影响长期得不到缓和，有必要在进行合理评价的基础上来考虑邻近施工的影响。另一方面，邻近施工的影响程度因施工状况而变化，对所有施工条件的影响程度进行定量的分析是很困难的。因此，在充分考虑隧道施工条件的基础上，有必要对其影响分别作出评价。

　　一般是采用有限元解析法来对这些影响进行定量评价。在解析时，有必要对开挖面压力的影响及盾尾通过时地层的应力释放进行合理的评价。此外，采用二维 FEM 对三维力学行为进行评价的案例也在增加，对其影响也要做出慎重的判断。依据过去的现场监测数据对解析结果进行论证，有必要注意不能进行过保守或过冒进的评价。特别对那些正在提出、还没有充分通过监测结果验证的计算方法，因可能过小评价平行施工的影响，要充分调查类似的施工实例及监测实例，在对解析方法进行论证的基础上才能使用。

　　此外，在比较良好的地层中进行平行设置隧道的邻近施工时，先期施工隧道的掘进产生了松弛土压力，导致先期施工隧道侧面上的垂直土压力增加。在垂直土压力增加后的地层中进行后期隧道的施工时，地层的松动区域发生了很大变化，和单独设置的隧道相比，不用说作用在先期施工隧道上的荷载，作用在后期施工隧道上的荷载也会变大，有必要加以留意。

　　并行设置隧道的施工扰动了隧道间地层，有必要论证能否得到如单条隧道一样的地层反力。

2.7.4　内部荷载

　　内部荷载是隧道完成后来自隧道内部作用的荷载。当这些荷载作用在衬砌上时也必须保证衬砌结构的安全性。这些荷载依据隧道的使用目的而异，要根据各自的使用目的，进行合理的设定。

　　内部荷载的种类如表Ⅰ.2.7所示。

内　部　荷　载　实　例　　　　　　　　　　　　　　表Ⅰ.2.7

隧道的使用目的	内部荷载实例	对衬砌结构的影响程度
铁路隧道	列车荷载	一般因其影响小可以忽略
公路隧道	汽车荷载（底板反力）	根据底板的结构，有不能忽视的情况
	射流式风机	为集中荷载，不能忽视
水路隧道	内部水压力	影响程度大，不能忽视
共同沟隧道	内部设施荷载	一般因其影响小可以忽略

铁路隧道中的列车荷载虽然它的大小达到无法忽视的程度，但它作用在隧道仰拱上时，考虑到通过充分硬化后的注浆材受到周围地层的支持，一般其影响很小可以忽略不计。

另一方面，关于公路隧道的汽车荷载，在隧道下部采用充填混凝土的路基构造时，和铁路隧道的列车荷载一样可以忽略不计，但在采用底板构造时，底板的反力会集中作用在衬砌局部，有必要在考虑底板支持处结构的基础上进行合理的评价。另外，在道路隧道中设置了很多通风设备与防灾设备。也有必要对这些设备荷载进行合理的考虑。在采用纵流式通风时，要设置很多射流式风机，这些风机多设置在隧道的顶部附近，不能忽视风机的重量带给衬砌的影响。为此，要论证将风机的影响减小到最低的方法，有必要在考虑其影响的基础上对隧道进行分析。

在水路隧道中，依据其流水方式是开放式水路还是密闭式水路，处理方法不同。在开放式水路中，采用和铁路隧道的列车荷载同样的考虑方式，认为没有必要将流水的荷载作为内部荷载来进行考虑。但是，在密闭式水路中，在衬砌的内表面会有内水压的作用。内水压使衬砌所发生的轴力减小，或者依据其大小，衬砌的轴力会变为轴拉力等，给衬砌的安全性带来很大的影响，有必要进行合理的评价。现在，出版了内水压作用下隧道的技术标准《内水压指南》，基本的考虑方法可以参照此书。但是此指南是依据河流法来设定荷载标准与容许应力的，因此将其应用于河流法不适用的隧道构造物时，有必要加以注意。

在以设置共同沟为目的的隧道中，隧道承受着内部设备荷载的作用。但是，一般情况下其荷载比较小，考虑到在安装设备时尽量不产生集中荷载的作用，其影响很小，一般不予考虑。但是，在衬砌上吊装很重的设备时，考虑到与其他设备的关系，采用支持反力集中的支撑结构时，应合理考虑其影响。

2.7.5 其他荷载

到目前为止所介绍的荷载，是在衬砌设计时经常要考虑的荷载，并未涵盖作用在衬砌上的所有荷载。其他的荷载还包括管片的储藏及运输，或者由于特殊的拼装方法而引起的临时荷载，地形及土质状况引起的作用在隧道上的偏压等。

例如，在下水道隧道中设置支管采用分歧结构时，在共同沟隧道为了向地面配线设置检查孔时，或者公路隧道、铁路隧道等在地中进行扩大时，需要在隧道的侧面、顶部、底部设置开口。对圆形隧道由于开口的原因，隧道成为不完整圆结构，需要另外将开口附近的断面内力及开口设置应考虑的荷载，作用在开口附近的加固构件上。此时须分别考虑各自的设计及施工条件，合理地进行论证。

衬砌当然必须能够承受这些特殊的荷载，有必要根据实际情况，合理地设定荷载进行论证。

另外，关于下水道隧道开口处的影响及其设计时应该考虑的荷载，可参考"第Ⅴ篇 参考资料 10.《下水道临时设备设计手册》中的开口部位设计法概要"。

3　材料与容许应力

在本章中，记述了管片所使用的主要材料的种类与规格，其机械性能、弹性模量和容许应力等都摘录于《隧道设计规范》中。在这里没有记述的材料，可参照《隧道设计规范》。

3.1　材料的种类与规格

管片所使用主要材料的种类与规格如表 I.3.1 所示。并且，对《隧道设计规范》中没有规定的材料，必须在确认材料各性质后进行使用。

主要使用材料规格　　　　　　　　　　　　　　　　　　表 I.3.1

种　　类	规　　格	用　　途
管片	JIS R 5210 波特兰水泥 JIS R 5211 高炉水泥	混凝土管片
钢材	JIS G 3101 一般结构用轧制钢材 JIS G 3106 焊接结构用轧制钢材	钢管片，混凝土管片接头板
铸造品	JIS G 5501 灰口铸铁制品	钢铁管片的注浆孔插塞
	JIS G 5502 球墨铸铁制品	铸铁管片
	JIS G 5503 奥氏体回火铸铁制品	混凝土管片的接头金属构件
钢筋与钢绞线	JIS G 3112 钢筋混凝土用钢筋 JIS G 3536 PC 钢丝与 PC 钢绞线	混凝土管片
螺栓，螺母与垫圈	JIS B1180 六角螺栓 JIS B1181 六角螺母 JIS B1256 平垫圈	接头
钢管，插栓	JIS B2301 螺纹可锻铸铁管接头	注浆孔插拴
	JIS B2302 螺纹钢管制管接头	注浆孔插管
	JIS G3444 一般结构用碳素钢钢管	注浆孔
	JIS G3445 机械结构用碳素钢钢管	抓举兼注浆孔
	JIS G3454 压力配管用碳素钢钢管	注浆孔

3.2　材料的机械性能与形状尺寸

以下记述管片主要使用材料的强度特性。

钢材一般使用表 I.3.2 所示的 JIS 规格产品。特别对于焊接结构，一般在使用结构用热轧钢材 SS400 的同时，为了保证焊接性能也多使用焊接结构用热轧钢材 SM490A。关于表 I.3.2 以外的钢材，也可在确认具有 JIS 规格产品相当或者以上的性能后进行使用。关于表 I.3.2 中没有列举的厚度超过 100mm 钢材的屈服点，可参考 JIS 进行确定。

钢材的机械性能　　　　　　　　　　　　　　　　　　表 I.3.2

规　格	记　号	抗拉强度	屈服点或屈服强度（N/mm²）			
			厚度，直径，边与对边的距离（mm）			
			16 以下	16 以上 40 以下	40 以上 75 以下	75 以上 100 以下
一般结构用轧制钢材 （JIS G 3101）	SS400	400～510	245 以上	235 以上	215 以上	215 以上
	SS490	490～610	285 以上	275 以上	255 以上	255 以上
焊接结构用轧制钢材 （JIS G 3106）	SM400A，B	400～510	245 以上	235 以上	215 以上	215 以上
	SM490A，B	490～610	325 以上	315 以上	295 以上	295 以上
	SM490YA，YB	490～610	365 以上	355 以上	335 以上	325 以上
	SM520C	520～640	365 以上	355 以上	335 以上	325 以上
	SM570	570～720	460 以上	450 以上	430 以上	420 以上
焊接结构用轧制钢材 （JIS 规格外：不因板厚屈服点或屈服强度发生变化的钢材）	SM520C-H	520～640	—	—	355 以上	
	SM570-H	570～720	—	—	450 以上	

　　另外，依据《道路桥设计规范及说明Ⅱ钢桥编》，现行 JIS 中钢材的屈服点和极限强度随着板厚的变大而降低。对于这一点，随着屈服点和极限强度不会因板厚而发生变化钢材的制造变为可能，对板厚超过 40mm 的钢材，为了取得设计上的有利条件，可以将其作为屈服点与极限强度不变的钢材来使用。在这种情况下，在钢材的名称（SM520C，SM570 等）后面会附加上"-H"。

　　另外，关于形状、尺寸、质量应依据 JIS G 3192 "热轧型钢的形状、尺寸、质量及其容许误差"，JIS G 3193 "热轧钢板及钢带的形状、尺寸、质量及其容许误差"，JIS G 3194 "热轧条钢的形状、尺寸、质量及其容许误差"来确定。在设计时望能在考虑市场因素的基础上来确定板厚、宽度及长度。表Ⅰ.3.3列举了钢材的典型尺寸。

钢材的代表性尺寸　　　　　　　　　　　　表Ⅰ.3.3

种　类		尺　寸（mm）
钢板	板　厚	2.8，3.0，3.2，3.5，4，6，7，8，9，10，12，14，16，19，22，25，28，32，36，38，40，45，50
	宽度×长度	2100×6096，2438×6096，2438×13000
平钢	板厚 6，9，12mm	宽 75，100，125
	板厚 16，19，22，25mm	宽 75，100

　　铸造品一般使用表Ⅰ.3.4所示的 JIS 规格品。

铸造品的机械性质　　　　　　　　　　　　表Ⅰ.3.4

规　格	记　号	抗拉强度（N/mm²）	屈服点或屈服强度（N/mm²）	伸长率（%）
碳素钢铸钢品 JIS G 5101	SC450	450 以上	225 以上	19 以上
灰口铸铁品 JIS G 5501	FC200	200 以上	—	—
	FC250	250 以上	—	—
球墨铸铁品 JIS G 5502	FCD450-10	450 以上	280 以上	10 以上
	FCD500-7	500 以上	320 以上	7 以上
奥氏体回火球墨铸铁制品 JIS G 5503	FCAD900-8	900 以上	600 以上	8 以上
可锻造铸铁品 JIS G 5705	FCMB27-05	270 以上	165 以上	5 以上

　　棒钢的机械性质如表Ⅰ.3.5所示。在管片中的应用实例中，多为 SD345 及 SD295A 棒钢。表Ⅰ.3.6表示了异形棒钢的尺寸。

钢筋的机械性能　　　　　　　　　　　　表Ⅰ.3.5

规　格		记　号	抗拉强度（N/mm²）	屈服点（N/mm²）
钢筋混凝土用钢筋 JIS G 3112	热轧钢筋	SR 235	380～520	235
		SR 295	440～600	295
	热轧异形钢筋	SD 295A	440～600	295
		SD 295B	440 以上	295～390
		SD345	490 以上	345～440
		SD390	560 以上	390～510
		SD 490	620 以上	490～625

异形钢筋的尺寸、质量　　　　　　　　　　　　　　　表 I.3.6

名　称	公称直径 (mm)	公称周长 (cm)	公称断面面积 (cm²)	单位长质量 (kg/m)	名　称	公称直径 (mm)	公称周长 (cm)	公称断面面积 (cm²)	单位长质量 (kg/m)
D10	9.53	3.0	0.7133	0.560	D29	28.6	9.0	6.424	5.04
D13	12.7	4.0	1.267	0.995	D32	31.8	10.0	7.942	6.23
D16	15.9	5.0	1.986	1.56	D35	34.9	11.0	9.566	7.51
D19	19.1	6.0	2.865	2.25	D38	38.1	12.0	11.40	8.95
D22	22.2	7.0	3.871	3.04	D41	41.3	13.0	13.40	10.5
D25	25.4	8.0	5.067	3.98	D51	50.8	16.0	20.27	15.9

　　依据 JIS 等级，一般采用加工程度为普通，螺纹等级为 8g 的螺栓、螺母及垫圈。另外，管片中使用的螺栓，不是摩擦接合，而以抗拉接合为主体，一般在采用 JIS B1051 中规定产品的同时，大多使用表 I.3.7 中所示的螺栓。在这种情况下，依据表 I.3.8（JIS B1256）使用和螺栓强度相匹配的垫圈。

钢制六角形螺栓的机械性质　表 I.3.7

规　格	强度等级	抗拉强度 (N/mm²)	屈服点或屈服强度 (N/mm²)
六角形螺栓 JIS B 1180	4.6	400	240
	6.8	600	480
	8.8	830	660
	10.9	1040	9040

平垫圈的硬度　　表 I.3.8

螺栓强度等级 （ ）内为螺母强度等级	平垫圈硬度等级
4.6（4 或 5）	100HV
6.8（6）	140～200HV
8.8（8）	200～300HV
10.9（10）	

　　注：关于强度等级的数值，整数部分表示抗拉强度，小数部分表示屈服点与抗拉强度的比。

　　在拧紧螺栓时，大多采用的拧紧方法要使螺栓得到相当于容许应力 80%～100% 的轴力。关于拧紧方法，一般是利用依据螺栓的轴力与拧紧扭矩成比例的关系来控制拧紧设备的拧紧扭矩从而得到所定轴力的扭矩法。拧紧扭矩与螺栓轴力的关系如下式所示。式中的扭矩系数依据螺栓的表面处理而不同，多采用 0.10～0.25 之间的数值。

$$T = k \cdot d \cdot N$$

这里，T：螺母的拧紧扭矩（N·m）；

　　　　k：扭矩系数；

　　　　d：螺栓的公称直径（m）；

　　　　N：螺栓轴力（N）。

钢制六角形螺栓的形状　　　　　　　　　　　　　　　表 I.3.9

螺栓名称	外　径 (mm)	有效断面面积 (mm²)	轴断面面积 (mm²)	螺栓名称	外　径 (mm)	有效断面面积 (mm²)	轴断面面积 (mm²)
M16	16	157	201	M33	33	694	855
M20	20	245	314	M36	36	817	1018
M22	22	303	380	M39	39	976	1195
M24	24	353	452	M42	42	1120	1385
M27	27	459	573	M45	45	1310	1590
M30	30	561	707	M48	48	1470	1810

　　另外，考虑到拼装误差，有必要在螺栓与螺栓孔之间预留一定的空余。表 I.3.10 表示了管片之间的接头采用短螺栓与中子型管片采用长螺栓时的螺栓孔的标准孔径。但即使使用长螺栓的，将配管作为螺栓孔来埋入的情况下，也应按照短螺栓来处理。螺栓孔的空余太小时，管片的拼装变得困难；另一方

面，空余太大时管片会产生较大的错位，导致施工荷载的影响变大，有必要加以注意。

螺栓的名义直径与螺栓孔直径的关系　　　　　　　　　　　表Ⅰ.3.10

螺丝的名义直径		16	18	20	22	24	27	30	33	36
螺栓孔直径* (mm)	短螺栓	19	21~23	23~25	25~27	27~29	30~32	33~35	36~38	39~41
	长螺栓（中子形等）	—	—	—	—	—	32~33	35~38	38~41	

＊ 最窄部分的孔径

管片注浆孔及起吊孔所使用的钢管多使用表Ⅰ.3.11所示的材料。

钢管的机械性质　　　　　　　　　　　　　　　表Ⅰ.3.11

规　　格	记　　号	抗拉强度 （N/mm²）	屈服点或屈服强度 （N/mm²）
一般结构用碳素钢钢管 JIS G 3444	STK400	400 以上	235 以上
机械结构用碳素钢钢管 JIS G 3445	STKM13A STKM14A	370 以上 410 以上	215 以上 245 以上

3.3　材料的弹性模量与泊松比

在容许应力设计法中，管片环的非静定力及弹性变形计算中所用混凝土的弹性模量，根据其设计强度选用表Ⅰ.3.12中的数值。这些数值出典于《钢筋混凝土设计规范（1980年版）》[33]，考虑到过去的设计实例，最近的研究及衬砌的安全性能所确定的数值，这与极限状态设计法中所使用的弹性模量是不同的，有必要加以注意（参见表Ⅱ.4.12）。在使用表Ⅰ.3.12所示设计强度以外的混凝土，$\sigma_{ck}=42\sim60$ N/mm² 时，对表Ⅰ.3.12中的数值可采用线性插值的方法。在采用此设计强度范围以外的混凝土时，在考虑衬砌安全性的基础上，需要参考抗压试验来进行确定。另外，在进行应力计算时将混凝土的弹性模量取为14N/mm²（钢与混凝土的弹性模量比 $n=15$）。

管片混凝土的弹性模量　　　　　　　　　　　表Ⅰ.3.12

设计标准强度 σ_{ck}（N/mm²）	42	45	48	51	54	57	60
弹性模量 E_c（kN/mm²）	33	36	39	42	45	47	48

此外，钢，铸钢及球墨铸铁的弹性模量如表Ⅰ.3.13所示。材料的泊松比如表Ⅰ.3.14所示。

钢，铸钢及球墨铸铁的弹性模量　表Ⅰ.3.13

材　　料	弹性模量（kN/mm²）
钢与铸钢 E_s	210
球墨铸铁 E_d	170

泊　松　比　　　表Ⅰ.3.14

材　　料	泊　松　比
混凝土 ν_c	0.17
钢与铸钢 ν_s	0.30
球墨铸铁 ν_d	0.27

3.4　容许应力

本节记述管片所用材料的基本容许应力。另外，对这里没有列出的强度等级的容许应力，有必要依据实验与计算等合理地进行确定。详细参考《隧道设计规范》。

（1）管片混凝土与钢筋

管片混凝土的容许应力以表Ⅰ.3.15，钢筋的容许应力以表Ⅰ.3.16为基本依据。另外，关于考虑裂缝宽度后钢筋容许应力的减少，参照"8.3 裂缝验算"。

管片混凝土的容许应力（N/mm²）　　　　　表Ⅰ.3.15

设计标准强度		σ_{ck}	42	45	48	51	54	57	60
容许抗弯压应力		σ_{ca}	16	17	18	19	20	21	22
标准容许剪切应力	抗弯剪切[*1]	τ_a	0.73	0.74	0.76	0.78	0.79	0.81	0.82
容许粘结应力（异形钢筋）		τ_0	2.0	2.1	2.1	2.2	2.2	2.3	2.3
容许局部受压应力	全断面加载时	σ_{ba}	15	16	17	18	19	20	21
	局部加载时[*2]	σ_{ba}	$\sigma_{ba} \leq 1/2.8 \cdot \sigma_{ck}\sqrt{A/A_a}$　但 $\sigma_{ba} \leq \sigma_{ck}$						

* 1. τ_a 为管片的有效高度 $d=20$cm、抗拉钢筋比为 1% 计算出来的数值，要通过以下方式来进行修正。

　① 通过有效高度与抗拉钢筋比进行修正。

　　乘以由下式计算所得的 α，来进行修正。

　　$\alpha = \sqrt[3]{p_w} \times \sqrt[4]{20/d}$

　　这里，p_w：钢筋比（%）

　　　　　d：有效高度（cm）

　　但 $p_w \leq 3.3\%$，$d \geq 20$cm，$d < 20$cm 时取 $d=20$cm 来求。

　② 容许剪切应力的增加

　　在管片上同时有弯矩与轴向压力作用时，可乘以由下式所计算的系数 β_n 来进行增加。

　　$\beta_n = 1 + M_0/M_d \leq 2$

　　这里，M_d：设计弯矩

　　　　　M_0：在设计弯矩 M_d 的抗拉侧，为抵消轴力所引起的应力而必需的弯矩。

* 2. A 为混凝土的局部承压分布面积，A_a 为图Ⅰ.3.1中承受局部压力的面积。

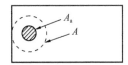

图Ⅰ.3.1　局部受压分布

钢筋的容许应力（N/mm²）　　　　　表Ⅰ.3.16

钢筋的种类	SR235	SR295	SD295A，B	SD345	SD390
容许应力（N/mm²）	140	180	180	200	220

（2）钢材的容许应力

　　钢材及焊接部的容许应力以表Ⅰ.3.17～表Ⅰ.3.19作为基本依据。表Ⅰ.3.17总结了没有考虑屈曲时的钢材容许应力。另外，在考虑屈曲时，表Ⅰ.3.18列举了考虑环肋等构件的局部屈曲后的数值，表Ⅰ.3.19列举了考虑纵肋等屈曲后的数值。但是，一般认为环肋的板厚不受局部屈曲的影响。另外，对不同强度的钢材进行接合时，要采用两者中强度小的数值。

钢材及焊接处的容许应力（N/mm²）　　　　　表Ⅰ.3.17

应力的种类		种类	SS400 SM400 SMA400 STK400	SM490 STK490	SM490Y
结构用钢材	容许抗拉强度	轴方向应力	160	215	240
		受弯应力			
	容许抗压强度	轴方向应力			
		受弯应力			
	容许剪切应力	对全断面	90	125	140
	容许局部受压应力	钢板与钢板	220	300	336
焊接部位	工场焊接 坡口焊接	容许抗拉应力	160	215	240
		容许抗压应力			
		容许抗剪应力	90	125	140
	角焊	焊道方向容许抗拉、抗压应力	160	215	240
		焊缝厚度方向上的容许抗拉、抗压、抗剪应力	90	125	140
	现场焊接		原则上取上述数值的90%		

钢管片局部屈曲容许应力（N/mm²） 表Ⅰ.3.18

钢　种	不受局部屈曲影响时		受局部屈曲影响时	
	宽厚比 （板宽/板厚）	容许应力 （N/mm²）	宽厚比 （板宽/板厚）	容许应力 （N/mm²）
SS400 SM400	$\dfrac{h}{t_r \cdot f \cdot K_r} \leqslant 13.1$	160	$13.1 \leqslant \dfrac{h}{t_r \cdot f \cdot K_r} \leqslant 16$	$27200 \cdot \left(\dfrac{t_r \cdot f \cdot K_r}{h}\right)^2$
SM490A	$\dfrac{h}{t_r \cdot f \cdot K_r} \leqslant 11.2$	215	$11.2 \leqslant \dfrac{h}{t_r \cdot f \cdot K_r} \leqslant 16$	$27200 \cdot \left(\dfrac{t_r \cdot f \cdot K_r}{h}\right)^2$

$$f = 0.65\varphi^2 + 0.13\varphi + 1.0 \qquad \varphi = \frac{\sigma_1 - \sigma_2}{\sigma_1}(\sigma_2 \leqslant \sigma_1 \text{ 受压为正}) \qquad K_r = \sqrt{\frac{2.33}{(l_r/h)^2} + 1.0}$$

这里，l_r：环肋的屈曲长度（mm）（纵肋的净间隔或纵肋与环间螺栓的间隔）

h：环肋的高度（mm）

t_r：环肋的板厚（mm）

f：依据应力斜率进行修正

K_r：屈曲系数比

σ_1，σ_2：环肋的边缘应力（N/mm²）

钢材的屈曲容许应力（N/mm²） 表Ⅰ.3.19

应力的种类　　钢　种		SS400，SM400 SMA400，STK400	SM490，STK490	SM490Y	
轴方向 应力		$0 < l/r \leqslant 9 : \sigma_{sca}$ $9 < l/r \leqslant 130 :$ $\sigma_{sca} - 0.91(l/r - 9)$	$0 < l/r \leqslant 8 : \sigma_{sca}$ $8 < l/r \leqslant 115 :$ $\sigma_{sca} - 1.42(l/r - 8)$	$0 < l/r \leqslant 8 : \sigma_{sca}$ $8 < l/r \leqslant 105 :$ $\sigma_{sca} - 1.68(l/r - 8)$	①*1
压应力， 全断面	受弯应力	(1) 强轴受弯时，代替上述的 l/b 采用下式所示的等效长细比 $(l/r)e$ $$(l/r)e = F \cdot l/b$$ 这里，I形断面时 $F = \sqrt{12 + 2\beta/\alpha}$ 箱形断面时 $$\beta < \beta_0 : F = 0$$ $$\beta_0 \leqslant \beta < 1 : F = \frac{1.05(\beta - \beta_0)}{1 - \beta_0}\sqrt{3\alpha + 1} \cdot \sqrt{b/l}$$ $$1 \leqslant \beta < 2 : F = 0.74\sqrt{(3\alpha + \beta)(\beta + 1)} \cdot \sqrt{b/l}$$ $$\beta \geqslant 2 : F = 1.28\sqrt{3\alpha + \beta} \cdot \sqrt{b/l}$$ $$\beta = \frac{14 + 12\alpha}{5 + 21\alpha}$$ U形断面时 $$F = 1.1\sqrt{12 + 2\beta/\alpha}$$ (2) 弱轴受弯时，σ_{sca}			②*2

　*1. ①中的 l 为构件的屈曲长度，r 为对指定轴总断面的惯性半径；

　*2. ②中的 l 为翼缘固定点的间距，对I形断面，b 为翼缘宽度，对箱形断面与U形断面，b 为腹板中心间隔。α 为翼缘厚度（t_f）
　　与腹板厚度（t_w）的比（t_f/t_w），β 为腹板高度（h）与翼缘宽度（b）之比（h/b）。

　　表Ⅰ.3.17～表Ⅰ.3.19 中抗拉与抗压的基本容许应力，是对厚度 16mm 以下钢材的屈服强度，安全系数取为 1.5 时所确定的数值。盾构隧道是地中构造物，认为并不承受活荷载的作用，所以设定的安全系数偏小。另外，如表Ⅰ.3.2 所示，钢材的屈服点随着板厚的增加而减小，在扩口处等区域，使用厚度超过 16mm 的钢材时，需要按照钢材的种类、屈服强度对容许应力进行合理的设定。另外，在《标准管片》中最大板厚为 22mm，所以将表Ⅰ.3.17～表Ⅰ.3.19 作为基本依据。

　　近年，超过钢材 SM490A 的高强度钢 SM490Y，SM520C，SM570 开始应用于钢管片环肋。在《隧道设计规范》中没有给出这些材料的容许应力，在"第Ⅴ编 参考资料 11. 高强度钢材的容许应力（草案）"中列举了高强度钢材容许应力设定的例子，可参考。

(3) 球墨铸铁

铸铁管片中所使用的球墨铸铁的容许应力以表 I.3.20～表 I.3.22 作为基本依据。球墨铸铁的一个特点就是抗压缩强度比抗拉强度大，考虑到过去的设计实例，容许抗弯受拉应力对极限应力的安全系数取为 1.7，容许抗弯受压应力比容许抗弯受拉应力增加 2 成。在将其他种类的材料应用于接头或起吊环时，有必要另行设定合理的容许应力。表 I.3.20 为没有考虑屈曲时的数值。

球墨铸铁的容许应力　　　　　　　　　　　　表 I.3.20

种　类 应力类别	FCD450-10	FCD500-7
容许受弯拉应力	170	190
容许受弯压应力	200	220
容许剪切应力	110	130

球墨铸铁的屈曲容许应力　　　　　　　　　　表 I.3.21

钢　种 类　　别	FCD450-10	FCD500-7
容许轴向应力	$0 < l/r \leqslant 7 : 200$ $7 < l/r \leqslant 105 :$ $200 - 1.42(l/r - 7)$	$0 < l/r \leqslant 7 : 220$ $7 < l/r \leqslant 100 :$ $220 - 1.63(l/r - 7)$

注：l 为构件的屈曲长度；r 为相对于指定轴总断面的惯性半径。

铸铁管片的局部屈曲容许应力　　　　　　　　表 I.3.22

种　类	不受局部屈曲影响时		受局部屈曲影响时	
	宽厚比 （板宽/板厚）	容许应力 （N/mm²）	宽厚比 （板宽/板厚）	容许应力 （N/mm²）
FCD450-10	$\dfrac{h}{t_r \cdot f \cdot \sqrt{K}} \leqslant 15.2$	200	$15.2 < \dfrac{h}{t_r \cdot f \cdot \sqrt{K}} \leqslant 21.7$	$46500 \cdot K \cdot \left(\dfrac{t_r \cdot f}{h}\right)^2$
FCD500-7	$\dfrac{h}{t_r \cdot f \cdot \sqrt{K}} \leqslant 14.3$	220	$14.3 < \dfrac{h}{t_r \cdot f \cdot \sqrt{K}} \leqslant 20.5$	$46500 \cdot K \cdot \left(\dfrac{t_r \cdot f}{h}\right)^2$

$$f = 0.65\varphi^2 + 0.13\varphi + 1.0 \quad \varphi = \frac{\sigma_1 - \sigma_2}{\sigma_1}(\sigma_2 \leqslant \sigma_1 \text{ 压为正})$$

$$K = \frac{4}{\alpha^2} + \frac{40}{3\pi^2} + \frac{15\alpha^2}{\pi^4} - \frac{20\upsilon}{\pi^2}(\alpha \leqslant 2.26), K_{\min} = 2.37(\alpha = 2.26)$$

这里，l_r：环肋的屈曲长度

　　　h：环肋的高度

　　　t_r：环肋的厚度

　　　f：依据应力斜率的修正值

　　　K：屈曲系数

　　σ_1，σ_2：环肋的边缘应力

　　　α：l_r/h

将铸铁应用于中柱等受压构件时，有必要对全体屈曲进行验算，参考《铁路设计规范》中所示的钢材容许屈曲应力来进行确定。对考虑屈曲的容许应力，纵肋采用表 I.3.21，环肋采用表 I.3.22。

过去，因采用一体化成型的方法来制造铸铁管片可以保证足够的强度，所以省略了对局部屈曲的验算。但是，近年伴随着大断面隧道的发展，管片向大型化方向发展，设计方法也向极限状态设计法转移，《隧道设计规范》新增并明确记述了局部屈曲应力度的计算方法及其容许应力。对铸铁管片局部屈曲的考虑方法请参照 "第 V 编　参考资料 18. 极限状态设计法的参考资料"。

(4) 螺栓

螺栓的容许应力度是参考《道路桥设计规范及说明 II 钢桥编》中加工完成后螺栓的容许应力来设定的，以表 I.3.23 为基本依据。另外，表 I.3.23 所示的螺栓容许应力是在考虑多个螺栓配置时的杠杆反力后，除以安全系数 1.25 后的数值（参照图 I.7.4）。为此，在没有杠杆反力发生时，也可以将表

Ⅰ.3.23所示的容许拉应力值乘以 1.25 倍后使用。此外，杠杆反力的大小因螺栓的配置及接头板形状而异，在处理时有必要加以注意。

另外，螺栓的容许剪切应力应根据剪切应变能量学说，在不考虑杠杆反力影响时，取为基准容许拉应力 1.25 倍的 $1/\sqrt{3}$。

螺栓的容许应力　　　　　　　　　表Ⅰ.3.23

应力类别 ＼ 钢种	4.6	6.8	8.8	10.9
容许抗拉应力	120	210	290	380
容许抗剪应力	90	150	200	270

3.5　容许应力的提高

对施工荷载、地震的影响、邻近施工的影响、管片的储存及运输或者由特殊拼装方法引起的荷载等临时荷载，一般是按照如下的方法对"3.4 容许应力"中所示的容许应力进行提高。

① 对混凝土与钢筋，将其容许应力的 50% 作为上限。

② 对钢材与球墨铸铁，将其屈服点及极限强度作为上限。

③ 对螺栓，将其容许应力的 50% 作为上限。

④ 对焊接部位，将其容许应力的 50% 作为上限。

但是，在提高混凝土构件的容许剪切应力时，有必要考虑其破坏特性，慎重地进行验算。

4 管片形状与接头结构

盾构隧道的断面形状，除了圆形，还有马蹄形、矩形、多圆形、椭圆形、多心圆形等施工实例，在这里对应用实例最多的圆形断面进行论述。

4.1 管片外径与隧道内径

管片外径是在考虑使用目的和施工所需条件的基础上所确定的隧道内径加上衬砌厚（管片高度，二次衬砌厚度）来决定的。管片的外半径尺寸是隧道设计中最基本的要素，在《标准管片》中外径的规格化是管片标准化的基础。依据隧道的用途，基于以下的考虑方式来决定所需的隧道内径。

(1) 铁路

在决定内断面时，需要考虑的因素除车辆限界，建筑限界及其扩大量以外，还有二次衬砌的有无、为了维护管理所需的空余、轨道结构、维护时的避险空间、列车电线、信号通信、照明、换气及排水等各设备所需要的空间及盾构工程的施工误差（上下左右的蛇行，变形及沉降等）。关于施工误差，一般预测为从隧道中心上下左右各取 50～150mm，但有必要考虑开挖断面的大小、地层条件、盾构机的操作性、二次衬砌的有无、隧道线形等施工条件后决定。在不设二次衬砌的情况下，隧道断面会缩小，从隧道长寿命化的观点出发，在设计阶段通过假设二次衬砌的方式来确保将来的加固空间。在图Ⅰ.4.1中表示了单线与复线隧道的例子。

(2) 道路

根据道路建造法中所规定的对应于公路等级的建筑限界与道路设备（避难通路与紧急出口，维护检查用通路，换气管道及射流式风机及排烟设备用空间，消火栓，紧急电话等防灾设备，电缆设置空间等管理设备，照明设备，监视设备，标示等附属设备等）来决定内断面，还要考虑盾构施工误差（蛇行，变形及沉降），维修与加固所需的空间，内部装饰及防火材料的安装空间等富余量。富裕空间要针对主要原因，不是单纯的叠加，必须在对施工性能、经济性能、耐久性能综合论证的基础上决定。不设二次衬砌的情况下，富余量一般多取为 50～150mm。

对于使用山岭隧道施工方法的道路隧道，在遵守道路建造法的同时，多将路肩缩小，在一定的间隔上设置紧急停车带，一般部位的内净空断面尽可能地设计小。这样在紧急停车带区间，必须对断面进行局部拓宽。但盾构隧道断面的拓宽不仅受到结构影响，还受到建设费用、施工性能、工期等因素的制约，所以要论证将紧急停车带看作全路肩的断面，有必要综合各种因素来决定隧道的内断面。图Ⅰ.4.2表示了道路隧道断面的例子。

(3) 下水道

按照在容许流速下将设计流量没有延迟流走的原则来决定隧道的内净空断面，在盾构隧道中一般设置二次衬砌。二次衬砌的施工有采用模板浇筑混凝土的方法，也有设置 FRPM 管等内插管，向管片内表面与内插管外表面之间的空隙中注入充气砂浆等充填材的方法。另外，为了将污水和雨水分离，将内断面进行分割时，多采用设置隔墙的复数断面。

近年来，一般情况下不设二次衬砌的盾构隧道变多了，但在下水道隧道中对存在硫化氢及药品等特殊环境条件下有必要采取防腐蚀措施，不设二次衬砌时需要特别注意。在不进行现场浇筑二次衬砌的施工时，有对一次衬砌进行防腐层施工和不进行防腐层施工的方法。根据下水道隧道的使用环境来决定其适用范围。另外，在一次衬砌上设置防腐层时，可以确保钢筋的保护层厚度，虽然在结构计算上不能提高极限承载力，但是在将来可以按照环境条件设置防腐层，或者在隧道内表面覆盖带有防腐蚀性能的材料。此外，在一次衬砌即使不设置防腐层，为了保证耐久性能，要论证必需的钢筋保护层厚度，确保达到规定量。图Ⅰ.4.3表示了下水道断面的例子。

(4) 给水管

除了部分引水路外，大多是压力管道，因为在一次衬砌内侧仅靠二次衬砌无法承受水压力的作用，需要在隧道内部配置球墨铸铁管或钢管，图Ⅰ.4.4表示了这种代表性方法。在内部设置水管时，为了

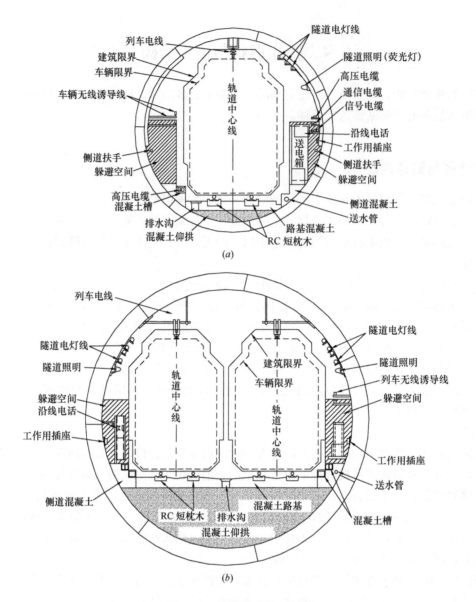

图Ⅰ.4.1 铁路隧道断面实例

(a) 单线隧道设施构造实例；(b) 复线隧道设施构造实例

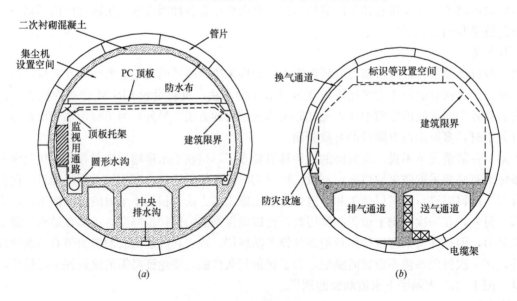

图Ⅰ.4.2 道路隧道断面实例

(a) 直径14m级时；(b) 直径12m级时

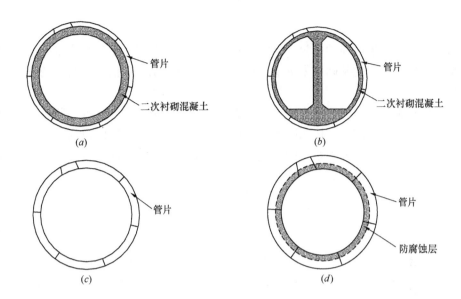

图Ⅰ.4.3　下水道断面实例

（a）一般断面；（b）复断面；（c）一次衬砌不设防腐蚀层的方法；（d）一次衬砌设有防腐蚀层的方法

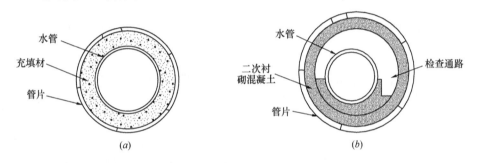

图Ⅰ.4.4　上水道断面实例

（a）充填方式；（b）检查通路方式

防止振动与浮力，多采用固定带将其固定。

关于充填方式，在一次衬砌内部配置水管后，有采用在一次衬砌与二次衬砌之间充填混凝土的填充方法。内净空断面多比水管的外径大650～700mm，除配管作业所需的空间以外，还要从曲线处的轨道设备及防止可燃性煤气的通风管道所需空间等施工条件来决定，要加以注意。

检查通路方式是将隧道内的水管与检查通路并行设置的方法。一次衬砌建造后，采用厚度200～300mm左右的混凝土来浇筑二次衬砌。为了确保检查通路的宽度在750mm以上，二次衬砌的内断面比水管直径大1.5～2.0m。

（5）电力

作为盾构隧道的利用形态，有如图1.4.5所示的洞道式及管路式。洞道式的内净空断面要在考虑电缆及吸收电缆所发出热量的冷水管、换气空间、照明与排水设备等空间及通路空间的基础上来决定。从容纳电缆的条数、配置及铺线作业空间来决定管路方式的内断面。

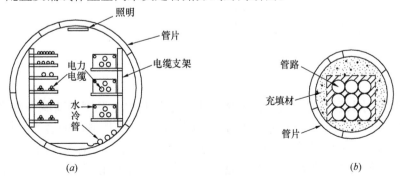

图Ⅰ.4.5　电力隧道断面实例

（a）洞道式；（b）管路式

(6) 通信

内净空断面是在考虑容纳电缆的条数、电缆放置金属架台、照明、换气、排水等放置空间及检查通路、电缆布设及连接作业空间的基础上来决定。在图1.4.6中表示了通信隧道断面的例子。

(7) 煤气管道

作为在隧道内配置钢管等耐压管的方法，其代表性方法有充填方式与检查通路方式，如图1.4.7所示。充填方式是在构筑一次衬砌后，按照顺序搬入焊接钢管等煤气管，在隧道内进行配管，然后向一次衬砌与煤气管之间的孔隙中充填入砂浆、砂、气泡水泥浆形成隧道的方法。其一次衬砌的内径，在考虑配管的焊接空间与隧道的蛇行裕量后，比煤气管直径大1300～1500mm左右。

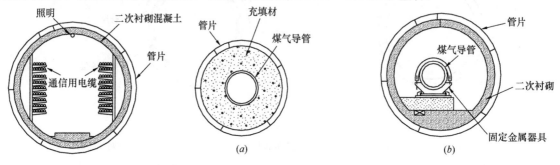

图Ⅰ.4.6　通信隧道断面实例　　　　　图Ⅰ.4.7　煤气导管隧道断面实例
　　　　　　　　　　　　　　　　　　　　（a）充填方式；（b）点检通路方式

检查通路式是首先建造一次衬砌，然后构筑为了安装内部附属设备的二次衬砌，最后对焊接钢管等煤气管进行配管形成隧道的方法。其一次衬砌的内径比煤气导管的口径大1900～2100mm左右。

(8) 共同沟

内净空断面是根据电力电缆的电压与条数、通信电缆的条数、给水道、下水道及煤气管的管径等各公益事业单位的收容物件的组合来决定，还有必要考虑隧道本身及所有物件的维护管理空间（通路宽度、换气及照明、附属设备等）及将来的维修作业用空间。在图Ⅰ.4.8中表示了共同沟的例子。一般并不将隧道内的隔墙作为结构物来考虑，在不设二次衬砌的情况下，各公益事业单位使用预制板来分隔各自的空间。另外，在并行设置煤气管时，原则上使用隔墙来进行分离，附属设备具有防爆功能。

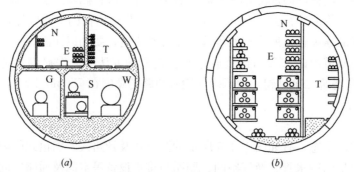

图Ⅰ.4.8　共同沟断面实例
（a）设有二次衬砌时；（b）只有一次衬砌时
T，N：通信部门；E：电力部门；G：煤气部门；W：自来水部门；S：公共下水道管理者

4.2　管片高度（厚度）

针对隧道断面的尺寸及管片的种类，主要依据土质条件及覆土厚度等荷载条件来决定管片的高度（厚度，以下称为高度）。也有根据隧道的使用目的及施工性能、二次衬砌的有无、接头形式等来决定。在图Ⅰ.4.9中表示了管片环外径与管片高度/外径的实例。根据过去的施工实例，管片的高度大致是管片环外径的4%左右，但近年在良好地层中的施工实例中，也有采用4%以下的案例。在这种情况下，有必要对耐久性及施工荷载的处理进行慎重的研究。

近年，为了达到不设二次衬砌的目的，开始使用预先附加防腐蚀层的混凝土管片。在这种情况下，

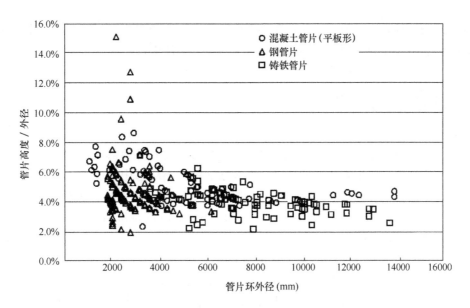

图Ⅰ.4.9　管片外径与管片高度/外径的实例

一般采用包含防腐蚀层在内的管片高度来确定断面力学参数，计算断面内力，采用除去防腐层后的管片高度来计算应力，在设计计算中有必要加以注意。

4.3　管片宽度

从运输拼装的简单化、隧道曲线空间的施工性能、盾尾的长度出发，希望采用宽度小的管片。另一方面，为了降低管片单位长度的制造成本，减少容易造成漏水等弱点的接头数、接头总长度及螺栓数，及为了拼装次数的减少而缩短工期等，希望采用宽度大的管片。因此，要根据隧道断面，考虑到施工实例，在经济指标、施工性能的基础上来决定管片宽度。

在日本，根据过去的施工实例，管片宽度有变大的趋势，虽然管片宽度也要依据隧道断面而定，但管片宽度在300～1600mm范围内，也有正处于施工中管片宽度为2000mm的事例。在《标准管片》中，到目前为止对宽度为1000mm的管片进行了标准化，但在2001年的修正中，对外径2750mm以上的钢管片，外径4050mm以上的混凝土管片，追加了宽度为1200mm的标准化管片。从此宽度为1000～1200mm的钢管片及混凝土管片也得到了广泛应用。此外，伴随着钢铁管片宽度的变大，环肋也由2根增加为3根。关于管片外径与管片宽度的施工实例如图Ⅰ.4.10所示。

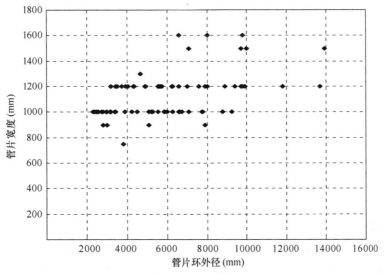

图Ⅰ.4.10　管片宽度的实例

最近，特别在大断面的隧道中，大多开始使用大宽度管片，和管片宽度成正比的管片重量也在变大，因此有必要增大环间接头的强度及增强管片装配器的能力。另外，也有必要对管片的制造设备、搬运到现场的输送方法进行研究。另一方面，在小断面隧道中由于净空面积比较小，管片的宽度变大在竖井内及开挖面附近会给管片的处理带来不便，有必要对施工条件进行充分研究。

4.4 管片环的分块与 K 型管片

4.4.1 管片环的分块

管片环一般由数个 A 型管片、2 个 B 型管片及最后拼装在管片环顶部的 K 型管片组成。

在过去的施工实例中，根据管片环的外径，在大断面的铁路隧道中多为 6～9 分块，在公路隧道中多为 9～11 分块，在给排水及电力通信等中小断面的隧道中多为 5～6 分块。另外，在《标准管片》中，按照隧道的外半径规定了隧道的分块数，对外径 2150～6000mm 的标准管片采用 5 或者 6 分块，外径 6300～8300mm 的参考标准管片及钢管片为 7 或者 8 分块，混凝土管片为 6 或者 7 分块。最近为了减少分块数及接头数，开始使用等分管片，即 K 型管片的弧长与 A、B 型管片同等程度。等分管片的分块数与通常的分块相比，分块数一般相等或少 1。和过去相比，管片的分块数减少时，和大宽度管片一样，管片的重量与尺寸在变大，需要对施工性能、制造设备及输送方法进行研究。

4.4.2 K 型管片的种类

K 型管片可以分为从隧道内侧插入的半径方向插入型与从隧道轴向方向插入的轴向插入型两种方式。关于接头角度及插入角度，详细参照"第Ⅲ编 设计细则 5. 接头角度与插入角度"。

(1) 半径方向插入型

如图Ⅰ.4.11 所示，半径方向插入 K 型管片必须从隧道内部插入，有必要在管片接头面设置接头角度 α_r。为此，K 型管片的管片接头面在受到由于弯曲引起的剪力以外，还有轴力引起的剪力，接头角度 α_r 变大时，接头面变得容易滑动。因此有必要将 K 型管片的中心角 θ_k 做得尽可能的小，特别对小断面隧道，因分块数比较少，θ_k 会变的相对比较大，有必要加以注意。此外，考虑到制造特点，一般以混凝土管片的内径、钢管片的外径为基准来确定管片的中心角 θ_k。

半径方向插入型管片制造容易，与轴向插入型不同，它没有前后的方向性，所以可以减少楔形环的种类，过去一直被作为标准管片使用。但是，近年随着不设二次衬砌隧道的普及及隧道覆土厚度的增加，因其圆形保持及止水性能劣于轴向插入型，在混凝土管片上有使用减少的趋势。但从防腐蚀的观点出发设置二次衬砌的钢管片，即使是现在还有很多使用实例。

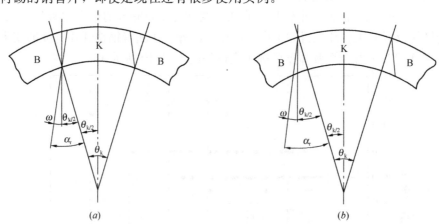

图Ⅰ.4.11 半径方向插入型 K 型管片
(a) 混凝土管片；(b) 钢铁管片

(2) 轴方向插入型

如图Ⅰ.4.12 所示，在考虑由盾构机千斤顶的行程长度，管片装配器的滑移量，盾构机长等施工条件决定的插入长度及管片接头与环间接头的干涉等来决定轴向插入型 K 型管片的插入角度 α_l。插入长度在通常分块时，多为管片宽度的 1/3 左右，等分割时多为管片宽度的 1/2 左右。另外，K 型管片一般不设置接头角度 α_r，在 K 型管片的中心角及管片高度大时及受到盾构机长度的制约，不能保证充分的插入长度时，因插入角度 α_l 变得过大，即使对轴向插入型也有设置接头角度 α_r 的情况。接头角度 α_r、

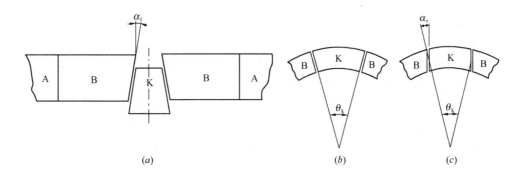

图Ⅰ.4.12　轴方向插入型 K 型管片

(a) 插入角度实例；(b) 没有接头角度的实例；(c) 具有接头角度的实例

插入角度 α_l 变得过大时，B 型、K 型管片的端部会变成锐角，管片变得容易受到损伤，有必要充分注意分块数及角度的设定。

对轴向插入型，由于在水土压力及壁后注浆压力作用下，K 型管片不会向管片内侧脱落，圆形容易保持，接头部位防水性能高，及与轴向插入的销式插入接头比较匹配等，被采用的工程事例有增加的趋势。但由于楔形环种类的增加，为了保证插入长度，盾构机的长度要变大，有必要留意。

4.5　接头结构

管片的接头分为将管片在圆周方向上连接形成管片环的管片接头与在隧道纵方向上将管片环连接形成一次衬砌的环间接头。这些管片的接头应该具有以下的性能：

① 施工途中及完成后的荷载不会损害其安全性能与耐久性能。

② 可以确实可靠地进行拼装，且可以保持拼装后的形状。

③ 连接容易有良好的施工性能。

④ 在受到平常荷载及地震影响时，即使产生了一定的接头开裂量，也可以保证所需的止水性能。

⑤ 在受到施工过程中泥水压力及壁后注浆压力等临时荷载的作用时，具有确实可靠的止水性能。

主要的接头结构有螺栓结构、铰接头结构、销式插入接头结构、楔形接头结构、榫接头结构等。这些接头构造都具有各自的特征，选择不当时，可能会导致管片环拼装精度的降低，作业效率的低下及诱发对施工不利的因素，进而损害接头的功能形成衬砌的不良部位。因此，在选定接头构造时，当然应该考虑所需要的极限承载力与刚度，还有必要充分研究拼装的可靠性及作业性能。另外，在"第Ⅴ编 参考资料 2. 接头的种类与分类"中，介绍了各种各样的接头，可以参考。

(1) 螺栓接头结构

如图Ⅰ.4.13 所示，在《标准管片》中具有代表性的螺栓接头结构是一种用短螺栓将钢接头板进行连接形成管片环的抗拉接合结构，一般在管片接头及环间接头中使用最多的结构。在混凝土管片中，也有将袋状螺母及插入式螺母埋入混凝土管片中来代替一侧的接头板及螺母。另外，对中子型管片也有使

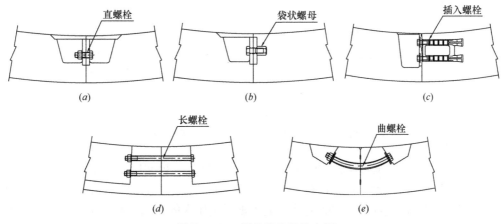

图Ⅰ.4.13　螺栓接头结构实例

(a) 短螺栓，钢接头板；(b) 短螺栓，钢接头板（袋状螺母）；(c) 短螺栓，插入螺栓；(d) 长螺栓；(e) 曲螺栓

用长螺栓将接头部位的混凝土进行连接的结构。

（2）铰接头结构

在混凝土管片中使用的多铰环管片接头，以转向接头结构为代表，主要用在地层条件比较好的英国和俄罗斯。在管片接头部位几乎不发生弯矩，轴压缩占主导地位，用在良好地层中是合理的。但在地层条件较差，地下水位很高的日本，在中大口径隧道中很少使用。另一方面，力学性能比较稳定的 3 铰结构作为小断面隧道合理的接头结构得到普遍使用（参照 图 I.4.14）。此外，这种类型的接头一般情况下不具有连接力，从管片拼装开始到壁后注浆材料硬化期间，有必要采取防止变形措施的同时，还要充分研究其防水性能。

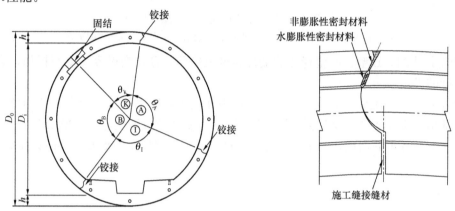

图 I.4.14　铰接头结构实例

（3）销接接头结构

主要作为混凝土管片环间接头来使用的。一般来说，环间接头的主要功能是保证错缝拼装方式下环间的拼装效果（相邻管片间剪力的传递），从保证隧道纵断方向上的连续性与防水的观点出发，连接力是必要的。

采用销接接头（图 I.4.15）时，通过管片装配器或者盾构机的千斤顶将管片推向相邻的管片就可以完成拼接，一般来说是一种作业效率比较高的接头结构。多根据表 I.3.10 来确定插销与插销孔之间的裕量。裕量变大时，连接力变弱，管片环的变形有变大的趋势。另一方面，裕量变小时混凝土管片在施工时会有裂缝发生，有必要合理地设定插销与插销孔之间的富余量。另外，在使用带有锁死结构的销接头时，由于不能进行管片的拼装修正，这就要求进行慎重的拼装管理。

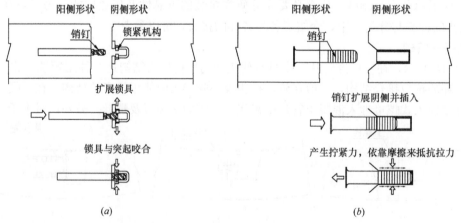

图 I.4.15　销插入型接头结构实例
（a）销接头（具有锁紧机构）；（b）销接头（没有锁紧机构）

（4）楔接头结构

主要用在管片接头上，其典型结构如图 I.4.16 所示。这是一种利用楔作用将管片连接在一起的接头，因为接头的转动刚度比较大，管片环有不容易产生变形的特点。最初多采用从隧道内侧沿隧道半径方向将楔形块压入的方法，最近采用在隧道轴向上将楔形块压入的方式也变多了，轴向压入方式具有在隧道内表面不会露出钢材的特点。另外，为了缩短拼装时间，也有预装楔形块的形式。这种构造是为平板型混凝土管片开发的，但最近也有将其应用于钢铁管片及合成管片的实例。

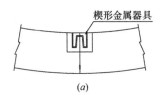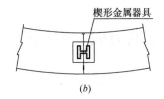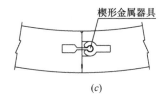

图Ⅰ.4.16　楔接头结构实例

(a) 半径方向打入方式；(b) 轴方向打入方式；(c) 预装楔方式

(5) 榫接头结构

主要用于混凝土管片的环间接头。在接头面做出凸凹，通过相互的咬合来传递力。在图Ⅰ.4.17 中表示了这种接头的代表性例子。在作为环间接头使用时，管片环的拼装精度很高。但另一方面，由于其结构的特点，要求很高水平的拼装管理。此外，从保证隧道轴向上的连续性与防水的观点出发，一般与具有连接力的接头构造并用。

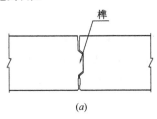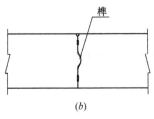

图Ⅰ.4.17　榫接头结构实例

(a) 梯形榫；(b) 圆形榫

5　横断方向上的结构计算

5.1　概论

根据容许应力法进行横断方向上的结构计算时，在考虑接头结构特性的基础上，合理选定管片环的结构模型是很重要的。更进一步，由于管片环拼装完成后对地层反力的考虑方法不同，断面内力也会产生差异，这些有必要事先明确。

(1) 管片环的结构模型与设计断面的选取

构成隧道的管片环，通常是使用螺栓等管片接头将 4 片以上的管片连接拼装而成的。和具有与管片主断面一样刚度的等刚度环相比，这是柔性结构，更容易发生变形。这是因为管片接头处的转动刚度比管片主断面的转动刚度小的原因。

在进行管片环的断面内力计算时，如何评价接头处刚度的减小显得尤为重要。另外，对于具有接头的环，如前所述因为单独一环的变形会变大，在隧道纵断方向上也采用很多的螺栓等环间接头来进行连接，即一般采用错缝拼装的方法，来得到错缝拼装下的拼装效果，提高隧道的刚度。这时，如何评价拼装效果在管片的设计中是很重要的。

按照接头部位刚度的力学处理方式对管片环的结构模型进行分类，大致如下所示。

1）等弯曲刚度环的考虑方法

① 完全等刚度环

不考虑管片接头处弯曲刚度的降低，管片环与管片主断面具有相同的弯曲刚度 EI。

② 平均等刚度环

在这种方法中，将由于管片接头的存在造成的弯曲刚度的降低作为管片环全体弯曲刚度的降低来评价，管片环在全圆周上具有相同的弯曲刚度 ηEI（弯曲刚度有效率 $\eta \leqslant 1$）。考虑错缝拼装下接头部位的弯矩分配后，依据全周弯曲刚度为 ηEI 的环计算出弯矩 M，在主断面与接头部位依据 ζ（弯矩提高率 $\zeta \leqslant 1$）来进行增减。主断面的设计弯矩为 $(1+\zeta)M$，管片接头部位的设计弯矩为 $(1-\zeta)M$。

①的方法简便，在采用图Ⅰ.5.2（a）中所示的惯用荷载体系时称为"惯用计算法"。②是方法①的修正方法，采用和惯用计算法相同的惯用荷载体系时称为"修正惯用计算法"。

2）采用弹簧连接环的考虑方法

将管片的主断面模型化为曲梁或直梁单元，管片接头模型化为与弯矩相对应的转动弹簧，环间接头模型化为剪切弹簧，是一种可以评价接头弯曲刚度降低与错缝拼装下拼装效果的计算方法。（以下依据《隧道设计规范》将这种方法称为"梁-弹簧模型"）。如果将环间剪切弹簧系数设为零，管片间的转动弹簧系数也设为零，这种计算方法与多铰环一致，同样如果设为无穷大时，这种方法与等刚度环一致。可以认为这种方法包含了多铰环和等弯曲刚度环的方法。

3）多铰环的考虑方法

这种方法将管片通过铰接形成管片环，适用于比较良好地层的计算法。管片环在管片接头位置不采用错缝拼装的形式，而是在隧道纵断方向上采用所谓的"通缝"拼装方式（多铰结构）。依靠隧道的变形引起的地层反力，来保持结构的稳定。在图Ⅰ.5.1 中表示了结构模型的概念，在图Ⅰ.5.2 中表示了各个结构模型所用的荷载模型，在表Ⅰ.5.1 中分别论述了各结构模型的概要与特点。

(2) 结构模型的选定

在计算管片环断面内力时，关于采用哪种模型，应依据隧道的使用目的、地层情况、对象荷载、管片的结构特点、要求的解析精度、验算项目等各种条件而不同，要在保证管片安全性能的前提下，经过充分论证来决定。例如：在比较软弱地层中，管片的接头刚度小的情况下，惯用计算法等弯曲刚度相同环计算方法的结果会偏于危险。在这种情况下，最好能采用梁-弹簧模型。

(3) 设计断面的选取

为了确定隧道横断面上作用的荷载，必需的覆土厚度、地下水位高度、土质参数等地层条件与地面

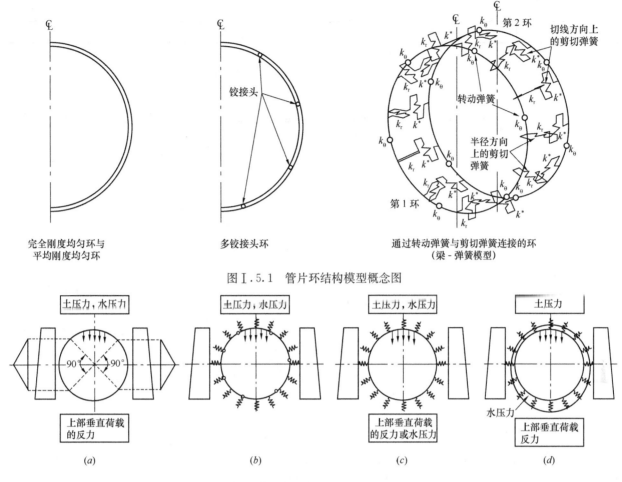

完全刚度均匀环与　　　　　多铰接头环　　　　　通过转动弹簧与剪切弹簧连接的环
平均刚度均匀环　　　　　　　　　　　　　　　　　（梁-弹簧模型）

图 I.5.1　管片环结构模型概念图

图 I.5.2　横断方向上断面内力计算中所用的荷载体系实例
（地层弹簧按照文克勒（Winkler）假定进行收敛计算）

荷载等会沿着隧道的纵断方向变化。但是，如果考虑隧道纵断方向上荷载条件微小的变化而逐一进行设计，从施工性能与经济指标的角度出发是不合理的。因此，一般是选取设计区间中最不利的条件来确定隧道横断面上的设计荷载。但是随着隧道区间的变长，在覆土厚度及地质等荷载条件变化很大的区间中，考虑到经济性能，将隧道在纵断方向上进行分区，望能选取各个区间中最不利的设计条件来进行管片的设计。另外，在小半径曲线区间及开口部位等特殊部位，不仅仅是荷载，管片的种类及管片宽度等结构条件也会改变，因此多对各个部分另行设计。

横断方向的断面内力计算方法　　　　　　　　　　　　　　　表 I.5.1

计算方法		概　要	主　要　特　点
抗弯刚度均匀环计算法	完全刚度均匀环计算法	不考虑管片接头刚度的降低，采用具有管片主断面同样抗弯刚度的完全刚度均匀环来进行处理。其中采用惯用荷载体系（图 I.5.2 (a)）的计算方法称为"惯用计算法"	● 因不考虑管片接头刚度的降低，在软弱地层中多过小评价主断面的设计断面内力，而过大评价管片接头的断面内力 ● 无法求出管片环的变形量及环间接头的断面内力 ● 通过理论公式来求解"惯用计算法"的断面内力，方法简便 ● 对非对称荷载体系、内水压力等与惯用荷载体系不同的荷载，有必要导入地层弹簧，进行在荷载体系作用下（例如图 I.5.2 (c)）的框架解析
	平均刚度均匀环计算法	将管片接头刚度的降低作为管片环全体抗弯刚度的降低来进行评价，管片主断面的抗弯刚度乘以有效率 η 后，作为平均刚度均匀环进行处理。另外，通过对管片采用错缝拼装，考虑到接头部的弯矩向管片主断面传递，对主断面的弯矩进行增加，对接头弯矩进行相应折减 　在采用惯用荷载体系（图 I.5.2 (a)）时称为"惯用计算法"	● 如果取 $\eta=1$，$\zeta=0$，与完全刚度均匀环计算方法一致 ● 与惯用计算法相比，主断面的设计断面内力变大，管片接头断面内力变小 ● 关于环间接头与荷载体系，与完全刚度均匀环相同 ● 有必要充分讨论 η、ζ 的设定 ● 在对非对称荷载体系、内水压力等与惯用荷载体系不同的荷载处理时，具有与完全刚度均匀环同样的特点

计算方法	概　要	主　要　特　点
梁-弹簧模型计算法	引进由接头结构决定的管片接头的转动刚度，环间接头的剪切刚度，采用导入地层弹簧的荷载体系（图Ⅰ.5.2 (b)，(c)，(d) 等）	● 可以合理地评价错缝拼装效果 ● 与惯用计算法及修正惯用计算法相比，可以更好地评价实际的力学行为 ● 有必要详细地设定解析条件，特别有必要合理地设定接头的刚度 ● 为疑似3维解析，可以求出管片环的变形量与环间接头的断面内力 ● 有除图Ⅰ.5.2以外，不考虑由自重引起的地层抗力的方法，及在特定的施工条件下采用小地层弹簧进行评价的方法
多铰环计算法	管片接头模拟为铰接，采用导入地层弹簧的荷载体系（图Ⅰ.5.2 (b)）	● 结构模型为多铰非静定结构，通过考虑地层反力，可以进行解析 ● 与惯用计算法及修正惯用法相比，主断面的设计断面内力有变得很小的倾向 ● 在不能考虑地层反力的软弱地层中，应用具有困难。此外，有必要充分考虑接头结构（保证防水性能）及施工性能 ● 断面内力计算中有必要采用框架解析，变得比较复杂

5.2　断面各量的确定

一般在伴随着隧道的变形可以产生抵抗土压力（地层反力）的地层中，要通过考虑隧道和地层相互作用的计算来确定断面内力。换言之，依据管片环刚度及以地层反力系数为代表的地层刚度，计算所得的断面内力不同。为此，在计算断面内力时，要确定管片主断面刚度，有必要预先根据计算方法来计算接头刚度。这里对主断面各个量的计算方法进行论述。

5.2.1　面板的有效宽度

钢铁管片的环肋、中环肋、内翼缘、纵肋及接头板与面板的一部分相互协作来承受荷载（以下将环肋、中间环肋、内翼缘总称为环肋）。与其他部分相互协作来承受荷载的面板有效宽度，因研究对象的应力状态、面板的厚度、环肋、纵肋等尺寸及与面板的接合方法而不同，一概确定是很困难的，有必要根据结构及所发生断面内力的实际状态来确定。在《隧道设计规范》中，环肋与纵肋等与面板牢靠地接合在一起，其有效宽度一般可采用如下数值。另外，对于中子型管片的背板采用全宽度有效方法。

(1) 应用于主断面的弯曲刚度轴向刚度及弯曲应力计算时

如图Ⅰ.5.3 (a) 所示，一根环肋所对应的单侧面板的有效宽度 b_e 根据式（Ⅰ.5.1）来计算。但 $2b_e$ 不能超过相邻环肋之间的间隔。

$$b_e = 25 \cdot t \tag{Ⅰ.5.1}$$

这里，b_e：一根环肋所对应的面板的单侧有效宽度（mm）；

　　　t：面板的板厚（在考虑腐蚀层时，为将腐蚀层扣除后的板厚）（mm）。

(2) 应用于千斤顶推力引起的纵肋及接头板应力计算时

如图Ⅰ.5.3 (b) 所示，一根纵肋或环肋各自所对应的单侧面板的有效宽度 b_e 根据式（Ⅰ.5.2）来计算。但 $2b_e$ 不能超过纵肋的间隔及纵肋与接头板的间隔。

$$b_e = 20 \cdot t \tag{Ⅰ.5.2}$$

这里，b_e：一根环肋所对应的面板的单侧有效宽度（mm）；

　　　t：面板的板厚（在施工荷载验算中，也可以不考虑腐蚀厚度）（mm）。

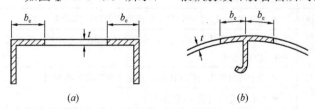

图Ⅰ.5.3　钢铁管片的面板有效宽度
(a) 环肋时；(b) 纵肋时

5.2.2　主断面构件的断面性能

(1) 钢管片

依据主断面形状，一般使用的钢管片列举如下。图Ⅰ.5.4，表示了钢管片的主断面形状与有效断面。图中的斜线部分是断面力计算时环肋的有效断面。在表Ⅰ.5.2 中表示了主断面的断面性能（断面面积及断面惯性矩）的计算公式。

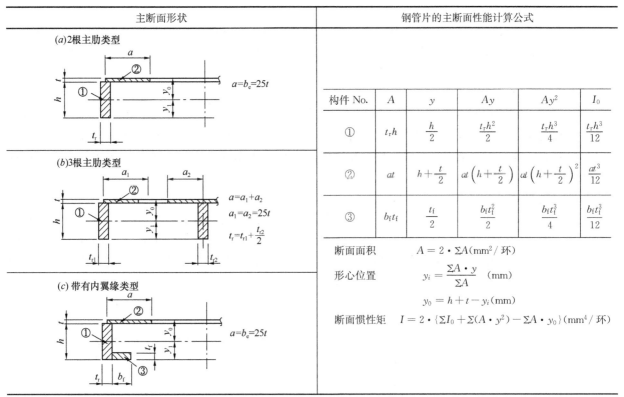

钢管片主断面性能计算公式　　　　　　　　　　表Ⅰ.5.2

主断面形状	钢管片的主断面性能计算公式

构件 No.	A	y	Ay	Ay^2	I_0
①	$t_r h$	$\dfrac{h}{2}$	$\dfrac{t_r h^2}{2}$	$\dfrac{t_r h^3}{4}$	$\dfrac{t_r h^3}{12}$
②	at	$h+\dfrac{t}{2}$	$at\left(h+\dfrac{t}{2}\right)$	$at\left(h+\dfrac{t}{2}\right)^2$	$\dfrac{at^3}{12}$
③	$b_f t_f$	$\dfrac{t_f}{2}$	$\dfrac{b_f t_f^2}{2}$	$\dfrac{b_f t_f^3}{4}$	$\dfrac{b_f t_f^3}{12}$

(a) 2根主肋类型　$a=b_e=25t$

(b) 3根主肋类型　$a=a_1+a_2$　$a_1=a_2=25t$　$t_r=t_{r1}+\dfrac{t_{r2}}{2}$

(c) 带有内翼缘类型　$a=b_e=25t$

断面面积　$A = 2 \cdot \Sigma A (\text{mm}^2/\text{环})$

形心位置　$y_i = \dfrac{\Sigma A \cdot y}{\Sigma A}$ （mm）

$y_0 = h + t - y_i (\text{mm})$

断面惯性矩　$I = 2 \cdot \{\Sigma I_0 + \Sigma(A \cdot y^2) - \Sigma A \cdot y_0\} (\text{mm}^4/\text{环})$

1）2根环肋型

由面板与2枚环肋构成的类型，使用实例最多。这种类型制作容易，适合于大量生产的结构形式。[参照图Ⅰ.5.4（a）]

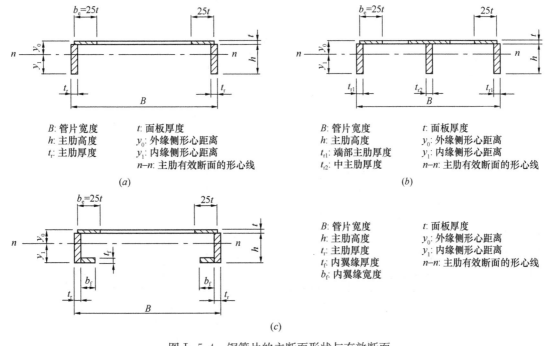

B：管片宽度　　　　　　t：面板厚度
h：主肋高度　　　　　y_0：外缘侧形心距离
t_r：主肋厚度　　　　　y_1：内缘侧形心距离
n-n：主肋有效断面的形心线

(a)

B：管片宽度　　　　　　t：面板厚度
h：主肋高度　　　　　y_0：外缘侧形心距离
t_{r1}：端部主肋厚度　　y_1：内缘侧形心距离
t_{r2}：中主肋厚度　　　n-n：主肋有效断面的形心线

(b)

B：管片宽度　　　　　　t：面板厚度
h：主肋高度　　　　　y_0：外缘侧形心距离
t_r：主肋厚度　　　　　y_1：内缘侧形心距离
t_f：内翼缘厚度　　　　n-n：主肋有效断面的形心线
b_f：内翼缘宽度

(c)

图Ⅰ.5.4　钢管片的主断面形状与有效断面

(a) 2根环肋类型；(b) 3根环肋类型；(c) 带有翼缘类型

2）3 根环肋型

与 1）相比，追加了中环肋，3 根环肋型由于具有比较大的断面几何性质，不仅适用于大荷载作用部位，因可以缩短纵肋的屈曲长度，还适用于大宽度管片［参照图Ⅰ.5.4（b）］。从荷载分担宽度的观点出发，中间环肋的厚度最好是外环肋的 2 倍，但考虑到制造性能，多采用相同的板厚。在中环肋上，因没有环间接头，中间环肋的屈曲长度比外环肋要大，在高水压作用下轴压力显著的地层中，有必要注意中环肋的局部屈曲。

3）带翼缘型

带内翼缘 2 枚环肋与带内翼缘 3 枚环肋类型，与 2）相比，可以应用于需要更大极限承载力的场合，在环肋上设置翼缘的目的是为了提高断面性能［参照图Ⅰ.5.4（c）］。其制作性能要劣于 2），需要考虑环间接头的连接方法，近年，在道路隧道的扩大处中其使用实例在增加。

4）充填混凝土钢管片

充填混凝土钢管片中的混凝土，主要是出于隧道内表面的平滑、防腐蚀、分担千斤顶推力的目的，一般并不作为承受弯矩与轴力的构件来进行评价，这时仅使用钢材的断面面积及断面惯性矩来进行计算。但将钢材与充填混凝土作成整体结构，充填混凝土也作为承受弯矩与轴力的结构构件来进行评价时，可将其作为合成管片来处理。

（2）铸铁管片

一般，铸铁管片的主断面形状可以分为波纹状与环肋 2 种类型。图Ⅰ.5.5 中表示了其断面形状与有效断面。图中的斜线部分为进行断面力计算时环肋的有效断面。另外，主断面的断面性能（断面面积、断面惯性矩）计算公式如表Ⅰ.5.3 所示。如表所示，铸铁管片多要考虑嵌缝及密封槽来计算断面的断面性能。

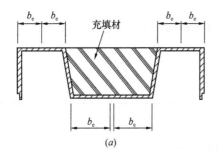
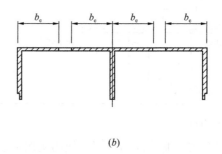

（a）   （b）

图Ⅰ.5.5 铸铁管片的主断面形状

（a）波纹型；（b）3 根环肋型

铸铁管片主断面性能计算公式 表Ⅰ.5.3

主断面形状	铸铁管片的主断面性能计算公式				
	No.	A	y	Ay	Ay^2	I_0
	①	cd	$d/2$	$cd^2/2$	$cd^3/4$	$cd^3/12$
	②	ab	$b/2$	$ab^2/2$	$ab^3/4$	$ab^3/12$
	③	ef	$d-\dfrac{f}{2}$	$ef\left(d-\dfrac{f}{2}\right)$	$ef\left(d-\dfrac{f}{2}\right)^2$	$ef^3/12$
	④	$-jk$	$d-\dfrac{j}{2}$	$-jk\left(d-\dfrac{j}{2}\right)$	$-jk\left(d-\dfrac{j}{2}\right)^2$	$jk^3/12$
	⑤	$-hn$	$m+\dfrac{n}{2}$	$-hn\left(m+\dfrac{n}{2}\right)$	$-hn\left(m+\dfrac{n}{2}\right)^2$	$hn^3/12$
	⑥	$g(d-b)/2$	$b+\dfrac{(d-b)}{3}$	$\dfrac{g(d-b)(d+2b)}{6}$	$\dfrac{g(d-b)(d+2b)^2}{18}$	$\dfrac{g(d-b)^3}{36}$
	⑦	c_2d	$d/2$	$c_2d^2/2$	$c_2d^3/4$	$c_2d^3/12$

断面面积 $\qquad A_0 = \Sigma A \times 2 \ (\text{mm}^2/\text{环})$

形心位置 $\qquad y_0 = \dfrac{\Sigma A \cdot y}{\Sigma A} \ (\text{mm})$

$\qquad\qquad\quad y_i = d - y_0 \quad (\text{mm})$

断面惯性矩 $I = \{\Sigma I_0 + \Sigma(A \cdot y^2)\} - \Sigma A \cdot y_0^2\} \times 2 \ (\text{mm}^4/\text{环})$

1）波纹型

波纹型由 4 枚环肋及内、外径两面上均等布置的面板所构成，并向外径背面的凹部中注入充填材。这种类型，内表面与外表面的面板几乎全宽度有效，断面性能很高，通过增加面板的厚度而不增大管片的高度就可以提高弯曲刚度，适用于荷载很大的部位。另外，充填材料使用了混凝土，但与充填混凝土钢管片一样，忽略充填混凝土只使用铸铁的断面面积与惯性矩来计算断面内力与应力。

2）环肋型

根据管片宽度及所需刚度，和钢管片一样，由 2～4 根环肋及面板构成。主要用在轴力比弯矩显著及为了小半径曲线施工将管片宽度减小的场合。为了得到与波纹型管片同等程度的弯曲刚度，铸铁的使用量需要增加 3～5 成，由于不使用充填材料（混凝土），具有容易制造的特点。

(3) 混凝土管片

混凝土管片大致可以分为平板型与箱型（中子型），其中平板型有钢筋混凝土管片与合成管片。近年，箱型管片的使用机会变得极少，这里只对平板型管片进行陈述。

在混凝土管片的非静定力及弹性变形计算中所使用的断面面积及惯性矩，即使忽略了钢筋，由此所引起的误差也很小。因此，为了计算简便，忽略钢筋的影响，采用混凝土全断面有效来进行计算。但对在主断面上使用了大量钢材的合成管片，由于钢材断面惯性矩所占的比例达到不能忽略的地步，有必要考虑其影响来进行设计。这时，要将钢材换算成等价混凝土断面来计算断面的惯性矩。此时所使用的弹性模量比 n 要根据混凝土的设计强度来确定。管片的弯曲刚度越大，其所发生的弯矩一般也会变大。因此，当钢筋与钢材的量对弯曲刚度的影响达到不能忽视的程度，使用不考虑钢筋与钢材的断面惯性矩进行设计时，会对弯矩进行过小评价，使设计偏于危险。另一方面，忽视裂缝的发生所造成弯曲刚度的减小，采用混凝土全断面有效的方法使设计偏于安全。为此在容许应力设计法中，在斟酌这些特点后，考虑计算简便的基础上确定了上述的处理方法。

另外，在对 2 级地震进行验算时，因为允许构件的一部分发生损伤，构件的弯曲刚度会减小，最好能采用考虑构件非线性的结构计算来反映构件弯曲刚度的降低。关于对 2 级地震的验算，参照日本土木学会·隧道丛书·第 19 号《盾构隧道的抗震研究》[22]，关于由裂缝等引起构件刚度的降低，可参照"第Ⅱ编 极限状态设计法 5. 荷载效应的计算"。

关于在平板形管片接头处除去接头箱后的断面处理，一般忽略损失的断面多将混凝土作为全断面有效（矩形断面）。但是，在接头断面损失大的情况下，也可采用 T 形断面（图Ⅰ.5.6）。

对不设二次衬砌、防腐层与管片一体的隧道，因为对管片环的刚度进行过大评价会使设计偏于安全的，故一般使用将防腐层包含在内的厚度来计算断面力。但，在计算主断面应力时，要采用除去防腐层后的有效厚度。

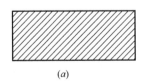
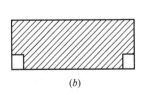
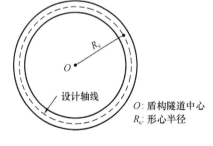

图Ⅰ.5.6 混凝土管片的有效断面

(a) 平板形管片（全断面）；(b) 平板形管片（T 形断面）

O：盾构隧道中心
R_c：形心半径

图Ⅰ.5.7 设计轴线

5.2.3 设计轴线

作为断面内力计算基础的结构计算中所使用的管片环轴线（将其称为设计轴线），对于钢管片及铸铁管片，依据各种形状的主断面的形心位置（表Ⅰ.5.2，表Ⅰ.5.3），可表示为图Ⅰ.5.7 所示的形心半径。另一方面，在混凝土管片中将管片厚度的中心位置作为设计轴线。另外，在使用防腐层一体化的混凝土管片时，使用除去防腐层后的构件厚度中心线作为设计轴线，可以取得偏于安全的设计结果。

5.3 惯用计算法及修正惯用计算法

惯用计算法的考虑方法是在 1960 年左右被提出来的，也是在日本国内被广泛应用的计算方法之一。回顾其历史，经过 2 阶段发展至今。首先第 1 阶段是二战以后首次真正意义上使用盾构机施工完成的由名古屋交通规划局建造的觉王山盾构隧道箱型（中子型）管片设计。在设计中，考虑了隧道顶部与底部的均布线荷载，隧道侧面的线性分布荷载及管片的自重，即采用了基于现行惯用荷载体系的设计方法，但没有考虑地层水平抗力。之后，伴随着盾构施工方法的发展，为了达到合理设计以下水道为代表的中小直径盾构用钢管片的目的，导入了在设计中积极反映地层抗力的考虑方法，这也是第 2 阶段。在 1961 年与 1962 年之间提出了作为土压反力的地层水平抗力的断面内力计算公式，确立了惯用计算法的基本公式。此后，在日本土木学会第 3 回隧道工学交流会[34]上介绍了此方法，并刊登在日本土木学会的《盾构施工方法指南（1969 年版）》[35]及日本土木学会·日本下水道协会共编的《盾构隧道工程用标准管片（1973 年版）》[36]中，作为日本国内的标准计算方法被确定下来。惯用计算法多用在以《标准管片》为基本的下水道隧道中。修正惯用法依据旧日本铁路的研究[37,38]，有用在铁路隧道及断面比较大的地下河流等设计中的经验。但是，在铁路、道路、雨水储存、二次衬砌一体化的隧道中，为了使设计合理化及为了合理地评价近年开发的各种接头，在详细设计中使用梁-弹簧模型的事例正在增加。

5.3.1 计算方法的基本考虑方式

(1) 荷载体系与断面力

图 Ⅰ.5.8 为惯用计算法及修正惯用计算法所使用的荷载体系。垂直方向的地层抗力为等分布荷载，水平方向的地层抗力假定为管片环顶部开始左右 45°~135° 内线性分布荷载（三角形分布）。决定着水平方向地层抗力大小的水平直径端部的水平方向上的位移依据是否考虑管片自重的地层抗力而不同，依据表 Ⅰ.5.4 中的式 i）及式 ii）来计算。另外，表 Ⅰ.5.4 表示了惯用计算法与修正惯用计算法的管片断面内力的计算公式，表中的 η 设为 1 时，则变成惯用计算法的计算公式。

依据惯用计算法与修正惯用计算法的管片断面内力计算公式   表 Ⅰ.5.4

荷 载	弯 矩	轴 力	剪 力
垂直荷载 $(p_{e1}+p_{w1})$	$M=\frac{1}{4}(1-2\sin^2\theta)(p_{e1}+p_{w1})R_c^2$	$N=(p_{e1}+p_{w1})R_c\cdot\sin^2\theta$	$Q=-(p_{e1}+p_{w1})R_c\cdot\sin\theta\cdot\cos\theta$
水平荷载 $(q_{e1}+q_{w1})$	$M=\frac{1}{4}(1-2\cos^2\theta)(q_{e1}+q_{w1})R_c^2$	$N=(q_{e1}+q_{w1})R_c\cdot\cos^2\theta$	$Q=-(q_{e1}+q_{w1})R_c\cdot\sin\theta\cdot\cos\theta$
水平三角荷载 $(q_{e2}+q_{w2}-q_{e1}-q_{w1})$	$M=\frac{1}{48}(6-3\cos\theta-12\cos^2\theta+4\cos^3\theta)$ $(q_{e2}+q_{w2}-q_{e1}-q_{w1})R_c^2$	$N=\frac{1}{16}(\cos\theta+8\cos^2\theta-4\cos^3\theta)$ $(q_{e2}+q_{w2}-q_{e1}-q_{w1})R_c$	$Q=\frac{1}{16}(\sin\theta+8\sin\theta\cos\theta-4\sin\theta\cos^2\theta)$ $(q_{e2}+q_{w2}-q_{e1}-q_{w1})R_c$
地层抗力 $(q_r=k\cdot\delta)$	$0\leqslant\theta<\frac{\pi}{4}$ 时 $M=(0.2346-0.3536\cos\theta)$ $k\cdot\delta\cdot R_c^2$ $\frac{\pi}{4}\leqslant\theta\leqslant\frac{\pi}{2}$ 时 $M=(-0.3487+0.5\sin^2\theta$ $+0.2357\cos^3\theta)k\cdot\delta\cdot R_c^2$	$0<\theta<\frac{\pi}{4}$ 时 $N=0.3536\cos\theta\cdot k\cdot\delta\cdot R_c$ $\frac{\pi}{4}\leqslant\theta\leqslant\frac{\pi}{2}$ 时 $N=(-0.7071\cos\theta+\cos^2\theta$ $+0.7071\sin^2\theta\cdot$ $\cos\theta)k\cdot\delta\cdot R_c$	$0<\theta<\frac{\pi}{4}$ 时 $Q=0.3536\sin\theta\cdot k\cdot\delta\cdot R_c$ $\frac{\pi}{4}\leqslant\theta\leqslant\frac{\pi}{2}$ 时 $Q=(\sin\theta\cdot\cos\theta-0.7071\cos^2\theta$ $\cdot\sin\theta)k\cdot\delta\cdot R_c$
自重 $(P_{g1}=\pi g_1)$	$0<\theta<\frac{\pi}{2}$ 时 $M=\left(\frac{3}{8}\pi-\theta\cdot\sin\theta-\frac{5}{6}\cos\theta\right.$ $\left.g\cdot R_c^2\right)$ $\frac{\pi}{2}\leqslant\theta\leqslant\pi$ 时 $M=\left\{-\frac{1}{8}\pi+(\pi-\theta)\sin\theta\right.$ $\left.-\frac{5}{6}\cos\theta-\frac{1}{2}\pi\sin^2\theta\right\}g\cdot R_c^2$	$0<\theta<\frac{\pi}{2}$ 时 $N=\left(\theta\cdot\sin\theta-\frac{1}{6}\cos\theta\right)g\cdot R_c$ $\frac{\pi}{2}\leqslant\theta\leqslant\pi$ 时 $N=\left(-\pi\sin\theta+\theta\cdot\sin\theta\right.$ $\left.+\pi\sin^2\theta-\frac{1}{6}\cos\theta\right)g\cdot R_c$	$0<\theta<\frac{\pi}{2}$ 时 $Q=-\left(\theta\cdot\cos\theta+\frac{1}{6}\sin\theta\right)g\cdot R_c$ $\frac{\pi}{2}\leqslant\theta\leqslant\pi$ 时 $Q=\left\{(\pi-\theta)\cos\theta-\pi\sin\theta\right.$ $\left.\cdot\cos\theta-\frac{1}{6}\sin\theta\right\}g\cdot R_c$

续表

荷　　载	弯　　矩	轴　　力	剪　　力
管片环水平直径点的水平方向位移	不考虑管片自重引起的地层反力时 $$\delta = \frac{\{2(p_{e1}+p_{w1})-(q_{e1}+q_{w1})-(q_{e2}+p_{w2})\}R_{c}^{2}}{24(\eta \cdot EI + 0.0454k \cdot R_{c}^{4})}$$　　（ⅰ） 考虑管片自重引起的地层反力时 $$\delta = \frac{\{2(p_{e1}+p_{w1})-(q_{e1}+q_{w1})-(q_{e2}+p_{w2})+\pi g\}R_{c}^{2}}{24(\eta \cdot EI + 0.0454k \cdot R_{c}^{4})}$$　　（ⅱ） EI：单位宽度的抗弯刚度		

此表中，水平直径端部水平方向上的位移 δ，与以水平直径为顶点的上下 45°范围内分布的水平方向上的地层抗力的大小有关。在将惯用计算法确定用于管片设计时，考虑到壁后注浆材料及注浆方法的实际情况，在承受管片自重作用的盾构尾部附近，无法得到由管片自重引起的管片环变形所带来的地层抗力，采用了表中的式（ⅰ）。但随着近年隧道的大断面化，在混凝土管片中由自重引起的断面内力对设计断面内力起到支配的作用，也看到一些不合理设计结果的事例。另一方面，由于壁后注浆技术的显著发展，管片拼装完成的初期就受到周边地层的约束，在开挖面侧通过使用形状保持装置对拼装好的管片环由自重引起的变形进行约束，拼装好的管片受到盾构千斤顶的压力，当满足以上条件时，也可利用考虑管片自重引起的地层抗力的表中的式（ⅱ）。另外，由管片自重引起的地层抗力，要在体现正确的管片拼装、盾构机千斤顶的正确使用、早期的壁后注浆等设计意图的基础上，才能得到发挥，这要加以注意。

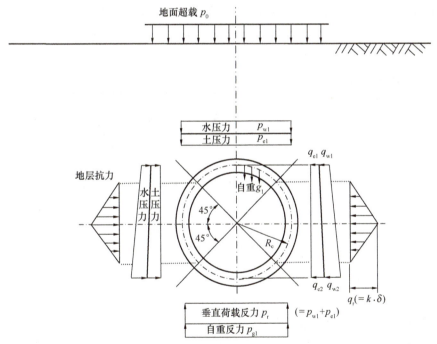

图 Ⅰ.5.8　惯用计算方法与修正惯用计算法中所用的荷载体系

（2）弯曲刚度有效率 η 与弯矩提高率 ζ

管片环即使采用错缝拼装，变形比完全等刚度环要大。在地层条件差的情况下，即使改变弯曲刚度有效率 η，断面内力的计算结果没有多大的差别。在地层条件较好的情况下，伴随着管片环的变形地层抗力的发生，η 带给断面内力的影响比较大。

η 因管片种类、管片接头的结构特征、环间相互的错缝拼装方法及其结构特点等而数值不同，特别会受到周围地层显著的影响，在考虑众多的施工实例及在地面试验结果的基础上，依据经验来定，这也是现状。在依据修正惯用法进行断面内力计算时，过小地评价 η 会导致地基的地层抗力变得过大，可以预测到管片环上所发生的断面内力会变小的结果，有必要加以注意。

另一方面，管片接头表现出铰接的力学特点，弯矩不能全部通过管片接头来传递，其中一部分被通过环间接头的剪切刚度传递给错缝拼装下的相邻管片。如图Ⅰ.5.9所示，弯矩提高率 ζ 为在接头部位由相邻管片传来的弯矩 M_2 与弯曲刚度为 ηEI 的等刚度环所发生的弯矩 M 的比 M_2/M_0，ζ 值与 η 一样，需要依据试验结果与经验来确定，这也是目前的实情。

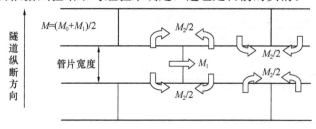

$$M=(M_0+M_1)/2$$

图Ⅰ.5.9　接头引起的弯矩传递

这样弯曲刚度有效率 η 与弯矩提高率 ζ 有必要各自依据地层条件与结构特性来设定。但如果接头的弯曲刚度与主断面的刚度相同（η ＝1），弯矩不会向相邻管片传递（ζ＝0），相反如果接头为铰接，相邻的管片会分担所有的弯矩（ζ＝1）。由此可以推定 η 与 ζ 相互之间存在着联系，η 接近于1时 ζ 趋近于0，η 变得越小则 ζ 愈接近于1。此外，即使接头为铰接，在隧道的周围如果有地层的存在，依据作为断面内力之一的轴力发生量，名义上的 η 为有限的数值而不会为零。在被地层所包围的实际管片环中，因为要比没有导入轴力的载荷试验发生更大的轴力，一般情况下有 η 比实验值大，ζ 比实验值小的倾向，这一点 E 得到了确认。

到目前为止所用的修正惯用计算法中的弯曲刚度有效率 η 与弯矩提高率 ζ 的参考值如下表所示。表Ⅰ.5.5是东京都交通局所制定的旧版标准[39]的例子，表Ⅰ.5.6是在《内水压力指南》中作为设计算例中的具体所采用的各种接头与管片结构的 η 与 ζ 的参考值。但表Ⅰ.5.6中的 η 与 ζ 不是修正惯用法，而是以平均等刚度环在地层弹簧支持下的荷载体系（图Ⅰ.5.2（c）），及在管片接头上有内水压力作用为前提下的数值，有必要留意。并且，表Ⅰ.5.6中的①金属结构方式是针对刚度很高的波纹形铸铁管片的参考值，将同样的金属接头方式应用于刚度很高的管片接头时，有必要加以注意。

另外，在《标准管片》中，针对平板形管片主要采用 η ＝1，ζ ＝0。对 η ＝0.8，ζ ＝0.3进行了举例。这些都是依据错缝拼装下的载荷试验的结果，大致为 η ＝0.6～0.8 及 ζ ＝0.3～0.5。

η 与 ζ 的设定实例（铁路）　　　　表Ⅰ.5.5

管片种类	η	ζ
钢管片	0.9	0.1
钢筋混凝土管片 合成管片	0.8	0.2
钢筋混凝土管片（箱形）	0.7	0.3

η 与 ζ 的组合实例（地下河川）　　　　表Ⅰ.5.6

	管片结构方案	本体结构	η	ζ_m
①	金属结构方式	金属结构	0.9	0.10
②	长螺栓方式	钢筋混凝土结构 合成结构	0.8	0.25
③	金属器具接头方式	钢筋混凝土结构 合成结构	0.8	0.25
③	对接方式	钢筋混凝土结构 合成结构	0.8	0.25
④	嵌合方式	合成结构	0.8	0.60

5.3.2　设计用断面内力

（1）主断面的设计断面内力

设计用断面内力是主断面、管片接头、环间接头各个构件设计时所用的断面内力，有必要考虑针对各个构件最严格条件下的断面内力的组合来进行选取。

在通常的圆形隧道中，可以得到错缝拼装下的拼装效果，在圆周方向上所有的断面都使用具有相同断面性能的构件。为此，在惯用计算法与修正惯用计算法的结构解析中，如图Ⅰ.5.10所示，求出圆周方向上以10°左右为间隔的各点的断面内力，从这些断面内力中选取各自的设计用断面内力，这是一般的方法。

另外，管片虽为曲梁，但管片高度与其半径之比通常在1/10之下，且箱形管片的环肋一般会被纵肋充分加固，在进行主断面的应力计算时，可以考虑为单纯承受弯矩与轴力的直梁来考虑。但在管片高度与

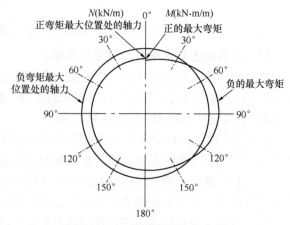

图Ⅰ.5.10　设计断面内力实例

半径之比变大时，直梁与曲梁的应力计算结果有很大的差别，要引起注意。

一般在主断面的设计中有必要针对弯矩与轴力的组合按照梁构件来进行设计及对剪力进行设计，概述以下。

1）弯矩与轴力

在承受弯矩与轴力的梁构件的设计中，从产生应力的影响出发，弯矩比轴力显著，一般多着眼于最大弯矩作用点。因此，根据管片环断面内力计算方法计算出断面内力，从中选取正负弯矩的最大值及该对应位置所发生的轴力来计算管片主断面的应力。

在修正惯用计算法中，因为考虑到作用在管片接头上的一部分弯矩会通过环间接头传递给相邻管片，将提高前的弯矩记为 M，弯矩提高率记为 ζ，主断面应力计算时所使用的设计弯矩则为 $(1+\zeta)M$，这要引起注意。

2）剪力

通常在圆形隧道中的钢管片及铸铁管片，依据前述弯曲应力所决定的断面具有足够的极限剪切承载力，多省略对剪力的验算。但对圆形以外的断面及即使为圆形断面、但设有开口处的部位及其周边，剪切力显著增大时，有必要进行应力验算。

在混凝土管片中对剪力进行设计时，有必要验算混凝土的剪切应力、混凝土与钢筋的粘结应力，这时所使用的断面设计内力一般为剪力最大位置的剪力，及该位置的弯矩与轴力。但对于通常的圆形隧道，由于在剪力最大位置弯矩比较小，可以只采用最大剪力来作为断面内力。

（2）管片接头的设计用断面内力

将管片环作为等刚度环来进行断面内力计算时，应该赋予管片接头与管片主断面同等程度的强度与刚度。因此，在惯用计算法中，管片接头所用的设计断面力与主断面相同，即不考虑管片的分割及接头位置，为管片环所发生的正和负最大弯矩及其对应位置的轴力和最大剪力。但要使一般使用的接头具有与管片主断面同等程度的强度与刚度是困难的，现实中是利用管片环错缝拼装下的拼装效果来对管片接头进行补偿。

1）弯矩与轴力

① 惯用计算法

在采用惯用计算法与螺栓接头结构的《标准管片》中，对接头的设计将钢管片与混凝土管片区分开来进行。

A. 钢管片

在《标准管片（标准钢管片）》的接头设计中，基于过去的经验等，通过将管片接头的接头板厚度与环肋采用同一尺寸，省略结构计算，说明如下。

"依据接头弯曲试验，得到如下结果：即接头的强度在不使用拼接板时是主体强度的 10%～20%，使用拼接板时是主体强度的 70%～90%。因此，采用错缝方式拼装管片，实际上相邻管片弥补了强度与刚度的降低。依据地表错缝拼装下钢管片的实验结果，管片接头表现出铰接头的力学特性，确认了接头断面的弯矩不是全部通过管片接头传递的，其中一部分是由错缝拼装下的相邻管片传递的。这时，弯矩的传递仅局限于接头附近，力学上可以作为管片环的局部问题来处理。在前述的实验中，受到小轴力作用的影响，但实际受到地层包围的钢管片，与前面的实验不同会受到很大轴力的作用，对管片接头产生有利的影响，可以推断所传递的弯矩会变小。从以上可以得出，标准钢管片断面内力计算在采用等刚度环计算的同时，对于接头结构，考虑到过去的经验，防水性能等，对管片接头的接头板厚度采用了与环肋一样的厚度来决定螺栓的直径、数量及配置。"

B. 混凝土管片

在《标准管片（混凝土管片）》中，混凝土管片的性能是由强度决定的，明确标明了主断面单体应该具有的弯矩承载力及管片接头的容许弯矩。其中，对管片接头容许弯矩的规定说明如下，对外径 1800～6000mm 的标准管片，管片接头的设计弯矩为主断面设计弯矩的 60% 以上，外径 6300～8300mm 大口径时，可取为 40% 左右。

"可以认为由螺栓连接组成的管片接头表现出铰接的力学行为，所以在采用将管片环处理为等刚度环的计算法进行设计与施工时，从防止由接头的存在造成环刚度降低的观点出发，为了取得相邻管片的拼装效应，对混凝土管片采用错缝拼装方式。在这种情况下，弯矩不能够全部通过管片接头来传递，其中一部分是通过相邻管片来传递的。因此，管片接头的力学行为变得复杂，不明确点变多，实际中无法正确把握接头设计中所必需的断面内力。从这种情况出发，在对混凝土管片进行标准化时，于 1973 年基于当时的实例制定了以强度来确定接头性能的方法，对外径 1800～6000mm 的混凝土管片，管片接头的容许弯矩要为管片单体抵抗弯矩的 60％ 以上。

隧道的外径越大，管片环相对容易变形，因此接头的结构要能使管片环保持必要的刚度……随着隧道的外径变大，邻接管片的拼接效应对混凝土管片接头的补强效果有增加的倾向。为此，在大口径隧道中，要研究管片环的分割方法，对每块 A 型管片与 B 型管片使用 4 个环间接头来确保错缝拼装的效果。由于管片环的刚度得到了提高，由管片接头分担的弯矩比率也相对减小。从这种情况出发，对外径 6300～8000mm 的参考标准混凝土管片的接头设计，不是依据标准混凝土管片，而通过其他方式进行设计。另外，根据过去的施工实例，在口径为 7000mm 的隧道中，将管片接头的容许抵抗弯矩设为管片单体抵抗弯矩的 40％ 左右来进行使用。"

② 修正惯用计算法

由于拼接效应的影响，通过管片接头传递的弯矩因相邻管片所分担的部分而减小。为此在修正惯用计算法中，接头设计用断面内力之一的弯矩，可通过弯矩提高率 ζ 来进行折减，处理为 $(1-\zeta)M$。

2）剪力

对管片接头剪力的计算多被省略。但对半径方向插入 K 型管片，当接头角度较大时，管片接头面相对隧道中心方向倾斜了管片插入时所需的角度，不仅仅是剪力，轴力也会在接头面上产生剪力，需要对 K 型管片是否脱落进行验算。这时，有必要将剪力与轴力进行组合作为设计用断面内力。在惯用计算法与修正惯用计算中，采用了与（1）中主断面同样的考虑方法，提取最大剪力及所对应点的轴力。另外，详细可参考"第 I 篇　容许应力设计法 7. 构件设计"。

(3) 环间接头的设计用断面内力

为了取得拼装效应，对管片环采用错缝拼装时，环间接头首先要具有将管片接头所减少的弯矩传递给相邻管片的刚度与强度，并有必要充分考虑环间接头的配置。在设计环间接头时，除去梁-弹簧模型，其他的计算方法都无法计算出其设计用断面内力。因此，使用惯用计算法与修正惯用计算法设计的环间接头多具有与管片接头同等的性能。

另一方面，希望能考虑地震作用、地层沉降、小半径曲线施工时施工荷载等的影响及隧道纵断方向上的力学行为。在其影响比较显著的情况下，有必要在考虑验算结果的基础上来设计环间接头。在《盾构隧道设计指南》中规定，在盾尾刚离开、壁后注浆还没有硬化时，将作用在 1 环上的垂直荷载作为临时荷载，环间接头可以支持此临时荷载的作用，以防止对环间接头进行过小的设计。

5.4　梁-弹簧模型计算法

此计算方法的研究[40,41]开始于 1960 年代，研究当初虽然可以依据试验来确定管片接头的转动弹簧系数，但到了 1970 年代，提出了通过解析方法来求解管片接头转动弹簧系数的研究[42,43]要求。鉴于这种情况，旧营团地铁（现东京地铁）在 1980 年半藏门线的九段上复线隧道工程的管片设计中，导入了梁-弹簧模型计算方法来代替过去的惯用计算法及旧日本铁路所采用的修正惯用计算法。在这以前，在东京湾横断公路隧道中，也采用了梁-弹簧模型进行过比较设计，但首次真正采用本设计方法的还是旧营团地铁。

依据此计算方法，可以真实地反映管片的分块数、分块位置、管片接头的转动弹簧刚度的大小、环间接头的配置及其剪切刚度的大小、由错缝拼装方式不同引起的拼接效果的差异。在力学上是一种有效方法，可以说明管片环具有的承载结构特点。如前所述，对与管片接头相邻接的管片主断面，可以定量地求出由相邻管片传来的弯矩大小、环间接头所产生的剪力及管片环的变形量。这也是与修正惯用计算方法、等弯曲刚度环计算法的最大不同。但依据转动弹簧的系数及剪切弹簧系数大小不同，断面内力是不同的，所以合理地确定这些弹簧系数显得很重要。

此计算中常用的基本荷载体系如图 I.5.2 所示。另外，在图 I.5.2(b)，(c)，(d)中仅仅表示了管片环法线方向上的地层抗力，但也有同时考虑切线方向上地层抗力的情况，此时切线方向上的地层抗力系数依据弹性理论多取为法线方向上地层抗力系数的 1/3 左右。另外，梁-弹簧模型计算方法即使在非对称荷载作用下也具有容易计算断面内力的优点。

本模型已固定应用于圆形隧道，也多将其应用于多圆形断面、矩形断面等非圆形隧道，具有新型接头结构的隧道、隧道的扩大处等。如果使用专用程序，几乎可以计算所有的荷载模型。另外，伴随着管片宽度的变大，也开发了壳-弹簧模型。

以下具体论述了梁-弹簧模型的计算方法。

5.4.1 计算方法的基础

在本节中，按照图Ⅰ.5.11 所示的断面内力的计算流程，依据梁弹-簧模型计算断面内力的具体方法叙述。本计算方法可以合理地评价管片环的力学特性，得到与实际的力学行为接近的计算结果，但有必要对细部条件进行设定。另外，在下一节中论述流程图中的"⑨主断面及接头部位的断面内力计算"。

(1) 管片形式和接头形式的选定

结构计算开始于管片种类、形式、接头形式的选定。对设计荷载，选定什么样的管片与接头，要在充分考虑过去的设计实例、类似地层条件中的应用实例、近年的研究成果基础上进行，这是很重要的。一般从经济指标的观点出发将混凝土管片作为主体来考虑，在大荷载区间及小半径曲线施工区间多考虑采用钢铁管片。另外，在周围地层良好时，采用比较简单的接头形式，在软弱地层及特殊荷载作用等情况下，多采用刚度比较大的接头形式。

(2) 管片厚度、钢筋量等的确定

根据管片的种类，确定管片厚度、宽度、断面形状、钢筋量等，以此计算管片的断面性能（参照"5.2 断面各量的确定"）。另外，在此阶段中，也可根据需要采用惯用计算法来确认假设条件。

(3) 管片分块数和接头位置的确定

根据隧道外径、单块管片的重量、形状来确定管片的分块数、管片接头与环间接头的位置。另外，为了能够布置梁-弹簧模型中的地层弹簧、管片接头的转动弹簧、环间接头的剪切弹簧等来确定计算模型的节点数。

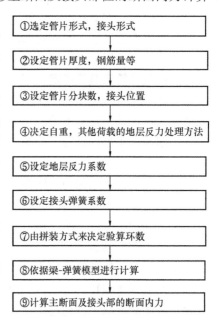

① 选定管片形式，接头形式
② 设定管片厚度，钢筋量等
③ 设定管片分块数，接头位置
④ 决定自重，其他荷载的地层反力处理方法
⑤ 设定地层反力系数
⑥ 设定接头弹簧系数
⑦ 由拼装方式来决定验算环数
⑧ 依据梁-弹簧模型进行计算
⑨ 计算主断面及接头部的断面内力

图Ⅰ.5.11 依据梁-弹簧模型计算法
进行断面内力计算流程实例

(4) 自重及其他荷载引起的地层抗力的处理方式的确定

在梁-弹簧模型计算法中，考虑到自重及内水压力等荷载作用的历史，一般要进行分步计算。关于分步计算的具体注意事项，可参照"第Ⅳ篇设计计算实例 1.2 关于设计计算实例的注意事项等"。

① 不考虑由自重引起的地层抗力的情况

图Ⅰ.5.12，为不考虑由管片自重变形引起的地层抗力的方法，按照各自的计算方法分别求出由管片自重引起的断面内力及在地层抗力作用下的断面内力。此地层抗力是伴随着自重以外的水土压力等引起的位移与变形而产生的。将这些结果进行单纯叠加作为断面的设计力时，由于单纯叠加使断面力与变形变得不连续，也有将自重转化为外荷载的计算方法。另外，在计算由自重引起的断面内力时，需要进行接头弹簧系数的设定及采用小刚度弹簧来支承管片环等解析上的处理。

② 考虑由自重引起的地层抗力的情况

在采用合理的壁后注浆及形状保持装置时，可以考虑由管片自重

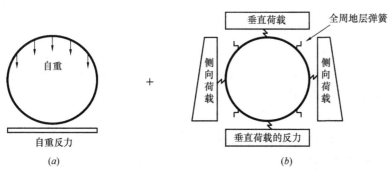

图Ⅰ.5.12 不考虑由自重引起的地层反力的解析模型实例
(a) 针对自重的荷载模型；(b) 针对外荷载的荷载模型

引起的地层抗力。将水土压力等荷载与管片的自重同时作用在管片环上，计算出在地层抗力作用下的断面内力，并将其作为设计断面内力。此地层抗力是由外荷载及管片的自重所引起的管片环的位移与变形而产生的。

③ 有内水压力作用的情况

计算出考虑内水压引起地层抗力后的断面内力，与自重、外荷载的断面内力叠加后作为设计断面内力。在《内水压设计指南》中对内水压力作用下的隧道进行了详细说明，可以参考此书。

(5) 地层抗力系数的确定

地层抗力作为与隧道变形相对应的地层弹簧的反力来进行评价，可以考虑为半径方向与切线方向两个方向，但一般情况下多只考虑半径方向上的地层抗力。在必要时，也有很多将切线方向上的弹簧系数设为半径方向弹簧 1/3 的例子。一般是按照表 I.2.3 中所示的依据 N 值所确定的侧向土压力系数与地层抗力系数的关系来确定地层弹簧系数，也有如在《铁路设计规范》中采用地层的变形系数，按照隧道的直径来确定地层弹簧系数的方法。另外，考虑在隧道盾尾处管片自重的地层抗力时，可以参考《铁路设计规范》中考虑壁后注浆硬化的地层弹簧的设定等。关于地层反力的详细情况可参考"第 I 篇　容许应力设计法 2.4 地层抗力"。

(6) 接头弹簧系数的确定

1) 管片接头的转动弹簧系数

依据作用在管片接头上的弯矩 M 与接头处的转角 θ，将转动弹簧系数 k_θ 定义为 $k_\theta = M/\theta$。因接头部位受到作用在接头处的轴力、接头板的变形、接头的初期拧紧力的影响等，表现出复杂的力学行为。在计算转动弹簧系数时，有必要进行充分的验算。

一般来说，接头结构的回转弹簧系数可以分为如图 I.5.13 所示的双线性与三线性关系。第一斜率表示的部分为受到轴力的影响，管片全断面处于压应力的状态，一般为无穷大。随着弯矩的增大，接头开始开裂，受到接头板弯曲变形及螺栓初期拧紧力等影响，产生第二斜率，此后向第三斜率变化。一般情况下，有很多将轴力设定为双线性，也有为了使主断面的设计偏于安全而不考虑轴力的例子。对于一般采用螺栓接头结构的管片接头与采用对接形式的混凝土管片接头，多采用解析方法来确定管片接头的转动弹簧系数与依据接头弯曲试验及荷载试验结果来确定接头处弹簧系数。以下对管片接头的转动弹簧系数确定方法的现状进行论述。

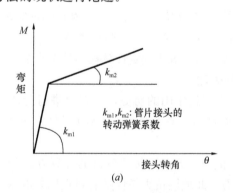
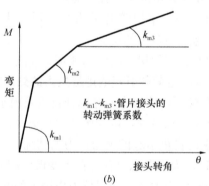

图 I.5.13　弯矩与接头转角的关系
(a) 双线性关系；(b) 三线性关系

① 解析方法

通过解析来求管片接头转动弹簧系数的方法，有依据框架解析的村上·小泉方法[44]与《铁路设计规范》中的方法等。另外，作为对接接头转动弹簧系数的计算方法，可依据 Leonhard 公式。详细可以参考"第 V 篇参考资料 12. 管片接头的转动弹簧系数"。

② 实验方法

制作与实物一样大小的实验体，导入所定的轴力和接头的初期拧紧力。通过接头的弯曲试验，获得接头部位的弯矩与接头面的转角来求转动弹簧系数。在《铁路设计规范》中记述了实验方法。关于转动弹簧的实测值，可参考"第 V 篇参考资料 12.2 根据实验的计算方法"。

2) 环间接头的剪切弹簧系数

由于错缝拼接的影响，相邻管片环的变形特性不同，通过环间接头产生了力的传递。在梁-弹簧模型计算法中，将相邻环之间的相互影响通过与环间接头部位的相对位移量对应的剪力来进行考虑，建立了环间接头的剪切弹簧模型，并将其分为 2 个分量，即管片环的半径方向与切线方向。

将半径方向上的剪切力记为 Q_{sr}，环间接头半径方向上的相对位移记为 δ_{sr}，则半径方向的剪切弹簧系数可定义为 $k_{sr} = Q_{sr}/\delta_{sr}$。另外，将切线方向上的剪切力记为 Q_{st}，管片切线方向上的相对位移记为 δ_{st}，则切线方向的剪切弹簧系数可以定义为 $k_{st} = Q_{st}/\delta_{st}$。

目前还没有建立剪切弹簧系数的解析方法，多采用试验、经验的确定方法。如图 I.5.14 所示，当剪力处于比环间接头面的摩擦力小的范围时，螺栓结构的剪切弹簧系数依存于管片的弹性变形。当剪力变得比摩擦力大时，开始产生滑移，对于螺栓接头来说在保持剪力不变的状态下只发生了相当于螺栓与螺栓孔之间孔隙的位移，之后再次达到初期斜率。一般剪切弹簧系数取为 100000~500000kN/m 左右，当环间接头在受到千斤顶等压力的作用下，产生了很大的摩擦抗力，实验证明了没有剪切错位的发生。

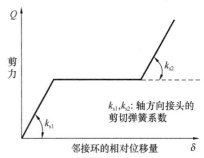

图 I.5.14　剪切力与环相对位移的关系

在设计上，因偏大地评价环间接头的剪切弹簧系数可以发挥拼接效果，使管片主体的设计结果偏于安全，对剪切弹簧采用了无限大或非常大的数值。在如《铁路设计规范》中，有很多在考虑管片本身的剪切变形的基础上，假定环间接头没有发生错位来计算弹簧系数的例子。另一方面，也有考虑剪切错位来确定剪切弹簧系数的例子。关于环间接头剪切弹簧系数的详细情况可参考"第 V 篇参考资料 13. 环间接头的剪切弹簧系数"。

环间接头的剪切弹簧系数设为无穷大时，在计算中环间接头所发生的剪力会变大，使用此剪力来进行环间接头的设计，会显得过大。此外，在受到偏压力作用时，如果过大地评价环间接头的剪切弹簧系数，则形成由复数管片环来分担荷载，也会使设计偏于危险，有必要充分注意环间接头剪切弹簧系数的确定。

（7）根据拼装方式来确定计算环数

应根据拼装方式来确定计算环数。因一般多重复采用甲组与乙组两种拼装类型方式（2 环错缝拼装），所以多通过 2 环模型进行计算。

5.4.2　设计用断面内力

使用梁-弹簧模型计算法，管片环断面力的计算结果如图 I.5.15 所示。

（1）主断面的设计断面内力

1）弯矩与轴力

根据图 I.5.15 中的正负最大弯矩节点的位置，将正负最大弯矩及其位置对应的轴力进行组合来验算主断面。

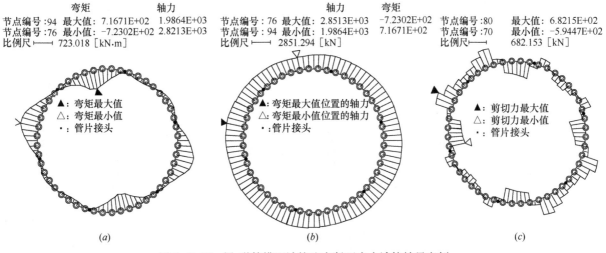

图 I.5.15　梁-弹簧模型计算法中断面内力计算结果实例

(a) 弯矩图；(b) 轴力图；(c) 剪力图

2）剪力

采用与惯用计算法同样的考虑方法，在图Ⅰ.5.15中将剪力最大处的剪力，及该位置的弯矩与轴力作为设计断面内力来进行验算。但由于在通常的圆形隧道中剪力最大处的弯矩比较小的原因，只采用最大剪力来作为设计断面内力。

（2）管片接头的设计断面内力

对于管片接头的设计，主要将管片接头的螺栓与接头板作为设计对象，根据需要设置锚筋。虽然拉力与剪力作用在管片接头的螺栓上，但应依据接头部位所发生的弯矩与轴力来计算拉力。另外，对半径方向插入Ｋ型管片的管片接头，还有必要考虑轴力引起的附加剪力，其详细情况可参考"第Ⅰ篇　容许应力设计法　7. 构件设计"。

1）弯矩与轴力

在采用梁-弹簧模型计算法计算断面内力时，由于已经考虑了接头的位置，所以应着眼于所有的接头位置，从中选取正的最大弯矩及其对应的轴力，及负的最大弯矩及其对应的轴力来作为管片接头的设计断面内力。

2）剪力

对Ｋ型管片以外的管片接头的设计用剪切力，在梁-弹簧模型计算法中应选取接头位置处剪力的最大值作为设计用剪切力。Ｋ型管片的管片接头设计用剪切力应采用Ｋ型管片接头处所发生的断面内力，与惯用计算法一样考虑轴力来进行验算。

3）环间接头的设计断面力

梁-弹簧模型计算方法将环间接头螺栓处理为剪切弹簧，是一种近似三维解析方法，所以可以直接计算出作用在环间接头上的剪力。因此，从解析中所得到的各环间接头的剪力中选取最大剪力，来作为环间接头的设计用断面内力。但是，将环间接头的剪切弹簧系数取为无穷大时，如前所述计算中环间接头所发生的剪力变大，对管片主断面来说可以取得偏于安全的设计。使用此剪力来进行环间接头的设计时，会得到过大的设计结果，有必要引起注意。

5.4.3　各规范中的梁-弹簧模型计算法

近年梁-弹簧模型计算法在各种设计规范中得到了应用。关于对管片自重等的处理、地层抗力的考虑方法、接头的弹簧系数的评价等结构模型的处理，各规范根据作为处理对象的盾构隧道的用途、规模及作用荷载等的不同，考虑方法多少有些差异。表Ⅰ.5.7表示了这些考虑方法，以供参考。

各设计规范中梁-弹簧模型计算方法实例 　　　　　　　　　　表Ⅰ.5.7

名　称			结构物等设计规范及说明盾构隧道	盾构隧道（管片）的设计指南（提案）	隧道结构物设计要领（盾施工方法编）	内水压作用下隧道衬砌结构物设计指南
发行单位			（财团法人）铁道综合技术研究所	东京东铁（有限公司）	首都高速公路（有限公司）	（财团法人）先端建设技术中心
发行时间			2002年12月	2008年4月	2008年7月	1999年3月
荷载	土压力作用位置	垂直方向	作用在形心上	作用在外径（顶部）	同左	同左，考虑最大、最小两种土压力
		水平方向	作用在形心上	同左	同左	同左，考虑最大、最小两种土压力
	地下水压力		作用在半径方向的形心上	垂直方向作用在外径（顶部，底部）上。水平方向作用在形心上	作用在半径方向的形心上	垂直方向作用在顶部、底部的形心上。水平方向作用在形心上。考虑最高、最低两种
	底部反力		对于土压力，取底部反力与垂直土压力相同	与垂直方向的水土压力、自重平衡的等分布反力	基本上与顶部垂直土压力平衡的等分布反力	原则上取①，但也可取②。①与垂直荷载相平衡的等分布反力②不考虑。取与自重相平衡的等分布反力

名　称		结构物等设计规范及说明盾构隧道	盾构隧道（管片）的设计指南（提案）	隧道结构物设计要领（盾构施工方法编）	内水压作用下隧道衬砌结构物设计指南
自重的处理		组合外荷载与自重，一同进行解析	分别求出外荷载与自重作用下的断面内力，然后进行叠加。但另行设定自重的地层反力	同左	分别求出外荷载与自重作用下的断面内力然后进行叠加。并叠加上由内水压力引起的断面内力
地层反力	半径方向地层弹簧	地层反力系数×隧道半径＝设定由地层决定的地层反力系数。分为壁后注浆硬化过程（主荷载等横断面设计）与硬化后（邻近施工，地震的影响等）	设定由地质条件决定的地层反力系数	同左	同左
	切线方向地层弹簧	为了得到偏于安全的设计，不考虑。考虑邻近施工等影响时，取为半径方向的1/3左右	$k_t = 100kN/m^3$	为了得到偏于安全的设计，不考虑。	为了得到偏于安全的设计，不考虑。在只有外压作用的管片设计中，也有取为半径方向1/3～1的实例
	自重用地层反力	考虑到也会发生由自重引起的地层反力，将外荷载与自重进行组合求解，与外荷载相同	$k_r - 100kN/m^3$，但在13号线中，半径方向$k_r = 2000kN/m^3$，切线方向$k_t = 100kN/m^3$	在具有形状保持装置、同时具有壁后注浆装置等前提下，按照土质在下述范围中设定。$k_r = 1000～5000kN/m^3$	不考虑地层反力系数。但也有通过邻近管片来考虑周边地层的地层反力系数的情况
接头刚度	管片接头的转动弹簧	即使为①、②时也要考虑轴力。①实物大小的接头抗弯实验方法②通过圆周方向接头的结构模型解析求解的方法	采用"村上-小泉方法"进行计算。对设计指南中所记载的接头，也可使用表中的数值	下述方法中，推荐①。①实物大小的接头抗弯试验方法；②解析方法；③应用类似实验结果	参照实验值、实例来决定。作为参考，列举了通过管片本体抗弯刚度与形心半径求解的方法（无量纲接头抗弯刚度）
	环间接头的剪切弹簧	以相邻环的轴线建立两端固定梁模型来计算半径方向的剪切弹簧系数。通过相邻环轴线间管片的抗剪刚度来计算切线方向的剪切弹簧系数	考虑到安全，取为无穷大。但在13号线中由实验结果，取为$1.0 \times 10^6 kN/m$来进行线性解析	下述方法中，推荐①。使用螺栓接头时基本上是三线性模型。①实物大小的接头抗剪试验方法；②解析方法；③应用类似实验结果	参照实验值、实例来决定。也有取为无穷大的设计实例。作为参考，列举了对应管片结构的具体数值

6 纵断方向上的结构计算

考虑施工途中的各阶段及完成后荷载的作用状态及衬砌的结构特点，根据需要来进行隧道纵断方向上的结构计算。

盾构隧道本来就是在纵断方向上通过环间接头将管片环连接起来的柔性结构。如果不对这个特点进行合理的评价，会徒然地使设计偏于过大，有时可能会导致不能进行设计的状况发生。为了避免出现这样的情况，对管片环纵断方向上的结构及地层进行模型化，对作用荷载进行合理的评价是很重要的。

6.1 概述

隧道纵断方向上的结构计算，依据以下情况按需要来进行。这些都是仅仅依据横断方向的结构计算来评价由作用荷载及地层位移引起的隧道力学行为比较困难的情况。

（1）小半径曲线及大坡度施工的情况

进行小半径曲线及大坡度施工的盾构机，为了沿着设计线形掘进，通过将千斤顶的推力作为偏心荷载来获得自身的转向力进行掘进。这时，在隧道的前端部受到了与隧道轴向有偏斜角的轴向压力（千斤顶推力）及由千斤顶推力的偏心造成的弯矩作用，对曲线内侧的环间接头产生了过大的拉力作用，有时会导致接缝的开裂及管片的损伤。

（2）受到地震作用的情况

隧道纵断方向上地震时的力学特性，与横断方向一样，一般认为隧道几乎可以追随地层的变形。在隧道纵断方向上，由于隧道纵向表层地层地震时力学行为的相位差（沿着隧道纵向的相对位移分布），产生了地震时的应变（变形）与应力。可以认为良好地层中的隧道受到的影响比较小。应该注意隧道纵向上受到地震影响的研究对象为竖井部位及地中接合部位等结构发生变化的部位，地层条件发生突变的部位及小半径曲线施工的部位。

（3）受到邻近施工影响的情况

在邻近设计对象的盾构隧道附近构筑建造物时，作用在隧道上的荷载会沿着隧道纵断方向发生变化，由于邻近施工隧道在纵断方向上受到了影响，这时，隧道在纵断方向上局部发生了上浮或侧向位移。

（4）受到地层沉降影响的情况

在隧道的局部区间存在固结过程中的地层及由硬质地层向软弱地层过渡区间时，在隧道纵断方向上会有产生不均匀沉降的可能性。

（5）受到平行设置隧道影响的情况

可以考虑为前期施工的隧道受到后期施工隧道通过时临时荷载的影响及由于后期隧道的开挖引起的长期影响等。

6.2 结构分析模型

在隧道纵断方向断面内力计算的结构模型中（图Ⅰ.6.1），为了简便多使用梁模型。对于前节（1）～（5）中的情况，多采用将隧道中心轴作为轴线的梁结构来进行模型化。有必要评价管片环在纵断方向上的结构模型、地层的模型及作用力等。

管片环在纵断方向上的结构模型有如下两类。

（1）管片环采用梁单元，环间接头采用轴向弹簧、转动弹簧及剪切弹簧的模型化方法（纵向梁-弹簧模型）

适用于隧道纵断方向上的详细验算及将隧道纵断方向上局部区间作为研究对象的情况，具有可以直接求出环间接头部位的断面内力和位移的特点。

（2）考虑环间接头引起的隧道纵断方向上刚度的折减，等效刚度均匀梁置换方法（纵向等效刚度梁

模型)

与 (1) 的方法相比，具有模型简单、计算中容易输入等优点。在对受到地震影响的情况进行研究时，适用于隧道纵断方向上范围比较大的研究。

另外，考虑到计算量与计算时间，也有将 (1)，(2) 并用的情况。有必要在考虑计算目的、要求精度、解析方法的基础上，来确定结构模型。

对应于将管片环模型化后的梁单元，多将地层模型化为与隧道轴向垂直的轴直角方向弹簧模型，及在隧道纵断方向上的轴向弹簧。在计算这些弹簧系数时，地层特性及影响范围成了难题。有采用惯用计算方法来进行计算的，也有对地层采用有限元法，将隧道看成刚体，然后施加荷载，从荷载与位移的关系来进行计算的。

也有根据不同情况，将隧道纵向结构模型组装入地层有限元模型中进行断面内力计算的例子。

作用力有荷载，及不均匀沉降、地震时的响应位移等引起的力。有必要在充分考虑隧道条件的基础上，来评价其作用力的大小及作用方向。对由前述的管片环纵断方向结构模型与地层模型构成的解析模型，设定合适的边界条件及初始条件后，施加合适的作用力来进行数值解析。具体方法有对管片环的梁模型直接施加力的作用及通过地层弹簧来施加变位等。

6.2.1　纵断方向的梁-弹簧模型

在纵向梁-弹簧模型中 (图 I.6.1)，对管片环采用轴向刚度 EA、弯曲刚度 EI 的梁，对环间接头采用转动弹簧 K_θ、轴向弹簧 K_u、剪切弹簧 K_s，进行模型化。使用弹簧将众多的梁联结在一起，构成隧道的纵向解析模型。

以螺栓拧紧式接头的钢筋混凝土管片为例，来论述纵向梁-弹簧模型中所使用的各个要素刚度评价方法的概要。

(1) 管片环轴向刚度 EA、弯曲刚度 EI 的计算

$$EA = E \cdot \frac{\pi(D_o^2 - D_i^2)}{4} \qquad (I.6.1)$$

$$EI = E \cdot \frac{\pi(D_o^4 - D_i^4)}{64} \qquad (I.6.2)$$

这里，

E：管片环的弹性模量；

A：管片环的断面面积；

I：管片环的断面惯性矩；

D_o：管片环的外径；

D_i：管片环的内径。

(2) 单个环间接头轴向弹簧系数 k_j 的计算

将用来评价螺栓抗拉刚度的弹簧 k_B、评价螺栓拉力作用下接头板扰度的弹簧 k_p 进行串联，来评价单个接头轴向弹簧系数 k_j。k_j 可以表示为下式。

$$k_j = \frac{k_B \cdot k_p}{k_B + k_p} \qquad (I.6.3)$$

关于 k_B, k_p 的计算，有几种方法被提了出来。

(3) 环间接头轴向弹簧系数 K_u，剪切弹簧系数 K_s 的计算

环间接头的轴向弹簧系数 K_u，依据隧道纵向上轴压缩力与轴拉力作用情况而不同。

轴向压缩力发生时：$K_u = \infty$

轴向拉力发生时：$K_u = n \cdot k_j$ $\qquad (I.6.4)$

这里

n：环间接头数目；

k_j：单个环间接头的轴向弹簧系数。

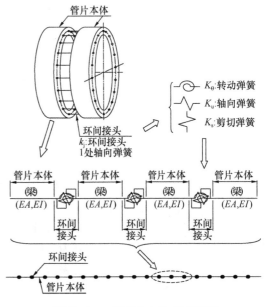

图 I.6.1　纵断方向梁-弹簧模型

　　从现状来看，通过数值解析方法计算环间接头的剪切弹簧系数 K_s 是困难的。目前多参考过去的实验结果来进行设定或设为无穷大等。

（4）环间接头转动弹簧系数 K_θ 的计算

　　以下表示了环间接头转动弹簧系数 K_θ 的解析计算方法。考虑为具有环间接头转动弹簧 K_θ 的梁结构模型（悬臂梁），与不具有环间接头转动弹簧 K_θ 的梁结构模型（悬臂梁），在梁端部受到弯矩 M 作用时，端部 A 的挠度 δ'_A、δ_A 分别用下式来表示。

$$\delta'_A = \frac{Ml^2}{2EI} + \theta_B \cdot \frac{l}{2} \qquad (\text{I}.6.5)$$

$$\delta_A = \frac{Ml^2}{2EI} \qquad (\text{I}.6.6)$$

　　另外，B 点的弯矩为 $M_B = M = M_\theta \cdot \theta_B$，可整理为

$$\theta_B = M/K_\theta$$

　　将此式代入式（I.6.5）、式（I.6.6）中，可以得到下式：

$$K_\theta = \frac{Ml}{2(\delta'_A - \delta_A)} \qquad (\text{I}.6.7)$$

　　另一方面，可以考虑采用壳单元对管片环进行模型化，在环间接头位置配置接头的轴向弹簧 k_j，建立 2 环立体结构数值模型。将弯矩 M 作用在具有接头的立体结构数值模型与无接头的立体结构数值模型的端部时，端部的挠度分别为 δ' 及 δ。因为采用了立体结构模型来代替隧道的梁结构模型，式（I.6.7)所示的转动弹簧系数 K_θ 可以依据立体结构模型（图 I.6.2）所计算的挠度 δ' 及 δ 表示为下式。

$$K_\theta = \frac{Ml}{2(\delta' - \delta)} \qquad (\text{I}.6.8)$$

以上表示了 K_θ 的解析计算方法，另外也提出了理论计算方法，关于这些可参照"第 V 篇参考资料 15. 盾构隧道纵断方向上的转动弹簧系数"。

6.2.2　纵断方向上的等效刚度梁模型

　　为了得到与纵断方向梁-弹簧模型相同的变形性能，来计算纵向等效刚度梁模型的等效刚度，建立等效刚度梁模型（图 I.6.3）。和前述的纵断方向梁弹簧模型相比，为简单实用的模型。

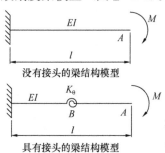

没有接头的梁结构模型

具有接头的梁结构模型

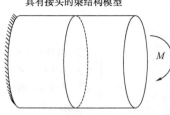

没有接头的立体结构模型

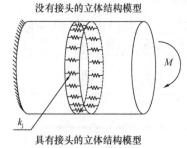

具有接头的立体结构模型

图 I.6.2　转动弹簧 K_θ 的
计算模型

考虑到隧道纵断方向上的结构特点，等效刚度可分为如下 3 类：

等效抗压刚度 $(EA)^C_{eq}$；

等效抗拉刚度 $(EA)^T_{eq}$；

等效抗弯刚度 $(EI)_{eq}$；

这些量的计算方法如下所述：

（1）等效抗压刚度 $(EA)^C_{eq}$

隧道在纵断方向上受到轴向压力作用时，在环间接头面管片环之间受到了压缩。因此，等价抗压刚度与环间接头的轴向压力无关，可以采用管片环的轴向刚度来进行评价：

$$(EA)^C_{eq} = E_s \cdot A_s \qquad (\text{I}.6.9)$$

这里，

E_s：管片环的弹性模量；

A_s：管片环的断面面积。

（2）等效抗拉刚度 $(EA)^T_{eq}$

隧道纵向受到轴向拉力作用时，管片环与管片接头二者会伸长。管片环的伸长量记为 δ_s，环间接头的伸长量记为 δ_j，管片宽度记为 l_s 时，在受到轴向拉力 T 作用时，每环的伸长量 δ 可以用下式来表示

$$\delta = \delta_s + \delta_j = \frac{T}{E_s \cdot A_s} \cdot l_s + \frac{R}{K_j} \qquad (\text{I}.6.10)$$

K_j：环间接头的轴向弹簧（拉弹簧）的总和

另一方面，等刚度梁在受到拉力 T 作用时，伸长量记为 δ，刚度记为 $(EA)_{eq}^{T}$ 时，伸长量与拉力 T 的关系为

$$\delta = \frac{T}{(EA)_{eq}^{T}} \cdot l_s \qquad (\text{I}.6.11)$$

依据以上两式，等效抗拉刚度如下式所示

$$(EA)_{eq}^{T} = \frac{E_s \cdot A_s}{1 + \dfrac{E_s \cdot A_s}{K_j \cdot l_s}} \qquad (\text{I}.6.12)$$

(3) 等效抗弯刚度 $(EI)_{eq}$

隧道纵断方向上受到弯矩 M 作用时，如图 I.6.4 所示，因管片环及环间接头的变形使隧道发生了转角为 θ 的变形。如图 I.6.5 所示，依据管片环与环间接头的变形及应力状态的力的平衡条件，加上变形协调条件，弯矩 M 与隧道转角 θ 的关系如下式所示

$$\theta = \frac{l_s}{E_s \cdot I_s} \cdot \frac{\cos\varphi + (\frac{\pi}{2} + \varphi) \cdot \sin\varphi}{\cos^3\varphi} M \qquad (\text{I}.6.13)$$

另一方面，等效抗弯刚度为 $(EI)_{eq}$ 的等刚度梁在受到弯矩 M 作用时，梁长度为 l_s 部分所发生的转角 θ_{eq} 如下所示

$$\theta_{eq} = \frac{M}{(EI)_{eq}} \cdot l_s \qquad (\text{I}.6.14)$$

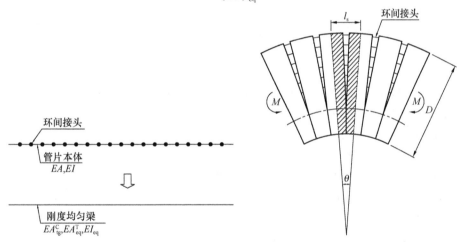

图 I.6.3　纵断方向等效刚度梁模型　　　　　　图 I.6.4　隧道变形

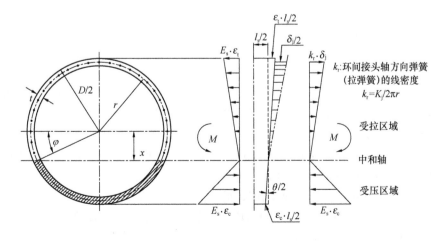

图 I.6.5　环间接头的变形与应力状态

如果将使 $\theta = \theta_{eq}$ 的抗弯刚度定义为等效抗弯刚度 $(EI)_{eq}$，根据式 (I.6.13) 与式 (I.6.14)，等效抗弯刚度可以表示为

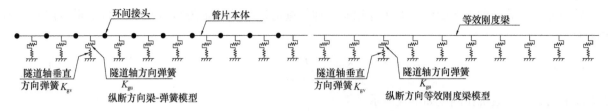

图Ⅰ.6.6 隧道纵断方向的地层模型

$$(EI)_{eq} = \frac{\cos^3 \varphi}{\cos\varphi + (\pi/2 + \varphi) \cdot \sin\varphi} \cdot E_s \cdot I_s \qquad (Ⅰ.6.15)$$

但 φ 要满足下式：

$$\varphi + \cot\varphi = \pi \cdot \left(\frac{1}{2} + \frac{K_j}{E_s \cdot A_s / l_s} \right) \qquad (Ⅰ.6.16)$$

这里，

φ：中位轴位置的角度（丛隧道起拱线位置开始的角度）；

E_s：管片环的弹性模量；

I_s：管片环的断面惯性矩；

l_s：管片宽度；

K_j：环间接头的轴向弹簧（抗拉弹簧）的总和；

n：环间接头数目；

K_j：单个环间接头的轴向弹簧系数（抗拉弹簧）。

6.2.3 地层等的模型化

隧道纵断方向上的模型化是将地层模型与隧道结构的梁模型连接在一起，多采用弹性地基梁模型来进行评价。这时，多将地层模型化为用来评价与隧道轴方向垂直地层抗力的轴方向垂直弹簧与用来评价纵向地层抗力的轴向弹簧。

这些弹簧系数不仅与地层的变形系数有关，还因作为研究对象的隧道的形状与尺寸、刚度、地层应变的大小而不同，有必要根据研究内容进行合理的评价。

作为地层弹簧系数的计算方法，图Ⅰ.6.7表示了使用有限单元法时的解析模型实例。

当隧道轴方向的位移达到一定程度，地层无法适应隧道的变形时，可以认为隧道与地层之间无法达到密实的状态，发生了滑移。因此，在进行结构计算时，必须注意隧道轴方向的地层弹簧抗力存在着上限值。

在盾构隧道与竖井的连接部位，有必要将连接部位考虑在内进行模型化。一般采用转动弹簧 K'_θ、轴向弹簧 K'_u、轴垂直方向弹簧 K'_s 对盾构隧道与竖井的连接处进行模型

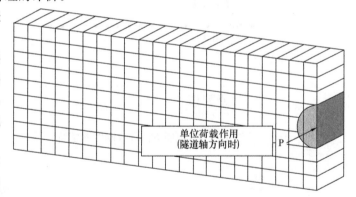

图Ⅰ.6.7 依据有限单元法进行地层弹簧计算模型实例

化。各弹簧系数因竖井的形状与结构、连接部的结构而不同，所以有必要依据各自的结构特点选用合适的计算方法。图Ⅰ.6.8表示了盾构隧道与竖井连接处附近在抗震研究中所使用模型的例子。

6.2.4 纵断方向上的解析模型实例

图Ⅰ.6.9～图Ⅰ.6.11表示了小半径曲线施工、地震、受到地层沉降影响时，隧道纵向上结构计算所用的分析模型的例子。另外，图中的符号如下所示。

EA，EI，GA：隧道的轴向刚度，弯曲刚度，剪切刚度；

$(EA)_{eq}$、$(EI)_{eq}$、$(GA)_{eq}$：隧道的等效轴向刚度，等效弯曲刚度，等效剪切刚度；

K_{gu}，K'_{gu}：隧道轴方向上的地层弹簧；

K_{gv}，K'_{gv}：与隧道轴方向垂直的地层弹簧；

K'_u，K_s，K_θ：环间接头的轴向弹簧，剪切弹簧，转动弹簧；

K'_u，K'_s，K'_θ：竖井连接部的轴向弹簧，剪切弹簧，转动弹簧。

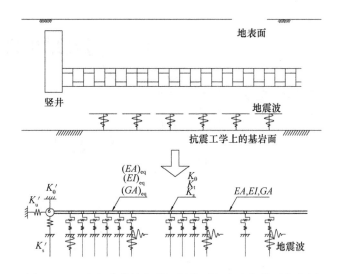

图 I.6.8　在竖井接续部附近的抗震研究中的模型化实例

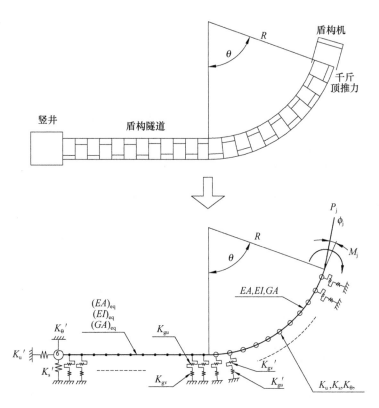

图 I.6.9　小半径曲线施工时纵断方向解析模型实例

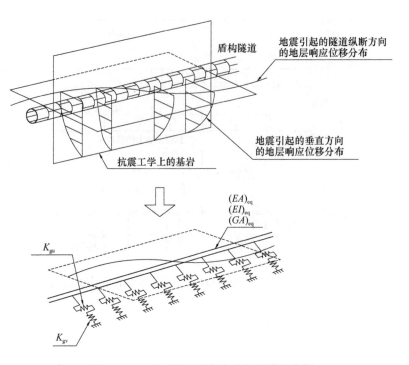

图Ⅰ.6.10　地震时的纵断方向解析模型实例

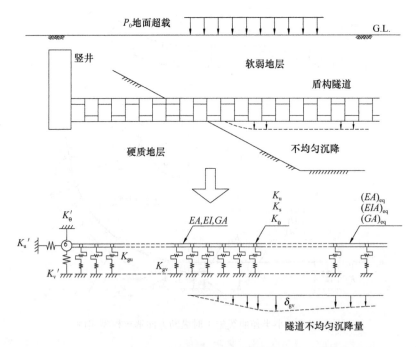

图Ⅰ.6.11　受到地层不均匀沉降影响时纵断方向的解析模型实例

7　构　件　设　计

7.1　基本事项

在本章中对管片的主断面、管片接头、环间接头等构成管片各个构件的设计方法进行详细论述。在这些构件设计中，使用"5.横断方向上的结构计算"与"6.纵断方向上的结构计算"中所计算得到的断面内力，及作为施工荷载的千斤顶推力等引起的断面内力。

本章中所提及的管片指由钢管片及铸铁管片组成的钢铁管片与平板型混凝土管片。接头形式以《标准管片》中具有代表性的由短螺栓及钢接头板组成的螺栓接头结构作为研究对象。对这以外的管片及接头形式，要在充分考虑其结构特点的基础上，应用于那些可以适用的项目。

在钢铁管片构件设计中，多对环肋、面板中与有效宽度相当的部分、管片接头、环间接头、纵肋进行设计。另一方面，在混凝土管片设计中，多以主断面、管片接头及环间接头为对象来进行设计。这些具体计算方法记述在"第Ⅳ篇设计计算实例"中，可以参考。另外，在"第Ⅲ篇设计细则"中对钢铁管片的吊装金属器具及混凝土管片的吊装孔兼注入孔及焊接处的设计进行了解说。

7.2　钢铁管片

7.2.1　主断面设计

(1) 对弯矩与轴力的设计

在钢铁管片的主断面设计中，将环肋及面板的有效宽度部分作为主断面。将其作为承受弯矩与轴力的直梁，并确认由式（Ⅰ.7.1）计算的应力处于容许应力以下。另外，对钢铁管片，除了要对正负最大弯矩及其对应的轴力来进行应力计算之外，最好能对轴力的最大值及最小值及其对应弯矩作用下的断面内力也能进行确认。在利用修正惯用计算方法对断面内力进行计算时，作用在管片接头上的一部分弯矩通过环间接头传递给相邻的管片，将通过断面内力计算所求得的正负最大弯矩记为 M 时，并考虑应力计算中所使用的弯矩提高率 ζ 后，设计弯矩可表示为 $(1+\zeta)M$。

$$\sigma_{\mathrm{o}} = \frac{N}{A} + \frac{M}{Z_{\mathrm{o}}} \leqslant \sigma_{\mathrm{a}}$$

$$\sigma_{\mathrm{i}} = \frac{N}{A} - \frac{M}{Z_{\mathrm{i}}} \leqslant \sigma_{\mathrm{a}} \qquad\qquad (\text{Ⅰ}.7.1)$$

这里，σ_{o}：外边缘处应力（N/mm²）；

σ_{i}：内边缘处应力（N/mm²）；

σ_{a}：容许应力（N/mm²）；

N：设计轴力（N）；

M：设计弯矩（N·mm）；

A：环肋的有效断面面积（mm²）；

Z_{o}：外边缘侧的断面系数（mm³）；

Z_{i}：内边缘侧的断面系数（mm³）。

钢管片的钢材容许应力采用表Ⅰ.3.17中的数值，依据如式（Ⅰ.7.2）所示的以 SM490 为例的宽厚比（$h/(t_{\mathrm{r}} \cdot f \cdot K_{\mathrm{r}})$）判别式，在可以判定宽厚比大的情况下，要考虑局部屈曲的影响，对容许应力进行折减后采用表Ⅰ.3.18所示的数值。另外，在《标准管片》中规定外径 ϕ1800～6000mm 的标准钢管片可采用不受局部屈曲影响的板厚。但是关于《标准管片》中 ϕ6300 以上的参考标准钢管片，对在轴力比较显著、应力斜率 ϕ 接近于零、高水压作用下的管片，因没有环间接头螺栓，屈曲长度比外环肋长的 3 枚环肋中的中间环肋，有必要注意这些构件易受到局部屈曲的影响。另一方面，铸铁管片的球墨铸铁的容许应力使用表Ⅰ.3.21中的数值；考虑了局部屈曲影响后的容许应力使用表Ⅰ.3.22中的数值。

$$\frac{h}{t_r \cdot f \cdot K_r} \leqslant 11.2 : 不受局部屈曲影响时(以 SM490 为例)$$

$$11.2 \leqslant \frac{h}{t_r \cdot f \cdot K_r} < 16 : 受局部屈曲影响时(以 SM490 为例)$$

$$但，f = 0.65\varphi^2 + 0.13\varphi + 1.0 \quad \varphi = \frac{\sigma_1 - \sigma_2}{\sigma_1}(\sigma_2 \leqslant \sigma_1，以压为正)$$

$$K_r = \sqrt{\frac{2.33}{(l_r/h)^2} + 1.0}$$

（Ⅰ.7.2）

这里，l_r：环肋的屈曲长度（纵肋的净间隔或者纵肋与环间接头螺栓的间隔，参照图Ⅰ.7.1）；

h：环肋的高度（mm）；

t_r：环肋的板厚（mm）；

f：依据应力斜率进行的修正；

K_r：屈曲系数比；

σ_1，σ_2：环肋的边缘应力（N/mm²）。

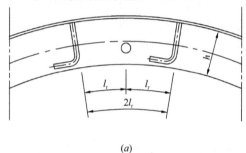 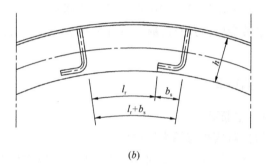

(a)　　　　　　　　　　　　　　　(b)

l_r：纵肋与螺栓的间隔

图Ⅰ.7.1　环肋的屈曲长度

(a) 外环肋的 l_r 及 h；(b) 中环肋的 l_r 及 h

（2）对剪力的设计

在对剪力进行的主断面设计中，使用"5. 横断方向上的结构计算"中计算所得的最大剪力，依据式（Ⅰ.7.1）进行验算。但通常钢铁管片主断面对剪力具有充分的承载能力，多省略了对剪力的设计。另外，对剪力的设计，一般只将环肋的断面作为主断面来进行考虑。

$$\tau = \frac{Q}{A_w} \leqslant \tau_a$$

（Ⅰ.7.3）

这里，τ：设计剪应力（N/mm²）；

τ_a：容许剪应力（N/mm²）；

Q：设计剪力（N）；

A_w：环肋的断面面积（除去面板的有效宽度部分）（mm²）。

7.2.2　管片接头设计

（1）管片接头的设计断面内力

钢铁管片的管片接头设计是将螺栓与接头板作为设计对象。如图Ⅰ.7.2所示，将弯矩、轴力及剪力作用在管片接头上。有必要注意管片接头设计中所用的断面内力依据"5. 横断方向上的结构计算"中所述的断面内力计算方法而异。以下根据主要的断面内力计算方法，对管片接头的设计断面内力进行论述。

1）依据惯用计算法的设计

通过惯用计算法不能直接求出管片接头上所发生的断面内力。因此，在《标准管片》中，依据过去的经验等将管片接头的接头板厚度与环肋采用同一尺寸，省略结构计算。另外，对于剪力，

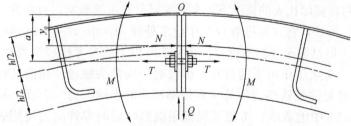

图Ⅰ.7.2　钢铁管片接头部的断面内力

使用通过断面内力计算中所得到的最大剪力。

2）依据修正惯用计算法的设计

与惯用计算法一样，通过修正惯用计算法也不能计算出管片接头所发生的断面内力。但是，在修正惯用法中采用弯矩提高率来考虑错缝的拼装效果。因此，如果将通过断面内力计算所得的正负最大弯矩记为 M，则接头计算所使用的断面内力为 $(1-\zeta)M$。对于轴力，使用正负最大弯矩发生位置的轴力。另外，对于剪力，使用断面内力计算中所求得的最大剪力。

3）依据梁-弹簧模型计算法的设计

通过梁-弹簧模型可以求出各管片接头所发生的断面内力。因此，接头计算所用的断面内力为接头的正负最大弯矩及其轴力及最大剪力。另外，在使用忽略轴力所求得转动弹簧系数进行梁-弹簧模型计算时，所得的最大弯矩与使用考虑轴力的转动弹簧系数相比会变小，有必要注意对此问题的处理方法。

（2）螺栓作用力的计算

1）拉力的计算

如图Ⅰ.7.2所示，管片接头螺栓拉力的计算通常以接头板的边缘部位 O 点为转动中心，依据式（Ⅰ.7.4）所示的平衡条件来求解。

$$T = \frac{M - y_0 \cdot N}{a} \qquad (Ⅰ.7.4)$$

这里，T：作用在每环螺栓上的拉力（N）；

M：设计弯矩（N·mm）；

N：设计轴力（N）；

y_0：环肋外边缘到管片断面形心的距离（mm）；

a：外边缘到螺栓中心的距离（mm）。

另外，使用式（Ⅰ.7.4）计算作用在螺栓上的拉力时，也会出现 $T<0$，即螺栓上没有拉力作用的计算结果。这时，出于偏于安全的设计，也可忽略式（Ⅰ.7.4）中的轴力项（$N=0$），计算作用在螺栓上的拉力。

2）剪力的计算

多省略对管片接头剪力的计算，但对半径方向插入 K 型管片，在接头角度大的情况下，有必要对 K 型管片是否会脱落进行验算。如图Ⅰ.7.3所示，因管片接头面向隧道的中心方向倾斜了插入时所需的角度，不仅是剪力，轴力也会在接头面上产生剪切。因此，这时有必要将最大剪力及其对应位置所发生的轴力进行组合来作为设计断面内力。但有必要注意这时的剪力是使 K 型管片脱落的剪力。在《标准管片》中，将 K 型管片的管片接头的设计用剪力 Q_k 按下式进行求解。

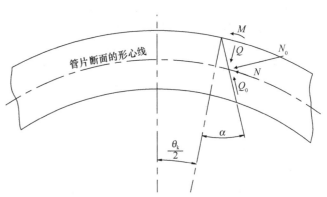

图Ⅰ.7.3　作用于半径方向插入型 K 型管片接头的力

$$Q_0 = N(\sin\alpha - f \cdot \cos\alpha) - Q(\cos\alpha + f \cdot \sin\alpha) \qquad (Ⅰ.7.5)$$

这里，Q_0：K 型管片的管片接头的设计剪力（N）；

N：设计轴力（N）；

Q：设计剪力（N）；

α：K 型管片的接头角度（度）；

f：接头面的静止摩擦系数（钢管片时为 0.3，混凝土管片时为 0.5）。

这样，随着 K 型管片的接头角度 α 变大时，作用在接头面上的剪力 Q_k 也变大，对接头螺栓的设计变得不利。对在半径方向插入 K 型管片中所使用的螺栓进行剪力验算时，除对式（Ⅰ.7.5）所计算得到的剪力进行验算外，还多对施工荷载壁后注浆压力进行安全性验算。

（3）螺栓设计

1）对拉力的计算

对螺栓拉力的设计依据式（Ⅰ.7.6）来进行。此外，螺栓的容许拉应力采用表Ⅰ.3.23中的数值。

$$\sigma_{\text{B}} = \frac{T}{n_{\text{B}} \cdot A_{\text{B1}}} \leqslant \sigma_{\text{Ba}} \tag{Ⅰ.7.6}$$

这里，A_{B1}：螺栓的有效断面面积（mm²）（参照表Ⅰ.3.9）;

σ_{B}：螺栓的设计拉应力（N/mm²）;

σ_{Ba}：螺栓的容许拉应力（N/mm²）;

n_{B}：管片接头的螺栓数（个）。

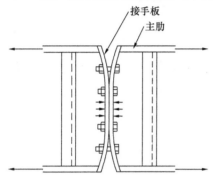

图Ⅰ.7.4 接头板杠杆反力效果

另外，螺栓的个数 n_B 一般指一处管片接头所配置的螺栓总数，接头部位受到弯矩作用时，只有靠近环肋的螺栓受到拉力的作用，因接头板的杠杆反力作用，位于中央的螺栓没有受到拉力的作用，如图Ⅰ.7.4所示。因此，在计算螺栓拉力时，也可以认为只有邻近环肋的2个螺栓有效，即 $n_{\text{B}} = 2$。此外，在土木学会·隧道丛书·第6号《管片设计》[29]中，对考虑杠杆反力后的管片接头的设计进行了详细记述，可以参考。

2）对剪力的计算

对螺栓的剪力设计，依据式（Ⅰ.7.7）来进行。这里，抵抗剪力的有效螺栓数一般为每处管片接头所配置的螺栓总数。另外，螺栓的容许剪力使用表Ⅰ.3.23中的数值。

$$\tau_{\text{B}} = \frac{Q_{\text{k}}}{n_{\text{B}} \cdot A_{\text{B2}}} \leqslant \tau_{\text{Ba}} \tag{Ⅰ.7.7}$$

这里：Q_{k}：设计剪力（N）;

A_{B2}：螺栓轴断面面积（mm²）（参照表Ⅰ.3.9）;

τ_{B}：螺栓的设计剪应力（N/mm²）;

τ_{Ba}：螺栓的容许剪应力（N/mm²）。

（4）接头板设计

1）依据惯用计算方法的设计

如前所述，在应用惯用计算法的《标准管片》中，规定管片接头的接头板厚度与环肋采用同一厚度，省略了接头板的计算。但是，根据用途与条件，也有通过结构计算来确定接头板厚度的必要。特别，在《标准管片》中对3枚环肋的管片，与2枚环肋的管片相比环肋的厚度变薄，因此接头板也随着变薄，容易变形。在高水压、大千斤顶推力等施工条件作用下，有必要加以注意。

2）依据修正惯用计算法与梁-弹簧模型计算法的设计

因荷载通过螺栓作用在接头板上，为了方便，将接头板模型化为如图Ⅰ.7.5所示的由环肋固定的两端固定梁，螺栓的拉力作为荷载来计算接头板所产生的弯矩，进行接头板设计。

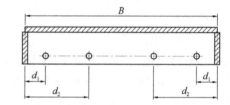
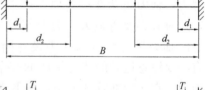
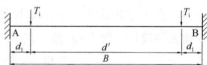

图Ⅰ.7.5 接头板的结构模型

这时，多使用式（Ⅰ.7.8）及式（Ⅰ.7.9）来计算梁的弯矩。使由式（Ⅰ.7.10）所求得设计应力处于容许应力以下，来设计接头板。

$$M_1 = \frac{T_i}{B}(d_1^2 + d_2^2) \tag{Ⅰ.7.8}$$

$$M_2 = \frac{T}{B}d_1^2 \tag{Ⅰ.7.9}$$

$$\sigma_{j} = \frac{M}{Z} \leqslant \sigma_{a}\tag{Ⅰ.7.10}$$

这里，σ_{j}：接头板的设计抗压应力（N/mm²）；

　　　　σ_{a}：接头板的容许抗压应力（N/mm²）；

　　　　Z：断面系数（mm³）（$Z = ht^{2}/6$）；

　　　　B：管片宽度（mm）；

　　　　T_{i}：作用在一个螺栓上的拉力（N）；

　　　　M_{1}：弯矩（N·mm）（使用每处管片接头的全部螺栓数时）；

　　　　M_{2}：弯矩（N·mm）（只使用靠近环肋的 2 个螺栓时）；

　　　　d_{1}：到螺栓位置的距离（mm）；

　　　　d_{2}：到螺栓位置的距离（mm）；

　　　　t：接头板的厚度（mm）；

　　　　h：接头板的宽度（环肋高度）（mm）。

7.2.3　环间接头设计

（1）依据惯用计算法及修正惯用计算法的设计

除梁-弹簧模型计算方法以外，其他的计算方法不能计算出环间接头的设计断面内力。因此，为了方便，环间接头板原封不动地采用了环肋断面的尺寸。为了提高错缝拼装的拼装效果和接头的防水性能，将环间接头螺栓配置在纵肋的中央。另外，多使用与管片接头螺栓具有同样性能的环间接头螺栓。对小口径的隧道，也可使用强度低的环间接头螺栓。

（2）依据梁-弹簧模型计算法的设计

作用在环间接头上的剪力因管片环的拼装方式而不同。通常，为了提高拼装效果及接头部位的防水性能，对管片采用了错缝拼装方式，相邻管片之间产生了相对变位与剪力。在"5. 横断方向上的结构计算"中，依据梁-弹簧模型计算中所得到的环间弹簧上的作用力来求管片环之间产生的剪力。如图Ⅰ.7.6 及图Ⅰ.7.7 所示，在管片环的半径方向与切线方向 2 个方向对环间弹簧进行模型化。因此作用在环间螺栓上的剪力 Q_{rs} 依据式（Ⅰ.7.11）为 2 个方向的合力，依据式（Ⅰ.7.12）对螺栓的剪力进行验算。另外，考虑到主断面的安全性，将环间接头的剪切弹簧系数设为无穷大或者将切线方向上的弹簧系数设为零时，有必要使用其他合理的方法来进行环间接头的验算。

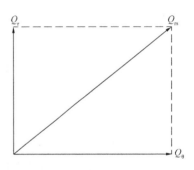

图Ⅰ.7.6　设计用剪力的合成

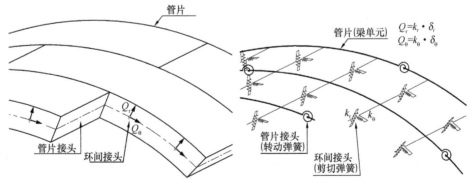

图Ⅰ.7.7　环间接头模型

$$Q_{rs} = \sqrt{Q_{\theta}^{2} + Q_{r}^{2}}\tag{Ⅰ.7.11}$$

$$\tau_{B} = \frac{Q_{rs}}{A_{B2}} \leqslant \tau_{Ba}\tag{Ⅰ.7.12}$$

这里，Q_{rs}：设计剪力（剪力的合力）（N）；

　　　　Q_{θ}：切线方向上的剪力（N）；

Q_r：半径方向上的剪力（N）；

τ_B：螺栓的设计剪切应力（N/mm²）；

τ_{Ba}：螺栓的容许剪切应力（N/mm²）；

A_{B2}：螺栓轴断面面积（mm²）（参照表 I.3.9）。

（3）依据纵断方向上结构计算的设计

对由于地震的影响及地层沉降引起的隧道纵断方向上力学行为及施工的影响，最好能对环间接头采用相应的措施。对隧道的直线区间及平缓曲线区间的环间接头，由于管片环受到千斤顶推力的均匀压缩，可以认为没有附加拉力的产生，但在进行急剧蛇行修正的小半径曲线区间，由较大的偏心千斤顶推力造成了隧道轴线方向上的弯矩，也会在环间接头产生附加拉力。这时，有必要对曲线内侧的环间接头上产生的拉力通过其他途径进行验算。除此之外，由地震时的影响及地层沉降等引起的环间接头的拉力的计算方法可以参照"6.纵断方向上的结构计算"。

由环间接头的拉力引起的环间接头的验算方法一般可以采用与管片接头同样的考虑方式来进行。在土木学会·隧道丛书·第 19 号《盾构隧道的抗震研究》[22]中，对具体方法进行了详细记述，可以参考。

7.2.4　对千斤顶推力的设计

千斤顶推力作为偏心轴向压力作用在纵肋上。作为承受弯曲与压缩的构件，参考《标准管片》依据式（I.7.13）来设计纵肋（但是这里以使用 SM490 钢材的情况为例）。

$$\left.\begin{array}{l} \dfrac{\sigma_c}{\sigma_{ca}} + \dfrac{\sigma_b}{\sigma_{ba}\left(1 - \dfrac{\sigma_c}{\sigma_{ea}}\right)} \leqslant 1 \quad （应力验算） \\[4mm] \dfrac{h_s}{t_s} \leqslant 34.0 \quad （局部屈曲的验算：以 SM490A 为例） \end{array}\right\} \qquad （I.7.13）$$

这里，σ_c：轴向压应力（P_j/A）（N/mm²）；

P_j：作用在单个纵肋上的千斤顶推力（N）；

A：单个纵肋的有效面积（mm²）；

σ_{ca}：单纯抗压容许应力（依据表 I.3.8，由纵肋的长细比 l_r/r 来决定）（N/mm²）；

σ_b：弯曲受压应力$\left(= \dfrac{e' \cdot P_i}{Z_0} \text{ 或者} = \dfrac{e' \cdot P_i}{Z_i} \text{ 中，较大的数值}\right)$（N/mm²）；

e'：从千斤顶中心到纵肋形心的距离（偏心量）（mm）；

Z_0：单个纵肋的外边缘侧断面系数（mm³）；

Z_i：单个纵肋的内边缘侧断面系数（mm³）；

σ_{ba}：容许弯曲受压应力（N/mm²）；

σ_{ea}：欧拉容许屈曲应力（N/mm²）；　　$\sigma_{ea} = \dfrac{1200000}{(l_s/r)^2}$

h_s：纵肋断面高度（mm）；

t_s：纵肋厚度（mm）；

l_s：纵肋屈曲长度（mm）；

r：纵肋断面的回转半径（$= \sqrt{I/A}$）（mm）；

I：单个纵肋的断面惯性矩（mm⁴）。

计算中所用的纵肋断面，如"5.2.1 面板的有效宽度"中所述一样，采用图 I.7.8 所示的将面板断面的一部分（$40t$，t：面板厚度）看作纵肋，即图中的斜线部分。这里纵肋断面各量的计算，可参考"第Ⅳ篇设计计算实例"。另外，依据《隧道设计规范》，在使用钢铁管片时，如果没有最少 2 个纵肋，或 1 个纵肋与 2 枚接头板来支持 1 个千斤顶顶垫，千斤顶的推力就得不到正确的传递。此外，对于充填混凝土的钢管片的纵肋，因为充填混凝土受到充分的保护，在验算千斤顶推力的安全性能时，认为可以考虑充填混

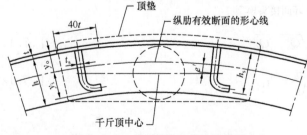

图 I.7.8　千斤顶推力的验算断面

凝土。

如图Ⅰ.7.8所示，一般千斤顶推力的作用点与纵肋的形心位置不一致，在管片环的半径方向与切线方向都受到偏心推力的作用。通常认为后者带给纵肋的应力影响是比较小的，在《标准管片》中千斤顶推力在半径方向上的偏心量定为10mm来设计纵肋。但实际上比这个数值大的偏心量也有很多。千斤顶推力的偏心量过大时，不仅会发生由纵肋的屈曲引起的损伤，偏心力还会使管片环全体受到弯矩与轴向拉力的作用，应采取尽可能接近实际情况的偏心量来进行计算。另外，关于上述半径方向偏心量的确定方法，在"第Ⅳ篇设计计算实例1.2关于设计计算实例的注意事项等"中记述了应该留意的事项，可供参考。此外，因为千斤顶推力为施工时的临时荷载，通常采取提高纵肋容许应力的方法，其上限值为屈服点或者极限强度。

钢管片采用3个环肋结构时，对接头板屈曲的验算也很重要。一般在制作钢管片时，将主肋钢板与接头钢板采用同样的厚度。因此，对具有同样抗弯刚度的2个环肋管片与3个环肋管片进行比较时，3个环肋管片的接头板厚度是2个环肋管片接头板厚度的2/3。另外，要在接头板上粘贴密封材料，在拧紧接头螺栓时，螺栓间的接头板由于防水材料的反弹力发生了开裂，因此在有初始挠度的状态下来承受千斤顶的推力。此外，千斤顶的推力是通过球形底座及顶垫施加在纵肋及2枚接头板上的，因此刚度较小的构件会发生变形，推力有发生偏心的可能性。因此，对3个环肋的钢管片，在外径小千斤顶推力偏心量大，及环肋板比较薄，大覆土厚度需要较大千斤顶推力时，有必要采取增大接头板板厚，增加管片接头螺栓数目，采取平衡纵肋的刚度与强度的措施。

更进一步，在壁后注浆压力与千斤顶推力同时作用时，包括纵肋、接头板及面板一部分的有效断面，在受到千斤顶推力以外，还受到由注浆压力引起的弯矩，有必要根据实际情况，将其作为承受弯矩与轴向压力的构件来进行验算。在大覆土厚度的情况下，因地下水压力及壁后注浆压力变大，对此问题的重视显得重要。

7.2.5　面板设计

面板直接承受着土压力、水压力及壁后注浆压力等作用在隧道上的荷载，环肋及纵肋为其传力构件，有必要根据其材料及结构来进行设计。在结构上面板为由环肋及纵肋支承的圆筒薄壳，一般近似地将其作为由环肋及纵肋固定支承或者简支的矩形薄板来计算其承载性能。

对此构件的设计方法大致可分为如下类别：

① 对边固定支承矩形板的极限设计法；

② 对边简支索结构的极限设计法；

③ 四边固定支承矩形板的弹性设计法。

在《标准管片》中，对钢管片依据面板的厚度与边长的比采用①与②中所示的方法来计算其承载力。另一方面，对铸铁管片采用③中所示的方法进行设计。另外，考虑到钢铁管片的长期耐久性能进行设计时，有必要考虑面板的腐蚀量，采取合理的措施。此外，可以认为充填混凝土钢管片的面板受到充填混凝土的充分保护，多认为其计算可以省略。

（1）对边固定支承矩形板的极限设计法

在对边固定支承矩形板的极限设计法中，采用式(Ⅰ.7.14)来计算图Ⅰ.7.9所示的面板与纵肋的单位宽度的极限荷载。

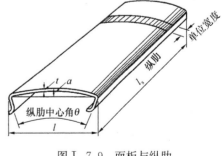

$$\left.\begin{aligned} P &= 1.1 p_{\mathrm{p}} \sqrt{F} \\ F &= \dfrac{\sigma_{\mathrm{y}} \cdot t \cdot l_{\mathrm{s}}^2}{\dfrac{4 E_{\mathrm{s}} \cdot I}{1 - v_{\mathrm{s}}^2}} \\ p_{\mathrm{p}} &= 4 \left(\dfrac{t}{l_{\mathrm{s}}}\right)^2 \sigma_{\mathrm{y}} \end{aligned}\right\} \qquad （Ⅰ.7.14）$$

图Ⅰ.7.9　面板与纵肋

这里，P：单位宽度的极限荷载强度（N/mm²）；

σ_{y}：屈服应力（N/mm²）；

t：面板厚度（mm）；

l_{s}：面板跨距（mm）；

E：面板的弹性模量（N/mm²）；

I：单位宽度面板的曲面惯性矩（mm⁴）；

γ_s：泊松比。

（2）对边简支索结构的极限设计法

假设由两端铰支支索的拉力引起的应力可以达到材料屈服强度，其单位宽度的极限荷载强度如式（Ⅰ.7.15）所示。

$$P = \frac{8t \cdot \sigma_y}{l_s} \sqrt{\frac{3\sigma_y}{8E}} \qquad （Ⅰ.7.15）$$

依据荷载的增加与面板外面的约束条件（图Ⅰ.7.10），可以认为两端铰接拱发生了中间隆起的现象。在这种情况下，采用与上述相同的考虑方式，极限荷载强度如式（Ⅰ.7.16）所示。

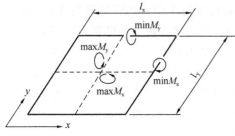

图Ⅰ.7.10　作用在面板上的弯矩

$$P = \frac{8t \cdot \sigma_y}{l_s} \sqrt{\frac{3\sigma_y}{8E} + \left(\frac{a}{l_x}\right)^2} \qquad （Ⅰ.7.16）$$

这里，a：隆起高度。

（3）四边固定支承矩形板的弹性设计法

板中发生最大弯矩的计算法有朗金（Rankine）法、马卡斯（Marcus）法、皮可（Pigeaud）法等似方法，多应用于中子型混凝土管片背板的设计中。另外，对铸铁管片的设计多采用Seely法。

$$
\left.
\begin{array}{l}
跨距中央
\begin{cases}
\max M_x = \dfrac{v_x}{24} w_x l_x^2 \\[2mm]
\max M_y = \dfrac{v_y}{24} w_y l_y^2
\end{cases} \\[8mm]
固定边平均
\begin{cases}
\max M_x = -\dfrac{1}{12} w_x l_x^2 \\[2mm]
\max M_y = -\dfrac{1}{12} w_y l_y^2
\end{cases} \\[8mm]
w_x = w / \{(1/c)^4 + 1\} \\[2mm]
w_y = w / (1 + c^4) \\[2mm]
c = l_x / l_y \geqslant 1 \\[2mm]
v_x = v_y = 1 - (5/18) \cdot \{c^2 / (1 + c^4)\}
\end{array}
\right\} \qquad （Ⅰ.7.17）
$$

这里，$\max M$：x 轴，y 轴方向单位宽度的最大弯矩（N·mm/mm）；

　　　　w：均匀分布荷载（N/mm²）。

在此方法中，依据研究对象管片的短边与长边比 α，依据图Ⅰ.7.11中由实验值得到的 β 曲线来计算所对应的 β 值，并采用下式来计算应力。另外根据 Westergaard 理论公式分别计算图中的 M_{be}，M_{bc}。由试验求得的应力位于这些理论公式所求得的应力中间，在实际情况中一般使用由实验所求得的应力来进行设计。

$$M = \beta \cdot w \cdot l_x^2$$
$$\sigma = \frac{6M}{t^2}$$

这里，M：单位宽度的设计弯矩；

　　　l_x：短边；

　　　l_y：长边；

　　　w：荷载；

　　　β：系数（由图Ⅰ.7.11来求）；

　　　t：面板厚度；

　　　σ：面板的受弯压应力。

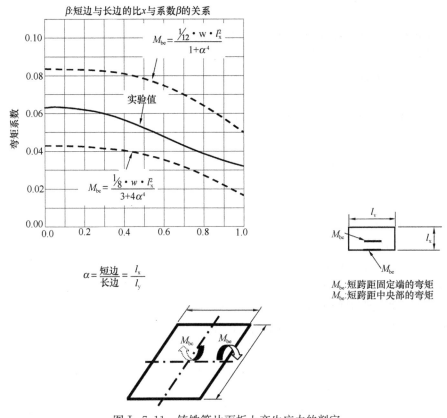

$$M_{be} = \frac{\frac{1}{12} \cdot w \cdot l_x^2}{1 + \alpha^4}$$

$$M_{bc} = \frac{\frac{1}{8} \cdot w \cdot l_x^2}{3 + 4\alpha^4}$$

$$\alpha = \frac{短边}{长边} = \frac{l_x}{l_y}$$

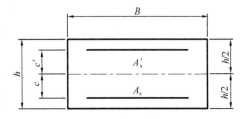

M_{bc}:短跨距固定端的弯矩
M_{be}':短跨距中央部的弯矩

图 I.7.11　铸铁管片面板上产生应力的判定

7.3　混凝土管片

7.3.1　主断面设计

(1) 对弯矩与轴力的设计

对弯矩与轴力的设计，通过使用"5.横断方向上的结构计算"中计算所得的正负最大弯矩及其发生位置所对应的轴力，依据容许应力设计法来进行。但对于发生应力最不利断面内力的组合，有必要通过其他途径进行研究。在使用修正惯用计算法进行断面内力计算时，因作用在管片接头上的一部分弯矩通过环间接头传递给相邻管片，如果将通过断面内力计算所得到的正负最大弯矩记为 M，并考虑弯矩提高率 ζ，则应力计算中所用的弯矩可以表示为 $(1+\zeta)M$。

平板形管片主断面的设计，通常是作为管片的标准断面即双筋矩形断面来进行计算的。但在不能忽略由于接头造成的断面损失时，也可作为考虑损失断面后的 T 形断面来计算应力。

图 I.7.12 表示了平板形管片主断面的概念图。根据断面的应力状态为全断面受压及是否有弯曲拉应力的发生，在弯矩与轴力作用下断面的应力计算不同，使用式（I.7.18）来判别断面处于哪种状态。

图 I.7.12　双筋矩形断面

$$
\left.
\begin{aligned}
K_i &= \frac{I_i}{A_i(h-u)} \\
f &= u - \left(\frac{h}{2} - e\right) \\
K_i &\geqslant f : 全断面受压状态 \\
K_i &< f : 弯曲受拉发生时
\end{aligned}
\right\}
\tag{I.7.18}
$$

这里，

$$A_i = Bh + n(A_s + A_s')$$
$$u = \{(1/2)Bh^2 + n(A_s d + A_s' d')\}/A_i$$
$$I_i = B\{u^3 + (h-u)^3\}/3 + n\{A_s(d-u)^2 + A_s'(u-d')^2\}$$

$e = M/N$

K：换算等效断面中靠近设计轴力 N 的核心距离（mm）；

f：换算等效断面的形心到轴力作用位置的距离（mm）；

M：设计弯矩（N·mm）；

N：设计轴力（N）；

e：断面的中心轴到轴力重心位置的距离（mm）；

A：换算等效断面面积（mm²）；

B：管片宽度（mm）；

h：管片厚度（mm）；

n：钢筋与混凝土的弹性模量比（$n=15$）；

A_s：抗拉钢筋的断面面积（mm²）；

A'_s：受压钢筋的断面面积（mm²）；

d：抗拉钢筋的有效高度（mm）；

d'：受压钢筋的有效高度（mm）；

I_i：换算等效断面的断面惯性矩（mm⁴）；

u：轴力侧边缘到换算等效断面形心的距离（mm）。

1）主断面处于全断面受压状态时的设计（$K_i \geqslant f$）

主断面为如图 I.7.13 所示的全断面受压应力状态。这时，依据式（I.7.19）来求混凝土产生的最大受弯压应力，使其处于容许受弯压应力以下。另外，混凝土的容许受弯压应力使用表 I.3.15 中的数值。

$$\left.\begin{array}{l} \sigma_c = \dfrac{N}{A_i} + \dfrac{M}{I_i}u \leqslant \sigma_{ca} \\[3mm] \sigma'_c = \dfrac{N}{A_i} - \dfrac{M}{I_i}(h-u) \leqslant \sigma_{ca} \end{array}\right\} \qquad （I.7.19）$$

这里，σ_{ca}：混凝土的容许受弯抗压强度（N/mm²）；

σ_c：混凝土的最大压应力（N/mm²）；

σ'_c：混凝土的最小压应力（N/mm²）；

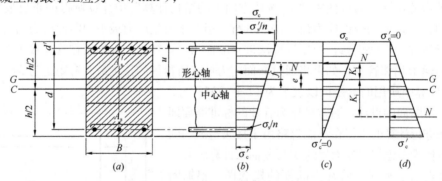

图 I.7.13　全断面受压状态（$K_i \geqslant f$）

2）主断面有弯曲拉应力发生时的设计（$K_i < f$）

如图 I.7.14 所示，在产生拉应力的断面一般忽略混凝土的拉应力。利用应变与到断面中心轴的距

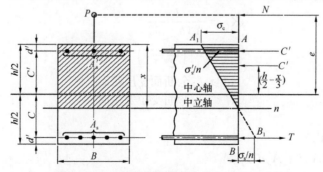

图 I.7.14　受弯拉应力发生状态（$K_i < f$）

离成比例的关系来进行设计计算。因此，依据式（Ⅰ.7.20）来计算中和轴，使混凝土与钢筋所产生的应力处于容许应力以下来进行设计。另外，钢筋的容许应力使用表Ⅰ.3.16的数值，但在不设二次衬砌时，为了确保容许裂缝宽度，也有对钢筋的容许应力度进行折减。

$$\left.\begin{aligned}
& x^3 - 3(h/2-e)x^2 + (6n/B)\{A_s(e+C)+A'_s(e+C')\}x \\
& \quad - (6n/B)\{A_s(e+C)(C+h/2)+A'_s(e+C')(h/2-C')\} = 0 \\
& \sigma_c = \frac{M}{Bx/2(h/2-x/3)+(nA'_s/x)C'(C'-h/2+x)+(nA_s/x)C(C+h/2-x)} \leqslant \sigma_{ca} \\
& \sigma_s = \frac{n\sigma_c}{x}\left(C+\frac{h}{2}-x\right) \leqslant \sigma_{sa} \\
& \sigma'_s = \frac{n\sigma_c}{x}\left(C'-\frac{h}{2}+x\right) \leqslant \sigma'_{sa}
\end{aligned}\right\} \quad (\text{Ⅰ}.7.20)$$

这里，x：压缩侧边缘到中和轴的距离（mm）；

C：管片厚度中心到抗拉钢筋的距离（mm）；

C'：管片厚度中心到受压钢筋的距离（mm）；

σ_{sa}：钢筋的容许抗拉应力（N/mm²）；

σ'_{sa}：钢筋的容许抗压应力（N/mm²）；

σ_s：钢筋的拉应力（N/mm²）；

σ'_s：钢筋的压应力（N/mm²）。

另外，对断面主钢筋配筋量极少的情况下，表现出一旦产生受弯裂缝，钢筋立即屈服等脆性破坏的状态。另一方面，在抗拉钢筋配筋量很大时，在工厂制作时会影响配筋和混凝土的充填。为此，对抗拉钢筋比设置了大致标准。关于拉钢筋比的范围，可参照"第Ⅲ篇设计则节7.3受力钢筋"。

（2）对剪力与黏结力的设计

1）对剪力的设计

在剪力设计中，使用"5.横断方向上的结构计算"中所求的最大剪力，依据式（Ⅰ.7.21）进行计算。另外，容许应力可参考表Ⅰ.3.15，依据有效高度及抗拉钢筋比进行修正及使用最大剪力发生位置的弯矩与轴力对容许剪应力进行提高。

$$\tau = \frac{Q}{bd} \leqslant \tau_a \qquad (\text{Ⅰ}.7.21)$$

这里，Q：最大剪力（N）；

b：矩形断面时为全宽度，T形断面时为腹板的宽度（mm）；

d：有效高度（mm）；

τ_a：混凝土的容许剪应力（N/mm²）。

一般的圆形隧道如果抗拉钢筋比为1%以下，通常剪应力很少超过混凝土的容许剪应力。对具有中壁及中柱的圆形隧道及多心圆形隧道，在支点部位及矩形隧道的边角部，因其位置上的剪力变得很大，有必要注意剪应力的大小。

在剪应力超过容许剪应力时，采用式（Ⅰ.7.22）进行计算，配置所需要的箍筋，有必要保证所需的承载力。

$$\left.\begin{aligned}
& A_v = \frac{Q_v \cdot s}{\sigma_{sa} \cdot d} \\
& Q_v \geqslant Q - Q_c \\
& Q_c = \frac{1}{2}\tau_a bd
\end{aligned}\right\} \qquad (\text{Ⅰ}.7.22)$$

这里，A_v：区间s中箍筋的总断面面积（mm²）；

s：箍筋间距（mm）；

Q_v：箍筋所承受的剪力（N）；

Q_c：混凝土所承受的剪力（N）。

2）对钢筋粘结的设计

一般的圆形隧道中，抗拉钢筋比为1‰以下时如果使用异形钢筋，受力筋对混凝土的粘结应力很少超过容许粘结应力，多省略对其计算。但因剪应力变大时，粘结应力也会变大，有必要加以注意。受力筋对混凝土的粘结力依据式（Ⅰ.7.23）进行计算。

$$\tau_0 = \frac{Q}{Ud} \leqslant \tau_{0a} \tag{Ⅰ.7.23}$$

这里，U：受力筋周长总和（mm）；

$\quad\tau_{0a}$：混凝土的容许粘结应力（N/mm²）。

此外，与箍筋并用共同承担剪力时，Q值可取为其值的1/2。

7.3.2　管片接头设计

（1）管片接头的设计断面内力

管片接头受到如图Ⅰ.7.15所示的弯矩、轴力及剪力的作用。

管片接头设计所用的断面内力因断面内力的计算方法而异，有必要加以注意。以下按照主要的断面内力计算方法来表述管片接头的设计断面内力。

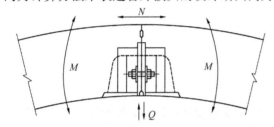

图Ⅰ.7.15　混凝土管片接头部的断面内力

1）依据惯用计算法的设计

惯用计算法无法直接求出管片接头所发生的断面内力。因此在采用惯用计算法的《标准管片》中，对外径ϕ1800～6000mm的标准混凝土管片，规定管片接头的容许弯矩为管片单体抵抗弯矩的60％以上，通过对承载力的比率来规定接头的性能。管片单体的抵抗弯矩是混凝土或钢筋达到容许应力时最小的弯矩，容许弯矩是管片接头作为最低限度必须具有的弯矩。但是，对外径ϕ6300mm以上的参考管片，因每块A型管片与B型管片具有4个环间接头可以确保得到错缝拼装效果，所以管片接头的容许弯矩也不一定非要达到管片单体抵抗弯矩60％以上不可。此外，容许弯矩和抵抗弯矩为正的弯矩，关于负弯矩，在《标准管片》中认为"管片接头螺栓如果配置在管片厚度的1/3以上的位置时，根据经验及施工实例对负弯矩的使用不会产生障碍。"

2）依据修正惯用设计法的设计

与惯用设计法一样，修正惯用设计法也不能直接计算出接头发生的断面内力。但修正惯用设计法使用弯矩提高率ζ来考虑错缝拼装效应。因此，如果将断面内力计算中得到的弯矩记为M，则接头计算中所使用的断面内力可以表示为$(1-\zeta) \cdot M$。关于轴力，使用正负最大弯矩发生位置的轴力。

3）依据梁弹-簧模型计算法的设计

梁-弹簧模型可以求出各个管片接头所发生的断面内力。因此，接头计算中所用的断面内力为接头部位的正负最大弯矩及其轴力和最大剪力，这时要和断面内力计算中所用的转动弹簧系数同样的计算条件来进行管片接头设计。例如，使用忽视轴力的转动弹簧系数，通过梁-弹簧模型计算出来的管片接头的最大弯矩有比考虑轴力影响的管片接头所发生的弯矩小的倾向。只在应力验算中考虑轴力，会使设计偏于危险，有必要对轴力的处理加以注意。关于接头转动弹簧刚度与验算方法，在"第Ⅳ篇设计计算实例1.2关于设计计算实例的注意事项等"中记述了应该注意的事项，望能参考。

（2）接头部位的混凝土及螺栓设计

1）依据惯用计算法的设计

在前述的惯用计算法中，由管片主断面的抵抗弯矩来决定接头的断面性能。在《标准管片》中规定：外径ϕ1800～6000mm隧道接头的容许弯矩为管片主断面的抵抗弯矩的60％以上，依据式（Ⅰ.7.24）计算图Ⅰ.7.16所示的主断面的抵抗弯矩。另外分别使用表Ⅰ.3.15及表Ⅰ.3.16中的数值作为混凝土及钢筋的容许应力。

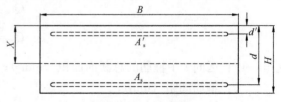

图Ⅰ.7.16　主断面

$$x = -\frac{n(A_s + A'_s)}{B} + \sqrt{\left\{\frac{n(A_s + A'_s)}{B}\right\} + \frac{2n}{B}(A_s d + A'_s d')}$$

$$M_{rc} = \left\{\frac{Bx}{2}\left(d - \frac{x}{3}\right) + \frac{nA'_s}{x}(d - d')\right\}\sigma_{ca}$$

$$M_{rs} = \frac{\left\{\frac{Bx}{2}\left(d - \frac{x}{3}\right) + nA_s \frac{x - d'}{x}(d - d)\right\}x}{n(d - x)}\sigma_{sa}$$

（I.7.24）

这里，

M_{rc}：混凝土达到容许应力时的抵抗弯矩（N·mm）；

M_{rs}：抗拉钢筋达到容许应力时的抵抗弯矩（N·mm）；

B：管片宽度（mm）；

h：管片厚度（mm）；

n：弹性模量比（$n=15$）；

E_s：钢筋的弹性模量（N/mm²）；

E_c：混凝土的弹性模量（N/mm²）；

A_s：抗拉钢筋断面面积（mm²）；

A'_s：抗压钢筋断面面积（mm²）；

d：抗拉钢筋的有效高度（mm）；

d'：抗压钢筋的有效高度（mm）；

x：受压侧边缘到中和轴的距离（mm）；

σ_{ca}：混凝土的容许应力（N/mm²）；

σ_{sa}：钢筋的容许应力（N/mm²）。

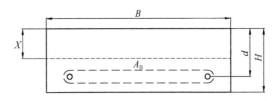

图 I.7.17　接头断面

主断面的抵抗弯矩 M_r 取 M_{rc} 与 M_{rs} 中较小的数值。

另一方面，图 I.7.17 中所示接头断面的抵抗弯矩由式（I.7.25）来计算。另外，混凝土及螺栓的容许应力度分别使用表 I.3.15 及表 I.3.23 中的数值。

$$x = \frac{nA_B}{B}\left(-1 + \sqrt{1 + \frac{2Bd}{nA_B}}\right)$$

$$M_{jrc} = \frac{1}{2} \cdot Bx\left(d - \frac{x}{3}\right) \cdot \sigma_{ca}$$

$$M_{jrb} = A_B \cdot \left(d - \frac{x}{3}\right) \cdot \sigma_{Ba}$$

（I.7.25）

这里，

M_{jrc}：混凝土达到容许应力时的抵抗弯矩（N·mm）；

M_{jrb}：螺栓达到容许应力时的抵抗弯矩（N·mm）；

A_B：螺栓的断面面积（mm²）；

d：螺栓的有效高度（mm）；

x：压缩侧边缘到中和轴的距离（mm）；

σ_{ca}：混凝土的容许应力（N/mm²）；

σ_{Ba}：螺栓的容许应力（N/mm²）。

接头断面的抵抗弯矩 M_{jr} 取 M_{jrc} 及 M_{jrs} 中较小的数值，且必须达到主断面的抵抗弯矩 60% 以上，M_{jr} 与 M_r 的关系如式（I.7.26）。

$$0.6M_r \leqslant M_{jr} \qquad （I.7.26）$$

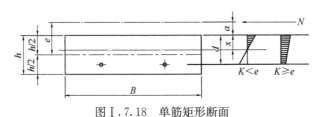

图 I.7.18　单筋矩形断面

2）依据修正惯用计算法与梁-弹簧模型计算法的设计

①对弯矩与轴力的设计

如图 I.7.18 所示，将此断面看作以管片接头的螺栓为抗拉钢筋的钢筋混凝土断面，采用承受弯矩与轴力的单筋矩形断面来计算作用在螺栓上的应力。

即依据式（Ⅰ.7.27）来判别接头处于全断面受压状态还是处于有受弯拉应力发生的状态，使混凝土及螺栓产生的应力处于容许应力以下来进行设计。

$$\left.\begin{array}{l} e \leqslant K（全断面受压状态）\\ e > K（有弯曲拉应力发生状态） \end{array}\right\} \qquad (1.7.27)$$

这里，$e = M/N$

K：断面核心（mm）（$K = h/6$）；

M：设计弯矩（N·mm）；

N：设计轴力（M 位置的轴力）（N）；

e：断面形心到轴力重心位置的距离（mm）。

h：管片厚度（mm）。

i）断面处于全断面受压状态时（$K_i \geqslant e$）

因接头面处于全断面受压应力状态，依据式（Ⅰ.7.28）及式（Ⅰ.7.29）来求接头面混凝土所发生的应力，使其处于容许应力以下来进行设计。

$$\sigma_c = N/(B \cdot h) + 6M(B \cdot h^2) \qquad (Ⅰ.7.28)$$

$$\sigma'_c = N/(B \cdot h) - 6M(B \cdot h^2) \qquad (Ⅰ.7.29)$$

ii）断面有受弯拉应力发生时（$K_i < e$）

接头面有受弯拉应力产生时，螺栓受到拉力的作用。这时，依据式（Ⅰ.7.30）及式（Ⅰ.7.31）来计算接头面混凝土所产生的压应力与螺栓的拉应力，使其分别处于容许应力以下来进行设计。

$$\sigma_c = nx/\{Bx^2/2 - nA_B(d-x)\} \qquad (Ⅰ.7.30)$$

$$\sigma_B = n\sigma_c(d-x)/x \qquad (Ⅰ.7.31)$$

这里，$a = e - h/2$；

$x^3 + 3a \cdot x^2 + 6n \cdot A_B(a+d)x/B - 6n \cdot A_B \cdot d(a+d)/B = 0$；

σ_c：接头面的混凝土压应力（N/mm²）；

σ_B：螺栓的拉应力（N/mm²）；

n：弹性模量比（$n = 15$）；

A_B：螺栓的有效面积（mm²）；

d：有效高度（mm）；

B：管片宽度（mm）。

但在采用 2 段螺栓进行配置时，为了使设计偏于安全，一般只考虑抗拉侧的螺栓进行应力计算。

②对剪力的设计

关于对剪力的设计，一般认为管片接头的所有螺栓全部有效地抵抗设计剪力，和钢铁管片一样按照式（Ⅰ.7.15）来进行计算。

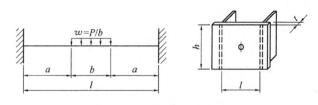

图Ⅰ.7.19　接头板的设计模型

（3）接头板及锚筋的设计

1）接头板的设计

如同"7.2.2 管片接头设计"中的说明，荷载通过位于螺栓孔的螺栓作用在接头板上。因此，将接头板模型化为如图Ⅰ.7.19 所示的两端固定梁，并将螺栓拉力作为荷载来计算作用在接头板上的弯矩，设计接头板厚度。

即依据式（Ⅰ.7.32）来计算弯矩；式（Ⅰ.7.33）来计算所需的板厚。

$$M_{max} = w \cdot b(6a \cdot l + b^2)/24l \qquad (Ⅰ.7.32)$$

这里，

w：螺栓的拉力除以垫圈的外径所得到的分布荷载（N/mm）；

l：金属接头构件加强板内侧的间隔（mm）；

b：垫圈外径（mm）；

P：作用在螺栓上的拉力（$A_B \cdot \sigma_B$）（N）；

A：螺栓的有效断面面积（mm^2）。

$$t_f \geqslant (6M_{max}/\sigma_{sa}/h)^{(1/2)} \tag{Ⅰ.7.33}$$

这里，

σ_{sa}：板的容许抗拉弯应力（N/mm^2）；

h：板的有效高度（mm）；

t：板的厚度（mm）。

和接头板垂直的加强板必须具有可将作用在接头板上的拉力传递给锚筋的板厚。一般取为接头板板厚的 1/2 左右。因接头板具有各种形式，有必要根据其接头形式选用合适的计算模型进行设计。

2）锚筋的设计

依据式（Ⅰ.7.34）来计算将接头板固定在主断面混凝土上所需锚筋的钢筋量。另外，锚筋的粘结长度由式（Ⅰ.7.35）来计算。

$$A_s \geqslant A_B \cdot \sigma_B/(n \cdot \sigma_{sa}) \tag{Ⅰ.7.34}$$

这里，

Λ_s：锚筋所需的断面面积（mm^3）；

σ_{sa}：锚筋的容许抗拉应力（N/mm^2）；

n：锚筋的根数（根）；

$$l_d \geqslant P/(U \cdot n \cdot \tau_{0a}) \tag{Ⅰ.7.35}$$

这里，

l_d：锚筋的粘结长度（mm）；

P：作用在螺栓上的拉力（$A_B \cdot \sigma_B$）（N）；

U：锚筋的周长（mm）；

τ_{0a}：混凝土与锚筋的容许粘结应力（N/mm^2）。

此外，在《标准管片》中根据实验结果除掉接头板与锚筋的焊接长度，锚筋的粘结长度一般为锚筋直径（Φ）的 12 倍以上。

7.3.3　环间接头设计

（1）对剪切的设计

1）依据惯用计算法及修正惯用计算法的设计

使用惯用计算法及修正惯用法计算断面内力时，环间接头螺栓多与管片接头螺栓相同或者直径稍微小一点，采用低强度的螺栓。对于接头板，多采用薄一级左右的板厚。其他也有各企业各自的设计方法及结构细节。

2）依据梁-弹簧模型计算法的设计

依据梁-弹簧模型计算法的环间接头设计，与"7.2.3 环间接头设计"中的说明方法一样，计算出作用在环间接头螺栓上的剪力来进行设计。但螺栓的螺丝部与环间接头面没有接触时，使用螺栓的轴部断面面积来进行设计。

（2）对轴向拉力的设计

如同"6. 纵断方向上的结构计算"所述，进行纵断方向上的结构计算时，可以求出作用在一处环间接头上的拉力。对此拉力依据式（Ⅰ.7.36）来进行环间接头设计。

$$\sigma_B = \frac{P_r}{A_r} \leqslant \sigma_{Ba} \tag{Ⅰ.7.36}$$

这里，

P_r：一处环间接头的拉力（N）；

A_r：环间接头螺栓断面面积（mm^2）；

σ_B：环间螺栓所发生的应力（N/mm^2）；

采用与"7.3.2 管片接头设计"中的接头板及锚筋相同的设计方法来设计接头板。但是，同纵断方向上的抗震设计一样，因提高接头的刚度会增加断面内力，所以与提高接头板的厚度相比，提高接头板的材质有时显得合理，要进行充分的研究。

7.3.4　对千斤顶推力的验算

盾构机掘进时千斤顶推力虽然是临时施工荷载，但在施工荷载中对管片影响是最大的，对此荷载进行研究是很重要的。如果千斤顶推力的偏心量比较小且垂直作用在环间接头面上，管片具有足够的抵抗性能，很少产生问题。但在偏心量比较大且千斤顶处于单侧施压的情况下，管片会产生偏心弯矩及边缘部损伤等问题。在千斤顶推力作用下管片力学行为如图Ⅰ.7.20所示，依据顶垫的形状尺寸、材质及偏心量而异。在盾构机设计中，要考虑到管片的厚度、弧长及与千斤顶推力作用点的相对位置，进行充分的验算。

依据式（Ⅰ.7.37）来计算千斤顶推力作用下的应力，使混凝土的弯曲受压应力处于容许应力以下来进行设计。又因千斤顶推力为施工时的临时荷载，多将容许应力提高50%。此外，在《标准管片》中，千斤顶的重心与管片形心在半径方向上的基本偏心量取为10mm。实际上，比这个值大的情况也有不少，最好尽可能按照实际情况来进行偏心量的计算。

$$\sigma_{\max} = P\Big(\frac{1}{A_0} \pm e\frac{h/2}{I'}\Big) < \sigma_{\mathrm{ca}} \tag{Ⅰ.7.37}$$

这里，

P：单根千斤顶的推力（N）；

A_0：与垫顶底座接触的管片面积（mm²）；

e：千斤顶重心与管片形心半径方向上的偏心距离（mm）；

I'：在垫顶底座宽度上管片的断面惯性矩（mm⁴）。

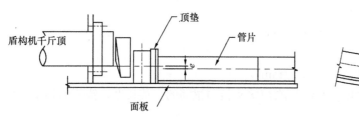

图Ⅰ.7.20　千斤顶推力的计算

8 管片耐久性

因管片是在质量管理比较严格的工厂制作的，一般认为在工厂制作的管片比现场浇筑衬砌质量要高。但是在使用期间中，由于钢材的腐蚀会引起劣化，会对满足隧道用途的使用性能和结构上的安全性能及隧道的功能等带来影响。因此，在管片设计中，要考虑隧道的用途、隧道内部及周边地层环境及二次衬砌的有无等，有必要充分论证管片的长期耐久性能。在施工时，有必要保证拼装时的损伤不会损害管片所具有的耐久性。

在本章中，论述了在管片设计时为了保证耐久性所需要的注意事项及耐久性的验算方法。另外，从把握及确保隧道长期耐久性的观点出发，事前对隧道的维护管理方法进行论证也是很重要的。特别在对隧道的设计图纸、施工记录进行保存的同时，还要持续更新与保存使用中衬砌的健全性等纪录，这对隧道的维护管理计划特别有效。详细可参考日本土木学会·隧道丛书·第 14 号《隧道的维护管理》[20] 等。

8.1　关于耐久性的基本考虑方法

主要由于隧道内的漏水及与有害物质的接触加速了管片性能的降低，多因构成管片的钢铁材料及混凝土等劣化造成了管片性能的降低。一般在研究管片的耐久性中，应该考虑的项目如以下所示。

(1) 隧道用途

有必要依据给水道、下水道、电力、通信、煤气、共同沟、地下河流、铁道、道路等隧道的用途对耐久性进行论证。

(2) 设计耐用年限

在隧道投入使用后，对其进行维修加固比较困难，所以要具有长期使用的功能。在考虑隧道用途、使用年限、社会重要性及衬砌的耐久性基础上，有必要合理地设定隧道的使用年限，以保证使用功能。关于隧道的设计耐久年限可以参考"第 II 篇　极限状态设计法 1.3 设计使用寿命"。

(3) 隧道内部环境

隧道的内部环境因隧道的用途及管理方法而大相径庭，有必要合理地判断环境类别。表 I.8.1 表示了隧道内部环境类别实例。

隧道内环境条件分类实例　　　　　　　　　　　　表 I.8.1

环 境 分 类	内 容
一般环境	● 平时处于干燥状态，不受满水状态等干湿交替的环境条件
	● 没有必要特殊考虑耐久性
腐蚀性环境	● 有干湿交替的情况
	● 有害物质直接接触管片的情况
	● 有必要考虑其他耐久性的情况

(4) 周边地层的环境条件及其变动预测

有必要注意隧道投入使用后，隧道建设区域（是否存在海岸及温泉区域）、深度（地下水压的大小等），周边地层（是否存在酸性地层等含有对管片有害物质地层）及地下水状况（是否存在含有海水等物质的地下水）等隧道周边地层环境。

(5) 管片材质

依据混凝土和钢材等构成管片的材料、耐久性的论证方法及验算项目而不同。作为混凝土管片的验算项目有裂缝宽度、混凝土的碳化、氯化物离子的侵入等造成的钢筋腐蚀、硫化氢引起的化学腐蚀、隧道内部流动液体引起的磨耗、道路隧道的耐火等。另外，对钢铁管片，有必要对钢铁的腐蚀进行研究。

(6) 管片品质

在管片制造中，有必要使用合适的材料，采用合适的制造方法来确保达到设计书中所规定的品质。另外，管片的运输搬送、拼装时及掘进中所发生的损伤会降低隧道的初期品质，会给耐久性能带来很大的影响，有必要充分注意对管片的操作。

(7) 是否设置二次衬砌

一般采用现场浇筑混凝土来建造二次衬砌，它覆盖在管片的内表面以起到提高其耐久性的效果。因此，对衬砌的耐久性能，同时考虑一次衬砌与二次衬砌进行综合研究是很重要的。近年来，根据隧道的用途，不设二次衬砌只设一次衬砌的隧道在增多。对于这样的隧道，因为没有二次衬砌的保护效果，为了保证管片的耐久性，有必要加以留意。

8.2　防水性能

从隧道的维护管理及周边环境的保护两方面出发，提高隧道的防水性能都是重要的课题。最近的盾构隧道以城市隧道为主，其建设深度有变深的倾向，要求具有在高水压下的防水性能。另一方面，不设二次衬砌的隧道有增加的倾向，而二次衬砌承担着一部分防水功能，这就要求进一步提高一次衬砌的防水功能。对于这样外部环境的变化，随着防水技术的发展，有必要在设计中合理地反映这些新技术。

8.2.1　漏水及其影响

隧道内部的漏水加速了衬砌的劣化，成为损害隧道耐久性的原因之一。另外，在下水隧道中漏水会降低流速，在铁路、公路隧道中会损害使用时的安全性能，加速设备的老化，并降低隧道投入使用后的使用性能。再者，排水费用等长期费用及由于漏水所造成衬砌的腐蚀与劣化所发生的维修费用，成为增大全寿命使用成本的原因。另一方面，由于漏水会给都市地区的地下水流动带来影响，由于水的流出有造成地层沉降的可能性，可以预想到这可能会作为环境问题而被提起。

由于这些，要求盾构隧道即使在较高的地下水作用下也能完全防水，这也是保证隧道长期耐久性的措施之一。因此，对隧道的防水措施，要从设计阶段进行论证，有必要保证可靠的防水性能。

8.2.2　防水措施概要

盾构隧道是一种通过将管片拼装成环状，具有较多接头与施工缝的隧道。漏水的主要原因有：以接头为中心的管片结构及接头部位防水材料的设计而引起的、千斤顶推力等造成的管片损伤及拼装精度等施工因素引起的、长年累月材料的劣化引起的。在图Ⅰ.8.1中表示了对这些盾构隧道漏水所采取防水措施的例子。盾构隧道的防水措施可以分为壁后注浆层、一次衬砌及二次衬砌3个区域来进行考虑，一般来说，一次衬砌为防水的主体，壁后注浆与二次衬砌为辅助防水。

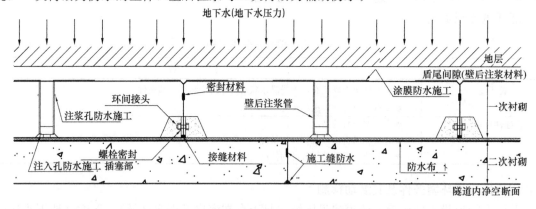

图Ⅰ.8.1　混凝土管片防水对策实例（参照《标准管片》）

(1) 壁后注浆层

密闭式盾构机及与掘进并行的同时壁后注浆技术的普及可以抑制地层向盾尾间隙的移动与变形，同时也在早期向盾尾间隙中充填入壁后注浆材料。此外，壁后注浆材料具有间隙充填性能，它还是一种具有水中材料分离抵抗性强的可塑性固体材料，这样可以很好地充填环背面狭小的盾尾间隙。

由于这些技术的发展，可以抑制由于盾尾间隙引起的地层变形，实现了管片环的早期安定，但对壁后注浆层的品质及厚度的均一性、施工缝处防水效果、考虑地震影响时对裂缝的抵抗性能等，目前还不能充分评价防水层的可信度。因此一般将壁后注浆层考虑为施工时的临时防水措施。

(2) 一次衬砌

以下对接头部位、螺栓孔、壁后注浆孔及管片主体等各自的防水措施进行概述。

1）接头部位

在管片接头面上的密封槽中粘贴密封材料是一种效果好、可信度高的防水方法。关于密封材料的细节在下节进行详细论述。在高水压下作为防水材料的后备及作为防止接头金属构件的腐蚀，内水压等防水措施，也有进行接缝施工的情况（参照图 I.8.2）。通过向管片内侧所设接缝沟中充填接缝材料起到防水的效果，也可实现对突破防水材料的漏水处理，起到导水的目的。此外，在"第 V 篇　参考资料 20.5 接缝施工"中列举了接缝施工的材料与施工实例。

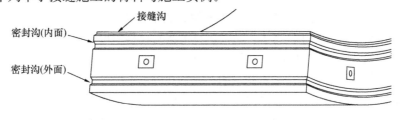

图 I.8.2　密封槽与接缝沟

2）螺栓孔

一般采用在金属垫与螺栓孔之间设置环状垫圈，然后插入螺栓的方法来进行螺栓孔的防水。在"第 V 篇　参考资料 20.6 螺栓垫圈"中列举了其施工实例。

3）壁后注浆孔

在混凝土管片中，通过管片进行壁后注浆时，多将壁后注浆孔与起吊孔并用，拼装时管片拼装器的操作荷载会造成注浆孔外周混凝土的剥离，会变成水的通道，有产生漏水的可能性。为了防止此种漏水，常常采用预先在注浆孔的外周设置密封垫圈（O 型环）的防水方法。另外，为了达到防止从壁后注浆孔的内部渗透漏水的目的，在注入孔端部的插头盖板部设置密封垫圈。这些密封垫圈采用的材料有非膨胀橡胶（插头部位）和水膨胀橡胶（插头部位，注浆孔外周部位）。关于注浆孔的详细情况可参照"第 III 篇　设计细则 4. 注浆孔与起吊环"。

4）管片背面（涂膜防水施工）

对混凝土管片，在接头金属构件及注浆孔的周围，由于施工荷载等影响产生微细裂缝的可能性很大，容易成为防水的弱点。因此，为了达到防止接头金属构件及注浆孔周围的漏水与从管片背面传来渗透水的目的，有对这些部位进行局部或者全部涂装环氧树脂等漏水防止剂的方法。

5）管片主体

在高水压作用时，为了确保防止管片主体渗水，也有采用高炉渣粉末、添加膨胀剂、长期水中养护等方法提高混凝土水密性能措施的实例。此外，将在下节论述针对管片主体裂缝采取的措施。

（3）二次衬砌与防水布

采用二次衬砌作为防水措施时，有二次衬砌自身的防水与采用防水布防水两种方法。

1）二次衬砌

将二次衬砌本身作为防水层的考虑方法。一般来说，在将二次衬砌看作对管片的补强、防腐蚀、内表面的完成、蛇行修正的同时，也多将其看作防水结构。但是，大多数二次衬砌为素混凝土，受到隧道完成后荷载变动等影响引起的隧道变形与伸缩作用时，容易产生裂缝。另外，二次衬砌所用的现场浇筑混凝土在其背面会受到管片内表面不平的约束，由于干燥收缩及温度应力容易产生裂缝，并且具有对防水不利的施工缝。因此，在完成后几年到十多年的隧道中，在衬砌的内表面可以看到诸如渗水这样的漏水，这也是实际情况。从以上情况可以得出，二次衬砌可作为防水措施的一环，但不能期待二次衬砌本身具有很高的防水效果，一般认为二次衬砌可起到一次衬砌的接头金属构件及螺栓的防腐蚀层的作用。

2）防水布

山岭隧道中的防水措施，防水布已得到普及应用。防水布有在管片内表面与二次衬砌混凝土之间设置的方法，可分为完全防水型与导水型两种方式，这在高水压作用下的海底隧道等工程中有实际的施工实例。此方法并不是靠防水布来显著提高防水性能，而是用其来抑制二次衬砌的干燥收缩等伴随着浇筑所产生的裂缝，也就是可以带来称为隔离效果的次要作用。但是，由于防水布的施工也会降低二次衬砌的施工性能，带来成本及工期的增加，有必要充分论证其适用性。

8.2.3　接头处的防水

（1）密封材料

密封材料从材料的特性出发大致可以分为具有黏结性的材料、具有弹性反力的材料及具有通过水膨胀性能产生膨胀压的材料。截至 1970 年，密封材料以具有黏结性能的未加硫丁基橡胶为主流产品。但受到反复荷载作用下材料的塑性化及经过一定时间防水性能低下的影响，并不能得到理想的防水效果。使用这种密封材料的隧道，与使用其他材料的隧道相比，漏水比较多，这也是目前的实际情况。

之后从各种研究成果得出：管片接头面在受到密封材料的压力所产生的应力（以下称为接触面应力）在作用水压力以上时不会漏水，基于此考虑方法，进行了密封材料的设计。但是基于这种考虑方法所设计的密封材料（橡胶材料等），由于应力缓和（随时间变化接触面应力减少的现象）的特性，具有随时间变化防水性能降低的缺点。因此，着眼于吸水膨胀的材料，并将其添加到密封材料的基材中，采用水膨胀压力来弥补经时接触面应力的减少，开发了可以保持接触面应力的水膨胀性密封材料，成为近年的主流。

水膨胀性密封材料，通过对密封材料自身的压缩产生弹性反力的基础上，也通过与水的化学反应自身产生膨胀，依靠密封槽的约束在接触面上产生了附加膨胀压力。依据接触面应力来抵抗水压力，防止水的浸入并保证长期的防水效果。此外，水膨胀性密封材料，比过去的密封材料要薄，具有不容易受到拼装精度及施工性能影响的优点，并具有灵活对应管片的设计条件及施工条件的特长。从以上情况出发，水膨胀性密封材料与其他密封材料相比，具有容易处理、显著减少漏水量的优点，近年得到了广泛普及。但是，它是一种开发仅 30 年左右、比较新型的材料，为了确认其耐久性能，从开发到现在还在继续着水密性能的实验，研究其长期性能。

（2）密封材的性能

担任着盾构隧道防水主要任务的接头密封材料必须具有如下所示的性能：

1）可以保证发生设计上容许的开裂与错位后的水密性能。

2）可以保证设计水压力作用下的水密性能。

3）在盾构机千斤顶反复推力的作用下可以追随管片的变形而不失水密性能。

4）在盾构机千斤顶推力及螺栓拧紧力作用下，材质不会发生变化。

5）不会给管片的拼装精度带来不良影响。

6）管片拼装时及隧道完成后，不会给管片主体带来影响。

7）材质具有优越的耐气候性能，耐药物性能。

8）粘贴时具有容易操作的特点。

（3）密封材料的设计方法

基于接触面应力 σ_s 在作用水压 P_w 以上时不会漏水的考虑方式，在"第Ⅴ篇　参考资料 19 密封材料"中（参照图Ⅰ.8.3）记述了接触面应力 σ_s 的计算方法，防水性能的验算等密封材料的设计方法及其计算实例。

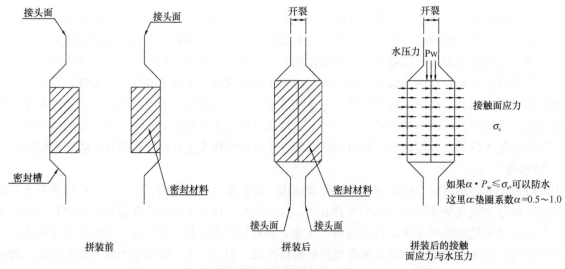

图Ⅰ.8.3　拼装前与拼装后的密封材料及接触面应力与水压力

（4）密封槽与密封层数

对混凝土管片与铸铁管片，不能因为粘贴密封材料而给管片的拼装精度带来不良影响，原则上要设置密封槽，密封材料要能够完全封入密封槽中，密封材料的断面面积多为密封槽断面面积的 80% 以上而不足 100%。另一方面，过去钢管片一般省略密封槽，但最近从防水性能出发，在考虑主肋厚度基础上，设置密封槽的案例也在增多。

另外，如图 I.8.1 所示，一般将密封材料粘贴为一层来进行防水处理。但是，在大断面隧道、大覆土隧道、高水压力作用下的隧道、有内水压力作用的流水隧道等情况下，根据隧道的用途与条件，也有将密封材料粘贴在内外两侧、采用 2 层配置的方式。这时对于密封材料的设计，在确保外侧第一层密封材料水密性的基础上，多粘贴第二层密封材料作为后备。

关于密封材料的历史、密封材料的种类、防水机理、耐久性等，可参照"第 V 篇　参考资料 19 密封材料"。

8.3　裂缝验算

混凝土管片发生的裂缝关系着水密性的降低与漏水，成为降低衬砌耐久性的原因。特别在干湿交替的环境条件下，裂缝带给衬砌耐久性的影响很大。因此，为了使裂缝不损害隧道的功能，必须从设计阶段采用合适的方法进行验算。

管片产生裂缝的原因与对策，一般认为有如下项目。

（1）由弯矩与轴向拉力等断面内力引起的裂缝

为了控制裂缝的宽度，有很多采用降低容许应力的方法来进行验算的实例。在《隧道设计规范》中，采用式（I.8.1）来折减钢筋的容许应力。

$$\sigma_{wa} = \left(\frac{W_a}{l_{max}} - \varepsilon_{csd} \right) \cdot E_s \qquad (I.8.1)$$

这里，σ_{wa}：考虑裂缝折减后钢筋的容许应力（N/mm²）；

　　　W_a：容许裂缝宽度（mm）；

　　　E_s：钢筋的弹性模量（N/mm²）；

　　　ε_{csd}：考虑由于混凝土的收缩及蠕变引起的裂缝宽度增加的数值，一般取为 150×10^{-6}；

　　　l_{max}：分布钢筋的最大间隔，但 l_{max} 的下限取为 $1/2\,l_1$；

　　　l_1：依据《混凝土设计规范（设计编）》所得到的裂缝发生间隔，由下式进行计算

$$l_1 = 1.1 \cdot k_1 \cdot k_2 \cdot k_3 \{ 4 \cdot c + 0.7 \cdot (C_s - \phi) \qquad (I.8.2)$$

这里，k_1：钢筋的表面形状对裂缝宽度的影响系数，异形钢筋时可取为 1.0；

　　　k_2：混凝土品质对裂缝宽度的影响系数，由下式进行计算

$$k_2 = \frac{15}{f_c' + 20} + 0.7 \qquad (I.8.3)$$

　　　f_c'：混凝土的抗压强度（N/mm²）；

　　　k_3：抗拉钢筋层数的影响系数，由下式计算

$$k_3 = \frac{5(n+2)}{7n+8} \qquad (I.8.4)$$

　　　n：抗拉钢筋的层数；

　　　c：保护层厚度（主钢筋的纯保护层厚度）（mm）；

　　　C_s：钢筋的中心间隔（mm）；

　　　ϕ：钢筋直径（mm）。

（2）由盾构机的千斤顶推力、管片的运输搬送及拼装时的处理等施工因素引起的裂缝

采用合适的管片储藏、运输搬送、拼装及推进等方法来防止裂缝的发生，这是基本的考虑方式。由这些施工因素引起的管片损伤会导致管片初期性能的降低，给耐久性带来影响。在铁路隧道和公路隧道中也有由于混凝土的剥落引起很大问题的实例，有必要加以注意。最近，为了防止混凝土的剥落，也有在管片中混入短纤维或埋设纤维布的事例。关于施工时管片的损伤原因及对策等可以参考日本土木学会·隧道丛书·第 17 号《盾构隧道的施工荷载》[21]。

(3) 由混凝土的干燥收缩及化学反应性骨料等使用材料引起的裂缝

管片从制造到出厂大多要经过数月到半年以上，此外管片大多是在遵守日本工业标准（JIS）及日本下水道协会标准、《混凝土设计标准（施工篇）》相关规定的工厂中进行制作的，很少验算干燥收缩及化学反应性骨料引起的裂缝。但有必要使用满足耐久性的合适的新鲜混凝土。

(4) 混凝土的碳化及盐化物离子向管片的浸入导致钢筋腐蚀而引起的裂缝

一般在盾构隧道中认为其影响很小，也可省略对其的验算。但在担心来自隧道的内外环境条件引起的混凝土碳化及盐化物离子向管片中浸入的情况下，有必要参考《混凝土设计规范》，依据合适的方法对其进行验算。

在《混凝土设计规范（设计篇）》中，将（1），（3），（4）作为"对钢材腐蚀的验算"，列举了要验算的项目。此外，关于（2）和（4），在《混凝土设计规范（施工篇）》及《混凝土设计规范（设计篇）》的"第8章　关于耐久性的论证"中所述内容的概要简述在表Ⅰ.8.2中。

为了保证耐久性要求混凝土具有的性能　　　　　　　　　　表Ⅰ.8.2

为了保证耐久性的性能项目	2007年制定的混凝土设计规范	基准值，验算	应该注意的条文，说明等
对化学侵蚀的抵抗性能	施工篇	最大水灰比50%	说明表4.3.1为了保证对化学侵蚀抵抗性能的水灰比
对水密性能的耐久性能	施工篇	水灰比55%以下	4.3.4说明（5）"如果水灰比处于55%以下，可以保证一般混凝土结构物所要求的混凝土自身的水密性能，这得到了确认"
硅酸碱反应的抑制	施工篇	碱总量通过NaCl换算为3.0kgf/m³以下	4.3.4说明（4）"①混凝土中碱总量的抑制 包括混合剂的碱成分，混凝土1m³中所含的碱总量通过NaCl换算为3.0kgf/m³以下"
对碳化的耐久性	设计篇	依据8.3.6来进行验算	
对盐化物离子侵入的验算	设计篇	依据8.3.7来进行验算	8.3.7（4）"在不受外部盐化物影响的环境条件下，如果搅拌时混凝土中所含的盐化物离子总量为3.0kgf/m³以下，可以认为盐化物不会导致结构物失去所要求的性能。"8.3.7（4）说明"但在使用中无法预测由外部向混凝土中盐化物的侵入时，通过尽可能小地降低水灰比及单位体积用水量，注意混凝土的浇筑，如果能够使材料不分离，得到致密的混凝土，可以使盐化物离子不能自由的移动，也可以将盐化物离子量的容许值增加到0.6kgf/m³"

在验算裂缝宽度时，要在考虑结构物的功能、重要程度、使用年限、使用目的、隧道内外的环境条件及周围地层状况的基础上来设定容许裂缝宽度。在《隧道设计规范》中，依据表Ⅰ.8.1所示的隧道内部环境条件，在表Ⅰ.8.3中介绍了容许裂缝宽度的实例。另外，根据最近的研究，当裂缝宽度为0.1mm以下时，在建设初期所发生的漏水有经时减少的报告，这些可以为设定容许裂缝宽度提供参考。

容许裂缝宽度实例（mm）　　　　　　　　　　表Ⅰ.8.3

钢材种类	环境条件	
	一般环境	腐蚀性环境
异形钢筋，普通圆钢	$0.005c$	$0.004c$

注：c——钢筋的保护层厚度。

8.4　防腐蚀与防锈

8.4.1　钢铁管片与合成管片

对钢管片、合成管片及铸铁管片，应根据需要来进行防腐蚀和防锈处理。对防腐蚀及防锈的处理，一般采用设定腐蚀厚度及进行涂装的实例较多。

(1) 腐蚀厚度的设定

一般根据隧道的用途及设计使用年限，将管片构件的外表面（地层接触面）及内表面 $1\sim2$mm 左右设定为腐蚀厚度。对土压力和地下水压力等长期作用荷载进行结构计算时，基本上采用除去腐蚀厚度后来计算管片主断面的断面面积、惯性矩等断面力学参数及进行应力验算。在对施工荷载等短期荷载进行结构计算时，一般不考虑腐蚀厚度，将全板厚度有效来进行处理。

关于腐蚀厚度，在《道路桥设计规范（Ⅳ下部构造篇）》的"12.11.4 钢管桩2)"中论述道："关于钢管桩的腐蚀造成的厚度减少量，在不受海水及会加速钢腐蚀的工厂排水等影响的情况下，在既不进行腐蚀调查、也不进行防腐蚀处理时，对于常时在水中及土中的部分（包含在地下水中的部分），一般可以考虑1mm的腐蚀厚度。"，设计时多据此来进行设定。

钢材腐蚀速度的标准值　　　　　　　　表Ⅰ.8.4

腐蚀环境		腐蚀速度（mm/年）
海侧	H.W.L 以上	0.3
	H.W.L～L.W.L-1m	0.1～0.3
	L.W.L-1m～海底部	0.1～0.2
	海底泥层中	0.03
陆地侧	陆上大气中	0.1
	土中（残留水位以上）	0.03
	土中（残留水位以下）	0.02

(2) 涂装

通常在除去涂装面的熔渣、油污、垃圾后涂装防锈油漆。特别是在有必要进行防腐蚀处理时，多使用变性环氧树脂、环氧砂浆、丙烯酸树脂及沥青涂料。

作为有必要进行防腐蚀处理的涂装实例，在"第Ⅴ篇　参考资料20.1钢管片的涂装方法实例"中，列举了对道路隧道钢管片内表面涂装方法的实例。此外，也有在铁路隧道的铸铁管片及钢管片的内表面涂装厚度为 $100\sim200\mu$m 左右的丙烯酸树脂及变性树脂的施工实例。

8.4.2 混凝土管片

混凝土管片的劣化有碳化、盐害、冻害、酸性物质及硫酸离子等引起的化学腐蚀、碱骨料反应等。

对混凝土的碳化及盐害（盐化物离子的浸入）引起的钢筋腐蚀，保证保护层厚度显得很重要。保护层厚度设定的例子如表Ⅰ.8.5所示。

最近，不设二次衬砌的情况变得多起来。在设有二次衬砌时，二次衬砌本身起到对管片主体及接头金属构件防腐蚀的功能。另一方面，在不设二次衬砌时，有必要对接头的金属构件及螺栓进行防腐蚀及防锈处理。特别对于由硫化物离子引起的混凝土腐蚀，可以认为仅仅靠混凝土保护层不能取得充分的防腐蚀效果。这时，有在隧道的内表面进行防腐层施工，向接头箱中充填膨胀砂浆及发泡聚氨基甲酸乙酯的例子。另外，在使用钢及铸铁接头时，有对接头部位涂刷树脂系列的材料，对螺栓进行锌粉铬酸化物（达克乐处理）镀层处理及氟素树脂涂膜等防腐蚀处理的例子。另外，即使使用管片内表面没有露出、内表面平滑型的接头，在对接头进行防腐蚀处理时，有必要利用外表面侧的防水材料与内表面侧的接缝施工或者密封材料，给接头构件提供一个没有干湿交替的环境。

保护层厚度规定实例　　　　　　　　表Ⅰ.8.5

用途		规范类型	有无二次衬砌	保护层厚度	参考
下水道	污水，合流等	《标准管片》	有	最小保护层厚度：13mm 最小保护层厚度为钢筋直径以上	下水道中，将进行二次衬砌的施工作为前提
	雨水等		无	最小保护层厚度 一般环境：25mm 腐蚀性环境：35mm	不进行二次衬砌（雨水等）的施工时，如左所述

续表

用　途	规范类型	有无二次衬砌	保护层厚度		参　考
下水道	下水道工程用二次衬砌一体型管片的设计,施工指南(2009年版)	无(有防腐蚀层)	保护层厚度的实例		如左所述的保护层厚度加上防腐层厚度50mm
			受力钢筋	保护层厚度(mm)	
			D16以下	17以上	
			D19~D22	16~21	
			D25	20以上	
地下河川	内水压作用下隧道衬砌结构设计指南	无	一般环境下的试算 内表面保护厚度:30mm 外表面保护层厚度:40mm		
铁路	《铁路结构物等设计标准》	无	一般管片中,保护层厚度为20mm以上,最小保护层厚度为钢管直径以上		在没有二次衬砌,非常容易腐蚀的环境下,有必要设定比上述数值大的保护层厚度
道路	隧道结构物设计要领(盾构工程编)(2008年版)	无	基本上最小保护层厚度取为40mm		依据混凝土设计规范"结构性能验算篇"(2002年版)

　　接头箱内的充填、接头金属构件、注浆孔及起吊孔金属器具的防腐蚀处理实例记述在"第Ⅴ篇　参考资料20.2接头构件的防腐蚀处理实例"、"第Ⅴ篇　参考资料20.3注浆孔及起吊金属器具的防腐蚀对策实例"及"第Ⅴ篇　参考资料20.4螺栓孔充填方法实例"中。关于不设二次衬砌的混凝土管片的详细情况,可以参考《标准管片》。

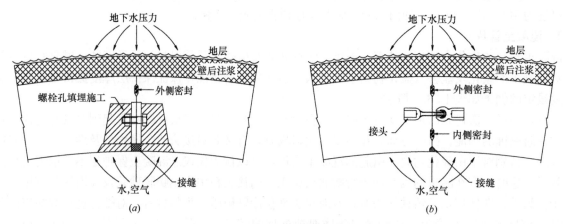

图Ⅰ.8.4　混凝土管片接头防腐蚀实例
(a) 金属接头方式;(b) 内表面平滑型接头方式

第Ⅱ篇 极限状态设计法

1 序 论

1.1 前言

以往采用容许应力设计法设计衬砌，基本上是通过确认在荷载作用下衬砌的安全性来进行的。截至目前，依据容许应力法设计的衬砌具有很多实例，对不能完全通过结构计算表现的衬砌力学特性，依靠经验所进行的技术考虑并没有产生很多大的问题。

但是，在今天的社会形势下，由于盾构隧道工程的减少及高龄化导致技术者减少，让下一代继承过去所取得的丰富经验变得越来越困难。极限状态设计法依据安全系数可以直接考虑荷载及材料强度的不均一性及不确定性，同时具有容易吸收新知识及技术开发成果的优点，可以较为定量地评价过去通过经验来考虑的技术问题。此外，在盾构隧道以外的结构物设计中，已经导入了极限状态设计法及性能验算设计法，为此在《隧道设计规范》中论述了依据极限状态设计法进行衬砌设计的基本理念及方法。

如图Ⅱ.1.1所示，首先整理出隧道设计使用期间所要求的性能，将在此期间中隧道失去所要求性能的状态定义为极限状态，由此开始依据极限状态法的衬砌设计。隧道的极限状态可以考虑为隧道的崩塌、隧道由于产生大的变形失去安定及损害依据隧道用途所确定的使用性能的状态。但是，如同后述，在隧道的崩塌状态及到达崩塌的过程中，由隧道用途所确定的使用性能和材料的经年劣化带给构件的承载能力及变形性能的影响不明确的原因，即使在《隧道设计规范》中也只设定依靠现阶段的技术可以评价的极限状态，这也是目前的实际情况。此外，应该依据试验或实验的结果、现场测量结果、数值解析结果及这些结果之间的相互验证来确定极限状态设计法中所用的安全系数。但依据极限状态设计法进行衬砌设计的实例及以此为目标的试验或实验、监测、解析等事例比较少，一部分系数按照范围来进行标记。为此，在使用《隧道设计规范》进行实际的衬砌设计时，要注意有些部分是留给设计者自己判断的，有必要导入设计时的最新信息，进行合理的判断。

考虑到以上情况，本篇对《隧道设计规范》中所记述的事项进行具体的、接近实际工作的说明，以帮助设计者理解这些事项。本篇论述了采用极限状态设计法设计衬砌的基本考虑方法，具有一定范围的数值的考虑方法及数值设定时应该注意的事项，并记述了具体的计算方法及其评价方法。在现阶段，依据极限状态设计法进行的设计事例还很少，在介绍各种要素试验的结果及现场测量数据的同时，也记述了现阶段的课题。此外，在使用极限状态设计法设计衬砌时，当然可参考本篇，但也推荐参考"第Ⅰ篇 容许应力设计法"与"第Ⅳ篇 设计计算实例"，前者对衬砌的功能及衬砌结构的选定进行了说明，并具有很多设计实例，后者用具体数值表示了实际设计作业的流程。

此外，关于地震的影响，2007年日本土木学会发行了隧道丛书·第19号《盾构隧道的抗震研究》[22]，因对抗震性能的理念及计算方法进行了详细的论述，本篇只记述其概要。

1.2 对应于设计目的的极限状态

在衬砌设计中，在确认由隧道的使用目的决定的安全性能、使用性能及耐久性能的同时，有必要采用经济性能优越、方便施工的衬砌形式与规格。在使用极限状态法设计衬砌时，设定衬砌在使用期间不能实现其所承担功能时的状态为极限状态，合理地评价各个极限状态，这是基本考虑方法。

在《隧道设计规范》中认为，盾构隧道的周围受到地层的约束，由铁路及汽车的活荷载所引起的疲劳影响很小，将应该验算的主要极限状态分为承载力极限状态与使用极限状态。此外，作为这些极限状态的实例见表Ⅱ.1.1与表Ⅱ.1.2。

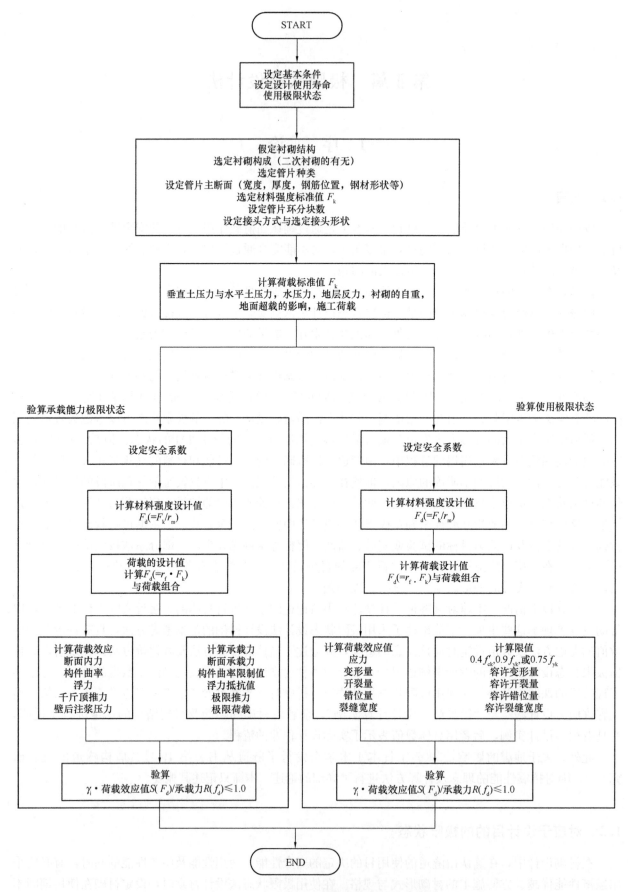

图Ⅱ.1.1 依据极限状态设计法进行设计的流程

此外，在日本土木学会·隧道丛书·第11号《隧道极限状态设计方法的应用》[18]中，记述了表Ⅱ.1.1与表Ⅱ.1.2中所示极限状态的实例，还简单地提及了变形的极限状态、承载机构的极限状态、变形的使用极限状态、振动的使用极限状态、发生有害振动的使用极限状态等。以下概述了衬砌设计中应该设定的极限状态。

盾构隧道的承载能力极限状态实例　　　　　　　　　　表Ⅱ.1.1

断面破坏的承载能力极限状态	管片主体及接头断面发生破坏的状态
结构破坏的承载能力极限状态	由于发生了断面破坏，隧道达到崩塌的状态
变形的承载能力极限状态	结构或构件的变形导致失去承载能力的状态
安定的承载能力极限状态	隧道的上浮等导致失去安定的状态

盾构隧道的使用极限状态实例　　　　　　　　　　表Ⅱ.1.2

裂缝的使用极限状态	钢筋的腐蚀及开裂部位的漏水导致管片耐久性能、水密性能受到损害的状态
变形的使用极限状态	过大的变形损害了确保满足隧道使用目的所必需的内部空间的状态
开裂量的使用极限状态	为了保证隧道的防水性能，在设计中所考虑的管片接头部的开裂量变大，使水密性能、接头部的耐久性能受到损害的状态
损伤的使用极限状态	构件发生了损伤，已无法照原样进行使用的状态

本来盾构隧道的极限状态指隧道的崩塌，或者衬砌发生大变形，失去作为隧道所应具有的功能与安定的状态，主要指以隧道承载力验算为对象的极限状态。但是，如盾构隧道这样的环状结构物即使位于地面上，也为内部3次不静定结构，当位于地中时可以期望得到周边地层的支持，加上内部3次不静定结构则变为高次外部不静定结构。这时，即使衬砌的多处发生了断面破坏，当周围的地层支持着衬砌时，隧道具有不会崩塌的优点。因此，为了能将隧道达到崩塌的极限状态及隧道发生大变形的状态设为极限状态，有必要明确衬砌与地层的相互作用及隧道崩塌的力学机理，还需要可以合理地评价衬砌达到崩塌过程中的力学特性计算技术。现阶段还没有解明隧道达到崩塌时的力学机理，也没有能确立合理评价衬砌力学特性的计算技术。

依据以上情况，在《隧道设计规范》中将管片设计中管片主体与接头的断面破坏的极限状态及对浮力安定的极限状态定义为承载极限状态。一般条件下，将衬砌的一部分所发生的断面破坏定义为承载力极限状态，可认为能够保证隧道全体的承载能力。但是，地震时在与竖井连接部位处隧道的变形成为问题及周围的地层为软弱黏土可以预测到将来的固结沉降影响时，在覆土厚度很小不能忽略路面的交通荷载的影响时有必要设定疲劳极限状态，还要合理地验算变形的极限状态。

盾构隧道的使用极限状态，是指为了能够维持由使用目的所确定的功能，针对隧道的使用性能及耐久性能所设定的极限状态。在《隧道设计规范》中，针对混凝土管片，规定为主断面的应力、裂缝及变形的极限状态、接头部位的应力及变形的极限状态。再者对钢管片，规定为对主断面、接头部位的应力与变形的极限状态。

材料的经年劣化会降低衬砌的耐久性能，如果认为能够保证在设计使用期间所需要的耐久性能就没有问题的话，即为过去一直讨论的耐久性极限状态。但在现阶段伴随着材料的劣化，很难预测衬砌的承载能力及变形性能的变化。为此，在《隧道设计规范》中，对混凝土管片依据"第233条 裂缝的验算"进行验算，对钢管片认为按照"第66条 防腐蚀与防锈"进行恰当的施工，就可以保证衬砌的耐久性能。因此，在材料的经年劣化与衬砌的性能关系变得明确时，有必要通过其他途径来确定耐久性的极限状态，进行合理的验算。

1.3　设计使用年限

设计使用年限是指结构物或构件在投入使用后，必须能保证设计性能的期间，它依据结构物的种类与用途各异。例如：在《隧道设计规范（明挖法）及说明》[45]，《铁路构造物等设计标准及说明 混凝土构造物》[46]中记述到以100年作为大概标准。

盾构隧道如同这些规范及设计标准所处理的构造物对象一样，基本上在投入使用后很难更新，为长期使用构造物。在《隧道设计规范》中论述到，在考虑依据盾构隧道使用目的决定的隧道使用期间，隧道周边的地层、地下水等环境条件及衬砌耐久性的基础上，来合理地确定设计耐用年限，但并没有明确地表示出具体的年数。这里，记述了在衬砌的实际设计中，确定设计年限所必需的具体事项。

如前所述，在使用极限状态设计法设计衬砌时，有必要设定设计使用年限中的极限状态。在可以预料到将来地下水水位的回复及降低时，要考虑几个荷载工况来设定断面破坏的极限状态与隧道安定的极限状态。在可以预测到要在隧道周围进行开挖时，要设定隧道变形的极限状态。在覆土厚度很小、有必要考虑作用在隧道上交替荷载的影响时，要设定疲劳极限状态。这样，预测隧道设计使用年限中的条件，从设定合理的极限状态开始衬砌的设计。

然后，对设定的极限状态进行验算。这时很少变更设计使用年限中所对应的各个极限状态的验算标准。作为改变设计使用年限中验算标准的事例，有依据地震动的发生概率验算抗震性能的实例。另一方面，关于和设计使用年限有密切关系的衬砌耐久性，在《隧道设计规范》中，通过对混凝土裂缝宽度的验算及钢材的防腐蚀、防锈来保证耐久性，验算标准设为一定，并不依据使用年限而改变。但在需要考虑衬砌混凝土的碳化及担心盐化物离子向衬砌浸入的环境条件下，要合理评价设计使用年限中性能的降低对衬砌极限状态的影响，有必要采取相应的措施。

1.4 荷载效应与结构抗力的计算

(1) 荷载效应的计算

在极限状态设计法中，有必要合理地评价管片主断面及接头弯曲刚度降低的影响，有必要计算衬砌上产生的断面内力、构件的曲率、管片环的变形量、管片接头部位的开口量等诸多荷载效应。原则上采用梁-弹簧模型计算法计算隧道横断面的荷载效应。梁-弹簧模型计算法以在铁路隧道中真正的应用作为契机，其合理性与便利性得到了认同，现在在各种各样隧道的设计中得到了广泛的应用。在"第Ⅰ篇容许应力设计法 5. 横断方向上的结构计算"中详细论述了梁-弹簧模型计算法，可供参考。

对承载力极限状态验算中荷载效应的计算，以应用考虑主断面刚度降低的非线性解析为特征。对明挖法隧道，隧道横断面的形状多为矩形，侧壁产生了偏向隧道内部的变形，在隧道侧向方向上很少产生地层抗力。因此，即使将构件的变形特性作为非线性行为来进行评价，带来的经济效应也很小，依据线性解析所得到的断面内力一般比较大，多为偏于安全的解答，通常对明挖隧道的设计多应用线性解析。

另一方面，盾构隧道的横断面形状一般为圆形，在起拱线附近的衬砌多产生偏向隧道外侧的变形，在隧道的侧面产生了地层抗力。为此，尽可能忠实地评价盾构隧道衬砌的变形特性具有一定的合理性，并且忠实地评价衬砌力学行为可以带来良好的经济效益，原则上应用考虑管片主断面与接头刚度低下的非线性解析。

在使用极限状态验算中，因作为研究对象的应力水平比较小的原因，与容许应力设计法一样，除去管片接头部的刚度评价外，基本上以线性解析来计算荷载效应。但有必要注意计算荷载效应中所用的混凝土弹性模量与采用容许应力设计法进行衬砌设计中所采用的数值是不同的。关于各极限状态中荷载效应计算方法的具体事项，可参考"第Ⅱ篇 极限状态设计法 5. 荷载效应的计算"。

(2) 结构抗力的计算

衬砌设计中的结构抗力有构件的承载力、构件的曲率、裂缝宽度、管片环的变形量、管片接头的开口量、隧道及隧道上部土体的重量等。要采用能够按照所定的可靠度赋予这些参数解的计算方法计算这些结构的抗力，也有须通过数值等来直接设定的情况。

对于这些方法，特别对后者，现在还有很多不明确点，有必要在充分考虑过去的设计与施工实例后，通过经验来决定，这要加以注意。另外，前者为确定结构抗力所用的计算方法，在对材料的强度与构件的刚度采用实际数值时，有必要采用计算结构抗力平均值的方法。因此，在采用《隧道设计规范》中没有记述的材料及计算方法计算结构抗力时，在预想到使用比设计中计划采用的强度大很多的材料时，不能直接使用材料系数 γ_m 及构件系数 γ_b，必须合理地论证这些参数的设定。

1.5 安全系数与修正系数

如图Ⅱ.1.2所示，在衬砌设计荷载效应的计算中要分别设定荷载修正系数 ρ_f，荷载系数 γ_f，结构解

析系数 γ_a。在结构抗力计算中要分别设定材料修正系数 ρ_m，材料系数 γ_m，构件系数 γ_b。在验算中设定结构物重要系数 γ_i。对安全系数及修正系数、各个参数的意义、具体值的设定及设定依据可参考"第Ⅱ篇 极限状态设计法 2. 安全系数"。

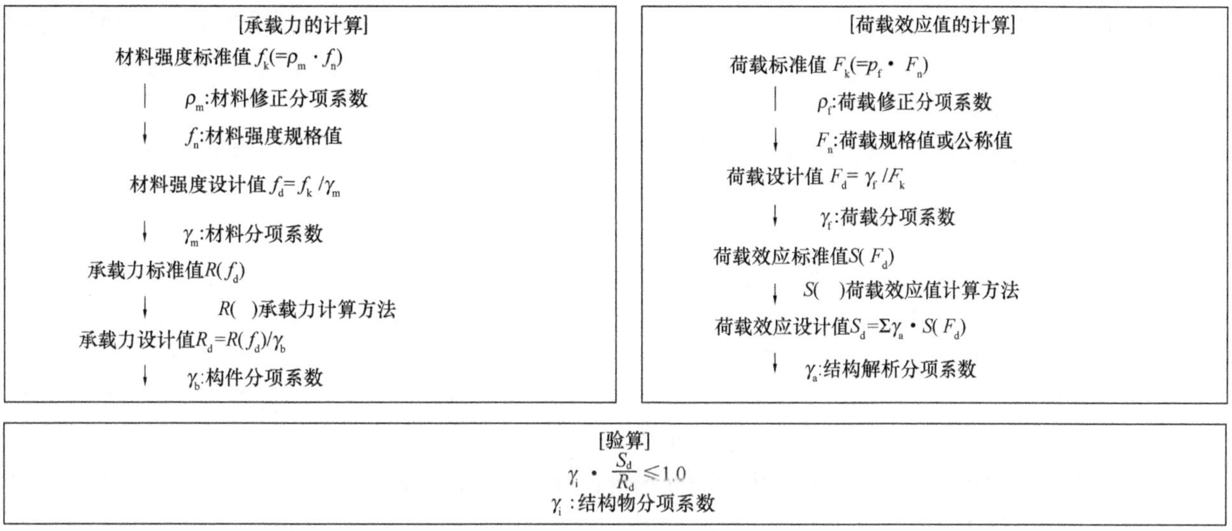

```
┌─────────────────────────────────┐   ┌─────────────────────────────────┐
│          [承载力的计算]           │   │         [荷载效应值的计算]         │
│  材料强度标准值 f_k(=ρ_m·f_n)      │   │   荷载标准值 F_k(=p_f·F_n)          │
│       │  ρ_m:材料修正分项系数      │   │        │  ρ_f:荷载修正分项系数     │
│       ↓  f_n:材料强度规格值        │   │        ↓  F_n:荷载规格值或公称值   │
│  材料强度设计值 f_d=f_k/γ_m        │   │   荷载设计值 F_d=γ_f/F_k            │
│       │                          │   │        │                         │
│       ↓  γ_m:材料分项系数          │   │        ↓  γ_f:荷载分项系数         │
│  承载力标准值 R(f_d)               │   │   荷载效应标准值 S(F_d)             │
│       │   R( )承载力计算方法        │   │        │   S( )荷载效应值计算方法   │
│       ↓                          │   │        ↓                         │
│  承载力设计值 R_d=R(f_d)/γ_b       │   │   荷载效应设计值 S_d=Σγ_a·S(F_d)    │
│       │                          │   │        │                         │
│       ↓  γ_b:构件分项系数          │   │        ↓  γ_a:结构解析分项系数     │
└─────────────────────────────────┘   └─────────────────────────────────┘
┌───────────────────────────────────────────────────────────────────────┐
│                              [验算]                                      │
│                       γ_i · S_d/R_d ≤ 1.0                                │
│                       γ_i:结构物分项系数                                  │
└───────────────────────────────────────────────────────────────────────┘
```

$$\gamma_i \cdot \frac{S_d}{R_d} \leqslant 1.0$$

图Ⅱ.1.2　验算式与各安全系数的关系

1.6 符号

本篇中所使用的固有符号主要是依据《隧道设计规范》，如下所示。另外，和容许应力设计法通用的其他主要符号记述在"第Ⅰ篇 容许应力设计法 1.6 名称及符号"中，可以参考。

F_k：荷载的标准值（$= \rho_f \cdot F_n$）；

F_d：荷载的设计值（$= \gamma_f \cdot F_k$）；

F_n：荷载的标准值或公称值；

f_k：材料强度的标准值（$= \rho_m \cdot f_n$）；

f_d：材料的设计强度（$= f_k/\gamma_m$）；

f_n：材料的标准值或公称值；

$R(f_d)$：结构抗力的标准值；

R_d：结构抗力的设计值；

$S(F_d)$：荷载效应的标准值；

S_d：荷载效应的设计值；

γ_m：材料分项系数；

γ_b：构件分项系数；

γ_f：荷载分项系数；

γ_a：结构解析分项系数；

γ_i：结构重要性系数；

ρ_m：材料修正系数；

ρ_f：荷载修正系数。

2 安 全 系 数

如图Ⅱ.1.2所示，安全系数由材料分项系数 γ_m、构件分项系数 γ_b、荷载分项系数 γ_f、结构解析分项系数 γ_a 及结构重要性系数 γ_i 5 种组成，有必要根据需要验算的极限状态、使用的材料、荷载及其组合来分别使用各安全系数。

在通过材料强度标准值及构成构件的各个要素来求设计断面承载力的过程中，要设定材料分项系数 γ_m 与构件分项系数 γ_b。关于设计断面承载力的计算方法，基本上将实际值作为材料强度时计算得到的断面承载力作为平均值，有必要将其变动通过构件分项系数 γ_b 来进行考虑。

在通过荷载标准值计算设计断面内力的过程中，要设定荷载分项系数 γ_f 与结构解析分项系数 γ_a。关于设计断面内力的计算方法，基本上将实际值作为荷载值计算得到的断面内力作为平均值，有必要将其变动通过结构解析分项系数 γ_a 来进行考虑。

在设计断面内力与设计断面耐力比较时，需要设定结构重要性系数 γ_i。有必要考虑结构物的重要程度、达到极限状态时的社会影响、经济性后，再确定结构重要性系数。

由荷载和结构解析计算出来的断面内力与变形量包含着由于各种各样原因引起的误差。为此，通过安全系数来评价设计中计算出来的数值与实际结构物数值的差，如图Ⅱ.2.1所示，通过使发生概率处于5％以下荷载效应标准值的上限值低于发生概率处于5％以下结构抗力标准值的上限值，来确保安全性。因此，有必要在考虑实际构造物上所产生的误差，即应该考虑所有能够考虑的变动因素后，再设定安全系数。

这样，本来应该基于材料试验结果、现场测量结果等数据的基础上来设定安全系数。但现实中并不能对所有安全系数的设定提供充分的数据，而且针对每一个设计都进行材料试验与监测也不是现实的。为此，在《隧道设计规范》中记述了安全系数的大概标准，使实际的设计变得更容易操作，对那些不明确的对象至少要保证与依据容许应力法设计结果同等的安全程度，按照范围来表述安全系数的大概标准。因此，设计工作者要充分考虑各个安全系数带给设计结果的影响，对这些数值的设定也是很重要的。

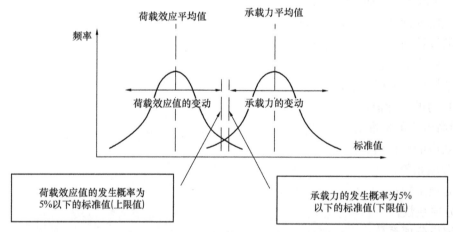

图Ⅱ.2.1　荷载效应值与承载力的平均与变动概念图

2.1　材料分项系数

材料分项系数 γ_m 是在考虑材料强度标准值的变动、试件与结构物之间材料强度的差异、材料强度带给极限状态的影响、材料强度的经时变化等因素后所确定的安全系数。有必要对混凝土、钢筋、钢材及球墨铸铁确定合适的数值。

在《隧道设计规范》中，作为衬砌设计中所用材料分项系数的大概标准如表Ⅱ.2.1所示。以下对各材料的材料系数进行概说。并且，在《隧道设计规范》中所记述的材料分项系数是针对在日本国内一般管片工场制造的管片，在从海外调集管片时，必须充分考虑材料强度的变动、材料规格等，合理地设定材料分项系数。

材料分项系数的大致标准　　　　　　　表Ⅱ.2.1

极限状态	材料分项系数						
	混凝土		钢筋	钢材		球墨铸铁	螺栓
	管片	现场浇筑		主肋，纵肋	面板		
承载能力极限状态	1.2	1.3	1.00	1.05	1.00	1.10	1.05
使用极限状态	1.0	1.0	1.00	1.00	1.00	1.00	1.00

(1) 混凝土

根据《混凝土设计规范》确定混凝土的材料分项系数。但作为工场制品的管片，与现场混凝土相比品质管理更加完备，在《隧道设计规范》修订的时候，经过调查受压强度试验结果，变动系数的实测值为 2.5%～3.9%，为比较小的数值。考虑到这个调查结果，管片用混凝土的材料分项系数取为 1.2。

(2) 钢筋

钢筋的材料分项系数依据《混凝土设计规范》来确定。

(3) 钢材

在参考《铁路结构物等设计标准及解说　钢及合成结构物》[47]中的结构用钢材后，主肋及纵肋钢材的材料分项系数取为 1.05，考虑到现在的容许应力设计法中已经采用极限强度来进行设计的实际情况，面板钢材的材料分项系数取为 1.00。

(4) 球墨铸铁

参考《铁路结构物等设计标准及解说 钢及合成结构物》[47]来确定球墨铸铁的材料分项系数。与钢材相比，球墨铸铁的强度具有不均匀性，考虑到成品的状态，构件的厚度存在不均匀性，分项系数取为 1.10，为比钢材的材料系数稍大的数值。

(5) 螺栓

采用《铁路结构物等设计标准及解说 钢及合成结构物》[47]中接合用钢材的材料分项系数，取为 1.05。

2.2　构件分项系数

构件分项系数是在考虑断面承载力计算的不确定性、构件尺寸不均的影响、构件的重要程度（作为研究对象的构件在达到极限状态时对结构物全体带来的影响）等因素后确定的安全系数，有必要按照混凝土管片和钢管片分别进行确定。

在《隧道设计规范》中，表Ⅱ.2.2 及表Ⅱ.2.3 表示了断面设计承载力计算中所用构件分项系数的大致标准。但在设有二次衬砌，并不将其考虑为力学上的主体结构时，也可以对构件分项系数进行合理的折减。

混凝土管片构件分项系数标准　　　　　　　表Ⅱ.2.2

极限状态	构件分项系数					
	主体部			管片接头	环间接头	起吊金属器具
	受弯	受压	受剪			
承载能力极限状态	1.10	1.30	1.30*1 1.10*2	1.10	1.15	1.30
使用极限状态	1.00	1.00	1.00	1.00	1.00	1.00

*1. 混凝土的抗剪承载力计算中所用；

*2. 钢材的抗剪承载力计算中所用。

钢铁管片构件分项系数标准 表Ⅱ.2.3

极限状态	构件分项系数					
	主体部			管片接头	环间接头	起吊金属器具
	受弯	受压	受剪			
承载能力极限状态	1.05	1.15	1.15	1.10	1.15	1.15
使用极限状态	1.00	1.00	1.00	1.00	1.00	1.00

(1) 混凝土管片

在参考《混凝土设计规范》及《铁路结构物等设计标准及解说 混凝土结构物》[46]的基础上，确定混凝土管片构件分项系数的大致标准。参考图Ⅱ.2.2及图Ⅱ.2.3所示的载荷试验结果，将管片主体及管片接头对受弯作用的构件分项系数取为1.10。

图Ⅱ.2.2以厚度150mm到300mm的管片为对象，横轴为单体弯曲试验时的最大弯矩，纵轴为通过混凝土实际强度计算出来的弯矩承载力与最大弯矩的比值。据此，在本试验中可以得出95%信赖区间的上限值为1.10。图Ⅱ.2.3以管片厚度150mm～300mm的单个螺栓接头为研究对象，横轴为接头弯曲试验时的最大弯矩，纵轴为由混凝土实际强度计算出来的接头最大弯曲承载力与最大弯矩的比值。据此，在本试验中得出95%信赖区间的上限值为1.03。

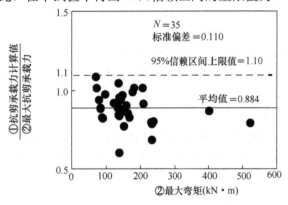

图Ⅱ.2.2 管片主体的试验结果实例[48]

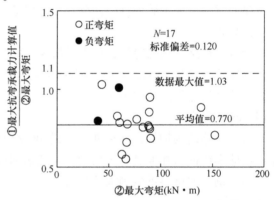

图Ⅱ.2.3 管片接头处的试验结果实例[48]

(2) 钢铁管片

参考《铁路结构物等设计标准及解说 钢及合成结构物》[47]来确定钢及铸铁管片的构件分项系数。

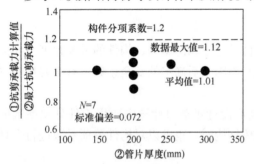

图Ⅱ.2.4 环间接头的剪切试验结果实例[48]

(3) 接头

表Ⅱ.2.2及表Ⅱ.2.3是以通常的单螺栓接头为对象的构件分项系数的大致标准，是以管片接头的弯矩和环间接头的剪切验算为前提的。管片接头与环间接头的种类有很多，依据结构材料特性、破坏形式而不同。因此，在接头验算中，有在必要考虑所采用接头的特性、参考过去的实验数据等基础上来确定构件分项系数。

图Ⅱ.2.4是管片厚度为150～300mm、箍筋间距为150mm的单螺栓环间接头剪切试验结果。在破坏形态上，并不是螺栓的剪切破坏，而是以接头的螺栓箱被拔出的形态而破坏。参考此试验，在《隧道设计规范》中，环间接头构件分项系数的大致标准取为1.15。

2.3 荷载分项系数

要在考虑荷载偏离标准值向不希望方向的变动、荷载计算方法的不确定性、将来荷载的变化、荷载标准值带给极限状态的影响等基础上合理确定荷载分项系数 γ_f。按照《隧道设计规范》，表Ⅱ.2.4中表示了其大致标准。

荷载分项系数标准 表Ⅱ.2.4

极限状态	土压力		侧向土压力系数	水压力	地层反力系数	自重	地面超载	其他
	松弛土压力	全覆土压力						
承载能力极限状态	1.0~1.3*	1.05	0.8~1.0	0.9~1.0	0.9~1.0	1.0~1.1	1.0~1.3	1.0~1.3
使用极限状态	1.0	1.0	1.0	1.0	1.0	1.0	1.0	1.0

*：采用垂直土压力下限值时，也可以采用1.0。

在如盾构隧道这样的环状结构物中，垂直方向荷载与水平方向荷载的平衡会导致弯矩发生变化。即使增加全体荷载的大小，弯矩与轴力的比不会发生大的变化。因此，对荷载的全体采用提高后的荷载系数时，弯矩与轴力的比在保持一定的条件下，设计断面内力得到了增加。而在垂直方向与水平方向荷载平衡遭到破坏时，就要提高设计弯矩。为此，对承载力极限状态论证中荷载分项系数的设定，为了得到偏大的设计弯矩，对如松弛土压力、自重这样垂直方向上的荷载，荷载系数要比1.0大。基本上以得到偏小的侧向土压力为目的，来设定侧向土压力系数与地层弹簧系数。另外，对使用极限状态验算中的荷载分项系数，在参考《混凝土设计规范》等中的考虑方法后，将所有的安全系数取为1.0。

关于承载力极限状态验算中松弛土压力的荷载分项系数，为了能够考虑荷载平衡，其大致标准为1.0~1.3。在良好地层中，按照松弛土压力的计算方法及地层条件，取为1.0~1.3，在采用全覆土土压力的软弱地层中，取为1.05，设计者有必要在考虑地层条件及荷载的计算方法的不确定性的基础上来进行设定。作为垂直土压力设计值的下限值，在采用 $1.0D_0$~$2.0D_0$（D_0：隧道外径）时，考虑到这些数值已经包含了不确定性，其大致标准取为1.0。

另外，通过试计算确认，侧向土压力系数的荷载分项系数在取为0.8~1.0时可以取得与过去的容许应力设计法的整合性。

对水压力的荷载分项系数，因管片使用材料给设计结果带来的影响而异，取为0.9~1.0，为具有一定范围的标准值。一般来说，对混凝土管片，小水压时钢筋发生的应力有增大的倾向。为此，在混凝土管片的设计中，为了得到偏于安全的设计，依据地下水位变动的调查结果，基本上采用低地下水位。

对钢铁管片，因为根据弯曲受压应力来决定构件的厚度与尺寸，水压力大的一方取得偏于安全的设计，认为安全系数取为1.0是合理的。

一般多依据与侧向土压力系数的关系来确定地层抗力系数。为此，地层抗力系数的荷载分项系数基本上采用与侧向土压力系数相同的考虑方式。并且，在对开口处的计算中，在考虑切线方向的地层抗力系数时，发生的弯矩有变小的倾向，有必要对荷载分项系数进行合理的折减。

作用在隧道上的荷载现在还有很多不明确点，现实中求得真正的荷载还是很困难的。为此，在《隧道设计规范》中基于与容许应力设计法设计结果的整合和既往的监测结果及经验，来暂时设定荷载分项系数。今后，要提高荷载的计算测量技术，积累实验数据并将其结果反映在荷载分项系数中，这也是很重要的。

2.4　结构计算分项系数

结构计算分项系数 γ_a 是为了考虑结构计算结果的不均匀性及不确定性的系数。有必要根据结构解析方法的特点、结果的妥当性来设定合适的数值。

在《隧道设计规范》中原则上将梁-弹簧模型作为结构计算方法。梁-弹簧模型计算法以铁路隧道为代表，具有较多的应用实例，在通常情况下结构计算分项系数可以取为1.0。但在承载力极限状态中，对非线性力学行为进行处理时，依据对构件刚度的评价得到的解答而不同。比如：对主断面的刚度采用初期刚度与切线刚度进行评价时，与采用三线性与四线性模型相比可认为降低了精度。因此，在这种情况下有必要考虑对构造分项系数采用稍大的数值。

另外，依据材料特性值设定方法的不同，计算结果也不同。特别是管片接头的转动弹簧刚度的设定对计算结果产生很大的影响。对此，采用具有实际施工实例的接头，其转动刚度在通过实验及计算求得的情况下取为1.0。在通过经验所求，采用没有施工实例的新型管片时，其系数可取为1.0以上。

结构解析分项系数标准   表Ⅱ.2.5

极限状态	结构解析分项系数	极限状态	结构解析分项系数
承载能力极限状态	1.0~1.1	使用极限状态	1.0

2.5　结构物重要性系数

结构物重要性系数 γ_i 是考虑结构物的重要程度，构造物达到极限状态时对社会影响的系数。根据《隧道设计规范》，表Ⅱ.2.6表示了其大致标准。

盾构隧道的重要程度不仅仅依据带给隧道使用人群及在受到损害时带给都市功能的影响程度，还依据隧道修复的容易程度而大大不同。因此，有必要在考虑这些后进行设定。比如：①主要由第三者使用，不特定的多数人进入隧道的情况；②第三者不会使用，特定的少数人进入隧道的情况；③包括第三者没有人进入隧道的情况等，可以据此进行分类。对承载力极限状态的结构物重要性系数，理想上按照结构物的重要程度来定义具体数值，但还没有盾构的损伤影响人类的生命及都市功能的例子，不能设定有根据的数值。目前必须由设计者依据工学知识来进行判断。为此，在《隧道设计规范》中，表示了承载力极限状态中安全系数的大致标准。

结构物分项系数标准   表Ⅱ.2.6

极限状态	结构物分项系数	极限状态	结构物分项系数
承载能力极限状态	1.0~1.3	使用极限状态	1.0

2.6　抗震设计中安全系数的处理

在本书中并没有提及抗震设计的详细细节，以下论述了抗震设计中安全系数的一般考虑方法。

在《隧道设计规范》中，根据1级地震动及2级地震动对盾构隧道抗震性能的要求来确定合理的安全系数。这是因为考虑到大规模地震发生的概率及设计地震动的设定方法，对通常荷载条件下的安全性能与地震影响的安全性能采用相同的安全系数来进行验算是不合理的。更进一步，即使对1级地震动带来的影响与2级地震动的影响作同等的处理，但因对各个设计地震动所要求的抗震性能大大不同，可以据此认为是不合理的。

有必要针对由隧道的用途及重要程度所确定的抗震性能及能够合理地评价所允许的损害程度来确定抗震设计中所使用的安全系数。为了尽可能地减少隧道的损害程度，在地震发生后需要将隧道立即投入使用时，有必要对安全系数采用偏大的数值。另一方面，在一定程度上允许隧道损伤的发生，在地震发生后可以保证一定期间的修复期间时，可以考虑采用偏小的安全系数。

对1级地震动的材料分项系数与构件分项系数，基本上认为是从确保盾构隧道的功能出发来决定的，可与承载力极限状态采用相同的安全系数来进行评价。另一方面，对2级地震动的材料分项系数与构件分项系数，盾构隧道各构件的一部分即使达到极限承载力，但如果没有达到剪切破坏或变形的极限状态，在判断可以维持隧道断面后，除去混凝土的剪切破坏，可以将二者取为1.0。

另外，一般在考虑过去发生的大规模地震动的发生概率及盾构隧道所在区域特性的基础上来设定盾构隧道抗震设计中所用的设计地震动，所以认为超过此地震动的发生概率非常小，1级地震动与2级地震动二者的荷载分项系数可以取为1.0。

抗震设计中所用安全系数标准   表Ⅱ.2.7

设计地震动	材料分项系数				构件分项系数	荷载分项系数	结构解析分项系数	结构物分项系数
	混凝土	钢筋	钢	铸铁				
1级	1.20*	1.00	1.05	1.05	1.10	1.00	1.00	1.00
2级	1.00	1.00	1.00	1.00	1.00	1.00	1.00	1.00

＊：对混凝土的剪切，考虑到脆性破坏及屈服点的离散性，安全系数取为1.20。

2.7　修正系数

　　修正系数由材料修正系数 ρ_m 与荷载修正系数 ρ_f 组成。《隧道设计规范》中的这些修正系数与《混凝土设计规范》一样，由容许应力设计法向极限状态设计法转换时，考虑转换期间所设定的系数。在设计法转换结束时，予以删除。相对于材料强度与荷载，在确定标准值或者别的体系下的标准值及公称值时，需要使用修正系数。通过考虑修正系数将规范值或公称值变为标准值。大多数材料的材料强度由JIS标准化，使用修正系数的场合并不多。但在使用由新材料构成的新型接头及采用特殊荷载时，考虑到有必要定义标准值，故记述了修正系数。

3　荷　　载

在衬砌的设计中，按照需要验算的极限状态，对作为验算对象的构件及验算项目进行计算时，有必要合理地组合在施工中及设计使用期间的荷载。

如图Ⅱ.1.2所示，将荷载的标准值乘以荷载分项系数来确定极限状态设计法中所用的设计荷载。本章概述了在采用极限状态设计法设计衬砌中，荷载的种类、标准值的计算及设计荷载的组合。

3.1　设计荷载的种类与标准值的计算

根据作用频度、持续性及变动程度对设计荷载进行分类。由全覆土荷载或松弛荷载组成的垂直土压力与水平土压力、水压力、衬砌的自重、路面交通荷载等地面超载的影响、地层抗力为持续作用在衬砌上的荷载，在通常设计中是必须考虑的基本荷载。另外，对千斤顶推力及壁后注浆压力等施工荷载，虽然不是持续作用的荷载，但荷载值比较大，在有些条件下在管片上产生了过大的应力与变形，通常也是必须考虑的基本荷载。

包括内水压力在内的内部荷载、平行设置隧道的影响、邻近施工的影响、地层沉降的影响为连续或频繁发生变动的荷载，也是不能忽视其变动的荷载。是依据隧道的使用目的、施工条件及周围环境，必须考虑的荷载。另外，在设计使用期间，作用频度很小但一旦作用其影响非常大的荷载为地震的影响。

在衬砌设计中要考虑的荷载如下所示。

(1) 垂直土压力与水平土压力

(2) 水压力

(3) 衬砌的自重

(4) 地面超载的影响

(5) 地层抗力

(6) 施工时荷载

(7) 地震的影响

(8) 邻近施工的影响

(9) 地层沉降的影响

(10) 并行设置隧道的影响

(11) 内部荷载

(12) 其他荷载

按照需要验算的极限状态、需要验算的构件及验算项目，来分别确定荷载的标准值。

承载力极限状态验算所用的荷载标准值为在超过设计使用期间中的最大值或最小值。考虑到关于荷载的数据未必充分及对这些标准值进行判断的资料还很缺乏的实际情况，在《隧道设计规范》中将最大荷载及最小荷载的预测值作为标准值。

另一方面，对使用极限状态验算中的荷载标准值，在隧道施工期间及设计使用期间其大小常常发生变化。作为具体计算方法，可以考虑在承载力极限状态及使用极限状态的验算中，改变高水位及低水位的标高，分别计算垂直土压力与水平土压力及水压力等标准值及改变侧向土压力系数及地层抗力系数的标准值等。

另外，在《隧道设计规范》中，在通过规格值及公称值来求解荷载的标准值时，将荷载的规格值与公称值乘以荷载修正系数 ρ_f 后作为荷载的标准值。荷载的标准值为设计规范等规定的荷载，例如在《道路桥规范》中定义的活荷载及《铁路设计标准》中的列车荷载。荷载的公称值为常用荷载的数值，例如人群荷载及作为惯例使用的建筑物荷载。

采用松弛土压力作为垂直荷载时，如果考虑粘结力来进行松弛土压力计算时，在计算上松弛土压力有变小或者变为负值的情况。采用松弛土压力作为垂直荷载时，考虑到施工过程中及隧道完成后荷载的变动等，一般多将其设为下限值。此下限值可以考虑为由设计规范等所规定的标准值或为从常用数值得到的标准值。设计者必须判断这些数值要是否有必要乘以比 1.0 大或小的荷载修正系数来计算荷载的标准值，在《隧道设计规范》中可取为 1.0。

3.2　设计荷载的组合

在采用极限状态设计法设计衬砌中，有必要依据构件的种类、材料的种类、设定的极限状态，需要验算的构件及验算项目来组合设计荷载。如前所述，在隧道到达破坏的机理还不是很明确的现状下，不得不将构件的断面破坏作为承载力极限状态。为此，有必要判断构件在什么样的荷载条件下处于最危险的状态。

在如盾构隧道这样将很多构件连接在一起组成的结构物中，对构件来说互不相同的荷载状态带来严格设计结果的例子也很少。比如，对混凝土管片，可以认为采用低地下水位时计算出来的弯矩值偏大，管片主断面的设计变为严格的状态。这时，管片接头的转动刚度因地下水位低的原因计算出的数值偏小。另一方面，在管片接头转动刚度计算中，采用高水位时，会偏大地评价转动刚度，同时在断面内力计算时较低的水位使管片环发生变形，从而得到偏大的弯矩，使设计结果变得严格。

在《隧道设计规范》中，因作为研究对象的隧道用途及验算对象的多样性，并没有记述设计荷载组合的具体例子。在表Ⅱ.3.1 中表示了按照构件的种类、极限状态、研究的事项等所进行的设计荷载组合实例及荷载分项系数。

基本荷载组合与荷载分项系数实例　　　　　　　　　表Ⅱ.3.1

极限状态 荷载种类	承载能力						使　用	
	①	②	③	④	⑤	⑥	⑦	⑧
垂直土压力（全覆土厚度）	1.05	1.05	1.05	1.05	1.05	1.0	1.0	1.0
垂直土压力（松弛）	1.3	1.3	1.3	1.3	1.3	1.0	1.0	1.0
水平土压力（侧向土压力系数）	1.0	0.9	0.9	1.1	0.9	1.0*²	1.0	1.0
水压力（高水位）		1.0*¹		1.0		1.0		
水压力（平水位）	0.9						1.0	
水压力（低水位）		0.9	0.9		0.9			1.0
初砌的自重	1.1	1.0	1.0	1.0	1.0	1.0	1.0	1.0
地面超载的影响	1.3	1.3	1.3	1.3	1.3	1.0*³	1.0	1.0
地层反力	1.0	0.9	0.9	1.1	0.9	1.0	1.0	1.0
施工荷载	1.0	1.0					1.0	

＊1. 假定为钢铁管片及开口部位验算中高轴力状态下得到偏于安全设计时的情况；

＊2. 假定为在隧道安定性验算中，考虑覆土的抗剪强度时的静止土压系数的荷载分项系数；

＊3. 在不能得到持续性的覆土荷载时，将荷载系数取为 0，不考虑其影响。

工况组合①是承载力极限状态中所有构件验算中所用的基本工况组合。偏大地评价垂直方向上的荷载，偏小地评价侧向荷载。工况组合②主要是对管片主断面的验算中所采用的组合。通过对地下水位进行偏高或偏低的评价，对管片主断面来说为严格状态的工况组合。工况组合③主要是对管片接头验算中所采用的组合。为了使管片环发生变形，将水位设得偏低。工况组合④是对工况组合③中管片接头的验算中，在考虑轴力的情况下计算管片接头转动刚度时，为计算平均轴力的工况组合。即通过计算出偏大的转动刚度，从而计算出管片接头部位偏大的弯矩。工况组合⑤主要是针对环间接头的验算。和工况组合③一样，考虑轴力计算管片接头的转动刚度时，平均轴力的计算不是采用组合工况④，而是采用本工况组合。工况组合⑥针对隧道安定的验算。对垂直方向上的荷载进行偏小，水压进行偏大的评价。工况组合⑦是对使用极限状态中全部构件的验算中所采用的基本工况组合。工况组合⑧通过对水位进行偏低的评价，以将主断面钢筋的抗拉应力及管片接头部位的开裂量进行偏大计算为目的。

表Ⅱ.3.1 中所示的荷载组合与荷载系数顶多也就是一个例子，设计工作者没有必要验算所有的工况组合。在明确管片主断面、管片接头、环间接头各自最危险荷载状态时，通过再现荷载状态来确保隧道的安全性能。但是，构成衬砌的各个构件在什么样的荷载状态下可以达到最危险状态，不仅仅受到衬砌特性，还受到地层条件，侧向土压力系数及地层抗力系数等众多因素的影响。因此，对可以考虑到的各种状态进行预测，组合荷载实施结构计算，抽出对构件来说最不利的解答值，得到明确的偏于安全的设计结果。通过这种方法的事例并不少。设计工作者在衬砌设计中根据经验与理论，努力选择尽可能正确评价现象的荷载体系及结构模型的同时，也要考虑到隧道的力学行为很复杂并存在不少不明确的问题点，最少也要采用可以确保隧道安全的手段，这也是很重要的。

4 材料的设计值

为了确认衬砌中所用的材料及其品质有各种各样的方法。以下记述了依据极限状态设计法设计衬砌时必需的材料强度标准值、应力-应变曲线、弹性模量、泊松比等。另外，在使用以下没有记述的材料时，必须依据试验在确认其强度及变形特性试验值不均匀性的同时，还要确定合适的安全系数来进行设计。

4.1 材料强度

在《隧道设计规范》中规定，原则上在进行材料试验并对其结果的不均匀性考虑的基础上来确定材料强度的标准值 f_k。但是，在实际的设计工作中，对每一个设计都进行材料试验是很困难的。衬砌是在品质管理体制完备的管片制作工场，使用满足 JIS 规格的材料制作而成的。在《隧道设计规范》中在设计中所用材料强度的标准值如表Ⅱ.4.1～表Ⅱ.4.11 所示，在实际的设计中要注意不能产生过大的应力。

混凝土强度标准值（管片）　　　　　　　　　　　　　　　　　　表Ⅱ.4.1

抗压强度（设计标准强度）	f'_{ck}	42	45	48	51	54	57	60
抗拉强度	f_{tk}	2.7	2.9	3.0	3.1	3.2	3.4	3.5
受弯开裂强度	f_{bck} [1]	2.7	2.8	2.9	3.0	3.1	3.2	3.3
粘结强度（异形钢筋）	f_{bok}	3.3	3.5	3.6	3.8	4.0	4.1	4.2
局部受压强度（全断面荷载）	f'_{ak}	42	45	48	51	54	57	60
局部受压强度（局部荷载）	f'_{ak}	$f'_{ak}=\eta f'_{ck}$　　$\eta=\sqrt{A/A_a}<2$						

[1]. f_{bck} 为管片厚度 $h=250mm$、粗骨材的最大尺寸为 20mm 计算出来的数值，由下式来求解。

$$f_{bck}=k_{0b}k_{1b}f_{tk}$$

$$K_{0b}=1+\frac{1}{0.85+4.5(h/l_{ch})}\quad K_{1b}=\frac{0.55}{\sqrt[4]{h/1000}}\geq0.04\quad l_{ch}=1000G_FE_c/f'^2_{ck}$$

这里，k_{0b}：表示混凝土的受拉软化特性引起的抗拉强度与受弯开裂强度关系的系数

k_{1b}：表示干燥，水和热等其他原因引起的受弯开裂强度降低的系数

h：管片厚度（mm）

l_{ch}：特征长度

G_F：破坏能

E_c：弹性模量

f_{tk}：抗拉强度标准值

对一般混凝土，可以由下式来计算破坏能 G_F。

$$G_F=1/100^3\sqrt{d_{max}}\sqrt[3]{f'_{ck}}$$

这里，d_{max}：粗骨材的最大尺寸

f'_{ck}：抗压强度标准值

[2]. A 为混凝土的局部受压分布面积，A_a 为承受局部压力的面积。

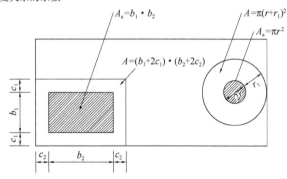

图Ⅱ.4.1 局部受压面积的选取方法

混凝土强度标准值（现场浇筑混凝土）　　　　　　　　　　　　表Ⅱ.4.2

抗压强度（设计标准强度）	f'_{ck}	18	21	24	27	30
抗拉强度	f_{tk}	1.5	1.7	1.9	2.0	2.2
受弯开裂强度	f_{bck} [1]	1.6	1.7	1.8	2.0	2.1
粘结强度（异形钢筋）	f_{bok}	1.9	2.1	2.3	2.5	2.7
局部受压强度（全断面载荷）	f'_{ak}	18	21	24	27	30
局部受压强度（局部载荷）	f'_{ak}	$f'_{ak}=\eta f'_{ck}$　　$\eta=\sqrt{A/A_a}<2$				

[1]. f_{bck} 为管片厚度 $h=250mm$、粗骨材的最大尺寸为 20mm 计算出来的数值。与管片混凝土同样地进行计算。

[2]. A，A_a 与管片的情况同样。

钢筋强度的标准值　　　　　　　　　　　　表Ⅱ.4.3

钢筋种类		SR235	SR295	SD295A，B	SD345	SD390
抗拉屈服强度	f_{yk}	235	295	295	345	390
抗压屈服强度	f'_{yk}	235	295	295	345	390
抗剪屈服强度	f_{vyk}	135	170	170	195	225

钢材及焊接部位强度的标准值　　　　　　　表Ⅱ.4.4

强度种类		钢材种类	SS400 SM400 SMA400 STK400	SM490 STK490	SM490Y SMA490 SM520	SM570 SMA570
结构用钢材		抗拉屈服强度　　　f_{yk}	235	315	355	450
		抗压屈服强度　　　f'_{yk}	235	315	355	450
		剪切屈服强度（总断面）f_{vyk}	135	180	205	260
		局部承压强度（钢板与钢板）f'_{ak}	350	470	530	675
焊接部	坡口焊接	抗拉屈服强度　　　f_{yk}	235	315	355	450
		抗压屈服强度　　　f'_{yk}	235	315	355	450
		剪切屈服强度（总断面）f_{vyk}	135	180	205	260
	角焊	焊道方向的抗拉、抗压屈服强度	235	315	355	450
		焊接厚度处的抗拉、抗压、剪切屈服强度	135	180	205	260
		现场焊接	原则上取上述数值的90%。			

考虑屈曲时钢材强度的标准值　　　　　　　表Ⅱ.4.5

强度类别		钢种	SS400，SM400 SMA400，STK400	SM490，STK490	SM490Y，SMA490 SM520	SM570，SMA570	—
抗压屈服强度，总断面		轴方向强度	$0 < l/r \leqslant 9$：f'_{yk}	$0 < l/r \leqslant 8$：f'_{yk}	$0 < l/r \leqslant 8$：f'_{yk}	$0 < l/r \leqslant 7$：f'_{yk}	①
			$9 < l/r \leqslant 130$： $f'_{yk} - 1.33(l/r-9)$	$8 < l/r \leqslant 115$： $f'_{yk} - 2.06(l/r-8)$	$9 < l/r \leqslant 105$： $f'_{yk} - 2.46(l/r-8)$	$9 < l/r \leqslant 95$： $f'_{yk} - 3.51(l/r-7)$	
		受弯方向强度	（1）对强轴的弯曲 代替上述的 l/r^{*2}，采用次式所示的等效细长比（l/r）e 这里，I 形断面时：$F = \sqrt{12 + 2\beta/\alpha}$ 箱型断面时 $\quad \beta < \beta_0$：$F = 0$ $\quad \beta_0 \leqslant \beta < 1$：$F = \dfrac{1.05(\beta - \beta_0)}{1 - \beta_0} \sqrt{3a+1} \cdot \sqrt{b/l}$ $\quad 1 \leqslant \beta < 2$：$F = 0.74 \sqrt{(3a+\beta)(\beta+1)} \cdot \sqrt{b/l}$ $\quad 2 \leqslant \beta$：$F = 1.28 \sqrt{(3a+\beta)} \cdot \sqrt{b/l}$ $\quad \beta_0 = \dfrac{14 + 12\alpha}{5 + 21\alpha}$ U 形断面时：$F = 1.1 \sqrt{12 + 2\beta/\alpha}$ （2）对弱轴的弯曲：f'_{yk}				②

＊1：轴方向 l 为构件的屈曲长度，r 为对所指定轴总断面的断面惯性半径。

＊2：受弯时 l 为翼缘固定点距离，I 形断面时 b 为翼缘的宽度，也可为箱形断面及 U 形断面的宽度。箱形断面及 U 形断面时表示腹板中心间隔。

α 为翼缘的厚度（t_f）与腹板厚度（t_w）之比（t_f/t_w），β 为腹板高度（h）与翼缘宽度（b）之比（h/b）。

钢管片的局部屈曲强度标准值（N/mm²）　　　　　表Ⅱ.4.6

钢种	不受局部屈曲影响时		受局部屈曲影响时	
	宽厚比 （板宽/板厚）	强度	宽厚比 （板宽/板厚）	强度
SS400 SM400	$\dfrac{h}{t_r \cdot f \cdot K_r} \leqslant 13.1$	235	$13.1 < \dfrac{h}{t_r \cdot f \cdot K_r} \leqslant 16$	$40800\left(\dfrac{t_r f \cdot K_r}{h}\right)^2$
SM490	$\dfrac{h}{t_r \cdot f \cdot K_r} \leqslant 11.2$	315	$11.2 < \dfrac{h}{t_r \cdot f \cdot K_r} \leqslant 16$	$40800\left(\dfrac{t_r f \cdot K_r}{h}\right)^2$

$$f = 0.65\phi^2 + 0.13\phi + 1.0 \qquad \phi = \frac{\sigma_1 - \sigma_2}{\sigma_1} \qquad K_r = \sqrt{\frac{2.33}{(l_r/h)^2} + 1.0}$$

这里，h：主肋高度（mm）

t_r：主肋板厚度（mm）

l_r：主肋的屈曲强度（mm）

f：依据应力斜率的修正值

K_r：屈曲系数比

σ_1、σ_2：主肋的边缘应力（N/mm²）（$\sigma_2 \leqslant \sigma_1$：压为正）

f，K_r 不能通过计算求出 f，K_r 时，也可取 $f \cdot K_r = 1.39$。

球墨铸铁强度标准值　　　　　　　　　　表Ⅱ.4.7

钢　　　种	FCD450-10	FCD500-7
抗拉屈服强度　f_{yk}	280	320
抗压屈服强度　f'_{yk}	320	360
剪切屈服强度　f_{vyk}	220	250

考虑屈曲时球墨铸铁强度标准值　　　　　　表Ⅱ.4.8

强度类别 ＼ 种　类	FCD450-10	FCD500-7
轴方向抗压强度	$0 < l/r \leqslant 7 : f'_{yk}$	$0 < l/f \leqslant 7 : f'_{yk}$
	$7 < l/r \leqslant 105 : f'_{yk} - 2.34(l/r - 9)$	$7 < l/r \leqslant 100 : f'_{yk} - 2.79(l/r - 8)$

注：l 为构件的屈曲长度，r 为对指定轴的总断面的惯性半径。

铸铁管片的局部屈曲强度的标准值　　　　　　表Ⅱ.4.9

种类	不受局部屈曲影响时		受局部屈曲影响时	
	宽厚比 （板宽/板厚）	强度	宽厚比 （板宽/板厚）	强度
FCD450-10	$\dfrac{h}{t_r \cdot f \cdot \sqrt{K}} \leqslant 15.2$	320	$15.2 < \dfrac{h}{t_r \cdot f \cdot \sqrt{K}} \leqslant 21.7$	$75400 \cdot K \cdot \left(\dfrac{t_r \cdot f}{h}\right)^2$
FCD500-7	$\dfrac{h}{t_r \cdot f \cdot \sqrt{K}} \leqslant 14.3$	360	$14.3 < \dfrac{h}{t_r \cdot f \cdot \sqrt{K}} \leqslant 20.5$	$75400 \cdot K \cdot \left(\dfrac{t_r \cdot f}{h}\right)^2$

$$f = 0.65\varphi^2 + 0.13\varphi + 1.0$$

$$\varphi = \frac{\sigma_1 - \sigma_2}{\sigma_1}$$

$$K = \frac{4}{\alpha^2} + \frac{40}{3\pi^2} + \frac{15\alpha^2}{\pi^4} - \frac{20v}{\pi^2}$$

$$\alpha = l_r/h \quad \leqslant 2.26$$

这里，h：主肋高度（mm）

t_r：主肋板厚度（mm）

l_r：主肋的屈曲强度（mm）

f：依据应力斜率的修正值

K：屈曲系数比

v：泊松比（＝0.27）

σ_1、σ_2 主肋的边缘应力（$\sigma_2 \leqslant \sigma_1$：以压为正）

焊接结构用铸钢品的强度标准值　　　　　　　　　表Ⅱ.4.10

钢　　种		SCW480
抗拉屈服强度	f_{yk}	270
抗压屈服强度	f'_{yk}	270
抗剪屈服强度	f_{vyk}	155

螺栓强度标准值　　　　　　　　　表Ⅱ.4.11

强度等级		4·6	6·8	8·8	10·9	12·9
抗拉屈服强度	f_{yk}	240	480	660	940	1100
抗剪屈服强度	f_{vyk}	135	275	380	540	635

4.2 应力-应变曲线

依据《隧道设计规范》，在承载力极限状态验算中的混凝土应力-应变曲线如图Ⅱ.4.2所示，钢材、钢筋、球墨铸铁、螺栓的应力-应变曲线如图Ⅱ.4.3所示。另外，使用极限状态验算中的应力水平为图Ⅱ.4.2和图Ⅱ.4.3中的线性范围，对材料的应力-应变关系可以采用线性分布来评价。

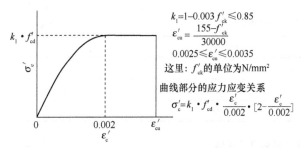

$k_1 = 1 - 0.003 f'_{ck} \leqslant 0.85$

$\varepsilon'_{cu} = \dfrac{155 - f'_{ck}}{30000}$

$0.0025 \leqslant \varepsilon'_{cu} \leqslant 0.0035$

这里：f'_{ck} 的单位为 N/mm^2

曲线部分的应力应变关系

$\sigma'_c = k_1 \cdot f'_{cd} \cdot \dfrac{\varepsilon'_c}{0.002} \cdot \left[2 - \dfrac{\varepsilon'_c}{0.002}\right]$

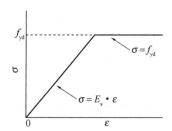

图Ⅱ.4.2　混凝土应力-应变曲线　　　　　图Ⅱ.4.3　钢材，钢筋，球墨铸铁，螺栓的应力-应变曲线

4.3 弹性模量

衬砌设计中所用的材料弹性系数依据《隧道设计规范》如表Ⅱ.4.12~表Ⅱ.4.14所示。另外，要注意与"第Ⅰ篇　容许应力设计法"中所表示的弹性模量不同。

混凝土的弹性模量（管片）　　　　　　　　　表Ⅱ.4.12

设计标准强度	f'_{ck} (N/mm²)	42	45	48	51	54	57	60
弹性模量	E_c (kN/mm²)	31.4	32.0	32.6	33.2	33.8	34.4	35.0

钢，铸钢及球墨铸铁的弹性模量　　　　　　　　　表Ⅱ.4.13

材料的种类	弹性模量 （kN/mm²）
钢及铸钢　E_s	210
球墨铸铁　E_d	170

混凝土的弹性模量（二次衬砌）　　　　　　　　　表Ⅱ.4.14

设计标准强度	f'_{ck} (N/mm²)	18	21	24	27	30
弹性模量	E_c (kN/mm²)	22.0	23.5	25.0	26.5	28.0

4.4 其他材料的设计值

衬砌设计中所用的其他材料的设计值依据《隧道设计规范》如表Ⅱ.4.15及表Ⅱ.4.16所示。

泊 松 比　　　　　　　　　　　表Ⅱ.4.15

材料的种类		泊松比
混凝土	弹性范围内	0.17
	容许裂缝发生时	0.00
钢及铸钢　v_s		0.30
球墨铸铁　v_d		0.27

混凝土的收缩应变　　　　　　　　　　　表Ⅱ.4.16

湿度标准	混凝土的材龄				
	3 天以内	4～7 天	28 天	3 个月	1 年
65%	400	350	230	200	120
40%	730	620	380	260	130

另外，在有必要考虑混凝土蠕变影响时，将混凝土的蠕变应变与作用应力引起的弹性应变考虑为比例关系，依据下式来进行计算：

$$\varepsilon'_{cc} = \varphi \cdot \sigma'_{cp} / E_{ct}$$

这里，ε'_{cc}：混凝土的受压蠕变应变；

φ：蠕变系数；

σ'_{cp}：作用的受压应力；

E_{ct}：荷载作用时与材龄对应的弹性模量。

5 荷载效应的计算

5.1 计算的基本原则

在极限状态设计法中，因有必要在很高的应力水平下验算承载力极限状态，所以在合理评价管片主断面及接头刚度变化后，必须采用可以计算出各部分荷载效应的解析方法。

与没有接头的等刚性环相比，具有接头的管片环的变形比较大，当然也与周围地层状况相关。但在日本的现状中，将各环的管片接头在圆周方向上进行错位采用错缝拼装，多希望通过隧道轴方向上的环间接头来取得错缝拼装效应。这时，如何评价由错缝拼装带来的拼装效应，在衬砌设计中尤为重要。

管片环的结构模型，根据管片接头与环间接头力学处理的不同有各种方案，"第Ⅰ篇　容许应力设计法 5. 横断方向上的结构计算"对其内容进行了说明，可以参照。

在使用极限状态设计法设计管片时，有必要按照承载力极限状态与使用极限状态验算管片主断面、管片接头及环间接头等各构件，这时使用可以直接求得各构件断面内力的梁-弹簧模型较为有效。

为了合理化衬砌设计，对结构物的实际力学行为进行精度良好的解析是很重要的。因此，可以认为采用严密解析方法比简易解析方法，更能使设计变得合理。但一律采用严密的解析方法并不一定就好，在充分评价与作用荷载的计算精度等关系后，考虑解析技术水平、隧道的规模与重要度及解析所需要费用及其效果的基础上来选定解析方法是很重要的。

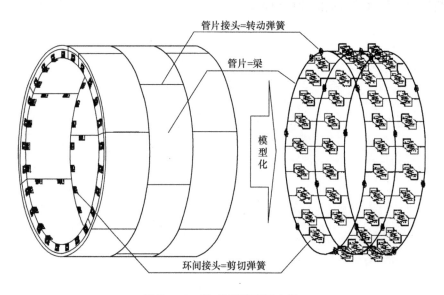

图Ⅱ.5.1　梁-弹簧模型概念图

5.2 荷载效应的计算方法

5.2.1 结构计算模型

在结构解析中，必须应用可以合理评价管片的分割与配置、管片主断面及接头刚度变化等影响的模型。

采用极限状态设计法进行承载力极限状态验算时，有必要解析各构件达到极限状态的应力水平，必须在解析模型中合理地反映各个构件的刚度变化。在作为隧道横断方向上的结构解析模型的梁-弹簧模型中，将管片主断面模型化为圆弧梁或直线梁，管片接头模型化为对弯矩的转动弹簧，环间接头模型化为剪切弹簧。以下主要记述了梁-弹簧模型计算法中所使用的管片主断面、管片接头及环间接头的非线性模型。

5.2.2 管片主断面模型

(1) 混凝土管片

1) 主断面非线性模型的考虑方法

关于混凝土管片的钢筋混凝土主断面，图Ⅱ.5.2 表示了其承载变形特性（弯矩 M 与曲率 ϕ 的关系）的实例。钢筋混凝土的抗弯刚度按照混凝土裂缝的发生、钢筋的屈服、混凝土的压坏的顺序而降低。因此，其抗弯刚度可以分为 4 阶段，即初始状态～裂缝发生前（EI①），裂缝发生后～钢筋屈服前（EI②），钢筋屈服后～混凝土压坏前（EI③），混凝土压坏后～可以维持 M_y 的状态（EI④）。

使用极限状态以钢筋屈服前的状态为研究对象，以抗弯刚度 EI①～EI②的区间为对象，采用大抗弯刚度可以计算出偏大的断面内力，得到偏于安全的评价。因为抗弯刚度的降低很小，即使采用初始的抗弯刚度进行解析，与实际力学行为也相差很小，与容许应力设计法一样，采用初始抗弯刚度 EI①来进行模型化。

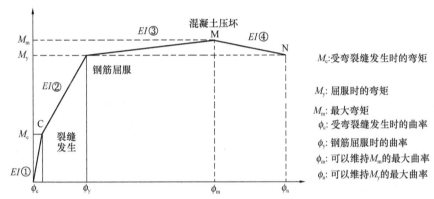

图Ⅱ.5.2 混凝土管片主断面的弯矩与曲率的关系实例

承载力极限状态因为是以超过钢筋屈服应力的高应力水平为研究对象，采用初始抗弯刚度 EI①来进行解析时，得到了与实际力学行为偏离的解析结果，有必要在解析模型中合理地反映由于构件的塑性化导致的抗弯刚度的降低。因此，有必要将混凝土压坏前的 EI①～EI③区间，或者直到混凝土压坏的 EI①～EI④区间作为研究对象，把抗弯刚度的非线性特性导入到结构解析模型中。但因将压坏后的混凝土也作为研究对象，所以有必要确保对剪力的安全性能，有必要另行对其进行合理的验算。

反映各构件塑性进展的非线性模型有忠实表现非线性特性的 4 线性与 3 线性等模型与确定作为研究对象的应力水平，采用使应变能量等价的等价刚度（割线刚度），来简单进行模型化的等价刚度线性模型。前者根据各应力水平所对应的应变进行合理的模型化，解析精度高，但因解析复杂，需要特殊的解析软件与熟练的技术人员。另一方面，对于后者，各阶段应力水平所对应的应变与实际情况不同，解析精度低，因解析比较简单，以线弹性为研究对象的解析软件就可以对应，具有优越的适用性能。但对后者，由于低估了初始阶段的抗弯刚度，过大地评价了地层抗力，其结果是偏小地评价了断面内力。因此，在采用简易的解析模型时，有必要合理地折减或增加地层抗力系数的荷载分项系数及结构解析分项系数等安全系数。

2) 主断面刚度降低模型的设定实例

管片抗弯刚度的非线性可以通过弯矩与曲率的关系来表现。混凝土管片的弯矩与曲率的关系可以通过图Ⅱ.5.3 所示的四线性模型来表示。《铁路结构物等设计标准及解说 抗震设计》[49] 对图Ⅱ.5.2 所示的各个折点的弯矩及曲率的定义如下。

①C 点

弯矩 M_c 为受弯裂缝发生时的弯矩，也是混凝土受拉应力达到混凝土的受弯抗拉强度时的弯矩，ϕ_c 是按全断面有效计算所得 M_c 时的曲率。

②Y 点

弯矩 M_y 为受拉钢筋屈服时的弯矩，ϕ_y 为受拉钢筋屈服时的曲率。

③M 点

弯矩 M_m 为混凝土的压缩应变 $\varepsilon_c' = 0.0035$ 时的弯矩，ϕ_m 为塑性铰处的平均曲率。

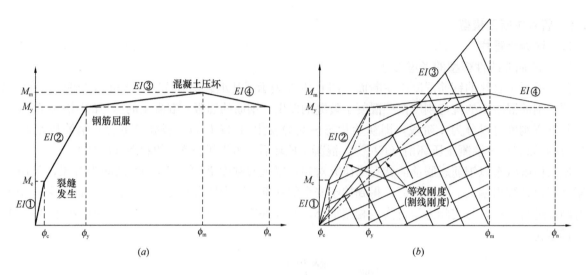

图Ⅱ.5.3　混凝土管片主断面的抗弯刚度模型化实例
(a) 四线性模型；(b) 等效刚度线性模型

④N 点

弯矩 M_n 为屈服弯矩 M_y，ϕ_n 为超过 M 点可以维持弯矩 M_y 的最大曲率。

另外，在上述的四线性模型中，由于当曲率超过 ϕ_m 后，弯矩将降低的原因，在 ϕ_m 的两侧，对同样的弯矩值存在着不同曲率的点。因此，在对解析结果进行评价时，不仅仅应评价弯矩值，还要通过 M 点两侧发生的曲率 ϕ_d 来确认解析结果，有必要验算构件的变形。

除此以外，在《道路桥规范及解说 Ⅴ抗震设计篇》中也论述了弯矩与曲率的关系。另外，《混凝土设计规范 抗震性能验算篇》论述了考虑材料非线性的解析方法。因在《道路桥规范及解说 Ⅴ抗震设计篇》中的计算方法中没有考虑钢筋应变的硬化，计算出来的最大弯矩有比屈服弯矩小的情况，望能在考虑应变硬化后使用此计算方法。另外，在进行非线性有限元解析时，可以参考《混凝土设计规范 抗震性能验算篇》中所记述的方法。

（2）钢铁管片

有必要在考虑钢材的非线性特性及局部屈服的影响后确定钢铁管片的抗弯刚度。对钢铁管片，由于没有足够的管片主断面破坏试验数据，这里介绍了一般钢结构刚度评价的考虑方法，并记述了应用于钢铁管片的实例。

1）钢铁管片的构件断面的弯矩与曲率关系设定实例 1

如同后述，管片的承载力状态为管片断面破坏时的承载力状态，以最大断面承载力为对象来进行验算。这时，也可将图Ⅱ.5.4 中所示的三线性模型直到最大弯矩（M_m）进行模型化。因此，在双线性模型中如果定义如图Ⅱ.5.5 所示的弯矩 M 与曲率 ϕ 的关系，在屈服应力以后，有与管片单体弯曲试验力学行为不同的问题。所以，在屈服应力与最大弯矩之间追加一点，可以考虑为由这三点构成的 3 线性模型。

· 管片内边缘或外边缘屈服状态
· 管片内边缘与外边缘两方屈服状态

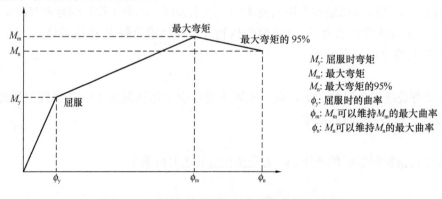

图Ⅱ.5.4　钢结构构件断面的弯矩与曲率关系实例

・到达管片最大弯矩的状态

钢铁管片的最大弯矩可以设定为主断面验算中的全塑性弯矩。但全塑性弯矩通过管片厚度方向上压力与拉力的平衡来计算，其曲率相当于无穷大。为此，对最大弯矩时的曲率有通过设定材料的极限应变进行计算的方法等。计算这些弯矩M与曲率ϕ时，管片主断面的应变与应力分布如图Ⅱ.5.6所示。

2）钢铁管片的构件断面的弯矩与曲率关系设定实例2

在《铁路结构物等设计标准及解说 抗震设计》[49]中，采用图Ⅱ.5.5所示的3线性关系来评价构成矩形断面及圆形断面的非线性特性，计算出各折点的弯矩与曲

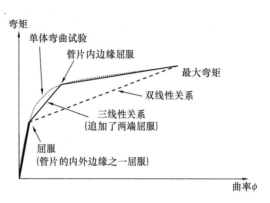

图Ⅱ.5.5　钢管片的弯矩与曲率设定实例

率，提出了依据弯矩M与曲率ϕ的关系来设定刚度的方法。今后，关于这些钢结构刚度的考虑方法在钢铁管片上的应用，在进行管片主断面破坏试验的同时，有必要研究屈曲的影响及破坏形式等课题。

3）关于屈曲的课题

在容许应力设计法中，与二次衬砌无关，将屈曲的影响考虑为弹性范围内的局部屈曲。在有屈曲影响时，应减小容许应力。这与极限状态设计法中使用极限状态的验算相同。

在承载力极限状态验算中，有必要处理超过弹性范围屈服应力以上的状态。这时的屈曲，包括弹性范围内的屈曲，还有必要考虑材料一部分塑性化引起的屈曲的影响，但在现在的解析技术条件下，很难严密地对此进行评价。

另外，最近为了降低成本，有对钢铁管片进行轻结构设计的倾向，也发现了一部分构件发生屈曲的事例。在设有二次衬砌时，二次衬砌成为约束屈曲的结构，可认为塑性化引起的屈曲的影响很小，但在不设二次衬砌时有必要进行更加慎重的验算。

5.2.3　管片接头模型

（1）混凝土管片

一般对混凝土管片，管片接头抗弯刚度的评价依据接头是否具有能够传递拉力的功能而不同。对各自刚度的评价如图Ⅱ.5.7所示。

1）具有抗拉功能的接头

这种接头的弯矩与转角的关系一般为如图Ⅱ.5.7（a）所示的三线性关系。对各斜率的状态进行如下说明。

第一斜率为在弯矩的作用下接头部

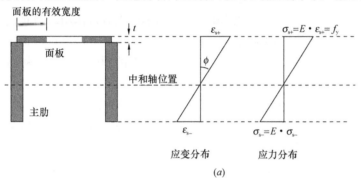

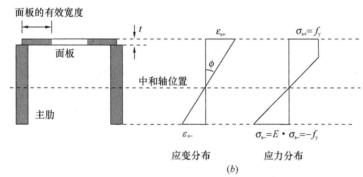

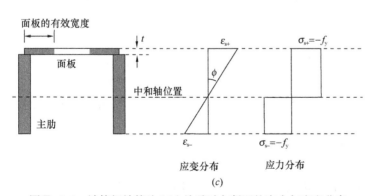

图Ⅱ.5.6　计算钢铁管片M-ϕ关系时主断面的应力与应变分布

（a）屈服（管片内外边缘之一屈服，图中为受压侧屈服）；（b）管片内外边缘屈服（图中为受压侧先屈服，然后受拉侧屈服）；（c）最大弯矩（图中受压侧的应变达到极限应变）

位的初始受压应变逐步得到释放的状态，此受压应变是由接头的初始拧紧力或水土压力等作用引起的初始轴力所引入的。为接头分离前，抗弯刚度大的状态（分离前）。

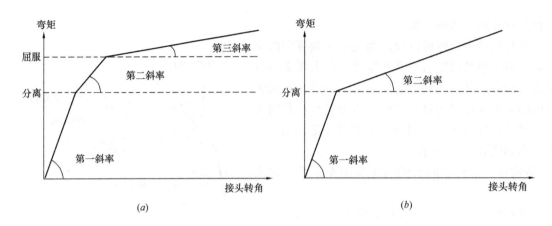

图Ⅱ.5.7　混凝土管片接头的弯矩与转角关系

(a) 具有传递拉力功能的接头；(b) 不具有传递拉力功能的接头

第二斜率为在弯矩的作用下接头部位的受压应变得到释放，接头处分离的状态（分离后）。

第三斜率为在弯矩的作用下接头部位屈服的状态（屈服后）。

在螺栓接头中，螺栓的初始拧紧力只作用在接头板上，对混凝土接头面不产生有效作用。因此，不能发挥螺栓的初始拧紧力所引起的预应力效果，不会影响接头的初始抗弯刚度。另一方面，对初始拧紧力可以传递给混凝土接头面结构的接头，因可以发挥初始拧紧力在混凝土接头上的预应力效果，初始抗弯刚度得到了增加。关于接头初始拧紧力的效果，有必要进行接头的抗弯试验确认其效果。

近年，随着导入轴力进行接头抗弯试验数目的增多，确认了轴力可以提高接头的抗弯刚度。本来，接头的变形特性就会受到水土压力等荷载作用引起的轴力大小的影响，通过对轴力的考虑使接头名义上的抗弯刚度变大。因此，通过对轴力的考虑可认为使设计趋于合理，但有必要充分注意对轴力的处理。但在管片拼装时的断面内力计算中，在管片接头部位没有导入因水土压力产生的轴力，有必要留意此点来评价抗弯刚度。特别在大口径盾构隧道中，因管片拼装时所发生的断面内力占设计断面内力比率变大的原因，有必要注意管片接头的抗弯刚度，管片环周围支持条件的评价方法。在计算水土压力引起的断面内力中，应先考虑由水土压力引起的弯曲影响，因不能保证将水土压力引起的轴力导入到管片接头中，必须考虑对轴力的效果进行折减。例如：使用只考虑与地下水压力相当的初始轴力的抗弯刚度、1/2初始轴力的考虑方法或者其他复杂的方法，逐次计算出对应所发生轴力与弯矩的抗弯刚度的方法，要在充分考虑各自特征的基础上进行应用。另外，在进行管片拼装时的验算及水土压力的验算时，不是单纯地将各自的断面内力进行叠加，而应逐次改变接头的刚度及地层抗力来进行解析。

这样，具有抗拉功能接头的荷载变形性能成为3线性关系，依据对管片主断面的抗弯刚度的处理，应用的荷载水平很小的原因，可以认为接头的构件特没有考虑到第三斜率的必要。但关于第三斜率的处理，应在考虑作用荷载的大小与管片主断面抗弯刚度后，基于解析的合理性来进行正确的判断。

2）不具有抗拉功能的接头

这种接头的弯矩与转角的关系为如图Ⅱ.5.7 (b) 所示的双线性关系。一般来说，对不具有抗拉机能的接头，要考虑水土压力等荷载作用引起的初始轴力的影响。对各斜率状态的说明如下。

第一斜率为作用在接头上弯矩与轴力的比（$e = M/N$）位于核心断面内侧时，接头抗拉侧处于开裂前的状态（开裂前）。

第二斜率为弯矩与轴力的比（$e = M/N$）位于核心断面外侧时，接头抗拉侧处于开裂后的状态（开裂后）。

对不具有抗拉机能的接头，可以认为开裂后的状态持续到接头混凝土的受压破坏。在混凝土受压强度高时，当然会依据地层条件而有不同，但要考虑达到不安定的状态，有必要进行充分论证。

另外，与具有抗拉功能的接头一样，这种双线性关系为将接头的力学行为理想化后的关系。实际上，在开裂前后，可以认为在混凝土压缩前的过渡领域中表现了非线性特性，在需要考虑此过渡领域时，有必要进行充分论证。

3）螺栓初始拧紧力的评价

对螺栓拧紧式钢板接头，螺栓的初始拧紧力通过螺栓只作用在所夹的接头板上，对混凝土接头面不会发生作用。因此，不能发挥由螺栓的初始拧紧力引起的预应力效果，接头的转动刚度无法变大。另一方面，即使采用螺栓接头形式，但螺栓的初始拧紧力可以传递给接头面的高刚度接头，可以发挥由螺栓的初始拧紧力在混凝土接头面上的预应力效果，接头面的开裂变得困难，也可认为接头面的转动刚度变大。下面说明其力学原理。

①初始应力状态

将由初始拧紧力 N_0 引起的接头面上的混凝土受压应力、螺栓上的受拉应力作为预应力残留下来。接头面的混凝土应力分布是在螺栓位置的初始拧紧力作为压力作用的状态下，只有混凝土面有效来计算。

②加载后的应力状态

在弯矩 M 和轴力 N 作用下，在接头面上产生了如下的应力。接头面的应力历史如图Ⅱ.5.8所示。

A. $N \leqslant N_0$ 时

由于 N_0 的预应力效果，轴力对接头面应力的影响没有表现出来。M,N 两者中，忽略 N，将螺栓看作钢筋通过全断面有效的 RC 断面来计算出由 N_0 及 M 所引起的应力，并与①中的初始应力分布进行叠加。如果叠加后的应力为受拉状态，则变为开裂状态。

B. $N > N_0$ 时

因为 N 超过了 N_0，轴力产生了对接头面的影响。将 N 与 M 合成，计算出接头面中的应力分布。开裂前为全断面有效的钢筋混凝土断面，开裂后以忽略受拉区的钢筋混凝土断面来进行计算。

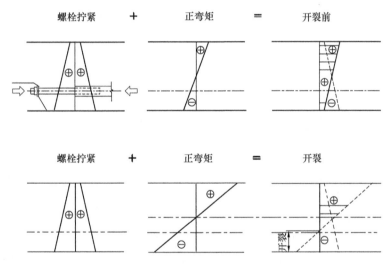

图Ⅱ.5.8　螺栓的初始拧紧力引起的预应力效果

4）管片接头转动弹簧系数的考虑方法

对一般螺栓拧紧式钢板接头组成的管片接头，作为其转动弹簧系数的计算方法，提出了有如下几种。如果给定接头的各个元素可以通过解析来计算弹簧系数，这些方法都是通过考虑接头板的变形来计算弹簧系数，可以看到在对细部的模型化及考虑方法上有若干差异。因此，设计时在详细理解各计算方法后，有必要选用合适的方法。这里只陈述这些方法的概要。其详细内容可以参照各自的文献。

① 村上·小泉方法[44]

考虑螺栓的拧紧，将接头板看作具有有效宽度的梁来进行评价，根据接头板周围的支承条件来计算接头板的变形性能。螺栓拧紧力引起了接头板的受压应变，螺栓的伸长及接头板的变形，从而引起了"杠杆反力"，并将其影响导入到转动弹簧系数的计算中。在目前所提出的接头弹簧系数计算方法中，详细考虑了接头的力学行为，在地铁等大口径隧道中应用实例很多。

②《铁路设计标准》中的方法

关于接头板变形性能的评价方法基本上与村上·小泉方法[44]相同，但认为由螺栓拧紧力带来的接头板的受压应变及螺栓的伸长很小，可忽略其影响。在转动弹簧系数计算中，考虑作用在接头上的轴力为其一大特征，不仅在铁路隧道还在公路隧道的设计中都得到了广泛应用。（参照图Ⅱ.5.9）

③西野等的方法

基于平板形混凝土管片的实验结果来评价接头转动弹簧系数。在计算转动弹簧系数时，将接头板评价为全断面有效梁。对转动弹簧系数，与其他的方法相比，为比较容易计算的方法。

以前，在梁-弹簧模型计算法中，在转动弹簧系数的计算中很少考虑轴力的影响。这是因为在不考虑轴力，采用较小的转动弹簧系数进行解析时，管片主断面及环间接头的断面内力被偏大地计算，对主断面来说可以得到偏于安全的设计。

近年，随着考虑轴力转动弹簧系数计算方法研究的进展，即使在梁-弹簧模型计算法中，也采用更接近实际的转动弹簧系数，有进行更加合理设计的趋向。考虑轴力时转动弹簧系数的设定实例可以参照"第Ⅴ篇　参考资料12. 管片接头的转动弹簧系数"。

（2）钢铁管片

对钢铁管片，管片接头的弯矩与转角的关系一般为图Ⅱ.5.10所示的三线性关系。三线性的各斜率按照如下的状态进行模型化。

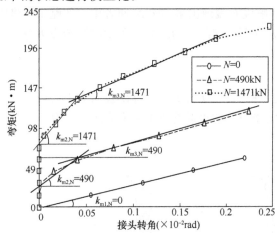

图Ⅱ.5.9　轴力导入后管片接头抗弯试验中弯矩与
管片接头转角的关系

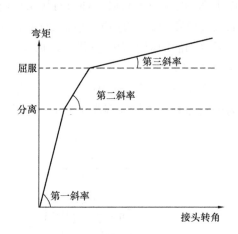

图Ⅱ.5.10　钢管片管片接头的弯矩与
转角的关系

第一斜率为水土压作用下发生的轴力，接头处于压缩状态（开裂前）。为此，在接头的螺栓上不会发生轴力，因弯矩由主肋传递，接头的抗弯刚度变得非常大，在设计上用来评价表示抗弯刚度的转动弹簧系数多评价为相当于无穷大的数值。

第二斜率为由弯矩引起，在接头螺栓上有拉力作用的状态（开裂后）。为了方便，一般将在正弯矩时接头的转动中心考虑为外边缘，在负弯矩时为内边缘。在实际管片中，转动中心附近接头的主肋会发生塑性变形，在管片厚度方向上产生压缩区域。但压缩区域很小，通过试计算也只有几毫米，在设计上可忽略压缩区域，将转动中心作为外边缘与内边缘来考虑没有问题。第二斜率的转动弹簧系数由螺栓的抗拉刚度与接头板的抗弯刚度来决定。螺栓的抗拉刚度在考虑螺栓轴向刚度以外，还可以考虑为如图Ⅱ.5.11所示，由螺栓拧紧力引起的接头板应力释放的弹簧来进行计算。在接头板的抗弯刚度计算中，将接头板评价为具有有效宽度梁，按照主肋及面板等给接头板周围提供的支承条件，作为复合梁等来考虑接头板的变形性能。这时，如图Ⅱ.5.12所示，由于接头的变形导致相邻的接头板之间发生挤压，产生了杠杆反力R。最好能在考虑这些事项的基础上来设定接头的转动弹簧系数。

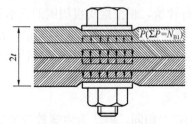

图Ⅱ.5.11　由螺栓的拧紧力引起的接头板的压应力

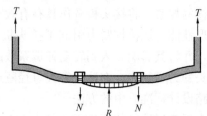

图Ⅱ.5.12　作用在管片接头上的杠杆反力

第三斜率为在弯矩作用下，接头板屈服后的状态（屈服后）。转动弹簧系数因模型化与塑性化部位而变化，比第二斜率显著降低。

5.2.4　环间接头模型

（1）混凝土管片

环间接头的剪切力学特性一般为图Ⅱ.5.13所示的三线性关系。各斜率可以分别考虑为如下的状态。

第一斜率为剪力位于比环间接头面摩擦力小的范围，为依存于管片主断面剪切弹性变形的数值。

第二斜率为剪力变得比摩擦力大，开始滑动的状态，接头维持着剪力状态，只发生了相当于几何上富裕部分（例如，螺栓与螺栓孔之间的间隙）的位移。

第三斜率为依存于接头剪切变形的状态。

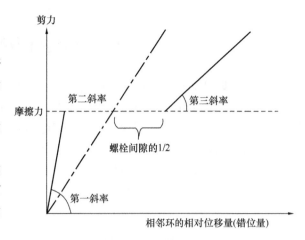

图Ⅱ.5.13　剪力与环间相互位移量的关系

这样，环间接头的荷载变形力学特性成为三线性关系，将其再现在结构解析上后将成为严密但非常复杂的模型。因此，一般将第一斜率和第三斜率中的一个作为环间接头的剪切刚度用于结构解析。对环间接头的剪切刚度采用第一斜率时，过大地评价了错缝拼装效应，管片环的变形被偏小计算，发生的断面内力被偏大计算。另外，在采用第三斜率时，相反有管片环的变形被过大计算，发生的断面内力被过小计算的倾向，有必要对采用哪种考虑方式进行充分的论证。另一方面，如图Ⅱ.5.13所示的点虚线，将1/2螺栓间隙位移处的点与原点连接形成一条割线，为了方便也有采用与此割线斜率相当的剪切刚度作为环间接头剪切刚度的情况。

（2）钢铁管片

通过剪力与变形量的关系建立接头模型，由3个斜率构成，基本上为与混凝土管片相同的模型。从通过螺栓来连接接头板的结构出发，可认为其剪切力学行为与混凝土管片的螺栓拧紧式接头相同。但与混凝土管片相比，钢管片的剪切力学行为的研究及实验显得非常少。因此，有必要依据剪切力学行为带来结构计算结果的影响、接头剪切试验的调查、接头剪切试验的实施等，来确认计算精度。

5.2.5　实际设计中对非线性特性的简易处理

采用极限状态设计法对承载力极限状态进行验算时，要在高应力水平下进行解析。在验算中，通过将断面最大承载力除以安全系数得到断面设计承载力，要确认设计断面内力处于此断面设计承载力以下。在结构解析中作为研究对象的应力水平由安全系数来确定，但也有不把接近最大断面承载力的应力水平作为研究对象的考虑方式（参照图Ⅱ.5.14）。在这种情况下，通过增大结构计算系数，减小地层抗力系数的荷载分项系数等方式来设定合理的安全系数，可以考虑使用初始刚度及图Ⅱ.5.3（b）所示的等价刚度来评价主断面刚度的简易模型。

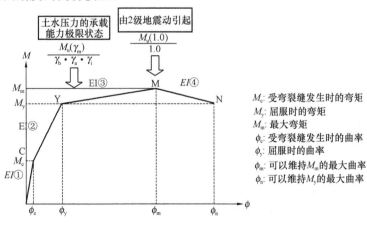

图Ⅱ.5.14　混凝土管片主断面的 M-ϕ 关系实例

6　结构抗力的计算与校核

在依据极限状态设计法设计衬砌时，对设计使用期间中预想到的承载能力极限状态与使用极限状态，依据合适的模型来计算出衬砌的断面内力、构件的曲率、管片环的变形量、管片接头开裂量等荷载效应值，同时计算出构件的断面承载力、容许曲率、容许变形量、容许开裂量等结构抗力，基本上通过确认荷载效应与构件抗力的比处于 1.0 以下来验算隧道的安全性能。

以下分别对承载力极限状态与使用极限状态，概述了作为盾构隧道代表性衬砌结构的混凝土管片与钢铁管片结构抗力的计算方法与隧道的安全性能验算方法。

6.1　对承载力极限状态的验算

6.1.1　承载力极限状态验算的一般事项

（1）承载力极限状态验算的基本原则

关于承载能力极限状态的验算，盾构隧道在设计使用期间能够保持所需的安全性能，即基本原则是在设计使用期间在预想到的设计荷载的作用下，确认全部的组成构件没有达到断面破坏的承载力极限状态，以及没有达到失稳极限状态。

承载能力极限状态可以考虑为隧道达到崩塌状态时的结构破坏的承载能力极限状态与由于变形导致失去承载能力的变形承载能力状态。但对盾构隧道的破坏原理及衬砌与地层的相互作用的理解等还不十分明确，在设计中对这些极限状态的设定是困难的。因此，对承载能力极限状态的验算一般是通过对管片主体及接头断面破坏的承载能力极限状态进行验算，根据需要，对上浮等隧道安定的承载能力极限状态进行验算。以下对断面破坏的承载能力极限状态与安定承载力极限状态的验算方法进行说明。

（2）断面破坏的承载能力极限状态的验算方法

如式（Ⅱ.6.1）所示，在断面破坏的承载能力验算中确认设计断面内力 S_d（荷载效应设计值）与断面设计承载力 R_d（结构抗力设计值）比乘以结构物重要性系数 γ_i 后，其值是否处于 1.0 以下。

$$\gamma_i \cdot \frac{S_d}{R_d} \leq 1.0 \qquad (\text{Ⅱ.6.1})$$

如式（Ⅱ.6.2）所示，断面设计承载力 R_d 为通过设计强度 f_d 计算出构件的断面承载力 $R(f_d)$，并将其除以构件分项系数 γ_b 所得的数值。在实际设计中，构件的断面承载力 $R(f_d)$ 为 f_d 的函数，f_d 为混凝土等材料强度的特征值，$R(f_d)$ 为使用 f_d 计算出来的弯矩承载力等。

$$R_d = \frac{R(f_d)}{\gamma_b} \qquad (\text{Ⅱ.6.2})$$

如式（Ⅱ.6.3）所示，断面设计力 S_d 为通过设计荷载 F_d 来计算出断面内力 $S(F_d)$，并将其乘以结构解析系数 r_a 后所得的数值。断面内力 $S(F_d)$ 为利用设计荷载 F_d 通过结构计算得到的断面内力，同时也为设计荷载 F_d 的函数。

$$S_d = \Sigma \gamma_a S(F_d) \qquad (\text{Ⅱ.6.3})$$

图Ⅱ.6.1对断面破坏的承载能力极限状态验算的流程、结构抗力与荷载效应的关系进行了说明。

在对构件的断面设计承载力计算中，依据对轴力处理方式的不同，弯矩设计承载力不同。对弯矩承载力计算中轴力的处理有两种考虑方式，即轴力 N 保持不变，弯矩 M 与轴力 N 的比保持不变。在轴力 N 保持不变的考虑方式中，对要验算的断面通过固定由结构解析所得的轴力 N，计算出弯矩承载力的方法。另一方面，在弯矩 M 与轴力 N 的比保持不变的考虑方式中，对要验算的断面使弯矩 M 与轴力 N 的比 M/N 与通过结构计算所得到的 M/N 相同，以此计算抗弯承载力。用图示来说明时，如图Ⅱ.6.2所示。为了确认安全性能，可认为采用哪种方法都没有问题，但作为验算结果，$\gamma_i \cdot S_d/R_d$ 的值是不同的。

对于盾构隧道，在垂直与水平荷载同时变大时，弯矩 M 与轴力 N 的比在保持不变的状态下断面内力发生变动。在垂直荷载与水平荷载的比发生变动时，有轴力 N 保持不变，只有弯矩 M 发生变动的倾向。圆形隧道的安全性因垂直荷载与水平荷载比的变动而发生很大的变化，对管片这样的环状结构物的

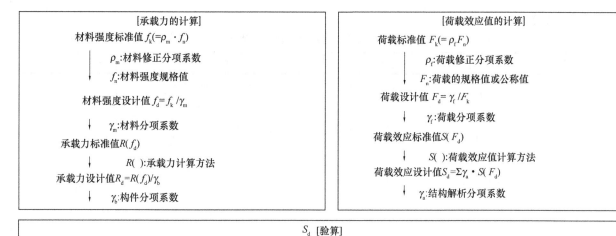

图Ⅱ.6.1 对断面破坏的承载力极限状态安全性能的验算

承载性能可以考虑为在轴力一定的条件下来进行验算。

（3）安定承载能力极限状态的验算方法

在安定承载能力极限状态的验算中，通过确认隧道不会失去安定性能来进行。对隧道的上浮进行验算。在验算中与断面破坏的承载能力极限状态的安全性能验算相同，如式（Ⅱ.6.4）所示，确认荷载效应值（S_d）与结构抗力（R_d）的比乘以结构物重要性系数 γ_i 所得的数值处于 1.0 以下。

$$\gamma_i \cdot \frac{S_d}{R_d} \leq 1.0 \qquad (\text{Ⅱ}.6.4)$$

在隧道的上浮验算中，作用在隧道上的浮力为荷载效应值（S_d），对浮力的抵抗值为结构抗力（R_d）。

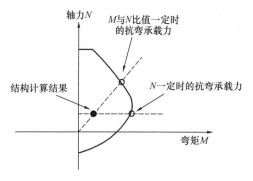

图Ⅱ.6.2 由轴力的处理引起抗弯承载力的不同

（4）验算项目

表Ⅱ.6.1表示了承载能力极限状态验算中主要的验算项目与结构抗力实例。在《隧道设计规范》中，将这些项目中的管片主断面及接头断面破坏的极限状态及对浮力的安定极限状态作为验算对象。

1）主断面接头处的结构计算模型与抗震性能的验算

作为主断面及接头构件的模型，在采用如图Ⅱ.5.3所示的四线性模型时，有必要注意对承载能力的验算。当超过图中的 ϕ_m 时，可以得到荷载效应值为 M_m 以下的数值。因此，单纯验算设计弯矩与设计弯矩承载力时，表面上得到了满足设计结果的结论。但实际上为超过最大承载力的状态，因不能满足所要求的承载能力，要特别注意结构计算中所用的构件模型与验算内容，对2级地震动的验算同样有必要对所发生的曲率 ϕ_d 进行验算。

2）对千斤顶推力的验算

在《隧道设计规范》中，将千斤顶推力等施工荷载作为承载能力极限状态、还是正常使用状态来进行处理并没有特别明示。对施工中临时作用的千斤顶推力，与容许应力设计法一样，可考虑通过缓和应力的限制值来进行验算。但可认为由千斤顶推力带来的影响不是隧道的使用性能而是关于隧道承载能力的事项，在本书表Ⅱ.6.1中列举了承载力极限状态的主要验算项目的实例。

3）面板验算

钢铁管片面板的功能是将水土压力及壁后注浆压力等外荷载传递给主肋与纵肋，如果能确认面板在这些外压作用下的安全性能，就可认为满足功能要求，因此按照承载能力极限状态来验算面板。

此外，对钢管片与铸铁管片，从结构特点出发构件的验算方法不同，有必要加以注意。关于验算方法的详细情况可参照"6.1.3 钢铁管片的验算（3）面板的验算"。

4）变形验算

承载力极限状态的主要验算项目与限值实例　　　　　　　　　　表Ⅱ.6.1

极限状态	部　位	验算项目	极限值	备　注
断面破坏	主断面	弯矩，轴力	受弯承载力，轴压承载力	
		剪力	剪切承载力	
	接头处	弯矩，轴力	受弯承载力，轴压承载力	
		剪力	剪切承载力	
	隧道轴方向断面	千斤顶推力	极限推力（局部抗压应力）	混凝土管片
			极限推力（纵肋的承载力）	钢铁管片
	面板	荷载	极限荷载	钢铁管片
变形	管片环	环变形量	极限变形量	
	接头处	开裂	极限开裂量	
		错位	极限错位量	
安定性	—	隧道的上浮	上浮抵抗力	

依据隧道的用途，即使在承载能力极限状态中，也有考虑隧道内断面及接头防水性能的情况。这时，在设定合适极限值的基础上，有必要对内断面的变形及接头处的开裂、错位等变形量进行验算。

另外，在采用极限状态设计法计算荷载效应时，在结构计算中采用梁-弹簧模型计算法，但在采用通缝拼装管片及在良好地层中采用转动刚度非常小的管片接头时，管片接头处接近铰结构。这时，管片主断面所发生的断面内力有变小的倾向，而管片环的变形量会变大，最好能验算管片环的变形量。

6.1.2　混凝土管片的验算

(1) 主断面的验算

混凝土管片主断面承载能力极限状态的验算，原则上是对弯矩与轴力安全性能的验算，及对剪力安全性能的验算。

1）对弯矩与轴力安全性能的验算

①断面设计承载力的计算方法

基于以下 A 至 D 的假定来计算承受弯矩及轴力的混凝土管片的断面设计承载力。这时，依据"第Ⅱ篇　极限状态设计法　2.2 构件分项系数"来确定构件分项系数 γ_b。

A. 应变与离开中性轴的距离成正比。

B. 忽略混凝土的拉应力。

C. 混凝土的应力-应变曲线原则上依据图Ⅱ.4.2来确定。

D. 钢材的应力-应变曲线原则上依据图Ⅱ.4.3来确定。

假定 A. 是关于应变分布的假设；B. 与 C. 是关于混凝土应力分布的假设；D. 是关于钢材的应力-应变曲线的假设。因 B. 至 D. 的材料特性以钢筋混凝土结构为对象，在采用纤维补强混凝土时，有必要根据实验结果进行合理的设定。

而且，除了构件断面的应变全部处于受压状态以外，也可以采用图Ⅱ.6.3所示的等效矩形应力来评价混凝土受压应力的分布。此等价应力矩形近似表现了图Ⅱ.4.2所示的应力-应变曲线，除去压缩钢筋量特别多的情况，一般与通过 A. 至 D. 的假定所求得的弯矩承载力几乎一致。

对长方形断面的构件，在轴方向力 N_d 作用下，配有受压钢筋，假定混凝土受压应力分布为等效矩形应力时，弯矩承载力 M_u 的计算方法如下所示。

a. 假定中性轴的位置 x，将压缩侧的混凝土应变 ε'_{cu} 设为 $(155-f'_{ck})/30000$，由假设 A 来求断面的应变分布。

b. 使用构件断面的应变分布，将混凝土的受压应力分布假定为图Ⅱ.6.3所示的等效矩形应力（矩形应力分布）及利用假定 D，由式（Ⅱ.6.5），式（Ⅱ.6.6），式（Ⅱ.6.7）来计算混凝土的受压应力的合力 C' 及受拉钢筋的合力 T_{st} 及压缩钢材的合力 T_{sc}。

$$C' = k_1 \cdot f'_{cd} \cdot b \cdot x \qquad\qquad (Ⅱ.6.5)$$

$$T_{st} = A_{st} \cdot f_{syd} \qquad\qquad (Ⅱ.6.6)$$

$$T'_{sc} = A_{sc} \cdot E_s \cdot \frac{x - d_c}{x} \cdot \varepsilon'_{cu} \le A_{sc} \cdot f_{syd} \qquad (\text{Ⅱ}.6.7)$$

这里，

　　C'：混凝土受压应力的合力（N）；

　　T_{st}：受拉钢材的合力（N）；

　　T'_{sc}：受压钢材的合力（N）；

　　$k_1 = 1 - 0.003 f'_{ck}$；

　　b：构件宽度（mm）；

　　f'_{cd}：混凝土的设计抗压强度（N/mm²），f'_{cd}

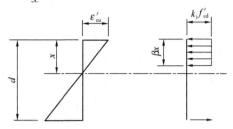

图Ⅱ.6.3　等效应力矩形

$= \dfrac{f'_{ck}}{\gamma_c}$

　　f'_{ck}：混凝土的设计抗压强度标准值（N/mm²）；

　　γ_c：混凝土的材料分项系数；

　　f_{syd}：钢材的设计屈服强度（N/mm²），$f_{syd} = \dfrac{f_{sy}}{\gamma_s}$；

　　f_{sy}：钢材的屈服强度（N/mm²）；

　　γ_s：钢材的材料分项系数；

　　A_{st}：受拉钢材的断面面积（mm²）；

　　A_{sc}：受压钢材的断面面积（mm²）；

　　E_s：钢材的弹性模量（N/mm²）；

　　x：压缩侧到中性轴的距离（mm）；

　　d_c：压缩侧到压缩钢材的距离（mm）；

　　d：压缩侧到受拉钢材的距离（mm）。

　　c. 依据式（Ⅱ.6.8）来满足构件断面内力的平衡条件。

$$N'_d = C' + T'_{sc} - T_{st} \qquad (\text{Ⅱ}.6.8)$$

这里，N'_d 为轴向设计力（N）。

　　式（Ⅱ.6.8）一般是以中性轴位置 x 为未知数的二次方程式，通过求解此式可以确定中性轴的位置，从而可以求出 C'，T_{st}，T'_{sc}。

　　d. 由式（Ⅱ.6.9），可以求出弯矩承载力 M_u。

$$M_u = C' \left(d - e - \frac{1}{2} \cdot \beta \cdot x \right) + T'_{sc} \cdot (d - e - dc) + T_{st} \cdot e \qquad (\text{Ⅱ}.6.9)$$

这里，

　　$\beta = 0.52 + 80 \cdot e'_{cu}$；

　　e. 形心轴到受拉钢材的距离（m）；

　　由此，设计弯矩承载力与设计轴向承载力由式（Ⅱ.6.10）及式（Ⅱ.6.11）计算。

$$M_{ud} = \frac{M_u}{\gamma_b} \qquad (\text{Ⅱ}.6.10)$$

$$N'_{ud} = \frac{N'_u}{\gamma_b} \qquad (\text{Ⅱ}.6.11)$$

这里，M_{ud}：设计弯矩承载力（N·mm）；

　　　　M_u：弯矩承载力（N·mm）；

　　　　N'_{ud}：设计轴向承载力（N）；

　　　　N'_d：设计轴向力（N）；

　　　　γ_b：构件分项系数（依据"第Ⅱ篇　极限状态设计法　2.2 构件分项系数"）。

　　2）对弯矩与轴力的验算

　　对混凝土管片主断面上有设计轴力 N'_d 与设计弯矩 M'_d 同时作用情况下的安全性能验算，如本编"6.1.1 承载能力极限状态的一般事项"中所述，将轴力 N 保持一定或弯矩 M 与轴力 N 的比保持一定的条件下，如式（Ⅱ.6.12）所示，通过确认设计弯矩 M_d 与设计弯矩承载力 M_{ud} 的比乘以结构物系数 γ_i

后的数值处于 1.0 以下来进行。

$$\gamma_i \cdot \frac{M_d}{M_{ud}} \leqslant 1.0 \qquad\qquad (\text{II}.6.12)$$

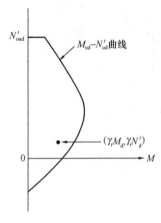

图 II.6.4　轴方向承载力与
抗弯承载力的关系

由上述式（II.6.10）与式（II.6.11）所求得的设计弯矩承载力 M_{ud} 与设计轴向承载力 N'_{ud} 的关系可以通过图 II.6.4 所示的曲线来求得。由此，对轴力与弯矩安全性能的验算，通过由结构解析所得到的主断面上发生的设计轴力与设计弯矩的组合乘以结构物系数 γ_i 得到各点 $\gamma_i M_d$，$\gamma_i N'_d$，确认各点位于 M_{ud}，N'_{ud} 曲线的内侧，即位于原点侧来进行简易验算。但在构件模型中使用四线性模型时，有必要另行验算变形性能。

3）对剪力安全性能的验算

①设计抗剪承载力的计算方法

可以通过式（II.6.13）来求得承受剪力的混凝土管片的设计剪力。依据《混凝土设计规范》得到式（II.6.13）的设计抗剪承载力的计算公式。抗剪承载力由混凝土承担的 V_{cd} 与剪切补强钢材所承担的 V_{sd} 的和来表示。V_{sd} 为通过假定剪切补强钢材的屈曲、受压材料角作为 45 度的桁架理论计算出来的数值。

$$V_{yd} = V_{cd} + V_{sd} \qquad\qquad (\text{II}.6.13)$$

这里，

V_{cd}：没有使用剪切补强钢材杆构件的设计抗剪承载力，$V_{cd} = \beta_d \cdot \beta_p \cdot \beta_n \cdot f_{vcd} b_w d / \gamma_b$；

$f_{vcd} = 0.20 \sqrt[3]{f'_{cd}}$（N/mm²）　　　但，$f_{vcd} \leqslant 0.72$（N/mm²）

$\beta_d = \sqrt[4]{1/d}$（d：m）　　　　　　但，$\beta_d > 1.5$ 时取为 1.5

$\beta_p = \sqrt[3]{100 P_w}$　　　　　　　　但，$\beta_p > 1.5$ 时取为 1.5

$\beta_n = 1 + M_0/M_d$（$N'_d \geqslant 0$ 时）　　但，$\beta_n > 2$ 时取为 2

$1 + 2M_0/M_d$（$N'_d < 0$ 时）　　但，$\beta_n < 0$ 时取为 0

N'_d：设计轴压缩力（kN）；

M_d：设计弯矩（N·mm）；

M_0：在设计弯矩的受拉侧，将由轴力引起的应力抵消的必需弯矩（N·mm）；

b_w：腹部宽度（mm）；

d：有效高度（mm）；

$$P_w = A_s/(b_w d)$$

A：抗拉钢材的断面面积（mm²）；

f'_{cd}：混凝土的设计抗压强度（N/mm²）；

γ_b：构件分项系数（依据"第 II 篇　极限状态设计法　2.2 构件分项系数"）；

V_{sd}：由剪切补强钢材所承担的设计抗剪承载力（kN），由下式来计算

$$V_{sd} = A_w f_{wyd} z/S_s/\gamma_b$$

A_w：区间 S_s 的剪切补强钢材的总断面面积（mm²）；

f_{wyd}：剪切补强钢材的设计屈服强度为 400N/mm² 以下。但混凝土抗压强度的标准值 f'_{ck} 为 60N/mm² 以上时，也可以为 800 N/mm² 以下；

S_s：剪切补强钢材的配置间隔（mm）；

z：从受压应力的合力作用位置到抗拉钢筋形心的距离（mm）。一般可取为 $z = \dfrac{d}{1.15}$；

γ_b：构件分项系数（依据"第 II 篇　极限状态设计法　2.2 构件分项系

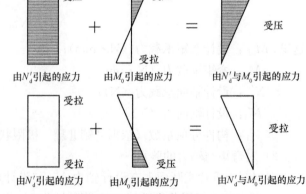

图 II.6.5　M_0 的考虑方法

(a) $N'_d > 0$；(b) $N'_d < 0$

数"）。

M_0 的考虑方法如图Ⅱ.6.5 所示。且按全断面有效的混凝土断面计算 M_0。一般管片中的剪切补强钢材与构件轴向相互垂直，上述的 V_{sd} 计算式为剪切补强钢材与构件轴向成 90 度时的公式。在不直交时，必须另行考虑剪切补强钢材与构件轴向所成角度。

②对剪力的验算

混凝土管片主断面中对剪力的验算如式（Ⅱ.6.14）所示，确认由结构解析计算出来的设计剪切力 V_d 乘以结构物重要性系数 γ_i 后的数值比由式（Ⅱ.6.13）所求得的设计抗剪承载力 V_{ud} 小来进行。

$$\gamma_i \cdot \frac{V_d}{V_{ud}} \leqq 1.0 \qquad （Ⅱ.6.14）$$

（2）接头验算

因为管片接头具有各种各样的结构，在管片接头验算中按照接头的结构特性计算出结构抗力，通过与荷载效应的比较进行承载力极限状态的验算。以下对一般的管片接头与环间接头的验算方法进行说明。

1）管片接头处

关于管片接头的承载力极限状态的验算，相对于由结构解析所得到的荷载效应的设计值 S_d，计算出作为结构抗力的设计值，即接头的设计承载力 R_d，基本上通过确认荷载效应与结构抗力的比乘以结构物系数 γ_i 后的数值处于 1.0 以下来进行验算。

①对轴力与弯矩的验算

采用式（Ⅱ.6.12）验算在轴力与弯矩作用下的安全性能。与管片主断面验算一样，由结构计算得到同时作用在管片接头面上的轴力 N_d' 及弯矩 M_d，通过确认 $\gamma_i M_d$、$\gamma_i N_d'$ 位于设计轴向承载力 N_{ud}' 与设计弯矩承载力 M_{ud} 曲线的内侧来进行验算（参照图Ⅱ.6.4）。

②对剪力的验算

如式（Ⅱ.6.15）所示，通过确认由结构解析所得到的管片接头的剪力 Q_d 乘以结构重要性系数 γ_i 后的数值比接头的抗剪承载力 Q_{ud} 小来进行剪力验算。

$$\gamma_i \cdot \frac{Q_d}{Q_{ud}} \leqq 1.0 \qquad （Ⅱ.6.15）$$

另外，在混凝土管片中，基于与接头断面内力计算时所用的解析模型相同的考虑方法，对接头的承载力极限状态的验算是很重要的。例如，没有考虑到结构解析中将管片接头模型化为不受轴力影响的转动弹簧，通过轴力与弯矩的组合来进行接头承载力极限状态验算，给管片接头带来偏于危险的设计结果。因此，不考虑轴力的影响对接头进行模型化时，原则上只对结构计算所得的弯矩进行验算。

此外，在接头结构产生杠杆反力时，依据本编"6.1.3 钢铁管片的验算"进行验算。

2）环间接头处

如式（Ⅱ.6.16）所示，通过确认由结构计算所得到的管片接头的剪力 Q_d 乘以结构重要性系数 γ_i 后的数值比接头的抗剪承载力 Q_{ud} 小进行环间接头的承载力极限状态的验算。

$$\gamma_i \cdot \frac{Q_d}{Q_{ud}} \leqq 1.0 \qquad （Ⅱ.6.16）$$

式中，环间接头的剪力可以分为管片环的切线方向与法线方向的分力。在环间接头的承载力极限状态验算中，对切线方向与法线方向上分力的合力作为螺栓的抗剪承载力来进行验算，对法线方向上的剪切力有必要对接头周围混凝土的剪切破坏进行验算。

①螺栓设计抗剪承载力的计算方法

将混凝土管片的环间接头的剪力极限值作为螺栓的抗剪承载力时，由式（Ⅱ.6.17）来计算环间接头的抗剪承载力。

$$Q_{Bu} = \frac{f_{vyk}}{\gamma_m} \cdot A_B \qquad （Ⅱ.6.17）$$

这里，

Q_{Bu}：螺栓的抗剪承载力（N）；

f_{vyk}：螺栓的剪切屈服强度的标准值（N/mm²）；

γ_{m}：螺栓的材料分项系数；

A_{B}：螺栓剪切面的有效断面面积（mm^2）。

因此，可由式（Ⅱ.6.18）计算螺栓的设计抗剪承载力。

$$Q_{Bud} = \frac{Q_{Bu}}{\gamma_{b}} \qquad (Ⅱ.6.18)$$

这里，

　　Q_{Bud}：螺栓的设计抗剪承载力（N）；

　　γ_{b}：构件分项系数。

②混凝土设计抗剪承载力的计算方法

根据过去的报告[41]，在采用短螺栓钢板式接头时，由于管片厚度小不能配置足够的补强钢筋时，首先螺栓发生剪切破坏，然后接头周围的混凝土发生剪切破坏（参照图Ⅱ.6.6）。这时，多参考销插入式接头形式、榫接头形式等的验算方法来计算设计抗剪承载力。由式（Ⅱ.6.19）来计算混凝土的剪切破坏承载力，由式（Ⅱ.6.20）

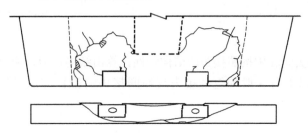

图Ⅱ.6.6　短螺栓钢板式接头的混凝土剪切破坏面实例[48]

来计算抗剪承载力。此外，相关设计规范也规定了混凝土的剪切破坏面的考虑方法，这时，有必要合理地修正式（Ⅱ.6.19）。

$$Q_{cu} = \frac{f_{tk}}{\gamma_{c}} \cdot A_{ci} \qquad (Ⅱ.6.19)$$

这里，

　　Q_{cu}：接头处的混凝土抗剪承载力（N）；

　　f_{tk}：混凝土的抗拉强度标准值（N/mm^2）；

　　γ_{c}：混凝土的材料系数；

　　A_{ci}：单个接头所对应的破坏面的投影面积（mm^2）。

$$Q_{cud} = \frac{Q_{cu}}{\gamma_{b}} \qquad (Ⅱ.6.20)$$

这里，

　　Q_{cud}：接头处的混凝土设计抗剪承载力（N）；

　　γ_{b}：构件分项系数。

(3) 对千斤顶推力的验算

将管片作为承受弯矩与轴力的短柱构件来进行千斤顶推力的验算。混凝土的最大受压应力由式（Ⅱ.6.21）来计算。

通过确认混凝土的最大受压应力没有超过极限值（如将混凝土的设计强度标准值除以混凝土材料分项系数后的数值）来进行千斤顶推力的承载力极限状态的验算。

$$\sigma_{c} = \frac{P}{A_{o}} + \frac{P \cdot e}{I} \times \frac{h}{2} \qquad (Ⅱ.6.21)$$

这里，

　　σ_{c}：混凝土的受压应力（N/mm^2）；

　　P：千斤顶推力（N）；

　　e：千斤顶推力作用位置与管片形心之间的距离（mm）；

　　A_{o}：承担轴力的管片断面面积（mm^2）；

　　I：承担弯矩的断面惯性矩（mm^4）；

　　h：管片厚度（mm）。

此外，如图Ⅱ.6.7所示，当千斤顶顶垫的平均宽度取为B_s时，由$A_o = B_s \cdot h$来计算负担轴力的管片断面面积A_o。

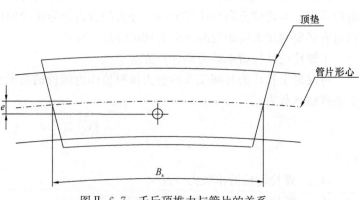

图Ⅱ.6.7　千斤顶推力与管片的关系

6.1.3　钢铁管片的验算

(1) 主断面验算

依据环肋的面外变形（局部屈曲）的约束条件，使用不同的方法来进行承载力极限状态中钢铁管片主断面的验算（参照图Ⅱ.6.8）。

在二次衬砌及充填混凝土存在时，由于环肋的面外变形受到了约束，由全断面的塑性化使主断面达到承载力极限状态。

另一方面在不进行二次衬砌及充填混凝土的施工时，因约束环肋的面外变形的构件只有纵肋与面板，随着荷载的增加，环肋发生了局部屈曲，承载能力降低，从而使管片到达承载力极限状态。这时环肋局部发生了以纵肋与环间螺栓位置作为屈曲波形分节点的屈曲（参照图Ⅱ.6.9）。

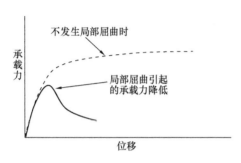

图Ⅱ.6.8　局部屈曲概念图

图Ⅱ.6.9　环肋的面外屈曲实例[50]

环肋的局部屈曲承载力由环肋的高度、板厚、纵肋间隔、环肋与纵肋的固定程度及材质等各种因素来决定。

对这些钢铁管片环肋断面的承载力可以分为如下 3 类：①边缘应力达到屈服强度以前发生了局部屈曲，以此来决定承载力；②断面的一部分塑性化后发生了局部屈曲，以此来决定承载力；③全断面塑性化后，以此来决定承载力。

但对分类②中的钢铁管片主断面的承载力很难进行精确的预测，所以在《隧道设计规范》中对钢铁管片的主断面的验算按照表Ⅱ.6.2所示的①与③进行断面承载力验算。

环肋的验算方法　　　　　　　　　　　　　　　　表Ⅱ.6.2

没有二次衬砌与充填混凝土时	考虑局部屈曲的极限承载力（①）
有二次衬砌与充填混凝土时	全塑性状态的极限承载力（③）

1) 对弯矩与轴力的验算

①没有二次衬砌及充填混凝土时设计弯矩承载力的计算方法

没有二次衬砌及充填混凝土时，可以通过考虑局部屈曲后环肋的强度特征值与作用轴力 N'_d 来计算环肋的弯矩承载力 M_u。

在轴力 N'_d 与弯矩 M_d 作用下环肋的应力状态如图Ⅱ.6.10所示。此时，受压边缘与受拉边缘所发生的应力通过使用环肋的断面系

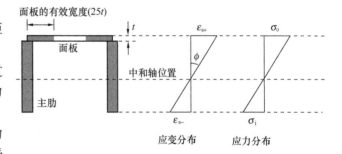

图Ⅱ.6.10　考虑局部屈曲后的断面内的应力状态

数，可以由式（Ⅱ.6.22）及式（Ⅱ.6.23）来计算。在下式中，当 $M_d = M_u$ 时，成为在轴力 N'_d、弯矩承载力作用时的断面边缘应力。

从此关系出发，通过使用考虑环肋局部屈曲的强度标准值与作用轴力 N'_d，由式（Ⅱ.6.24）及式（Ⅱ.6.25）来计算弯矩承载力 M_u。

$$\sigma_o = \frac{N'_d}{A} + \frac{M_d}{Z_o} \qquad (Ⅱ.6.22)$$

$$\sigma_i = \frac{N'_d}{A} - \frac{M_d}{Z_i} \qquad (Ⅱ.6.23)$$

依据上式，当 $M_d = M_u$ 时，

$$\sigma_o + \sigma_i = 2 \cdot \frac{N_d'}{A} + \frac{M_u}{Z_o} - \frac{M_u}{Z_i}$$

$$\sigma_o - \sigma_i = \frac{M_u}{Z_o} - \frac{M_u}{Z_i}$$

依据上式，

$$M_u = Z_o \cdot \left(\frac{f_{yk}}{\gamma_m} - \frac{N_d'}{A} \right) \tag{II.6.24}$$

$$M_u = Z_i \cdot \left(\frac{N_d'}{A} - f_{yk} \right) \tag{II.6.25}$$

这里，

　　σ_o：外边缘应力（N/mm²）；

　　σ_i：内边缘应力（N/mm²）；

　　f_{yk}：钢材的屈曲强度的标准值（N/mm²）；

　　γ_m：钢材的材料系数；

　　N_d'：设计轴力（N）；

　　M_d：设计弯矩（N·mm）；

　　M_u：弯矩承载力（N·mm）；

　　A：断面面积（mm²）；

　　Z_o：外缘侧断面系数（mm³）；

　　Z_i：内缘侧断面系数（mm³）。

由此，使用构件分项系数 γ_b，设计弯矩承载力 M_u 可由式（II.6.26）来表示。

$$M_{ud} = \frac{M_u}{\gamma_b} \tag{II.6.26}$$

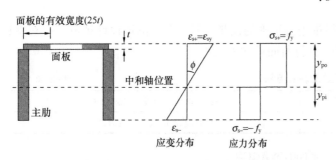

图II.6.11　全塑性状态断面内力的应力状态

②具有二次衬砌及充填混凝土时设计弯矩承载力的计算方法

　　具有二次衬砌及充填混凝土时，通过假定全断面处于受压或者受拉屈曲应力状态，利用不受局部屈曲影响的强度标准值来计算环肋的弯矩承载力 M_u。

　　处于全塑性状态的主断面的中和轴位于作用在断面上轴力 N_d' 与断面合力平衡的位置。当应力状态如图II.6.11所示时，轴力的平衡方程式为式（II.6.27）。

$$N_d' = f_y \cdot A_o - f_y \cdot A_i \tag{II.6.27}$$

对一般的钢铁管片，由式（II.6.27）与式（II.6.28）来表示。

$$N_d' = \{ 25 \cdot t_s^2 + 2 \cdot t_r \cdot (y_{po} - t_s) - 2 \cdot t_r \cdot y_{pi} \} \cdot f_y \tag{II.6.28}$$

这里，

　　N_d'：作用轴力（N）；

　　f_y：钢材屈服强度的标准值（N/mm²）；

　　A_o：中和轴外边缘侧的断面面积（mm²）；

　　A_i：中和轴内边缘侧的断面面积（mm²）；

　　t_s：面板厚度（mm）；

　　t_r：环肋厚度（mm）；

　　y_{po}：外边缘到中和轴的距离（mm）；

　　y_{pi}：内边缘到中和轴的距离（mm）。

由此，依据中和轴位置与断面内的应力分布，由式（II.6.29）来计算弯矩承载力 M_u。

$$M_u = \int_{y_o - y_{po}}^{y_o} f_y \cdot B(y) \cdot y \cdot \mathrm{d}y - \int_{y_o - (y_{po} + y_{pi})}^{y_o - y_{po}} f_y \cdot B(y) \cdot y \cdot \mathrm{d}y \qquad (\text{Ⅱ.6.29})$$

一般钢管片时，可由式（Ⅱ.6.29）与式（Ⅱ.6.30）表示。

$$M_u = \Big[25 \cdot t_s^2 \cdot 2 \cdot \Big(y_o - \frac{t_s}{2} \Big) + 2 \cdot t_r \cdot (y_{po} - t_s) \cdot \Big(y_o - \frac{y_{po} - t_s}{2} - t_s \Big)$$
$$+ 2 \cdot t_r \cdot y_{pi} \cdot \Big(y_{po} + \frac{y_{pi}}{2} - y_o \Big) \cdot f_{yk}/\gamma_m \Big] \qquad (\text{Ⅱ.6.30})$$

这里，

y_{po}：外边缘到中和轴的距离（mm）；

y_{pi}：内边缘到中和轴的距离（mm）；

y_o：外边缘到形心的距离（mm）；

f_{yk}：钢材抗拉屈服强度标准值（N/mm²）；

γ_m：钢材的材料分项系数；

$B(y)$：距中和轴距离为 y 位置处的主断面的有效宽度（mm）；

y：距中和轴的距离（mm）。

由此，使用构件系数 γ_b 后，设计弯矩承载力可表示为

$$M_{ud} = \frac{M_u}{\gamma_b} \qquad (\text{Ⅱ.6.31})$$

③验算

如式（Ⅱ.6.32）所示，通过确认由结构解析计算出来的设计弯矩 M_d 乘以结构物重要性系数 γ_i 后的数值，比由式（Ⅱ.6.26）及式（Ⅱ.6.31）计算出来的设计弯矩承载力 M_{ud} 小来进行钢管片主断面的承载力极限状态的验算。

$$\gamma_i \cdot \frac{M_d}{M_{ud}} \leqslant 1.0 \qquad (\text{Ⅱ.6.32})$$

2）对剪切的验算

①设计抗剪承载力的计算方法

通过假定环肋全断面为剪切屈服，由式（Ⅱ.6.33）来计算钢铁管片的抗剪承载力（S_u）。

$$S_u = f_{vyk} \cdot A_{se} \qquad (\text{Ⅱ.6.33})$$

这里，

S_u：抗剪承载力（N）；

f_{vyk}：钢材的剪切屈服强度的标准值（N/mm²）；

A_{se}：环肋的剪切有效断面面积（mm²）。

由此，使用构件分项系数 γ_b 后，设计抗剪承载力 S_{ud} 可表示为

$$S_{ud} = \frac{S_u}{\gamma_b} \qquad (\text{Ⅱ.6.34})$$

②验算

如式（Ⅱ.6.35）所示，通过确认由结构解析所得的设计剪力 S_d 乘以结构物重要性系数 γ_i 后的数值比设计抗剪承载力 S_{ud} 小来验算剪力。

$$\gamma_i \cdot \frac{S_d}{S_{ud}} \leqslant 1.0 \qquad (\text{Ⅱ.6.35})$$

（2）接头处的验算

钢铁管片的管片接头及环间接头以短螺栓钢板式接头为基本形式，最近因各种形式的接头得到利用，有必要根据接头形式来进行承载力极限状态的验算。

但是，只通过设计计算很难正确求出各部位屈服后的钢铁管片的接头承载力，所以通过结合实验与FEM 解析等来确定是一种有效的方法。

另外，即使对钢铁管片，也与混凝土管片一样，依据与在计算接头部的断面内力时的解析模型相同

的考虑方法，对接头处的承载能力极限状态进行验算。例如，在结构解析中对管片接头采用不受轴力影响的转动弹簧进行模型化时，原则上只采用弯矩计算接头处的承载力极限状态。

以下以钢铁管片的一般接头形式即短螺栓钢板式接头为例，概述了接头处的承载能力计算方法及验算方法。

1）管片接头的验算

作为钢管片管片接头的特征，由作用在接头上的轴力及弯矩引起的压力，有必要注意主要在环肋位置传递给管片主断面。

与轴力相比弯矩小时，在接头部位不会发生开裂，通过环肋的全断面来传递压力。另一方面，与轴力相比弯矩大时，接头产生了开裂，这时为了方便也可以将环肋的压缩边缘作为转动中心来进行模型化。在将压缩边缘作为转动中心的模型中，处于转动中心的环肋的受压应力在理论上为无穷大，通常这部分的受压应力并不作为验算对象。实际上，环肋及接头板局部发生屈曲，形成了受压区域。但可以认为这些局部屈曲力学行为对管片环的稳定并没有重大影响，多将其忽视。

另外，伴随着接头板的变形在接头部产生了杠杆反力，作用在螺栓上的拉力只增加了杠杆反力部分。在承载力极限状态中为了准确地求出杠杆反力，要进行可以考虑接头板屈服力学行为的弹塑性解析，也有必要通过实验来求出。正确地考虑杠杆反力的影响并非不可能，但在实际工作中是很困难的。为此，多将螺栓拉力的标准值除以 1.25 来进行折减，多采用简便的方式来考虑杠杆反力的影响进行验算。此外，也有必要注意在承载力极限状态中只有配置在靠近环肋的螺栓才为有效螺栓。

①管片接头承载力的计算方法

为了计算管片接头的承载力，必须考虑螺栓的抗拉承载力及抗剪承载力、接头板的弯矩承载力及抗剪承载力、环肋与接头板接合处（焊接处）的承载力。

以下表示了螺栓、接头板、环肋与接头板接合处的承载力的计算方法。

A. 螺栓先屈服

图Ⅱ.6.12 表示了作用在钢铁管片接头上的轴力、弯矩、剪力模式图。

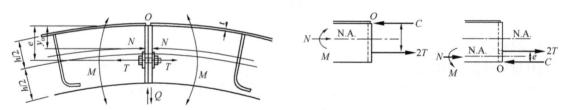

图Ⅱ.6.12　管片接头的力的平衡

依据图Ⅱ.6.12，管片接头的力的平衡由式（Ⅱ.6.36）来表示。

$$M = T \cdot n \cdot e + N \cdot (y_o - t_s) \qquad (Ⅱ.6.36)$$

由此，接头螺栓受拉屈服后，管片接头在达到抗弯承载力时的计算公式可以由式（Ⅱ.6.37）、式（Ⅱ.6.38）来表示。

$$M_u = f_{yd} \cdot A_{be} \cdot n \cdot e + N'_d (y_o - t_s) \qquad (Ⅱ.6.37)$$

$$f_{yd} = \frac{\dfrac{f_{yk}}{1.25}}{\gamma_m} \qquad (Ⅱ.6.38)$$

这里，

M_u：依据螺栓抗拉承载力确定的管片接头的抗弯承载力（N·mm）；

N'_d：作用轴力（N）；

y_o：由外边缘到主断面形心的距离（mm）；

t_s：面板的厚度（mm）；

e：由外边缘到螺栓位置的距离（mm）；

n：管片接头的螺栓数目（个）；

A_{be}：螺栓的有效断面面积（mm²）；

f_{yk}：螺栓抗拉屈服强度的标准值（N/mm²）；

f_{yd}：考虑杠杆反力后螺栓抗拉屈服强度的标准值（N/mm²）；

γ_m：螺栓的材料分项系数。

B. 接头板先屈服

接头板为将螺栓的拉力传递给环肋的构件，在承载力极限状态中接头板内的力传递是很复杂的，如果不使用 FEM 解析等数值解析将无法得到明确的解答。但为了方便将接头板模型化为由环肋支持的两端固定梁，如图Ⅱ.6.13 所示，如果假定图中虚线所示位置的接头板全断面受弯屈曲时（全塑性弯矩），就可以评价接头板的承载力。

通过使用作用在管片接头上的轴力 N'_d 与弯矩，接头螺栓的拉力可由式（Ⅱ.6.39）来表示。

$$T = \{M - N'_d \cdot (y_o - t_s)\}/(n \cdot e) \qquad (\text{Ⅱ}.6.39)$$

另一方面，如图Ⅱ.6.13 所示将接头板进行模型化，作用在螺栓位置的拉力 T 引起接头板达到全塑性弯矩时的弯矩可以由式（Ⅱ.6.40）及式（Ⅱ.6.41）来表示。

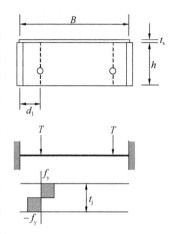

图Ⅱ.6.13 接头板的力的平衡

$$M = T \cdot \frac{d_1^2}{B} \qquad (\text{Ⅱ}.6.40)$$

$$M_j = h \cdot \left(\frac{t_j}{2}\right)^2 \cdot f_{yk} \qquad (\text{Ⅱ}.6.41)$$

由此，接头板达到全塑性弯矩时，将作用在管片接头上的弯矩定义为接头板的抗弯极限承载力 M_u，则可以由式（Ⅱ.6.42）来计算。

$$M_u = h \cdot t_j^2 \cdot \frac{B}{(4 \cdot d_1^2)} \cdot \frac{f_{yk}}{\gamma_m} \cdot n \cdot e + N'_d \cdot (y_o - t_s) \qquad (\text{Ⅱ}.6.42)$$

这里，

T：作用在接头板上的螺栓拉力（N）；

M：由螺栓的拉力引起的在接头板螺栓位置的弯矩（N·mm）；

M_j：全断面屈服时接头板的极限弯矩（N·mm）；

M_u：依据接头板的承载力得到的管片接头的抗弯极限承载力（N·mm）；

f_{yk}：接头板屈服强度标准值（N/mm²）；

γ_m：钢材的材料分项系数；

d_1：螺栓位置（mm），见图Ⅱ.6.13；

B：管片宽度（mm）；

h：接头板高度（mm）；

t_j：接头板的厚度（mm）。

C. 环肋与接头板接合处的极限承载力的计算方法

将环肋与接头板接合处的承载力大于螺栓抗拉承载力作为设计的基本原则。铸铁管片为整体成形的原因，可将接合处的承载力作为环肋全断面受拉屈服时的承载力来进行计算。

另一方面，在钢管片中多通过角焊缝焊接来接合环肋与接头板，由式（Ⅱ.6.43）来计算接合部的角焊缝焊接的承载力。

$$T_u = h \cdot \frac{S}{\sqrt{2}} \cdot \frac{f_{vyk}}{\gamma_m} \qquad (\text{Ⅱ}.6.43)$$

这里，

T_u：接合部的极限承载力（N）；

h：环肋高度（mm）；

S：角焊缝的焊脚长度（mm）；

f_{vyk}：角焊缝焊接的剪切屈服强度标准值（N/mm²）；

γ_m：角焊缝的材料分项系数。

由此，管片接头的环肋与接头板接合部的角焊缝焊接发生剪切破坏后，根据式（Ⅱ.6.39），式（Ⅱ.6.43）管片接头达到极限弯矩承载力时的计算公式变为式（Ⅱ.6.44）。

$$M_u = f_{yd} \cdot A_{be} \cdot n \cdot e + N'_d(y_o - t_s) \tag{Ⅱ.6.44}$$

②验算

采用上述 A、B、C 中计算所得的管片接头的螺栓、接头板、环肋与接头板接合处的极限抗弯承载力中的最小弯矩承载力。这时，采用构件分项系数 γ_b，管片接头的设计极限抗弯承载力可由式（Ⅱ.6.45）表示。

$$M_{ud} = M_u / \gamma_b \tag{Ⅱ.6.45}$$

如式（Ⅱ.6.46）所示，通过确认由结构解析计算所得的设计弯矩 M_d 乘以结构物重要性系数 γ_i 后的数值比由式（Ⅱ.6.47）计算所得的接头设计弯矩承载力 M_{ud} 小来进行管片接头的极限承载力状态的验算。

$$\gamma_i \cdot \frac{M_d}{M_{ud}} \leqslant 1.0 \tag{Ⅱ.6.46}$$

2）环间接头的验算

①环间接头的极限承载力计算方法

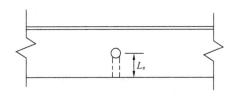

图Ⅱ.6.14　环间接头的端部拔出概念图

环间接头的极限承载力采用螺栓的剪切强度或环间接头板（＝环肋）的螺栓端部拔出强度中较小的数值。环间接头板的端部拔出是由图Ⅱ.6.14 所示的虚线部分 2 面发生剪切破坏而引起的。作用在环间螺栓上的剪力在管片环法线方向上的分力导致了这种破坏。

A. 螺栓的设计抗剪承载力

螺栓的抗剪承载力可以由式（Ⅱ.6.47）来计算。

$$S_{uB} = A_{be} \cdot \frac{f_{vyk}}{\gamma_m} \tag{Ⅱ.6.47}$$

这里，

S_{uB}：螺栓的抗剪承载力（N）；

A_{be}：螺栓的有效面积（mm^2）；

f_{vyk}：螺栓的抗剪屈服强度标准值（N/mm^2）；

γ_m：钢材的材料分项系数。

B. 环肋的端部拔出承载力

可由式（Ⅱ.6.48）来计算环间螺栓剪切力作用下的环肋的端部拔出承载力（参照图Ⅱ.6.14）。

$$S_{ub} = 2 \cdot L_e \cdot t \cdot \frac{f_{vyk}}{\gamma_m} \tag{Ⅱ.6.48}$$

这里，

S_{ub}：基于环肋端部拔出的极限抗剪承载力（N）；

L_e：由螺栓中心到环肋边缘的距离（mm）；

t：环肋的板厚（mm）；

f_{vyk}：环肋的抗剪屈服强度标准值（N/mm^2）；

γ_m：钢材的材料分项系数。

C. 环间接头的设计极限承载力

根据式（Ⅱ.6.45）及式（Ⅱ.6.46），环间接头的极限承载力 S_u 可由式（Ⅱ.6.49）来计算。

$$S_u = \min\{S_{uB}, S_{ub}\} \tag{Ⅱ.6.49}$$

由此，通过使用构件分项系数 γ_b，环间接头的设计极限承载力 S_{ud} 可以由式（Ⅱ.6.50）来表示。

$$S_{ud} = \frac{S_u}{\gamma_b} \tag{Ⅱ.6.50}$$

②验算

如式（Ⅱ.6.51）所示，通过确认由结构计算所得的设计剪力 S_d 乘以结构物重要性系数 γ_i 后的数值

比设计抗剪承载力 S_{ud} 小来进行剪力的验算。

$$\gamma_i \cdot \frac{S_d}{S_{ud}} \leqslant 1.0 \qquad (\text{Ⅱ.6.51})$$

(3) 面板的验算

钢管片的面板为将土压、水压、壁后注浆压力传递给纵肋及环肋的构件。在这些外压作用下进行面板的验算。

1) 面板极限强度的计算方法

在依据容许应力设计法进行面板设计中，使用如下所示的 3 种方法。

① 相对两边固定支承矩形板的极限设计法；

② 相对两边简支索结构的极限设计法；

③ 铸铁管片设计法。

对面板比较薄的钢管片，主要采用①的极限状态设计法。

另一方面，对面板厚度比钢管片厚的铸铁管片，主要采用方法③。在极限状态设计法中也可以使用①与②中极限荷载的计算方法。

以下概述①，②，③的设计方法。

①相对两边固定支承矩形板的极限设计法

$$P_u = 1.1 \cdot P_p \cdot \sqrt{F} \qquad (\text{Ⅱ.6.52})$$

$$F = \frac{\left(\dfrac{f_{yk}}{\gamma_m}\right) \cdot t_s \cdot l_x^2}{\dfrac{4EI}{(1-\nu^2)}} \qquad (\text{Ⅱ.6.53})$$

$$P_p = 4\left(\frac{t_s}{l_x}\right)^2 \cdot \left(\frac{f_{yk}}{\gamma_m}\right) \qquad (\text{Ⅱ.6.54})$$

这里，

P_u：单位宽度的极限荷载强度（N/mm）；

f_{yk}：面板的强度标准值（N/mm²）；

γ_m：钢材的材料分项系数；

t_s：面板厚度（mm）；

l_x：面板跨度（mm）；

E：弹性模量（N/mm²）；

I：单位宽度面板的断面惯性矩（mm⁴）；

ν：泊松比。

②相对两边简支索结构的极限设计法

$$P_u = 8 \cdot t_s \cdot \frac{\left(\dfrac{f_{yk}}{\gamma_m}\right)}{l_x} \cdot \sqrt{\frac{3f_{yk}}{(8E) \cdot \left(\dfrac{a}{l_x^2}\right)}} \qquad (\text{Ⅱ.6.55})$$

这里，

P_u：单位宽度的极限荷载强度（N/mm）；

f_{yk}：面板的强度标准值（N/mm²）；

γ_m：钢材的材料分项系数；

t_s：面板厚度（mm）；

l_x：面板跨度（mm）；

E：弹性模量（N/mm²）；

a：面板跨距中央的挠度（mm）（参照图Ⅱ.6.15）。

③铸铁管片设计法

在铸铁管片设计中使用作为四边固定支承板的断面内力计算公式的 Seely 方法。

$$P_u = \frac{f_{yk}}{\gamma_m} \cdot \frac{t_s^2}{4\beta \cdot l_x^2} \qquad (\text{Ⅱ.6.56})$$

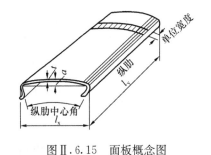

图Ⅱ.6.15 面板概念图

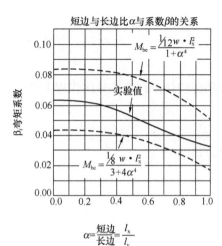

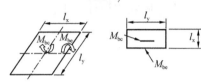

图Ⅱ.6.16　Seely 方法

这里，

P_u：单位宽度的极限荷载强度（N/mm）；

f_{yk}：面板的强度特征值（N/mm²）；

γ_m：钢材的材料系数；

t_s：面板厚度（mm）；

l_x：短边（mm）；

l_y：长边（mm）；

β：系数（由图Ⅱ.6.16 所求）。

（4）纵肋的验算

在由施工时千斤顶推力及面板传来的外压作用下，有必要对纵肋进行验算。

在千斤顶推力作用下，将纵肋作为承受偏心荷载柱，考虑屈曲后来进行验算。在验算中，考虑施工条件后，有必要使用合适的千斤顶推力与偏心量来进行验算。

另外，在外压作用下将纵肋作为承受等分布荷载梁来进行验算。在计算中，可以采用与主断面验算同样的方法来进行。

对千斤顶推力，由式（Ⅱ.6.57）计算纵肋的极限荷载。

$$P_u = \frac{b \pm \sqrt{b^2 - 4ac}}{2a} \qquad (\text{Ⅱ}.6.57)$$

$$\begin{cases} a = \dfrac{\sigma_{ba}}{\sigma_{ea}} \cdot \dfrac{1}{A^2} \\[2mm] b = \dfrac{\sigma_{ba}}{A} + \dfrac{e' \cdot \sigma_{ca}}{Z} + \dfrac{\sigma_{ca} \cdot \sigma_{ba}}{\sigma_{ea}} \cdot \dfrac{1}{A} \\[2mm] c = \sigma_{ca} \cdot \sigma_{ba} \end{cases}$$

这里，

P_u：1 根纵肋所对应的极限荷载（N）；

A：1 根纵肋所对应的有效断面面积（mm²）；

Z：1 根纵肋所对应的断面系数（Z_o 或 Z_i）（mm³）；

Z_o：外边缘断面系数（mm³）；

Z_i：内边缘断面系数（mm³）；

l_s：纵肋的屈曲长度（mm）；

γ：纵肋的断面惯性半径（mm），$r = \sqrt{(I/A)}$；

I：1 根纵肋所对应的断面惯性矩（mm⁴）；

h_s：纵肋断面的高度（mm）；

t_s：纵肋断面的厚度（mm）；　　　$h_s/t_s \leqslant 340$（SM490 时）

e'：由千斤顶中心到纵肋形心的距离（偏心量）（mm）；

σ_{ca}：考虑屈曲后轴方向上的强度标准值 f'_{yk}（N/mm²）；

σ_{ba}：考虑屈曲后受弯方向上的强度标准值 f'_{yk}（N/mm²）；

σ_{ea}：欧拉屈曲强度（N/mm²）（$= \dfrac{1,200,000}{l_s/r}$）。

6.2　对使用极限状态的验算

6.2.1　使用极限状态验算的一般事项

（1）使用极限状态验算的基本原则

使用极限状态的验算基本上是通过确认盾构隧道在设计使用期间可以保持所需要的使用性能来进行的。

盾构隧道使用性能的验算原则上是通过确认在设计荷载作用下衬砌没有达到使用极限状态来进行。衬砌所具备的功能要具有所定的安全性能、水密性等使用性能及在设计使用期间的耐久性能等。

这里以使用"第Ⅰ篇　容许应力设计法3.材料与容许应力"与本篇"4.材料的设计值"中所述材料，以"第Ⅲ篇　设计细则"中所述细节，注意事项来制造管片为前提，不考虑材料经年劣化的使用性能验算方法。为此，在无法避开材料劣化的条件下，有必要另行进行验算。

（2）使用极限状态的验算方法

通过确认荷载效应值与结构抗力的比乘以结构物重要性系数后的数值比1.0小来进行使用极限状态的验算。这样的考虑方法与承载力极限状态验算中的图Ⅱ.6.1相同。

在使用极限状态中，一般各安全系数取为1.0。因此，当全部的安全系数为1.0时，也可以通过确认荷载效应值比极限值小的方法来进行验算。通过荷载效应值与结构抗力比来进行验算时，可以将使用极限状态与承载力极限状态的验算结果通过相同的指标来表示，这样具有容易知道各项验算项目极限值的裕量、根据什么样的极限状态来决定衬砌规格的优点。为此，一般多依据荷载效应值与结构抗力的比来进行验算。

在使用极限状态中，验算对象的荷载效应值为通过结构计算及断面计算所得的应力、变形量及裂缝宽度等。另一方面，结构抗力为材料强度的设计值、容许变形量、容许裂缝宽度。

（3）验算项目

在衬砌的使用极限状态验算中，一般是对应力、裂缝、变形等进行验算。使用极限状态验算的流程如图Ⅱ.6.17所示。

表Ⅱ.6.3及表Ⅱ.6.4分别表示了混凝土管片验算项目实例与钢铁管片验算项目实例。在这些表中，将断面内力及应力的极限值作为限制值，将变形量及裂缝的极限值作为容许值来表现，要加以注意。另外，一般多采用容许应力设计法进行剪切应力的验算，在承载力极限状态的验算中采用极限状态设计法确认脆性破坏的安全性，所以在使用极限状态中省略了对剪切力的验算。

此外，在混凝土管片的验算项目中，对剪切裂缝的验算主要是根据耐久性及水密性的使用极限状态来设定验算项目。根据需要来进行剪切裂缝的验算。

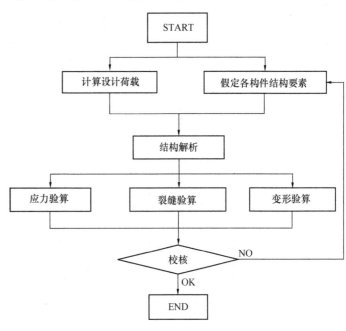

图Ⅱ.6.17　使用极限状态的验算流程

此外，对构成衬砌材料的劣化，要根据需要来设定使用极限状态，有必要采用合理的方法来进行验算。在混凝土管片中要考虑混凝土的碳化及盐化物离子导致的钢筋腐蚀，在钢管片中可考虑为钢铁材料的腐蚀，有必要参考《混凝土设计规范》等进行合理的验算。

混凝土管片的使用极限状态的验算项目与限值实例　　　　　　表Ⅱ.6.3

	部位	验算项目	限值
应力	主断面	混凝土应力	应力的极限值
		钢筋应力	应力的极限值
	接头处	混凝土应力	应力的极限值
		钢材应力	应力的极限值
变形	管片环	环变形量	容许变形量
	接头处	开裂量	容许开裂量
		错位量	容许错位量
裂缝	主断面	受弯裂缝宽度	容许裂缝宽度
		剪力	剪切裂缝承载力

钢铁管片的使用极限状态的验算项目与限值实例

表Ⅱ.6.4

部　　位		验算项目	限　　值
应力	主断面	钢材应力	应力的极限值
	接头处	钢材应力	应力的极限值
变形	管片环	环变形量	容许变形量
	接头处	开裂量	容许开裂量
		错位量	容许错位量

6.2.2 混凝土管片的验算

(1) 主断面应力的验算

1）应力计算

通过使用所发生的最大断面内力，作为直线梁构件来计算混凝土管片主断面的应力。基于如下假定来计算混凝土与钢材的应力：

①截面应变与离开中和轴的距离成正比；

②混凝土与钢材为弹性体；

③一般忽视混凝土的拉应力；

④由表Ⅱ.4.12及表Ⅱ.4.13决定混凝土及钢材的弹性模量。

通过使用本篇"5. 荷载效应的计算"中依据管片环断面内力的计算方法计算出断面内力中，正或负最大弯矩及其位置对应的轴力来计算管片主断面的应力。

在对弯矩及轴力的应力计算中，如图Ⅱ.6.18所示，一般可以进行如下处理即忽视混凝土的拉应力，截面应变与离开中和轴的距离成正比。此外，关于计算的详细情况可参考"第Ⅰ篇 容许应力设计法 7. 构件设计"。

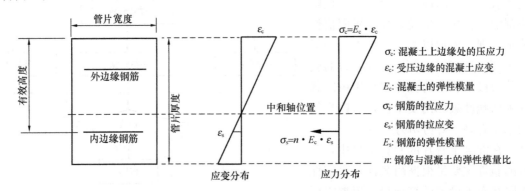

图Ⅱ.6.18 正弯曲时混凝土管片主断面的应力状态

2）应力的限值

由弯矩与轴力引起的构件的应力以不能超过以下①和②中所示的限值为基本原则。

①管片所用的混凝土抗弯受压应力及轴向受压应力的限制值，在永久荷载作用下为 $0.4f'_{ck}$。这里，f'_{ck} 为混凝土受压强度的标准值。

在《混凝土规范》中为了防止过大的蠕变应变及在大压力作用下所产生的轴向裂缝，对混凝土的受压应力设置了上述限制值。但在另行规定混凝土的弹性模量、蠕变系数时，也可以不受此规定的约束，另行设定限制值。这种情况下，在考虑设计使用期间所发生的非线性蠕变应变等影响的基础上，有必要进行安全性能的验算。

另外，一般对受到多轴约束的混凝土，因为根据约束程度抗压强度会上升，同时限制了蠕变的发展，可以考虑提高应力的限制值。在盾构隧道中，在可以预测到施工时千斤顶推力残留时，可考虑衬砌材料的钢筋混凝土处于二轴受压状态。有必要在慎重探讨推进的影响、壁后注浆材料的影响后对其进行应用。此外，在《隧道设计规范》中规定这时的增量不能超过10%。

②将钢筋屈服强度的标准值作为应力限制值

在本篇"6.2.4 裂缝宽度的验算"中如果进行混凝土裂缝宽度的验算，一般没有必要限制钢筋的拉应力。但在拉应力超过弹性极限时，与使用极限状态中结构解析及应力计算中的假定产生了不符，所以在《隧道设计规范》中做出这样的限制。

（2）接头应力的验算

有必要依据接头的种类，使用合适的模型来计算混凝土管片接头处的应力。在管片接头验算中，有必要注意验算模型与结构解析中接头模型的整合。在计算管片接头的转动弹簧系数时不考虑轴力，而只在验算时考虑轴力等，对于这些不符，明显得到偏于危险的设计，不能进行这样的设计。

在梁-弹簧模型中，可以直接计算出管片接头及环间接头上所发生的断面内力。依据正负最大弯矩及其位置的轴力来计算各接头的受弯应力。关于详细计算式可参考"第Ⅰ篇　容许应力设计法 7. 构件设计"。

在图Ⅱ.6.19 中表示了混凝土管片的管片接头处的应变分布与应力分布的概念。

将螺栓看作受拉钢筋，作为钢筋混凝土断面来计算应力。此外，通过作用在螺栓上的拉力来计算接头板的厚度。

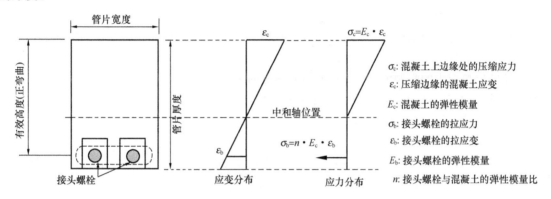

图Ⅱ.6.19　正弯曲时混凝土管片接头处的应力状态

6.2.3　钢铁管片的验算

（1）主断面应力的计算

1）应力计算

①弯矩与轴力作用下的应力计算

根据管片环断面内力的计算方法求出断面内力，利用其结果中的正负最大弯矩及其位置的轴力，作为直线梁计算出管片主断面的应力。另外，与管片主断面相关的假定条件与容许应力设计法相同。

在对弯矩及轴力的应力计算中，按照图Ⅱ.6.20 所示，截面应变与离开中和轴的距离成正比来进行处理。

依据图Ⅱ.6.20 所示的管片主断面的应力计算模型，由式（Ⅱ.6.58）计算管片主断面的应力。

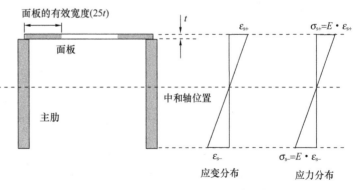

图Ⅱ.6.20　钢管片主断面的应力计算模型

$$\sigma = \frac{N}{A} \pm \frac{M}{Z} \qquad （Ⅱ.6.58）$$

这里，

σ：管片主断面的应力（N/mm²）；

N：轴力（N/ring）；

M：弯矩（N·mm/ring）；

A：主断面的有效断面面积（mm²）；

Z：主断面的断面系数（mm³）。

按照后述使用极限状态的应力限值来校核计算所得的管片主断面的应力。

②局部屈曲的验算

对管片主断面中的环肋，按照本篇"4. 材料的设计值"中表Ⅱ.4.6 及表Ⅱ.4.9 中的计算公式来计算宽厚比（板宽/板厚），以此判断是否有局部屈曲的发生。在受到局部屈曲影响的情况下，降低钢材强度的标准值，依据表中的计算公式来进行验算。

③面板与纵肋的验算

关于面板与纵肋，其使用极限状态必需的功能与承载力极限状态采用同样的考虑方式，通过承载力极限状态来进行验算，同时兼作使用极限状态的验算。

2）应力限制值

关于应力限制值，在参考《隧道设计规范》中相关规定基础上，考虑到钢材屈服前后材料特性急剧变化的安全性，对应力的限制值规定如下。

钢材受压应力的限制值为屈服强度标准值的90%。在受到局部屈曲影响时，考虑到屈曲的影响为所定数值的90%。

钢材抗拉应力的限制值为屈服强度标准值的90%。

另一方面，对球墨铸铁应力的限制值，球墨铸铁的屈服强度依据支距法定义为0.2%承载力强度，因屈服强度包含了一部分塑性应变，为了达到与钢管片及铸铁管片的使用极限状态变形量一致的目的，规定了如下所示的应力限值：

球墨铸铁受压应力的限制值为0.2%承载力强度的75%，在受到局部屈曲影响的情况下，考虑屈曲的影响，为所定数值的75%；

球墨铸铁的抗拉应力的限制值为0.2%承载力强度的75%。

考虑延迟破坏的安全性能，螺栓应力限值的规定如下：

螺栓的应力限值为屈服强度标准值的75%。

3）验算

如式（Ⅱ.6.59）所示，通过确认荷载效应值乘以结构物系数 γ_i 后的数值与结构抗力（应力的限制值）的比处于1.0以下来进行钢铁管片的使用极限状态中主断面的应力验算。

$$\gamma_i \cdot \frac{S_d}{R_d} \leqq 1.0\gamma_i \qquad (Ⅱ.6.59)$$

这里，

S_d：验算用荷载效应值（$S_d = \gamma_a \cdot S$）；

R_d：验算用结构抗力$\left(R_d = \frac{R}{\gamma_m\gamma_b}\right)$；

γ_i：结构物重要性系数；

S：荷载效应值；

γ_a：结构计算分项系数；

R：结构抗力值；

γ_m：材料分项系数；

γ_b：构件分项系数。

（2）接头应力验算

对钢管片的管片接头，应将管片压缩边缘作为转动中心来进行模型化，在管片接头弯矩作用下验算螺栓及接头板的应力。图Ⅱ.6.21表示了钢管片管片接头处的力的平衡状态。

1）作用在螺栓上拉力的计算

依据图Ⅱ.6.21所示的钢管片接头处的力的平衡状态，可以由式（Ⅱ.6.60）来计算接头螺栓的拉力。

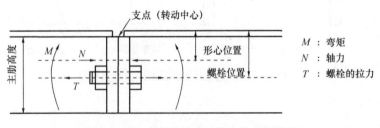

图Ⅱ.6.21　钢管片接头处的力的平衡状态

$$T = \frac{M - N \cdot (y_0 - t)}{n_{bs} \cdot h_{BS}} \cdot B \qquad (Ⅱ.6.60)$$

这里，

T：作用在一根螺栓上的拉力（N）；

y_0：由环肋外边缘到管片断面形心的距离（mm）；

t：面板厚度（mm）；

h_{BS}：由环肋边缘到螺栓位置的距离（mm）；

　B：管片宽度（mm）；

n_{bs}：螺栓的根数（根）。

在接头部有拉力作用时，一般在管片接头配置2根以上的螺栓，这时在螺栓间的接头板上发生了杠杆反力。当杠杆反力发生时，与没有杠杆反力相比，可以知道螺栓的轴力通常增加2～3成左右。在钢管片验算中，最好能通过框架模型来计算杠杆反力，进行严密的考虑。但是，在实际设计工作中对杠杆反力进行严密的考虑是很繁杂的，在《隧道设计规范》中规定也可以通过将螺栓强度的限制值除以安全系数1.25来考虑杠杆反力的影响。

2）接头螺栓的验算

计算出作用在螺栓上的拉力、由剪力引起的拉应力、剪切应力，通过确认其值处于螺栓强度限制值以下来进行接头螺栓的验算。

①对拉力的验算

依据式（Ⅱ.6.61）验算拉力。

$$\sigma_B = \frac{T}{A_B} \leqslant \left(\frac{f_{yd}}{\gamma_b}\right) \qquad\qquad (Ⅱ.6.61)$$

这里，

　T：作用在1根螺栓上的拉力（N）；

A_B：螺栓的有效断面面积（mm²）；

σ_B：螺栓的设计拉应力（N/mm²）；

f_{yd}：螺栓抗拉强度的限制值（N/mm²），$f_{yd} = 0.75 f_{yk}/\gamma_m$；

f_{yk}：螺栓抗拉屈服强度的标准值（N/mm²）；

γ_m：材料分项系数；

γ_b：构件分项系数。

②对剪力的验算

依据式（Ⅱ.6.62）验算接头螺栓的剪力。另外，有效抵抗剪力的螺栓个数一般取为单个管片接头所配置的螺栓总数。

$$\tau_B = \frac{Q}{n \cdot A_{B0}} \leqslant \left(\frac{f_{vyd}}{\gamma_b}\right) \qquad\qquad (Ⅱ.6.62)$$

这里，

　Q：作用在单个接头上的剪力（N）；

　n：单个接头所具有的螺栓个数（个）；

A_{B0}：螺栓的轴截面面积（mm²）；

τ_B：螺栓的设计剪切应力（N/mm²）；

f_{vyd}：螺栓的剪切屈服强度的限制值（N/mm²），$f_{vyd} = 0.75 f_{vyk}/\gamma_m$；

f_{yk}：螺栓抗拉屈服强度的标准值（N/mm²）；

γ_m：材料分项系数；

γ_b：构件分项系数。

3）接头板的验算

计算出作用在接头螺栓上的拉力、由支承力产生的拉应力、支承应力，通过确认各值比强度限制值小来进行接头板的验算。

①对螺栓拉力的验算

在螺栓拉力验算中，从在接头板上产生的杠杆反力的效果出发，假定邻近环肋的2个螺栓为对抗拉有效的螺栓，由式（Ⅱ.6.63）来进行计算。

$$M = \frac{T}{B}d^2 \qquad \sigma_j = \frac{M}{Z} \leqslant \frac{f_{yd}}{\gamma_b} \qquad\qquad (Ⅱ.6.63)$$

这里，

　M：弯矩（N·mm）；

T：作用在 1 个螺栓上的拉力（N）；

d：到螺栓位置的距离（mm）；

B：管片宽度（mm）；

σ_j：接头板的抗弯应力（N/mm²）；

Z：断面系数（mm³）（$Z = h \cdot t_j^2 / 6$）；

t_j：接头板厚度（mm）；

h：接头板宽度（mm）（译者注：原版输入错误，和原版主编讨论后，更正为接头板宽度）；

f_{yd}：钢材屈服强度的限制值（N/mm²），$f_{yd} = 0.9 f_{yk} / \gamma_m$；

f_{yk}：螺栓抗拉屈服强度的标准值（N/mm²）；

γ_m：材料分项系数；

γ_b：构件分项系数。

②对螺栓支承压力的验算

剪力作用在接头处上，在小荷载状态下螺栓与接头板处于摩擦状态，在一定程度荷载水平以上时从螺栓孔滑出与接头板发生接触。在螺栓支承压力作用下，针对这种状态进行接头板验算。由式（Ⅱ.6.64）来进行接头螺栓支承压力的验算。

$$\sigma_{be} = \frac{Q}{n \cdot t_j \cdot d_0} \leqq \frac{f'_{ad}}{\gamma_b} \qquad (Ⅱ.6.64)$$

这里，

σ_{be}：接头板的支承受压应力（N/mm²）；

Q：作用在单个管片接头的螺栓支承压力（N）；

n：管片接头的螺栓个数（个）；

t_j：接头板的厚度（mm）；

d_0：螺栓轴部直径（mm）；

f'_{ad}：接头板的支承压强度限值（N/mm²），$f'_{ad} = 0.9 f'_{ak} / \gamma_m$；

f_{yk}：螺栓受拉屈服强度的标准值（N/mm²）；

γ_m：材料分项系数；

γ_b：构件分项系数。

4）环间接头验算

管片接头在采用错缝拼装时，由于相邻环任意接头部位的变形性能不同，在环间接头产生了剪力。在梁-弹簧模型计算法中，因将环间接头处理为剪切弹簧，可以直接求出作用在环间接头上的剪切力。

根据作用在环间接头上的剪力，来进行环间接头螺栓的验算。

由式（Ⅱ.6.65）计算作用在螺栓上切线与法线的合力，确认由式（Ⅱ.6.66）计算的环间接头螺栓所发生的剪切应力处于限制值以下。

$$Q_{rs} = \sqrt{Q_\theta^2 + Q_r^2} \qquad (Ⅱ.6.65)$$

$$\tau_B = \frac{Q_{rs}}{A_{B0}} \leq \frac{f_{vyd}}{\gamma_b} \qquad (Ⅱ.6.66)$$

这里，

Q_{rs}：剪力合力（N）；

Q_θ：切线方向的剪力（N）；

Q_r：法线方向的剪力（N）（译者注：原版输入错误，和原版主编讨论后，更正为法线方向的剪力）；

f_{vyd}：螺栓剪力限值（N/mm²），$f_{vyd} = 0.75 f_{yk} / \gamma_m$；

f_{yk}：螺栓的抗拉屈服强度标准值（N/mm²）；

γ_m：材料分项系数；

γ_b：构件分项系数。

6.2.4　裂缝宽度验算

混凝土管片所发生的裂缝导致防水性能等隧道使用性能的降低，钢筋的腐蚀引起隧道耐久性能降低。特别在干湿交替环境下的隧道中，裂缝对隧道耐久性能的影响很大。因此，有必要采用合理的方法来验算管片上所发生的裂缝不会损害隧道的使用性能及耐久性等。

管片裂缝发生的原因除弯矩及轴向拉力等断面内力以外，还有混凝土的干燥收缩及化学骨料等使用材料的原因，另外还有管片的运输搬送、拼装时的处理、盾构千斤顶推力等施工方面的原因。这里验算由弯矩及轴向拉力引起的裂缝。

通过确认由断面内力引起的裂缝宽度小于其限值（容许裂缝宽度）来进行裂缝验算。

(1) 裂缝宽度的计算

混凝土管片的裂缝宽度基本上按照《隧道设计规范》中所述的式（Ⅱ.6.67）来计算。

$$W = l_{max} \cdot \left(\frac{\sigma_{se}}{E_s} + \varepsilon'_{csd} \right)$$　　　　　　（Ⅱ.6.67）

这里，

W：裂缝宽度（mm）；

l_{max}：分布钢筋的最大间隔（mm），但在裂缝宽度计算中，l_{max} 的下限取为 $0.5l_1$；

σ_{se}：钢筋应力的增加量（N/mm²）；

E_s：钢筋弹性模量（N/mm²）；

ε'_{csd}：为了考虑混凝土的收缩及蠕变等引起裂缝宽度增加的数值，一般可取为 150×10^{-6}；

l_1：依据《混凝土设计规范（结构性能验算篇）》所确定的裂缝发生间隔，由下式计算

$$l_1 = 1.1 \cdot k_1 \cdot k_2 \cdot k_3 \{4 \cdot c + 0.7 \cdot (c_s - \phi)\}$$

k_1：表现钢筋表面形状带给裂缝宽度影响的系数，异形钢筋时可取为 1.0；

k_2：混凝土品质带给裂缝宽度影响系数，$k_2 = \dfrac{15}{f'_c + 20} + 0.7$；

f'_c：混凝土的抗压强度（N/mm²）；

k_3：表现受拉钢筋层数影响的系数，$k_3 = \dfrac{5(n+2)}{7n+8}$；

n：受拉钢筋的层数；

c：保护层厚度（mm）；

c_s：钢筋的中心间隔（mm）；

ϕ：钢筋直径（mm）。

(2) 限值

裂缝验算所用的限值为依据隧道用途而设定的容许裂缝宽度。

根据《标准管片》的规定，依据表Ⅱ.6.5所示隧道内部的环境条件，设定如表Ⅱ.6.6所示的容许裂缝宽度，这也是设定容许裂缝宽度的参考依据。

隧道内环境条件的分类实例　　　　　　　　　　　　表Ⅱ.6.5

环境条件	内　　　容
一般环境	平时处于干燥状态，不受满水状态等干湿交替的环境条件 没有必要特殊考虑耐久性
腐蚀性环境	有干湿交替的情况 有害物质直接接触管片的情况 没有必要考虑其他耐久性的情况

容许裂缝宽度实例　　　　　　　　　　　　表Ⅱ.6.6

钢材种类	环境条件	
	一般环境	腐蚀性环境
异形钢筋，普通圆钢	0.005c	0.004c

注：c 为受力钢筋的保护层厚度。

6.2.5　管片环变形的验算

管片环过大的变形成为内净空断面的缩小、管片拼装时施工性能的降低、接头部位产生过大开裂的

原因。为此，通过确认由结构计算所得到的管片环的变形量处于限值（容许变形量）以下来进行使用极限状态下管片环变形量的验算。

（1）容许变形量

在充分考虑隧道的用途、隧道的形状与大小、建筑限界的形状、管片接头的结构及其特性、隧道维护的裕量及蛇行裕量的基础上，来设定管片环的容许变形量。在过去的实例中，有在电力等中小口径隧道中取为直径的 1/100~1/150 左右，在铁路等大口径隧道中取为直径的 1/200 左右的例子。另外，对采用螺栓式接头进行管片环施工时的变形量，也有在中小口径隧道中取为 1/200 左右，在大口径隧道中取为 1/400 左右的监测报告。在设定容许变形量时，这些实例将成为参考依据。

（2）管片环变形的验算

如式（Ⅱ.6.68）所示，通过确认由结构计算得到的直径变形量乘以结构物重要性系数 γ_i 后的数值与限制值（容许变形量）的比处于 1.0 以下来进行管片环变形的验算。通常对垂直方向与水平方向进行验算，但在受到邻近施工影响时，有必要另行对此处进行确认。

$$\gamma_i \cdot \frac{S_d}{R_d} \leqq 1.0 \qquad （Ⅱ.6.68）$$

这里，

S_d：验算用荷载效应值（$S_d = \gamma_d \cdot S$）；

R_d：验算用结构抗力（$R_d = R/\gamma_b$）；

γ_i：结构物重要性系数；

S：荷载效应值（变形量）；

γ_d：结构计算分项系数；

R：结构抗力（容许变形量）；

γ_b：构件分项系数。

6.2.6 接头变形的验算

（1）管片接头变形验算

管片接头过大的变形成为接头处的防水性能降低、隧道漏水的原因。隧道的漏水不仅加快隧道的开裂，损害其耐久性能，同时由于地层中地下水的流失导致地层变形，将加速隧道变形的发展，成为降低满足隧道使用性能的原因。因此，有必要使用合理的方法来验证管片接头的变形不会损害设计使用期间隧道的使用性能。

1）管片接头设计开裂量的计算

依据接头形式及接头抗弯刚度的计算方式，选用合适的方法来计算接头的开裂量。

对混凝土管片，通过接头部位所发生的弯矩与转动弹簧系数求出所发生的转动角度，由图Ⅱ.6.19 中的中和轴位置开始，将受拉侧考虑为开裂部位，由几何计算来求得开裂量。

在钢铁管片中，通过接头处发生的弯矩与转动弹簧系数来求出所发生的转角，将此转角考虑为图Ⅱ.6.12 中所示的以环肋端部为转动中心的转动角度，也可以通过几何计算来求出开裂量。

2）管片接头变形的验算

如式（Ⅱ.6.69）所示，通过确认计算所得的接头处的设计开裂量处于由接头处的防水性能所要求的极限值（容许开裂量）以下来进行管片接头变形的验算。

$$\gamma_i \cdot \frac{\delta_d}{\delta_{ad}} \leqq 1.0 \qquad （Ⅱ.6.69）$$

这里，

γ_i：结构物重要性系数；

δ_d：验算用荷载效应值（$\delta_d = \delta_a \cdot \delta$）；

δ_{ad}：验算用结构抗力（$\delta_{ad} = \delta_a/\gamma_b$）；

δ：荷载效应值［由计算得到的管片接头的开裂量（环间接头的错位量）］；

γ_a：结构计算分项系数；

δ_a：结构抗力［管片接头的容许开裂量（环间接头的容许错位量）］；

γ_b：构件分项系数。

（2）环间接头变形验算

将由结构解析计算所得的第 1 环与第 2 环在环间接头位置的相对变形量作为环间接头的错位量，通过确认其值处于极限值即容许错位量以下来进行环间接头变形的验算。与管片接头处的验算一样，按照式（Ⅱ.6.69）来进行。

（3）极限值的设定

环间接头的开裂量与错位量的极限值可以根据接头的防水性能来设定。密封材料一般如"第Ⅴ篇 参考资料 19. 密封材料"所述，防水材料的设计接触面应力多大于设计水压。因此，为了保持密封材料的受压应变及有效宽度，有必要设定防水材料的极限值（参照图Ⅴ.19.4）。在防水材料设计中，开裂量多为 2~3mm，错位量多考虑为螺栓与螺栓孔径之间的裕量，这些都成为设定极限值的参考依据。

第Ⅲ篇 设 计 细 则

1 主断面与接头的配置

1.1 钢铁管片

（1）主断面配置

钢管片的环肋结构有 2 根环肋结构与 3 根环肋结构。过去，管片宽度为 900mm 以下多采用 2 根环肋结构，但近年伴随着管片宽度的扩大，也开始广泛使用 3 根环肋结构。一般来说，2 根环肋结构的管片容易制作，在大宽度管片中 3 根环肋结构因可以缩短纵肋的屈曲长度，可以减少钢材重量，具有经济上的优越性。但是，因环肋厚度变小，抵抗局部屈曲的能力变弱，在采用 3 根环肋结构时有必要加以注意。

另外，在大口径隧道的开口处使用钢管片时，为了减小环肋钢材的厚度，也有采用内翼缘结构的情况。在采用具有内翼缘的结构时，有必要充分注意二次衬砌混凝土的充填性能。

此外，在《标准管片》中，依据《道路桥规范》中主要构件的最小厚度，将钢管片的最小环肋厚度设为 8mm，面板的最小厚度设为 3mm。

另一方面，铸铁管片环肋结构有 2 个种类，即具有 2 或 3 根环肋的箱型结构与具有 4 根环肋的波形结构。一般来说，因波形结构可以将内侧的面板看作结构构件，在断面性能上有利，在小半径曲线处等使用小宽度管片时，因制作上的制约多采用箱型结构。此外，考虑到制造上的原因，铸铁管片的最小构件厚度取为 9mm。关于钢铁管片环肋的结构可参考图Ⅰ.1.10。

（2）接头的配置

管片的接头可以分为在圆周方向上连接管片的管片接头与在纵向方向上连接管片的环间接头，二者多采用螺栓来进行连接。在采用螺栓接头的管片中，为了确保接头面的防水性能，有必要为了能够均等地固定防水材料来决定螺栓数量与配置。

管片接头螺栓在管片宽度上多按等间距配置在离开环肋 100mm 的位置及由此位置偏移 150～200mm 的位置上（图Ⅲ.1.1）。由管片内侧开始，螺栓位置的高度多为管片高度的 1/3～1/2。

关于环间螺栓的配置，考虑到管片的错缝拼装多采用等间隔配置，一般采用与管片接头相同直径的螺栓，配置在纵肋间隔的中央。从管片内侧开始，螺栓位置的高度为管片高度的 1/4～1/2。

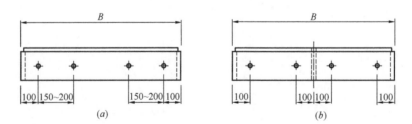

图Ⅲ.1.1 管片接头的螺栓配置

（a）2 根环肋时；（b）3 根环肋时

1.2 混凝土管片

（1）主断面（受力筋）的配置

在混凝土管片中多采用平板型管片。在其主断面设计中应该注意的是受力钢筋的配置，由断面配置的钢筋量来决定主断面的承载力。决定受力钢筋配置的主要因素有如下几方面。

1）与接头的关系

受力钢筋的配置的最大制约因素为接头的配置及其大小。特别在采用螺栓拧紧式接头时，有必要保证为了拧紧螺栓所需的空间，对管片内侧的受力钢筋，在考虑保护层厚度的基础上避开这个空间来进行配置。管片外侧的受力钢筋基本上与接头不会发生干涉，在管片厚度小及 K 型管片上设有接头角度时，与接头的金属构件有产生干涉的可能性，有必要加以注意。一般在避开管片接头、环间接头的位置配置内侧的受力钢筋，与此相对应配置外侧的受力钢筋。对近年施工实例正在增加的内表面平滑型管片，接头的金属构件配置在管片厚度的中央附近及不需要拧紧接头的空间，对受力钢筋的配置自由度比较高，承载力要求大时，其适用事例在增加。

2）与注浆孔的关系

因注浆孔多与起吊孔兼用，配置在管片宽度的中央。因此，一般受力钢筋无法配置在管片的中央，主钢筋通常按偶数来配置。最近，也有设置专用起吊孔、另行配置注浆孔的情况，这时注浆孔的直径比较小，多避开受力钢筋。

3）与楔形量的关系

在楔形管片中，有必要研究在最小宽度处受力钢筋的配置。楔形管片的模板多与标准型管片的模板兼用，管片接头的位置与标准管片相同。为此，在环间接头面与管片接头面之间必须确保楔形量，对楔形量大的管片，会对受力钢筋的配置产生影响（图Ⅲ.1.2）。这种影响在螺栓式接头的情况下变得特别显著。

在受力钢筋的配置中，在考虑这些项目的基础上，受力钢筋中心间隔的上限多取为 150mm 左右，从混凝土的充填性出发，受力钢筋水平方向上的间隙最低为 20mm 以上及粗骨料最大尺寸的 5/4 以上且要大于受力钢筋直径。

4）与管片宽度的关系

管片除了受到水土压力作用外，还受到错缝拼装效应引起的拼装荷载的作用。拼装荷载为相邻管片环变形差在环间接头产生的剪力。

一般将管片作为断面中发生均匀应力的梁构件来进行设计，但管片变宽后有表现出板的力学行为的倾向。管片宽度变得越宽，越要考虑端部的拼装荷载带来的应力集中，依据接头的构造，端部钢筋的配置也有变得困难的情况，有必要充分注意以保证对拼装荷载的承载力。

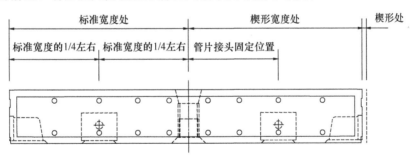

图Ⅲ.1.2　楔形管片中受力钢筋配置实例

（2）接头的配置

用来拼装管片的接头有管片接头（图Ⅲ.1.3）与环间接头。在采用螺栓连接式接头时，一般对一处管片接头配置 1～3 个螺栓，在管片厚度小于 250mm 时为 1 层，在此厚度以上时从确保强度与刚度的观点出发采用 2 层配置。此外，在配置时，要注意不会使拼装时的连接作业变得困难，同时还有必要考虑接头的配置不能损害管片的制作性能、强度、刚度及防水性能。要在注意接头处的应力传递及配筋上的制约、楔形管片的制作性能及断面缺损部位平衡的基础上，在管片宽度上配置管片接头，一般多配置在由环间接头开始管片宽度的 1/4 左右

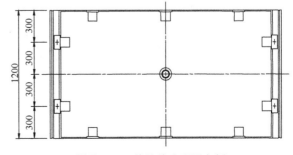

图Ⅲ.1.3　管片接头配置实例

的位置。

环间接头与管片厚度无关，通常1处接头使用1根螺栓，但也有必要与管片接头进行同样的考虑。在管片厚度方向上，环间接头配置在管片厚度1/4～1/2上的例子比较多。在圆周方向上的配置，根据管片的分块形状，从确保防水性能的观点出发，螺栓间隔的上限取为1m左右的实例比较多。

对螺栓连接方式以外的楔形接头及销插入型接头，基本上采用与螺栓式接头相同的方式来验算其配置，在管片厚度方向上管片接头与环间接头的位置为管片厚度的1/2左右的例子比较多。根据接头结构形式，管片接头在宽度方向上的位置也有比螺栓连接式接头稍微靠近环间接头面的例子。

2 纵 肋

在钢管片中，千斤顶推力被通过顶垫传递给纵肋。纵肋再将此推力传递给相邻环的纵肋，于是纵肋成为逐渐传递轴压的构件，因此在隧道轴向上必须连续配置（参照图Ⅲ.2.1）。

纵肋的配置采用等间隔方式，可以考虑相邻2枚管片接头板组成1根纵肋。此外，顶垫必须可以等分地将轴力传递给2根以上的纵肋。因此，纵肋的数目（包含管片接头的接头板）为千斤顶个数的2倍以上。但当K型管片为轴方向插入型时，管片接头板在轴向方向上为斜结构，要注意不能将接头板作为纵肋来评价。

另外，如图Ⅲ.2.2所示，盾构千斤顶的装配位置与纵肋的形心不一定一致，由于偏心会导致弯曲的发生。特别在使用中小口径管片时，要注意偏心量会变大。

纵肋的形状有Ⅰ形、L形及T形。此外，在决定纵肋的形状时，除考虑断面性能以外，还有必要考虑制作性能、拼装性能及二次衬砌浇筑时混凝土的充填性能及排气的效果。另外，由于制作上的原因，铸铁管片的纵肋形状多采用Ⅰ型，根据需要增加板厚。

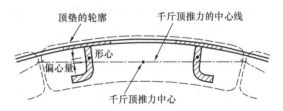

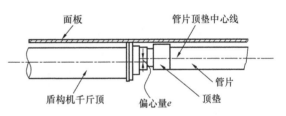

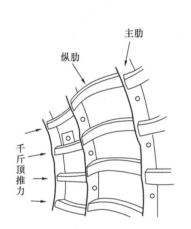

图Ⅲ.2.1　由纵肋的轴心不一致　　　　图Ⅲ.2.2　盾构千斤顶与纵肋的关系
　　　　引起的环肋与纵肋的变形

3　密封槽与接缝沟

3.1　密封槽

　　一般在管片的接头面上设置密封槽，通过在其中粘贴防水材料来进行管片的防水工程。不设密封槽粘贴防水材料时，因担心对管片拼装精度的影响、管片拼装时防水材料的错位，混凝土管片通常设置密封槽。此外，在《标准管片》中，没有对钢管片的密封槽进行标准化规定，但在高水压等使用情况下设置密封槽的事例在增加。

　　为了得到密封材料所必需具有的接触面应力，有必要设定密封槽的形状与尺寸。截至目前，有选用与一定程度标准化后的密封槽相匹配的密封材料的倾向，但在高水压盾构工程中要求防水材料具有更高的防水性能，为了能充分发挥密封材料的防水性能，有必要设定密封槽的形状。在东京地铁（有限公司）的《一般设计图及标准图》[51]中给出了密封槽形状与尺寸的实例，可以参考。

　　另外，在隧道处于大深度高水压作用或内水压作用条件下，以原有的密封槽为基础，在管片内侧增设密封槽的工程案例也在增加。对于混凝土管片，在管片厚度方向上为了在避开接头的位置配置密封材料，也有将其配置在离管片内外表面非常近的地方。这时，也出现了密封材料的接触面应力及水膨胀性密封材料的膨胀压力导致管片损伤的实例，所以密封槽要尽可能地设置在偏离内外表面的位置，在必要时可以考虑配置加强钢筋，或者选用低膨胀率的密封材料等。

　　在钢管片上设置密封槽时，有在轧制环肋及接头板的扁钢时压制密封槽与通过机械加工切削出密封槽的方法。两者依据密封槽的尺寸及使用数量、管片的规模、板厚来进行区别使用。

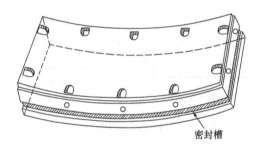　　　　　　　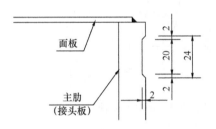

图Ⅲ.3.1　密封槽　　　　　　　　　　图Ⅲ.3.2　轧制密封槽的尺寸实例

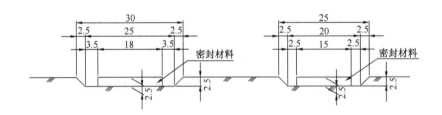

图Ⅲ.3.3　2层配置密封槽的尺寸实例[51]

3.2　接缝沟

　　在混凝土管片及充填混凝土钢管片中，作为防水工程的一个环节，多在管片内表面设置接缝沟。在充填混凝土管片中为了环肋的防腐蚀使用接缝沟，但一般是在密封材料无法完全防水时，通过设置接缝将漏水导流到底拱。接缝沟的形状一般如图Ⅲ.3.4所示，特别对混凝土管片，接缝沟还可以防止管片端部的破裂与损伤。在东京地铁（株式会社）的《一般设计图及标准图》[51]中给出了接缝沟的形状与尺寸的实例，可以参考。

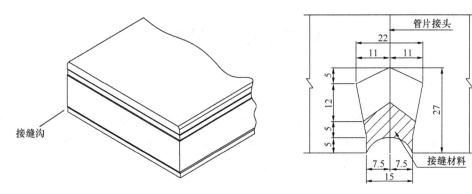

图Ⅲ.3.4 接缝沟与接缝沟的尺寸实例[51]

4 注浆孔与起吊环

4.1 注浆孔

为了将壁后注浆材料注入盾尾间隙中而在管片上设置的孔称为注浆孔。为了进行均匀的壁后注浆，多在各个管片上设置注浆孔。但因注浆孔与管片背面相贯通，容易成为漏水的原因，也有只在构成管片环的一部分管片上设置注浆孔的实例。最近在中口径以上的盾构隧道中，采用在管片环挤向地层的同时从盾构机进行壁后注浆的方式进行施工的实例在增加，即使考虑到注浆管会堵塞的情况及二次注浆、或者在小间距平行设置隧道的情况下以补充注浆为目的，多主要只在 B 型管片上设置注浆孔。

注浆孔如图Ⅲ.4.1所示，作为注浆孔主体的有安装在管片中的插口与二次注浆用的螺纹接管及作为注浆孔塞的插塞与盖帽。图Ⅲ.4.2表示了注浆孔的位置与安装部位的实例。如图Ⅲ.4.3及图Ⅲ.4.4所示，为了防止在打开注浆孔塞时来自地层水与土砂的喷入，一般在注浆孔中设置反向停止阀，或者在插塞与盖帽上安装 O 型环来防止漏水。

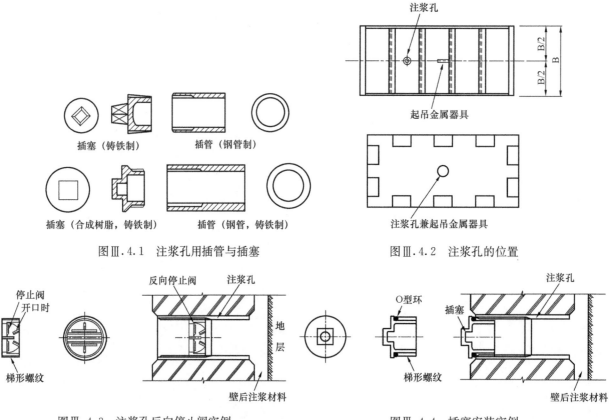

图Ⅲ.4.1 注浆孔用插管与插塞

图Ⅲ.4.2 注浆孔的位置

图Ⅲ.4.3 注浆孔反向停止阀实例

图Ⅲ.4.4 插塞安装实例

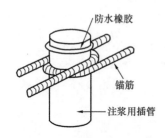

图Ⅲ.4.5 注浆孔的防水
（混凝土管片）

应该在考虑使用材料后决定注浆孔直径，一般多使用内径为 50mm 左右的注浆孔。另外，因在混凝土管片与铸铁管片中多将注浆孔与起吊孔兼用，多使用直径比钢管片大的注浆孔。在混凝土管片中因注浆孔采用与混凝土相异的材料，二者之间容易产生界面。因此，有从注浆孔周围发生漏水的事例。这时，如图Ⅲ.4.5所示在注浆孔的插管周围嵌进橡皮筋状的防水材料（氯丁橡胶与遇水膨胀橡胶）是一种有效的防水方法。

此外，对注浆孔塞多使用 JIS B2301《扭入式可动铸铁管接头》及 JIS B2302《扭入式钢管制管接头》中的标准产品及 ABS 树脂，聚苯醚树脂（PPE）等合成树脂及铸铁产品。有必要考虑在使用铸铁及钢制品时长期使用的劣化及合成树脂制品的拧紧力。

4.2 起吊环

为了移动、运输搬送及拼装等目的要在管片上设置起吊环。

在钢筋混凝土管片与铸铁管片中起吊环多与壁后注浆孔并用，在钢管片中起吊环所用的金属器具与壁后注浆孔分别设置。考虑到管片起吊时的平衡，多尽力将起吊环布置在管片重心附近。

必须保证在运输搬送及拼装时的荷载作用下任何管片都处于安全状态来设计起吊环，在《标准管片》中，使混凝土管片具有可以完全支持 1 环重量的结构，使钢管片具有可以承受管片的自重及耐冲击的结构来进行设计。但对于大断面混凝土管片，管片 1 环的重量变得非常大，起吊环有变得极大的情况。这时，也可采用构成隧道的最大管片重量、设定合适的安全率来进行设计。

另外，在混凝土管片与铸铁管片中，在采用同步注浆及专用注浆孔时，从防止漏水的观点出发多使用与管片外侧面没有贯通的专用起吊孔。

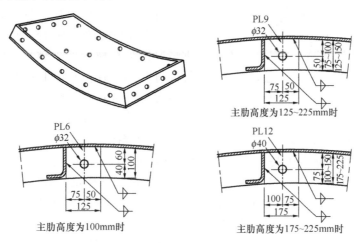

图Ⅲ.4.6 起吊环用金属器具实例（钢管片）

5　接头角度与插入角度

通过在半径方向上插入 K 型管片闭合管片环时，有必要在 K 型管片上设置接头角度。如图Ⅲ.5.1 所示，接头角度 α 可以由式（Ⅲ.5.1）来表示。

$$\alpha = \theta_K \times 1/2 + \omega \qquad （Ⅲ.5.1）$$

这里，

　　θ_K：K 型管片的中心角；

　　ω：作为 K 型管片插入时的裕量必要的角度。

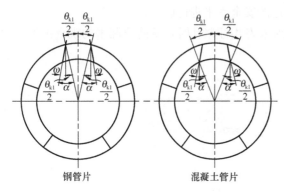

钢管片　　　　　混凝土管片

图Ⅲ.5.1　接头角度

作为插入裕量，必要的角度 ω 一般取为 $2.5°\sim 3.5°$，在不损害作业性的前提下最好取得尽可能小。

随着接头角度变大，在管片接头面上有由结构计算所得的剪力，还有轴力引起的剪力。为此，管片接头面变得容易滑动，轴力与剪力的传递变得困难，根据情况接头有螺栓发生破坏，K 型管片脱落的可能性。将 K 型管片接头面上发生的剪力记为 Q_0，则可以由接头面的力的平衡计算出 Q_0。详细可以参照图 Ⅰ.7.3 及式（Ⅰ.7.5）。

Q_0 随着接头角度 α 及管片环上所产生的轴力 N 而变化，α 与 N 变大时，Q_0 也随着变大。在地下水位高时因在管片环上产生了很大的轴力，在接头面上产生的剪力 Q_0 变大。这时，因考虑到 Q_0 会导致 K 型管片的接头螺栓发生破坏，有必要对采用轴向插入 K 型管片进行充分的验算。此外，接头面的静止摩擦系数因管片接头螺栓的拧紧状态、管片环的变形、密封材料的材质及厚度而变动，并不是一定的，有必要对此加以注意。

半径方向插入型时，因必须设定接头角度 α，K 型管片会受到剪力 Q_0 的影响，常常有比所定位置稍微下沉的倾向。因此，宜将接头角度设计的尽可能小。特别在小断面的隧道中，因 K 型管片的分块角度有变大的倾向，有必要加以注意。

此外，在为轴向插入型时，有必要设置 K 型管片的插入角度。K 型管片的插入角度 θ_0 也会依据施工条件而不同，但取为 $7°\sim 22°$ 的实例比较多。在为轴方向插入 K 型管片时，一般不需设置接头角度 α_0。但在 K 型管片的分割角度大及管片厚度大时，因插入角度会变得过大，盾构机长度变长，即使对轴向插入型也有设定接头角度的事例，有最大取为 $21.5°$ 的实例。但是，由此导致拼装 K 型管片时管片后移量变大，使工程费用增加，有必要进行综合判断。

图Ⅲ.5.2 中表示了轴方向插入型管片的插入角度与接头角度的关系。

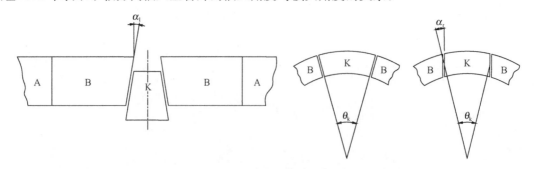

图Ⅲ.5.2　轴方向插入型管片的插入角度与接头角度

6 楔 形 环

6.1 楔形环的种类

根据使用目的，楔形环可以分为 2 类，即为了曲线施工与为了确保线形。一般曲线施工用楔形环多使用两面楔形环，即在开挖面与基坑口的两面设置楔形面。将缓曲线用楔形环及为了确保线形进行蛇行修正用楔形环并用，采用单面楔形环，即只对单面采用楔形面。这样楔形环的种类不会增加，有很多采用这种设定的实例。

但在轴向插入 K 型管片及环间接头上，采用销插入型在开挖面与及基坑口采用形状不同的接头时，由于管片环具有方向性，楔形环的种类有所增加。此外，也有采用钢铁制楔形平板环代替楔形管片来进行蛇行修正的事例。

6.2 楔形环的使用量

在曲线处使用的楔形环，一般将楔形量设为定值，根据曲线半径的大小变换楔形环与标准环的组合来进行使用。但是全部使用楔形环时，会使蛇形修正变得很困难，应在使用一定数量标准环的前提下来决定组合方式。

根据带给隧道线形及盾构操作稳定性影响的周边地层状况，蛇行修正用楔形环的数量有所不同，通常在直线区间使用的环数大致在 3% 左右。但随着最近施工技术的提高，其使用比率有减少的倾向。

6.3 楔形环的楔形量

依据管片的种类、管片宽度、管片环的外径、曲线半径及楔形环与标准环的组合来决定楔形量，但有必要注意大楔形量时会给管片的制作及施工时盾尾间隙的减少带来影响。

此外，在小曲线半径时也有使用与直线处不同宽度楔形环的事例。这时，楔形环的最小宽度依据管片的材质而不同，钢管片为 250mm 左右，直线处的管片宽度为 900～1000mm 的混凝土管片多取为 750mm 左右。此外，在进行极小曲线半径的曲线施工时，多使用管片宽度自由度高的钢管片，有必要充分注意施工中盾尾间隙的减少。在图Ⅲ.6.1 及表Ⅲ.6.1 中表示了管片的外径与楔形量、楔形角的实例。

此外，在"第Ⅴ篇 参考资料 17. 楔形环楔形量的计算方法"中表示了楔形量计算方法的例子，可以参考。

楔形量与楔形角   表Ⅲ.6.1

		$D_o<4m$	$4m{\leqslant}D_o<6m$	$6m{\leqslant}D_o<8m$	$8m{\leqslant}D_o<10m$	$D_o{\geqslant}10$
标准管片 （钢管片）	楔形量	15～90	15～80	—	—	—
	楔形角	0.25～2.0	0.2～1.1	—	—	—
标准管片 （混凝土管片）	楔形量	15～60	20～75	25～90	—	—
	楔形角	0.25～1.0	0.2～0.9	0.2～0.75	—	—
实 例	楔形量	15～110	15～90	25～90	20～90	30～80
	楔形角	0.25～2.33	0.2～1.3	0.27～0.8	0.1～0.75	0.1～0.4

依据施工条件与线形，对有必要采用比这些实例大的楔形量及楔形角时和对大断面和特殊断面，在进行充分论证的基础上，应根据各自的情况来确定楔形量与楔形角。在曲线半径比较大的铁路与公路隧道中，减少楔形环使用比例的实例较多。

楔形平板环楔形量的考虑方法与楔形环相同。

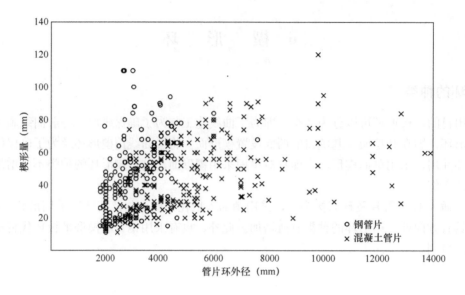

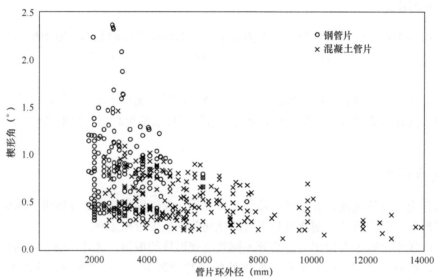

图Ⅲ.6.1　楔形量、楔形角的使用实例

7　钢筋的一般要求

7.1　钢筋的保护层厚度与间距

(1) 保护层厚度

为了保证钢筋充分的粘结强度及防锈，有必要设定钢筋的保护层厚度，依据混凝土品质、钢筋半径、隧道内外的环境条件等来决定其数值（表Ⅲ.7.1）。在《标准管片》中规定，因管片是在严格的品质管理下生产的工场产品，与现浇混凝土相比具有水灰比小等特点，在设有二次衬砌时原则上钢筋的最小保护层厚度为13mm以上，仅限于楔形管片的环接头面为10mm以上。在不设二次衬砌时，最小保护层厚度一般环境下为25mm以上，腐蚀性环境下为35mm以上。关于保护层厚度规定的详细情况可以参考"第Ⅰ篇容许应力设计法8.4防腐蚀与防锈"。

另外，为了管片环拼装位置的对应及管片的识别，在模板上刻上记号或在管片上刻印，这些都必须注意不能侵入保护层。

受力钢筋直径与保护层厚度实例　　　　　　　表Ⅲ.7.1

受力钢筋直径	分布钢筋	混凝土表面到受力钢筋中心的距离	保护层厚度
D16 以上	D10	35 以上	17 以上
D19~D22	D10~D13	40	16~20.5
D25	D13	45	19.5

(2) 间距

依据《混凝土设计规范》的"[设计篇：标准] 第5篇　详细配筋"及"[施工篇：特殊混凝土] 14章　工场制品"，受力钢筋水平方向上的间距一般取为20mm以上、粗骨料最大尺寸的5/4或受力钢筋直径以上。但此值是在考虑采用振动台进行混凝土振捣时的数值，在不使用振动台而使用内部振动机时，有必要另行论证。

此外，在《标准管片》中，只限于楔形环受力钢筋的最小间距为粗骨料最大尺寸以上。在管片中有受力钢筋、分布钢筋及锚筋、加强钢筋等。为此，在接头的周围钢筋错综复杂，有很难保证钢筋间距的情况。这时，一般将钢筋间距取为最大粗骨料尺寸以上。

7.2　钢筋的加工，接头与固定

钢筋的加工形状原则上遵循《混凝土设计规范》中的"[设计篇：本篇] 第13章　关于钢筋的构造细节"来进行。在本书中，依据弯钩的有效性及钢筋弯曲加工的难易程度来决定由钢筋的弯曲端部直线延长的长度。但钢筋自身及制作上的原因不依据本书规定时，应参考类似事例，由试验等确认钢筋的性能、弯曲加工性能、混凝土的充填性能后再进行设计。

在表Ⅲ.7.2中表示了《混凝土设计标准》"[设计篇：本篇] 第13章　关于钢筋的结构细节"中钢筋的弯曲内半径。

钢筋的弯曲内半径　　　　　　　表Ⅲ.7.2

种　　类		弯曲内半径	
		弯钩	箍筋
普通圆钢	SR235	2.0φ	1.0φ
	SR295	2.5φ	2.0φ
异形钢筋	SD295	2.5φ	2.0φ
	SD345	2.5φ	2.0φ
	SD390	3.0φ	2.5φ
	SD490	3.5φ	3.0φ

在考虑混凝土可以充分到达边角部位，不会损伤钢筋的材质，弯钩可以起到充分作用时，将钢筋的弯曲内半径取得比 JIS G3112"钢筋混凝土用钢筋"中弯曲试验所规定的内侧半径要稍大。在过去的实例中，为了减少管片边角部及棱线部无筋的范围，也有将钢筋的弯曲内半径取得比上表中的数值小 0.5ϕ 左右的事例。

在管片中，配置的钢筋有受力钢筋及分布钢筋，另外还有架立钢筋、锚筋、加固筋等，若还要设置钢筋接头，从保证钢筋间距的角度出发可以说是很困难的。因此，原则上不设置钢筋接头。

在管片中为了固定而使用的钢筋有接头及起吊金属器具的锚筋。为了充分发挥固定钢筋的强度，有必要保证所需的固定长度以使钢筋端部不会从混凝土中拔出，或者对钢筋打弯或使用固定器具将钢筋牢靠地固定在混凝土中。本来管片接头锚筋的主要作用是将接头处的拉力传递给受力钢筋，所以应该和受力钢筋一起设计，但在现实中为了方便几乎都将其只作为固定接头的钢筋来进行设计。在《标准管片》中，根据异形钢筋的拉拔试验结果，异形钢筋的埋入长度为约 12 倍左右钢筋直径时，可以承载与钢筋屈服点相当的拉力。因此，如果将锚筋的固定长度取为钢筋直径的 12 倍以上时，可以不在钢筋的端部设置弯钩。

7.3 受力钢筋

(1) 受力钢筋的配置

一般在混凝土管片中，因在管片的中央配置起吊环，进行偶数配筋的实例较多，但因接头形状及锚筋等影响也有进行奇数配筋的情况。此外，在《标准管片》中，即使对运输搬送、操作、拼装时等所产生不可预测的荷载，为了得到不会对实用产生影响的强度，也应对正负弯矩进行同一配筋。

(2) 配筋量

在混凝土断面上当抗拉钢筋量极少时，在裂缝发生后抗拉钢筋立即屈服，表现出脆性破坏的现象。另一方面，在抗拉钢筋过多时，混凝土的受压破坏先发生，仍表现出脆性破坏的现象，并要考虑对混凝土充填性能的影响。因此，在限制混凝土管片的最小配筋比与最大配筋比时，有必要对其进行考虑。在过去的实例中，混凝土管片的抗拉钢筋比在0.4%~2.2%的范围内，设定最小及最大钢筋比时可以参考此数据。但在抗拉钢筋比超过 1.2%时，在充分注意钢筋配置的同时，最好能考虑采用充填性能高的混凝土。

7.4 分布钢筋，架立钢筋及其他钢筋

在一般的圆形隧道中，为了固定钢筋笼也可将分布钢筋作为架立钢筋来使用。在《标准管片》中，因可以靠架立钢筋起到分布钢筋的效果，其间隔规定为 300mm 以下，也允许使用与受力钢筋不同种类的钢筋。

另一方面，在具有中壁及中柱的圆形隧道及多圆形隧道中，有些部位成为支点时或在矩形隧道的角部，因其位置上的剪力变得很大，必须配置抵抗剪力的箍筋与分布钢筋。

此外，即使对一般的圆形隧道在抗拉钢筋比超过 1%时或对抗拉钢筋比在 1%以下的小断面隧道中，也有弯曲破坏会先期发生，构件的变形导致管片内径侧的混凝土发生剥落而破坏的事例，必须加以注意。另外，关于具体的配筋事例，可参考"第Ⅳ篇设计计算实例"。

8 其   他

8.1 焊接

对焊接结构物的可靠度来说，焊接处的质量特别重要。应选用可以保证所需要的管片形状、凹槽形状及强度的作业方法及顺序，正确及谨慎地进行施工。作为参考，表Ⅲ.8.1 中介绍了在《标准管片》中所用的焊接部位尺寸的实例，图Ⅲ.8.1 中介绍了焊接要领与尺寸的实例。

另外，在表Ⅲ.8.2 中表示了混凝土管片的接头金属构件等中焊接部位的一般尺寸，在图Ⅲ.8.2 中给出了接头金属焊接要领实例。

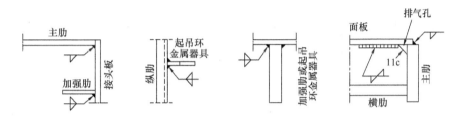

面板厚度为3.2mm以下（管片外径为4050mm以下）时省略加强肋。

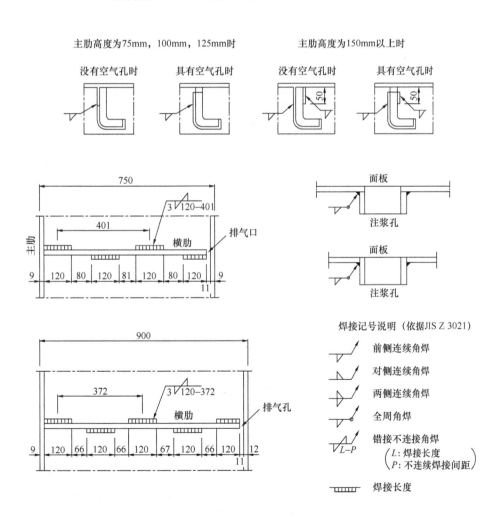

图Ⅲ.8.1 钢管片的焊接要领及尺寸实例

《标准管片》中焊接部位尺寸（mm）　　　　　　　　　表Ⅲ.8.1

焊接部位	作为焊接对象的构件与板厚		尺寸	尺寸容许误差
环肋 加强板 } 与面板	接头板	8 9 10 12 14 16 19 22	6 6 6 6 7 8 8 8	＋不加规定 －1.0
环肋 起吊金属器具 } 与纵肋	纵肋	7 8 9 10 12	6 6 6 6 6	＋不加规定 －1.0
环肋，接头板 纵肋，加强肋 起吊金属器具 } 与面板	面板	3 3.5 4	3 3.5 4	＋不加规定 －0.5
面板与注浆孔	注浆孔	—	3	＋不加规定 －0.5

焊接部位尺寸（mm）　　　　　　　　　表Ⅲ.8.2

焊接部位	作为焊接对象的构件与板厚		尺寸
接头板与托板	托板	6 9 12 14 16 19	4 6 7 8 9 10
托板与锚筋	锚筋	D13 D16 D19 D22	（焊接厚度） 5 6 7 8

　　此外，采用表Ⅲ.8.2中所示数据以上的板厚时，基于《道路桥规范》，对不承受拉力、板厚比较大的接头处的角部焊接，焊接长度设为 $\sqrt{2}t$，或设为焊接板厚以下。另外，有必要对承受拉力作用的接头进行充分的讨论。

8.2　排气

　　将钢管片作为一次衬砌的盾构隧道多进行二次衬砌的施工。在浇筑二次衬砌的混凝土时，在纵肋的下部会残留空气，使完全填充混凝土变得困难。将这些残留空气排出的空气排出口如图Ⅲ.8.3所示在钢管片纵肋的单侧，或者箱形铸铁管片纵肋的中央部分别设置缺口。此外，即使设置了排出空气的缺口，也无法排除在环的顶部（如图Ⅲ.8.4所示滞留线以上）的空气。因此作为除去这些滞留空气的方法，多使用图Ⅲ.8.5所示的管片间U形管、环间U形管及向模板外排出的U形管。

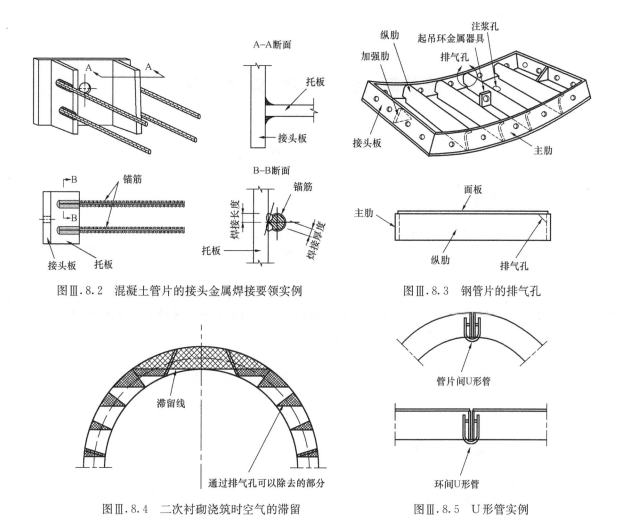

图Ⅲ.8.2 混凝土管片的接头金属焊接要领实例

图Ⅲ.8.3 钢管片的排气孔

图Ⅲ.8.4 二次衬砌浇筑时空气的滞留

图Ⅲ.8.5 U形管实例

第Ⅳ篇 设计计算实例

1 序 论

1.1 关于设计计算实例

本篇为"第Ⅰ篇 容许应力设计法","第Ⅱ篇 极限状态设计法"中所述设计方法的具体实例，可有助于对相应章节的理解，但要注意本篇的内容并不是根据标准设计方法进行设计，得到的最合理构件设计的结果。

依据实际情况，采用与本篇不同的方法进行设计计算及验算的事例也有很多。特别在使用极限状态设计法时，根据设计条件与施工条件，可以采用多种计算方法与验算方法来设定安全系数。因此，在实际的设计中，依据"第Ⅰ篇 容许应力设计法","第Ⅱ篇 极限状态设计法"等，在充分理解设计要求的基础上，有必要采用合理的方法来进行设计。

在实际的设计中，应该避免不充分理解设计内容、而是单纯地模仿与本设计实例相同的内容进行计算。

1.2 关于设计计算实例的注意事项

以下表示了在参照本设计计算实例时的注意事项。除此以外应该注意的事项还有很多，在充分理解《隧道设计规范》及本书其他章节的内容基础上进行设计是很重要的。

(1) 结构计算方法

在容许应力设计法与极限状态设计法中分别使用"修正惯用计算法"与"梁-弹簧模型计算法"来进行设计计算实例中的结构计算。

当然在根据容许应力计算法进行结构计算时也可以采用梁-弹簧模型计算法。在接头影响大的大断面盾构隧道中使用梁-弹簧模型的实例有很多。这时可以采用与极限状态设计法中的使用极限状态验算相同的结构模型来进行计算，将其结果作为参考。通过使用梁-弹簧模型计算法，可以比较定量地验算环间接头。

在极限状态设计法的结构计算中使用修正惯用计算法时应注意一些问题。在极限状态设计法中，有必要分别验算管片主断面及接头等部位的安全性。在修正惯用计算法中，因无法得到接头的断面内力、变形量及管片环的变形量，无法对其进行验算。为此，在使用极限状态设计法设计管片时，推荐使用梁-弹簧模型计算法。

另外，在结构计算中也可以考虑管片环的三维特征，建立管片的壳或实体单元模型来进行计算。由于建模比较繁杂，在实际设计中，除特别的场合外，多使用梁-弹簧模型计算法。

(2) 关于梁-弹簧模型计算中的荷载过程问题

在设计计算实例中，通过2个计算步骤来进行计算，即①对管片自重的计算；②对水土压力等荷载的计算。这是一种针对由管片自重引起的变形，不考虑其地层抗力的方法。

对此，也有将管片的自重及水土压力等在1个步骤中进行计算的方法。此外，还有考虑到后续计算中断面内力及变形的过程问题，另行对管片自重及水土压力进行计算，然后迭加计算所得的断面内力与变形的方法。

因此在结构计算中，在考虑荷载作用的过程、所要求的计算精度等基础上，有必要对计算步骤的选择进行论证。

(3) 关于分步计算中断面内力与变形的历程

分步计算是将前步的断面内力与变形作为后步的初始状态来进行计算的方法。在前后的计算步骤中，如果改变构件的刚度，会出现断面内力及变形不连续的问题。在设计算例的步骤 1（管片的自重计算）与步骤 2（水土荷载计算）中，考虑到管片上所产生轴力的大小，将管片接头的转动刚度系数设为不同的数值（参照图Ⅳ.1.1）。这时，如果将在步骤 1 中计算所得的弯矩（M）与转角（θ）作为第 2 步的初状态，则与步骤 2 中所设定的 $M\theta$

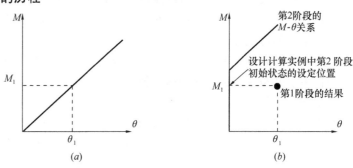

图Ⅳ.1.1 分步计算引起的断面内力与变形的过程问题
(a) 自重计算时管片接头的 M-θ 关系；
(b) 水土压力计算时管片接头的 M-θ 关系

曲线发生了偏移。在设计计算例中，将步骤 1 的断面内力作为步骤 2 的初始状态，设定如图Ⅳ.1.1 所示的位置。此外，也有将步骤 1 的变形作为步骤 2 的初期状态的考虑方法。

综上所述，最好能在计算步骤间设定相同的非线性构件特性（M-θ 关系等）。依据荷载状态（管片自重及水土压荷载、地震时的影响等）轴力会发生很大变化，如同设计计算例，在现状中对管片采用同一种类的轴力来设定构件的特性是很困难的。

因此，可以依据不同的轴力来设定构件特性，采用与发生轴力相对应的构件特性来进行结构计算的方法。但是，现在以管片设计为目的，具有这些功能的结构计算程序并不多。此外，在具有这些功能的通用程序中，建立反映管片环特征的接头模型变得复杂，设计计算工作量也很大。由于这些原因，进行分步计算的实例很少。

(4) 管片接头刚度与验算方法

有必要注意管片接头的刚度设定模型与验算模型的一致性。通过转动弹簧系数来赋予管片接头刚度。在依据极限状态设计法进行混凝土管片设计计算的实例中，按照《铁路设计规范》的方法来设定转动弹簧系数。这种方法是将接头的受拉钢材（螺栓等）作为弹簧来计算中和轴的位置。另一方面，在接头验算与开裂量的计算中，将接头螺栓看作钢筋混凝土断面的钢筋，使用螺栓的弹性模量来计算中和轴位置。因对接头抗拉性能考虑方法的差异，在设计计算实例中接头刚度的计算模型与承载性能验算模型没有一致性。这是由于依据接头刚度计算方法中的模型来评价承载性能的事例不多的原因。因此，在实际设计时，尽量使接头的验算模型与转动弹簧系数的计算方法具有一致性。

此外，在转动弹簧系数设定时不考虑轴力而只在校核时考虑轴力，有必要充分注意这些计算方法所产生的偏差会使设计趋于危险。

(5) 关于环间接头验算

1）依据容许应力设计法的验算

在设计算例中，因为使用修正惯用设计法不能得到环间接头的断面内力，没有进行环间接头验算。这时，一般多采用与管片接头相同或者刚度稍小的规格来进行环间接头设计。另一方面，在结构计算中采用梁-弹簧模型计算法时，因可以直接得到环间接头的断面内力，可以利用环间接头的断面内力来进行验算。此外，在进行抗震验算等纵断方向的设计时，可以依据由地震动引起的环间接头的拉力来进行验算。

2）环间接头的验算方法

极限状态设计法中针对螺栓的剪切承载力来进行混凝土管片的环间接头验算。但在进行环间接头的剪切试验时，由于螺栓的剪切会产生螺栓盒先被拔出的破坏情况。为此，在设计中也有必要考虑螺栓箱的拔出所造成的破坏，但没有标准的方法，计算事例也很少。在对螺栓箱的拔出造成的破坏进行验算时，可以考虑参考过去的研究事例[4]来进行验算。

(6) 关于接头的杠杆反力

在钢管片等构件中，在接头板处有杠杆反力产生的情况。在实际的设计工作中，进行杠杆反力的计算并非不可能，但很复杂。在《隧道设计规范》中，将螺栓的容许应力取为 1/1.25 来设定容许应力。为此，在设计计算实例中没有考虑杠杆反力。在没有杠杆反力产生时，也可以取 1.25 倍容许应力度。

但是，杠杆反力依据接头板的刚度、螺栓的刚度及配置、接头所发生的断面内力而发生变化。特别在极限状态设计法中的承载力极限状态中，会有很大的力发生。接头板的一部分发生塑性化，杠杆反力有变得非常大的可能性。

为此，今后有必要考虑采用包含杠杆反力作用的接头设计方法来进行设计。

（7）关于开裂量、错缝量的极限值

根据密封材料的设计条件来设定张开量与错缝量的极限值。在管片上产生的开裂量与错位可以考虑为由施工误差引起部分与水土压荷载引起部分的合计值。由施工误差引起部分与水土压荷载引起部分的合计值来决定密封材料的张开量与错缝量的设计值。但根据结构计算结果验算张开量与错缝量时，应注意此种验算没有包含施工误差。

因此，在设计计算实例中，将施工误差设为由密封材料设定极限值的 1/2。在实际的设计中，希望能基于开裂量及错位量的施工误差的调查结果来设定施工误差。考虑施工误差后再进行极限值设定的实例虽然很少，但过去也有研究实例[48]，可以参考。

（8）关于千斤顶推力的验算

在设计计算事例中，根据 1996 年版的《隧道设计规范》[52]进行千斤顶推力验算。但在现行的《隧道设计规范》中，修改了千斤顶推力作用的位置（参照图Ⅳ.1.2，图Ⅳ.1.3）。这是按照千斤顶的实际作用状态，对千斤顶推力的中心位置修正后的结果。在设计计算实例中与过去的设计相比，千斤顶推力的偏心量对环肋有变小的倾向。另一方面，也应考虑在施工中可能偏离千斤顶中心的设计位置，有使设计偏于危险的可能性。

在实际设计工作中，在管片的配置、盾构千斤顶的布置及顶垫形状明确的条件下，在可以判断依据现行的《隧道设计标准》中的方法进行验算没有问题时，也能得到合理的设计。

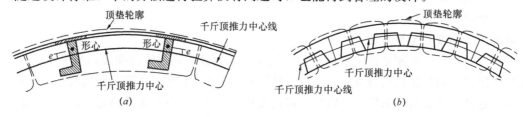

图Ⅳ.1.2　1996 年版《隧道设计规范》[52]中千斤顶推力的中心位置
(a) 钢铁管片；(b) 混凝土管片

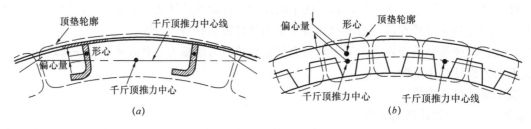

图Ⅳ.1.3　2006 年版《隧道设计规范》中千斤顶推力中心位置
(a) 钢管片；(b) 中子形管片

（9）关于极限状态设计法中的铸铁管片主断面的承载能力极限状态的验算

在设计计算实例中，按照全塑性承载力来进行验算。但对没有二次衬砌的钢铁管片，因主断面的一部分发生了塑性化，有产生局部屈曲的可能。为此，在《隧道设计规范》中，在没有二次衬砌及填充混凝土时，考虑局部屈曲后来进行验算。

另一方面，铸铁管片主要应用于中口径到大口径隧道的大荷载区间与特殊结构区间，虽多在没有二次衬砌的状态下使用，但到目前为止还没有产生屈曲等结构性问题。此外，在"第Ⅴ篇 参考资料 18 极限状态设计法的参考资料"中所示的箱形试件直到塑性区的压缩试验及对制品进行直到全塑性弯曲的单体弯曲试验（正弯曲）结果中，确认了对任何一种试验都具有相当于全塑性以上的承载力。但在弯曲试验中负弯矩会成为环肋局部屈曲的主要影响条件，今后希望能依据负弯曲试验来确认。

依据全塑性承载力进行验算时，在充分把握上述状况的基础上来进行计算。在考虑到局部屈曲发生时，可以将达到屈服应力时的断面承载力作为极限值来进行验算。

2　依据容许应力设计法的设计计算实例

2.1　钢管片实例

(1) 设计概要

参照图Ⅳ.2.1。

(2) 设计条件

1) 荷载条件

覆土厚度	$H=10.0\mathrm{m}$
地下水位	$H_w=8.0\mathrm{m}$
土的重度	$\gamma=17.0\mathrm{kN/m^3}$
隧道通过的土质	$N=2$ 的黏性土
侧向土压力系数	$\lambda=0.75$
地层抗力系数	$k=2500\mathrm{kN/m^3}$
地面超载	$p_0=10.0\mathrm{kN/m^3}$

盾构机千斤顶推力

$$P=1000\mathrm{kN/个}\times 10\ 个=10000\mathrm{kN}$$

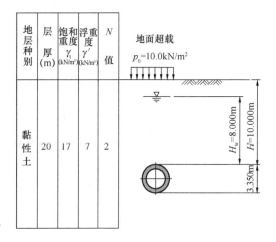

地层种别	层厚 (m)	饱和重度 γ_t (kN/m³)	浮重度 γ' (kN/m³)	N 值
黏性土	20	17	7	2

地面超载 $p_0=10.0\mathrm{kN/m^2}$

$H_w=8.000\mathrm{m}$　$H=10.000\mathrm{m}$　$3.350\mathrm{m}$

图Ⅳ.2.1　设计条件概要(钢管片)

2) 管片的形状与尺寸

管片形状 S47 (《标准管片》的标准编号)

管片外径	$D_o=3350\mathrm{mm}$
管片内径	$D_i=3044\mathrm{mm}$
管片形心半径	$R_c=1606\mathrm{mm}$
管片宽度	$b=1000\mathrm{mm}$
管片厚度	$h=153\mathrm{mm}$
分块数	5 块
环肋板厚	$T=12\mathrm{mm}$
环肋根数	2 根
面板厚度	$t=3.0\mathrm{mm}$
纵肋	$PL-8\times210$

螺栓 M20×55(4.6)，管片接头螺栓 4 个×5＝20 个，环间接头螺栓 26 个

3) 断面内力的计算方法

采用抗弯刚度有效率 $\eta=1$，弯矩增加率 $\zeta=0$ 的修正惯用计算法(与惯用计算法相同)

4) 使用材料与容许应力

①钢材 SM490A(JIS G3106)

弹性模量	$E_s=210\mathrm{kN/mm^2}$
容许受弯抗拉应力	$\sigma_{ta}=215\mathrm{N/mm^2}$

容许轴压缩应力　当 $0<l/r\leqslant 8$ 时，$\sigma_{ca}=215\mathrm{N/mm^2}$

当 $8<l/r\leqslant 115$ 时，$\sigma_{ca}=\sigma_y-1.42(l/r-8)\mathrm{N/mm^2}$，这里 l/r 为长细比

屈服点应力	$\sigma_y=325\mathrm{N/mm^2}$
容许剪切应力	$\tau_a=125\mathrm{N/mm^2}$

②螺栓

容许抗拉应力	$\sigma_{bta}=120\mathrm{N/mm^2}$
容许剪切应力	$\tau_{ba}=90\mathrm{N/mm^2}$

(3) 设计荷载的计算

在垂直荷载计算中，因为黏性土（$N<8$），采用全覆土压力，采用水土一体的水土处理方式计算设计荷载。

1）垂直荷载 p_1

$$p_1=p_0+\gamma+H=10.0+17.0\times10.0=180.00\text{kN/m}^2$$

2）顶部水平荷载 q_1

$$q_1=\{p_1+\gamma\times(D_o/2-R_c)\}\times\lambda=\{180.00+17.0\times(3.350/2-1.606)\}\times0.75=135.88\text{kN/m}^2$$

3）底部水平荷载 q_2

$$q_2=\{p_1+\gamma\times(D_o/2+R_c)\}\times\lambda=\{180.00+17.0\times(3.350/2+1.606)\}\times0.75=176.83\text{kN/m}^2$$

4）自重引起的底部反力荷载 p_g

管片每1环的重量 W：

$$W=9.610\text{kN/Ring}\quad（注：/\text{Ring 表示单位管片宽度}）$$

$$g=\frac{W/b}{2\pi\cdot R_c}=\frac{9.610/1.0}{2\times\pi\times1.606}=0.95\text{kN/m}^2$$

$$p_g=\pi\cdot g=\pi\times0.95=2.99\text{kN/m}^2$$

5）变形量与地层抗力

使用表 I.5.4 的公式计算考虑地层抗力后的变形量 δ。

$$\delta=\frac{(2p-q_1-q_2)R_c^4}{24(\eta EI+0.0454kR_c^4)}=0.0049\text{m}$$

但，形心半径 R_c 与断面惯性矩 I 由（4）来进行。

地层抗力 q

$$q=k\cdot\delta=2500\times0.00492=12.29\text{kN/m}^2$$

6）设计荷载

参考图 IV.2.2。

(4) 断面几何参数的计算

1）断面规格

环肋板厚 $T=12\text{mm}$

环肋高度 $h=150\text{mm}$

环肋根数   2 根

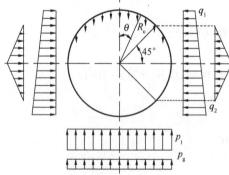

面板厚度 $t=3.0\text{mm}$

2）断面面积 A_0

$$A_0=2\cdot\Sigma A=4050\text{mm}^2/\text{Ring}$$

3）形心位置 y_0，y_i

$$y_o=\frac{\Sigma A\cdot y}{\Sigma A}=69.5\text{mm}$$

$$y_i=h+t-y_o=83.5\text{mm}$$

p_1：垂直荷载$=180.00\text{kN/m}^2$

q_1：顶部水平荷载$=135.88\text{kN/m}^2$

q_2：底部水平荷载$=176.83\text{kN/m}^2$

p_g：自重引起的下部反力荷载$=2.99\text{kN/m}^2$

$k\cdot\delta$：地层抗力$=12.29\text{kN/m}^2$

g：管片自重$=0.95\text{kN/m}^2$

R_c：形心半径$=1.606\text{m}$

图 IV.2.2 设计荷载

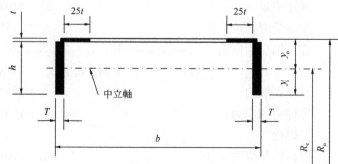

图 IV.2.3 主肋的有效断面

4）断面惯性矩 I

$$I=2 \cdot (\Sigma I_o + \Sigma A \cdot y^2 - A \cdot y_o^2) = 9.091 \times 10^6 \, mm^4/Ring$$

5）断面系数 Z_o，Z_i

$$Z_o = \frac{I}{y_o} = 130800 \, mm^3/Ring$$

$$Z_i = \frac{I}{y_i} = 108900 \, mm^3/Ring$$

管片半部分的断面性能表　　　　　　　　　　　表Ⅳ.2.1

	宽度 (mm)	高度 (mm)	面积 (mm²)	重心 (mm)	断面静矩 $A \cdot y(mm^3)$	$A \cdot y^2$ (mm⁴)	断面惯性矩 (mm⁴)
面　板	75.0	3.0	225	1.5	337.5	506.25	168.75
主　肋	12.0	150.0	1800	78.0	140400	10951200	3375000
合　计			2025		140737.5	10951706	3375168.8

(5) 断面内力(弯矩，轴力，剪力)的计算

使用惯用计算法进行分析。由表Ⅰ.5.4计算出各个荷载的 M，N，Q，叠加其结果作为管片断面内力。

计算结果如表Ⅳ.2.2所示。θ 为管片顶点开始的角度。

断面内力的计算结果　　　　　　　　　　　　表Ⅳ.2.2

θ (°)	M (kN·m/m)	N (kN/m)	Q (kN/m)	θ (°)	M (kN·m/m)	N (kN/m)	Q (kN/m)	θ (°)	M (kN·m/m)	N (kN/m)	Q (kN/m)
0	14.513	245.423	0.000	70	−10.964	288.715	−6.217	130	−0.780	281.437	12.650
10	13.426	247.187	−7.642	80	−11.902	291.053	−0.595	140	2.708	277.793	12.033
20	10.354	252.191	−13.962	90	−11.408	291.392	3.855	150	5.836	274.700	10.099
30	5.827	259.623	−17.879	100	−9.837	290.340	7.291	160	8.279	272.422	7.211
40	0.621	268.308	−18.748	110	−7.380	288.125	10.113	170	9.823	271.047	3.740
50	−4.383	276.887	−16.500	120	−4.260	285.032	11.974	180	10.350	270.589	0.000
60	−8.408	283.948	−11.936								

(6) 主断面的设计

1）对弯矩与轴力的设计

① 考虑局部屈曲后容许应力的验算

对由局部屈曲影响带来的容许应力是否折减进行验算。通过采用对局部屈曲最严格的条件，应力斜率(ϕ)为0时的宽厚比来进行验算。

$$宽厚比 = \frac{h}{t_r \times f \times k_r} = 8.08 < 11.2$$

这里，$f = 0.65\phi^2 + 0.13\phi + 1.0 = 1.0$

$$k_r = \sqrt{\frac{2.33}{(l/h)^2} + 1.0} = 1.547$$

f：依据应力斜率进行修正；

k_r：屈曲系数比。

$$\phi = \frac{\sigma_1 - \sigma_2}{\sigma_1} = 0$$

这里，

ϕ：应力斜率

σ_1，σ_2：环肋的边缘应力(全压缩时 $\sigma_1 = \sigma_3$)

l：环肋的屈曲长度 $= 2\pi R_c/2612 = 194mm$

h：环肋的高度 $= 150mm$

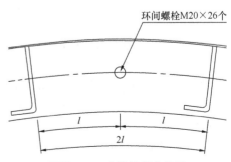

图Ⅳ.2.4　主肋的屈曲长度

t_r：环肋的板厚＝12mm

宽厚比处于 11.2(SM490A 时)以下时，因不受局部屈曲的影响，可不进行容许弯曲应力的折减。

此外，在为受到局部屈曲影响的结果时，由发生的断面内力来计算应力斜率和设定考虑局部屈曲影响后的容许应力。

② 正弯矩最大点($\theta=0°$)

弯矩　　$M_p=(1+\zeta) \cdot M \cdot b=(1+0) \times 14.513\text{kN} \cdot \text{m} \times 1.0\text{m}=14.513\text{kN} \cdot \text{m/Ring}$

轴力　　　　　$N_p=N \cdot b=245.423\text{kN/m} \times 1.0\text{m}=245.423\text{kN/Ring}$

外边缘应力　$\sigma_o=\dfrac{N_p}{A_0}+\dfrac{M_p}{Z_o}=\dfrac{245.423 \times 10^3}{4050}+\dfrac{14.513 \times 10^6}{130800}=-171.5\text{N/mm}^2<\sigma_{ca}$

内边缘应力　$\sigma_i=-\dfrac{N_p}{A_0}+\dfrac{M_p}{Z_i}=-\dfrac{245.423 \times 10^3}{4050}+\dfrac{14.513 \times 10^6}{108900}=72.7\text{N/mm}^2<\sigma_{ta}$

在上式中拉应力为＋符号，压应力为－符号。

验算结果满足容许抗弯拉应力 $\sigma_{ta}=215\text{N/mm}^2$，容许抗弯压应力 $\sigma_{ca}=215\text{N/mm}^2$。

③ 负弯矩最大点($\theta=80°$)

弯矩　　$M_n=(1+\zeta) \cdot M \cdot b=(1+0) \times -(11.902)\text{kN} \cdot \text{m} \times 1.0\text{m}=-11.902\text{kN} \cdot \text{m/Ring}$

轴力　　　　　$N_n=N \cdot b=291.053\text{kN/m} \times 1.0\text{m}=291.053\text{kN/Ring}$

外边缘应力　$\sigma_o=-\dfrac{N_n}{A_0}-\dfrac{M_n}{Z_o}=-\dfrac{291.053 \times 10^3}{4050}-\dfrac{-11.902 \times 10^6}{130800}=19.1\text{N/mm}^2<\sigma_{ta}$

内边缘应力　$\sigma_i=-\dfrac{N_n}{A_0}+\dfrac{M_n}{Z_o}=-\dfrac{291.053 \times 10^3}{4050}+\dfrac{-11.902 \times 10^6}{108900}=-181.2\text{N/mm}^2<\sigma_{ca}$

上式中，拉应力用"＋"，压应力用"－"表示。验算结果，满足容许抗弯拉应力 $\sigma_{ta}=215\text{N/mm}^2$，容许抗弯压应力 $\sigma_{ca}=-215\text{N/mm}^2$。

2）对剪切的设计

对剪切力的最大点($\theta=40°$)进行验算。

剪切力　　　　　$Q=18.748\text{kN/m} \times 1.0\text{m}=18.748\text{kN/Ring}$

剪切应力　　　　$\tau=\dfrac{Q}{A_w}=\dfrac{18.748 \times 10^3}{2 \times 12 \times 150}=5.2\text{N/mm}^2<\tau_a=125\text{N/mm}^2$

A_w：腹板断面面积(只为环肋的断面面积)

验算结果满足容许剪切应力。

(7) 管片接头的设计

1）螺栓断面力的设定

① 螺栓拉力的计算

作用在螺栓上的拉力为以接头板的端部为支点、在管片环上所发生的弯矩与轴力作用下产生的力，依据式(Ⅰ.7.4)对正的最大弯矩作用点进行验算。

$$T=\dfrac{M_j-y_0 \cdot N}{a}=-33.92\text{kN/Ring}$$

这里，

T：作用1环螺栓上的拉力(kN)

M_j：最大弯矩

N：最大弯矩位置的轴力

a：螺栓中心

y_0：从外边缘到形心的距离

②螺栓剪切力的计算

对 K 型管片接头的螺栓，由最大剪力($\theta=40°$)来计算。

$$Q_k=N \cdot (\sin\alpha-f \cdot \cos\alpha)+Q \times (\cos\alpha+f \times \sin\alpha)=21.044\text{kN/Ring}$$

这里，

Q_k：考虑轴力后的总剪力 kN

Q：最大剪力＝$18.748\text{kN/m} \times 1.0\text{m}=181748\text{kN}$

N：最大剪力位置的轴力＝268.308kN/m×1.0m＝181748kN

α：接头角度＝17.0°

f：钢的摩擦系数＝0.3

2）螺栓设计

使用螺栓JIS　　B1180－4.6　　M20×55

有效断面面积 A_{b1}＝245mm² 　轴断面面积 A_{b2}＝314mm²

螺栓个数 n_b＝4 个

拉应力：

因 $T<0$，没有产生拉力。

剪切应力（使剪切面处于螺栓的轴心部来设计螺栓长度）

$$\tau_b = Q_k/(n_b \times A_{b2}) = 16.8N/mm^2 < \tau_{ba} = 90N/mm^2$$

3）接头板的设计

接头板与环肋采用相同的厚度（12mm）来进行设计。

(8) 环间接头的设计

通过使用由管片环的错缝拼接所产生的剪力进行在隧道横断方向上的环间接头的设计。使用可以考虑管片环的错缝拼接效应的梁-弹簧模型，计算出环间接头所发生的剪力。但在修正惯用计算法（惯用计算法）中，因无法计算出剪力，一般多将环间接头螺栓与管片接头螺栓同等地进行设计。

此外，在进行抗震验算等纵断方向上的设计时，因可以求出作用在单处环间接头上的拉力，故使用此拉力进行设计。

(9) 对千斤顶推力的设计

将1个千斤顶的推力由2根纵肋来承担，假定千斤顶中心与环肋中心的偏心量（e_c）为10mm。纵肋的设计由式（Ⅰ.7.13）来计算。

1）纵肋的断面形状

纵肋板厚　　　　　　　　　　T＝8mm

纵肋长度　　　　　　　　　　L＝210mm

面板厚度　　　　　　　　　　t＝3.0mm

环肋高度　　　　　　　　　　h＝150mm

纵肋高度　　　　　　　　　　h_s＝143mm

纵肋宽度　　　　　　　　　　B_s＝82mm

弯曲部内半径　　　　　　　　r_1＝12mm

弯曲部外半径　　　　　　　　r_2＝20mm

2）纵肋的断面性能

断面面积：A_0

$$A_0 = \Sigma A = 2040mm^2$$

形心位置：y_o，y_i

$$y_o = \frac{\Sigma A_y}{\Sigma A_0} = 79.3mm$$

$$y_i = h_s + t - y_o = 66.7mm$$

断面惯性矩：I

$$I = \Sigma I_0 + \Sigma A \cdot y^2 - A \cdot y_i^2 = 6245000mm^4$$

断面系数：Z_o，Z_i：

$$Z_o = \frac{I}{y_o} = 78800mm^3$$

$$Z_i = \frac{I}{y_i} = 93614mm^3$$

断面惯性半径 r：

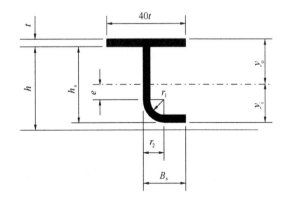

图Ⅳ.2.5 纵肋的有效断面

$$r = \sqrt{\frac{I}{A}} = 55.3 \text{mm}$$

到形心的距离 e'：

$$e' = h/2 + t + e_\text{c} - y_\text{o} = 8.7 \text{mm}$$

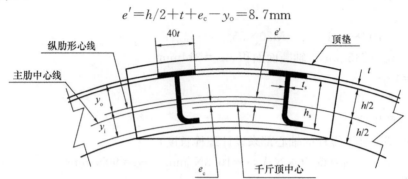

图IV.2.6　千斤顶与纵肋的关系

纵肋的断面性能表   表IV.2.3

	面积 A （mm^2）	重心 y （mm）	断面静矩 （mm^3）	$A \cdot y^2$ （mm^4）	断面惯性矩 I_0 （mm^4）
面板	360	1.5	540	810	2177421
纵肋（纵向）	984	64.5	63468	4093686	1455281
纵肋（r 部分）	201	136.4	27424	3740646	656158
纵肋（横向）	495	142.0	70281	9979931	1955179
合计	2040		161714	17815073	6244040

3）纵肋的应力验算

将其作为承受轴力与弯矩的构件来进行验算。在验算中，压应力为正。

单个纵肋所承受的千斤顶推力　　　$p_\text{j} = P_\text{j}/2 = 500.0 \text{kN}$

将环肋作为支点时的纵肋支点间距　　$l_\text{s} = 976 \text{mm}$

单纯压缩应力的计算

$$\sigma_\text{c} = \frac{p_\text{j}}{A} = \frac{500}{2040} = 245.1 \text{N/mm}^2$$

单纯压缩容许应力的设定

长细比为 $l_\text{s}/r = 976/55.3 = 17.6$，单纯压缩容许应力依据如下流程进行设定。

因 $8 < l_\text{s}/r \leqslant 115$，$\sigma_\text{ca} = \sigma_\text{y} - 1.42(l_\text{s}/r - 8) \times 1.5 = 304.5 \text{N/mm}^2$

受弯压缩应力的计算

$$\sigma_\text{b} = \frac{e' \cdot p_\text{j}}{Z_\text{i}} = 46.6 \text{N/mm}^2 \left(\frac{e' \cdot p_\text{j}}{Z_\text{i}} = 46.6 \text{N/mm}^2 > -\frac{e' \cdot p_\text{j}}{Z_\text{o}} = -55.2 \text{N/mm}^2 \right)$$

Euler 容许屈曲应力的计算

$$\sigma_\text{ea} = \frac{1200000}{(l_\text{s}/r)^2} = 3874 \text{N/mm}^2$$

容许受弯压应力的设定

$\sigma_\text{ba} = 215 \times 1.5 = 322.5 \text{N/mm}^2$（短期容许压应力＝容许应力×1.5）

局部屈曲的验算

因 $\dfrac{h_\text{s}}{t_\text{s}} = \dfrac{143}{8} = 17.9 \leqslant 33.7$（SM490 时），不会发生局部屈曲。

这里，$t_\text{s} = T = 8 \text{mm}$

稳定验算

$$\frac{\sigma_\text{c}}{\sigma_\text{ca}} + \frac{\sigma_\text{b}}{\sigma_\text{ba}(1 - \sigma_\text{c}/\sigma_\text{ea})} = 0.958 \leqslant 1$$

(10) 面板设计

基于相对两边固定支承矩形板的极限状态设计法，依据式（I.7.14），按极限荷载（P_u）进行验算。

$$F = \frac{\sigma_y \cdot t \cdot S^2}{4 \cdot E_s \cdot I/(1 - v_s^2)} = 76.405$$

$$P_p = 4 \cdot \left(\frac{t}{S}\right)^2 \cdot \sigma_y^2 = 0.072\text{N/mm}^2$$

$$P = 1.1 \cdot P_p \cdot \sqrt{F} = 0.691\text{N/mm}^2$$

这里，

t：面板厚度＝3.0mm

θ：纵肋角度＝13.846°

R_s：中心半径＝1673.5mm

I：单位宽度（1mm）面板的断面惯性矩＝

$\left(\dfrac{1}{12}\right)t^3 = 2.250\text{mm}^4/\text{mm}$

γ_s：泊松比＝0.3

σ_y：屈服应力＝325N/mm²

S：由纵肋间隔确定的面板弦长＝$2R_s \cdot \sin\dfrac{\theta}{2}$＝403mm

E_s：弹性模量＝210kN/min²

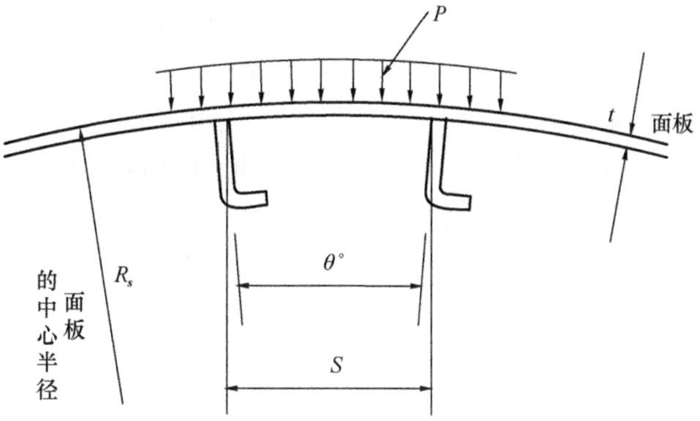

作用在面板上的最大荷载为图Ⅳ.2.2所示的最大荷载。

$$P_{max} = P_{v1} = P_g = 0.183\text{N/mm}^2$$

验算结果　　　　　　$P_{max} = 0.183 < P = 0.691$

(11) 设计图的制作

作成如下3方面的设计图（参见插页）：

①设计条件；

②设计结果（结构计算结果，验算结果）；

③结构图等。

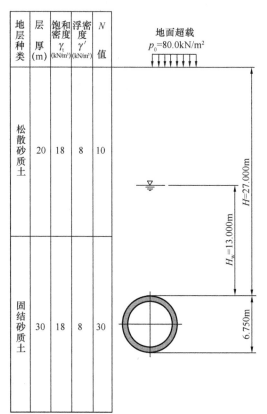

图Ⅳ.2.7　面板的断面

图Ⅳ.2.8　设计条件概要（铸铁管片）

2.2　铸铁管片实例

(1) 设计概要

参照图Ⅳ.2.8。

(2) 设计条件

1) 荷载条件

覆土厚度　　　　　　　$H = 27.0$m

地下水位　　　　　　　$H_w = 13.0$m

土的重度　$\gamma = 18.0$kN/m³（$\gamma' = 8.0$kN/m³）

隧道通过的土质　$N = 30$ 固结砂质土

侧向土压力系数　　　$\lambda = 0.45$

地层抗力系数　　$k = 30000$kN/m³

地面超载　　　　　$p_0 = 80$kN/m²

（在民用地地下空间上部有建筑物荷载（相当于4层）作用时）

盾构机千斤顶推力 $P = 2000$kN/个×21 个＝42000kN

2) 管片的形状与尺寸

管片形状　　　　　　波纹形

管片外径　　　　　　$D_o = 6750$mm

管片内径　　　　　　$D_i = 6250$mm

管片形心半径　　　　$R_c = 3255$mm

管片宽度	$b=1200\text{mm}$
管片厚度	$h=250\text{mm}$
分块数	6 分块
K 型管片接头角度	轴方向插入角度 8.53°(90mm×2)

3) 断面内力的计算方法

采用弯曲刚度有效率 $\eta=1$，弯矩增加率 $\zeta=0$ 的修正惯用计算法(即惯用计算法)

4) 使用材料与容许应力

① 球墨铸铁 (FCD500－7)

弹性模量	$E_d=170\text{kN/mm}^2$
泊松比	$\nu_d=0.27$
重度	$\gamma=72.5\text{kN/mm}^3$
容许抗拉应力	$\sigma_{ta}=190\text{N/mm}^2$
容许抗压应力	$\sigma_{ca}=220\text{N/mm}^2$

(考虑屈曲与局部屈曲时，为表Ⅰ.3.21 与表Ⅰ.3.22 所示的容许应力)

容许剪切应力	$\tau_a=130\text{N/mm}^2$

② 管片间螺栓 M27(10.9)

容许抗拉应力	$\sigma_{bta}=380\text{N/mm}^2$
容许剪切应力	$\tau_{ba}=270\text{N/mm}^2$

③ 环间螺栓 M24(8.8)

容许抗拉应力	$\sigma_{bta}=290\text{N/mm}^2$
容许剪切应力	$\tau_{ba}=200\text{N/mm}^2$

(3) 设计荷载的计算

因盾构隧道上部土质为松软砂质土，而且存在建筑物荷载(相当于 4 层)，采用全覆土土压，水土分离来进行设计。

1) 垂直荷载(p_1)

$p_{e1}=p_o+\gamma \cdot (H-H_w)+\gamma' \cdot H_w=80.0+18.0×14.0+8.0×13.0=436.00\text{kN/m}^2$

$p_{w1}=\gamma_w \cdot H_w=10.0×13.0=130.00\text{kN/m}^2$

$p_1=p_{e1}+p_{w1}=566.00\text{kN/m}^2$

2) 顶部水平荷载(q_1)

$q_{e1}=\{p_{e1}+(R_o-R_c) \cdot \gamma'\} \cdot \lambda=\{436.00+(6.750/2-3.255)×8.0\}×0.45=196.63\text{kN/m}^2$

$q_{w1}=p_{w1}+(R_o-R_c) \cdot \gamma_w=130.00+(6.750/2-3.255)×10.0=131.20\text{kN/m}^2$

$q_1=q_{e1}+q_{w1}=196.63+131.20=327.83\text{kN/m}^2$

3) 底部水平荷载(q_2)

$q_{e2}=q_{e1}+2 \cdot R_c \cdot \gamma' \cdot \lambda=196.63+2×3.255×8.0×0.45=220.07\text{kN/m}^2$

$q_{w2}=q_{w1}+2 \cdot R_c \cdot \gamma_w=131.20+2×3.255×10.0=196.30\text{kN/m}^2$

$q_2=q_{e2}+q_{w2}=220.07+196.30=416.37\text{kN/m}^2$

4) 底部垂直荷载(p_2)

$p_{w2}=p_{w1}+D_o \cdot \gamma_w=130.00+6.750×10.0=197.50\text{kN/m}^2$

因 $p_1>p_{w2}$，底部垂直荷载的反力起作用。

$p_2=p_1=566.00\text{kN/m}^2$

5) 自重引起的底部反力荷载(p_g)

1 环管片的重量 W

$W=122.93\text{kN/环}$

$g=W/(2\pi \cdot R_c \cdot 1.2)=122.93/(2\pi×3.255×1.2)$

$\quad=5.01\text{kN/m}^2$

$p_g=\pi \cdot g=\pi×5.01=15.74\text{kN/m}^2$

6）变形量与地层抗力

使用表Ⅰ.5.4的公式计算考虑地层抗力后的变形量 δ。

$$\delta = 0.00991\text{m}$$

这里，形心半径 R_c 与断面惯性矩 I 由(4)来进行。

地层抗力 q，$q = k \cdot \delta = 297.18\text{kN/m}^2$

7）设计荷载

参考图Ⅳ.2.9。

(4) 断面几何参数的计算

1）环肋断面形状

参考图Ⅳ.2.10。

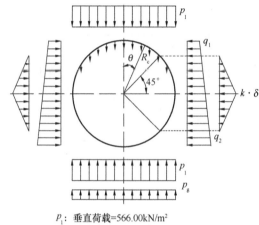

P_1：垂直荷载=566.00kN/m²

q_1：顶部水平荷载=327.84kN/m²

q_2：底部水平荷载=416.37kN/m²

p_g：自重引起的下部反力荷载=15.74kN/m²

$k \cdot \delta$：地层抗力=297.18kN/m²

g：管片自重=5.01kN/m²

R_c：形心半径=3.255m

图Ⅳ.2.9 设计荷载

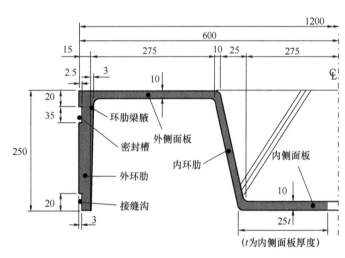

（t为内侧面板厚度）

图Ⅳ.2.10 主肋的断面形状（单侧一半）

2）管片单侧一半部分的断面性能表

参考表Ⅳ.2.4。

管片半部分的断面性能表 表Ⅳ.2.4

	宽度 B (mm)	高度 H (mm)	面积 A ($\times 10^2$mm²)	重心 y (mm)	断面静矩 $A \cdot y$ ($\times 10^3$mm³)	$A \cdot y^2$ ($\times 10^4$mm⁴)	断面惯性矩 I_0 ($\times 10^4$mm⁴)
外侧面板	275.0	10.0	27.50	5.0	13.75	6.88	2.29
内侧面板	240.0	10.0	24.00	245.0	588.00	14406.00	2.00
外主肋	15.0	250.0	37.50	125.0	468.75	5859.38	1953.13
内主肋	10.0	250.0	25.00	125.0	312.50	3906.25	1302.08
主肋拱腋	3.0	240.0	3.60	90.0	32.40	291.60	115.20
密封槽	2.5	35.0	−0.88	37.5	−3.28	−12.30	−0.89
接缝沟	3.0	20.0	−0.60	240.0	−14.40	−345.60	−0.20
合计			116.13		1397.72	24112.20	3373.61

3）管片全宽的断面性能

断面面积 $\quad A_0 = 2 \cdot \Sigma A = 232.25 \times 10^2 \text{mm}^2/\text{Ring}$

形心位置 $\quad y_o = \Sigma A \cdot y / \Sigma A = 120.4\text{mm}$

$\quad\quad\quad\quad y_i = h - y_o = 129.6\text{mm}$

断面惯性矩 $\quad I = 2 \cdot \{\Sigma I_0 + \Sigma(A \cdot y^2) - (\Sigma A \cdot y) \cdot y_o\} = 21325 \times 10^4 \text{mm}^4/\text{Ring}$

断面系数 $\quad Z_o = I/y_o = 1772 \times 10^3 \text{mm}^3/\text{Ring}$

$$Z_i = I/y_i = 1645 \times 10^3 \, \text{mm}^3/\text{Ring}$$

腹板断面面积　　　　　　　$A_w = 2 \cdot \Sigma A_{wi} = 129.25 \times 10^2 \, \text{mm}^2/\text{Ring}$

(ΣA_{wi}为外环肋、内环肋、环肋倒角、密封槽、接缝沟的断面面积的合计值)

(5) 断面内力(弯矩，轴力，剪力)的计算

使用惯用计算法进行分析。由表 I.5.4 计算出各个荷载的 M，N，Q，叠加其结果作为管片断面内力。

计算结果如表Ⅳ.2.5所示。θ 为管片顶点开始的角度。

断面内力的计算结果　　　　　　　　　　　　　　表Ⅳ.2.5

θ (°)	M (kN·m/m)	N (kN/m)	Q (kN/m)	θ (°)	M (kN·m/m)	N (kN/m)	Q (kN/m)	θ (°)	M (kN·m/m)	N (kN/m)	Q (kN/m)
0	176.7	1496.5	0.0	70	−102.0	1875.4	32.5	130	−55.1	1828.0	55.9
10	159.1	1513.8	−60.8	80	−77.7	1873.6	46.2	140	−12.8	1768.5	90.1
20	110.3	1563.0	−107.7	90	−58.0	1867.9	15.3	150	41.8	1707.3	97.7
30	41.6	1635.9	−129.0	100	−61.1	1873.9	−19.5	160	93.4	1655.9	80.4
40	−30.0	1720.6	−117.0	110	−73.0	1878.5	−16.8	170	129.7	1621.9	45.0
50	−84.5	1801.2	−71.2	120	−74.8	1865.9	13.8	180	142.7	1610.0	0.0
60	−108.5	1854.3	−13.4								

(6) 主断面设计

1) 对弯矩与轴力的设计

① 考虑局部屈曲后容许应力的验算

对由局部屈曲影响带来的容许应力是否折减进行验算。通过采用对局部屈曲最严格的条件，应力斜率(ϕ)为 0 时的宽厚比来进行验算。

$$\text{宽厚比} = \frac{h}{t_r \times f \times \sqrt{k}} = 10.1 \leqslant 14.3$$

其中，

$$f = 0.65\phi^2 + 0.13\phi + 1.0 = 1.0 \qquad \phi = \frac{\sigma_1 - \sigma_2}{\sigma_1} = 0$$

$$k = \frac{4}{\alpha^2} + \frac{40}{3 \cdot \pi^2} + \frac{15 \cdot \alpha^2}{\pi^4} - \frac{20 \cdot v}{\pi^2} = 2.507 \qquad \alpha = \frac{l_r}{h} = 1.84$$

这里，

ϕ：应力斜率

σ_1，σ_2：环肋的边缘应力(全压缩时 $\sigma_1 = \sigma_3$)

l_r：环肋的屈曲长度＝441.5mm

h：环肋的高度＝240mm

t_r：环肋的板厚＝15mm

γ：泊松比＝0.27

宽厚比为 14.3 以下时，因不受局部屈曲的影响，不进行容许弯曲应力的折减。

此外，在为受到局部屈曲影响的结果时，由断面内力来计算应力斜率，设定考虑局部屈曲影响后的容许应力。

② 正弯矩最大点($\theta = 0°$)

弯矩　　　　$M_p = (1+\zeta) \cdot M \cdot b = (1+0) \times 176.7\text{kN} \cdot \text{m/m} \times 1.2\text{m} = 212.0\text{kN} \cdot \text{m/Ring}$

轴力　　　　　　　　$N_p = N \cdot b = 1496.5\text{kN/m} \times 1.2\text{m} = 1795.8\text{kN/Ring}$

外边缘应力　　$\sigma_o = -\dfrac{N_p}{A_0} - \dfrac{M_p}{Z_o} = \dfrac{1795.8 \times 10^3}{23225} - \dfrac{212.0 \times 10^6}{1772000} = -197.0\text{N/mm}^2 < \sigma_{ca}$

内边缘应力　　$\sigma_i = -\dfrac{N_p}{A_0} + \dfrac{M_p}{Z_i} = -\dfrac{1795.8 \times 10^3}{23225} + \dfrac{212.0 \times 10^6}{1645000} = 51.6\text{N/mm}^2 < \sigma_{ta}$

在上式中拉应力为＋符号，压应力为－符号。

验算的结果满足容许抗拉应力 $\sigma_{ta}=190N/mm^2$，容许抗压应力 $\sigma_{ca}=220N/mm^2$。

③ 负弯矩最大点（$\theta=60°$）

弯矩　　$M_n=(1+\zeta)\cdot M\cdot b=(1+0)\times-108.5kN\cdot m/m\times1.2m=-130.2kN\cdot m/Ring$

轴力　　　　　$N_n=N\cdot b=1854.3kN/m\times1.2m=2225.2kN/Ring$

外边缘应力　$\sigma_o=-\dfrac{N_n}{A_0}-\dfrac{M_n}{Z_o}=-\dfrac{2225.2\times10^3}{23225}-\dfrac{-130.2\times10^6}{1772000}=-22.3N/mm^2<\sigma_{ca}$

内边缘应力　$\sigma_i=-\dfrac{N_n}{A_0}+\dfrac{M_n}{Z_i}=-\dfrac{2225.2\times10^3}{23225}+\dfrac{-130.2\times10^6}{1645000}=-175.0N/mm^2<\sigma_{ta}$

在上式中拉应力为＋符号，压应力为－符号。

验算的结果满足容许抗拉应力 $\sigma_{ta}=190N/mm^2$，容许抗压应力 $\sigma_{ca}=220N/mm^2$。

2）对剪切的设计

对剪力的最大点（$\theta=30°$）进行验算。

剪力　　　　　　　$Q=129.0kN/m\times1.2m=154.8kN/Ring$

剪切应力　　　　　$\tau=\dfrac{Q}{A_w}=\dfrac{154.8\times10^3}{12925}=12.0N/mm^2<\tau_a=130N/mm^2$

验算结果满足容许剪切应力。

（7）管片接头的设计

1）螺栓设计

① 抗拉设计

在正负最大弯矩发生位置，求出螺栓上所发生的拉力。

作用在抗拉侧单个螺栓上的拉力在正弯矩时记为 T_p，负弯矩时记为 T_n，则下式成立。

正弯矩最大点处内侧单个螺栓上的拉力

$$T_p=\frac{M_{pj}-y_o\cdot N_p}{AN\cdot AA+BN\cdot AB^2/AA}=\frac{212.0\times10^3-120.4\times1795.8}{4\times175+2\times75^2/175}=-5.5kN$$

负弯矩最大点处外侧单个螺栓上的拉力

$$T_n=\frac{-M_{nj}-(y_i-LA)\cdot N_n}{BN\cdot BB+AN\cdot BA^2/BB}=\frac{130.2\times10^3-(129.6-20.0)\times2225.2}{2\times155+4\times55^2/155}=-292.9kN<0$$

由此，因 $T_p<0$，$T_n<0$，故在螺栓上没有拉力的作用。

此外，螺栓上有拉力作用时，螺栓应力与判定式如下所示。

$$\sigma_1=T_1/A_{bl},\quad\sigma_2=T_2/A_{bl}<\sigma_{ta}=380N/mm^2（强度等级为10.9）$$

这里，

M_{pj}：正弯矩最大值＝$(1-\zeta)\cdot M\cdot b=(1-0)\times176.7kN\cdot m/m\times1.2m=212.0kN\cdot m/Ring$

N_p：正弯矩最大值位置的轴力＝$N\cdot b=1496.5kN/m\times1.2m=1795.8kN/Ring$

M_{nj}：负弯矩最大值＝$(1-\zeta)\cdot M\cdot b=(1-0)\times(-108.5)kN\cdot m/m\times1.2m=-130.2kN\cdot m/Ring$

N_n：负弯矩最大值位置的轴力＝$N\cdot b=1854.3kN/m\times1.2m=2225.2kN/Ring$

AN：A 列螺栓个数（4 个）

BN：B 列螺栓个数（2 个）

AA：由外边缘到 A 列螺栓的距离（175mm）

AB：由外边缘到 B 列螺栓的距离（75mm）

BA：接缝沟边缘到 A 列螺栓的距离（55mm）

BB：接缝沟边缘到 B 列螺栓的距离（155mm）

y_o：外边缘到图心的距离（120.4mm）

y_i：内边缘到图心的距离（129.6mm）

LA：接缝沟深度（20mm）

A_{bl}：螺栓有效断面面积（M27 时为 459mm²）

② 对剪切的设计

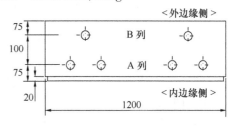

图Ⅳ.2.11　接头断面图

对剪力的最大点（$\theta=30°$）进行验算。使剪切面处于螺栓的轴心位置来设计螺栓轴长。

剪力 $\qquad Q=129.0\text{kN/m}\times1.2\text{m}=154.8\text{kN/Ring}$

剪切应力 $\tau=\dfrac{Q}{n_b\cdot A_{b2}}=\dfrac{154.8\times10^3}{6\times573}=45.0\text{N/mm}^2<\tau_a=270\text{N/mm}^2$（强度等级为 10.9）

这里，

n_b：接头面的螺栓个数（6 个）

A_{b2}：螺栓轴部断面面积（M27 时为 573mm²）

由以上可以得出，螺栓发生的应力（受拉，剪切）处于容许应力以下。

2）接头板的设计

螺栓上没有拉力作用，不进行验算。

（8）环间接头的设计

通过使用由管片环的错缝拼接所产生的剪力来进行在隧道横断方向上环间接头的设计。通过使用可以考虑管片环的错缝拼接效应的梁-弹簧模型，能够计算出环间接头上所发生的剪力。但在修正惯用计算法（惯用计算法）中，因无法计算出剪力，一般多将环间接头螺栓与管片接头螺栓同等地进行设计，也可依据实际案例来进行设计。

此外，在进行抗震验算等纵断方向上的设计时，因可以求出作用在单处环间接头上的拉力，故也可使用此拉力进行设计。

（9）对千斤顶推力的设计

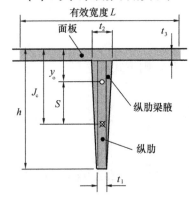

图Ⅳ.2.12　纵肋断面图

参照表Ⅳ.2.6。

验算在千斤顶推力作用下纵肋所发生的应力。将盾尾间隙设定为 30mm（假定），由外径开始 180mm 的位置作为千斤顶推力的位置来计算纵肋的应力。

1）纵肋的断面形状（图Ⅳ.2.12）

纵肋板厚（内侧） $\qquad t_1=26\text{mm}$

纵肋板厚（外侧） $\qquad t_2=31\text{mm}$

面板厚度 $\qquad t_3=10\text{mm}$

面板的有效宽度 $\qquad L=400\text{mm}$

管片高度 $\qquad h=250\text{mm}$

面板的有效宽度采用纵肋间隔或"$40t_3$"中较小的数值。

2）纵肋的断面性能

纵肋的断面性能　　　　　　　　　　　　　　　　　　表Ⅳ.2.6

	宽度 B (mm)	高度 H (mm)	面积 A ($\times10^2$mm²)	重心 y (mm)	断面静矩 $A\cdot y$ ($\times10^3$mm³)	$A\cdot y^2$ ($\times10^4$mm⁴)	断面惯性矩 I_o ($\times10^4$mm⁴)
面板	400	10	40.00	5	20.00	10.00	3.33
纵肋	26	240	62.40	130	811.20	10545.60	2995.20
纵肋拱腋	5	240	6.00	90	54.00	486.00	192.00
合计			108.40		885.20	11041.60	3190.53

断面面积 $\qquad A_o=\Sigma A=108.40\times10^2\text{mm}^2$

形心位置 $\qquad y_o=\Sigma A\cdot y/\Sigma A=81.7\text{mm}$

$\qquad\qquad\qquad y_i=h-y_o=168.3\text{mm}$

断面惯性矩 $\qquad I=\Sigma I_o+\Sigma(A\cdot y^2)-(\Sigma A\cdot y)\cdot y_o=7004\times10^4\text{mm}^4$

断面系数 $\qquad Z_o=I/y_o=858\times10^3\text{mm}^3$

$\qquad\qquad\qquad Z_i=I/y_i=416\times10^3\text{mm}^3$

断面惯性半径 $\qquad r=\sqrt{I/A}=80.38\text{mm}$

3）纵肋的应力验算

作为承受轴力与弯矩的构件来进行验算。在验算中，压应力为正。

1 个千斤顶的推力	$P_j = 2000$kN
承受 1 个千斤顶推力的纵肋根数	$N = 2$ 个
作用在 1 根纵肋上的千斤顶推力	$p_j = 1000$kN
千斤顶中心的设计位置	$J_c = 180$mm
纵肋形心与千斤顶中心的偏心量	$e' = 98.3$mm
纵肋的计算跨径（屈曲长度）	$l_s = 300$mm

将环肋作为支点时的纵肋支点间距

单纯受压应力的计算

$$\sigma_c = \frac{p_j}{A_o} = 92.2\text{N/mm}^2$$

单纯受压容许应力的设定

长细比$= l_s/r = 3.71 \leqslant 7$，单纯受压容许应力为以下数值。

$\sigma_{ca} = 220 \times 1.5 = 330\text{N/mm}^2$（短期容许抗压应力＝容许应力×1.5）

受弯压应力的计算

$\sigma_b = p_j \cdot e'/Z_i = 236.3\text{N/mm}^2$ （$p_j \cdot e'/Z_i = 236.3\text{N/mm}^2 > -p_j \cdot e'/Z_o = -114.6\text{N/mm}^2$）

Euler 容许屈曲应力计算

$$\sigma_{ea} = \frac{1200000}{(l_s/r)^2} = 86251\text{N/mm}^2$$

容许受弯压应力的设定

$\sigma_{ba} = 220 \times 1.5 = 330\text{N/mm}^2$（短期容许压应力＝容许应力×1.5）

局部屈曲验算

$\dfrac{h_s}{t_s} = \dfrac{240}{26} = 9.23 < 28.7$（FCD500 时），不会发生局部屈曲。

这里，$h_s = h - t_3 = 250 - 10 = 240$mm，$t_s = t_1 = 26$mm

稳定验算

$$\frac{\sigma_c}{\sigma_{ca}} + \frac{\sigma_b}{\sigma_{ba} \times (1 - \sigma_c/\sigma_{ea})} = 0.996 < 1$$

（10）面板设计

通过面板将作用在箱型管片上的荷载传递给环肋与纵肋。因此，面板在概念上为周边受到支承的板，依据周边受到固定支承矩形板的弹性理论来进行设计，将荷载考虑为作用于面板全表面上的均匀分布荷载。

在铸铁管片设计中多采用 Seely 方法（参照图Ⅳ.2.13）。在这种方法中，对应作为研究对象的面板短边与长边的比 α，依据图Ⅳ.2.13 中由实验值得到的曲线来计算应力。

图中的 M_{bc}，M_{be} 分别为由 Westergaard 理论式计算出来的数值，由实验值求出来的弯矩处于由这些理论公式计算结果的中间，在设计中一般使用这些实验值。

作用在面板上的最大荷载 p_{max} 取垂直荷载与自重引起的下部反力荷载的合力与侧向荷载中的较大值。

垂直荷载与自重引起的下部反力荷载的合力　$p_1 = 566.00 + 15.74 = 581.74\text{kN/m}^2$

侧向荷载　　　　　　　　$q_2 = 416.37\text{kN/m}^2$

因此，

$$p_{max} = 581.74\text{kN/m}^2$$

这时，面板上所发生的弯矩与应力由下式来求解：

弯矩　　　　　$M = \beta \cdot p_{max} \cdot L_x^2 = 0.0466 \times 581.74 \times 0.272^2 = 2.006\text{kN} \cdot \text{m}$

面板应力　　$\sigma = 6 \cdot M/t^2 = 6 \times 2.006 \times 10^3/10^2 = 120.4\text{N/mm}^2 < \sigma_{ta} = 190\text{N/mm}^2$

由此，面板上所发生的弯曲拉应力处于容许应力以下。

考虑到所设定的分布荷载比壁后注浆压力大，即使在施工荷载作用下面板也是安全的。

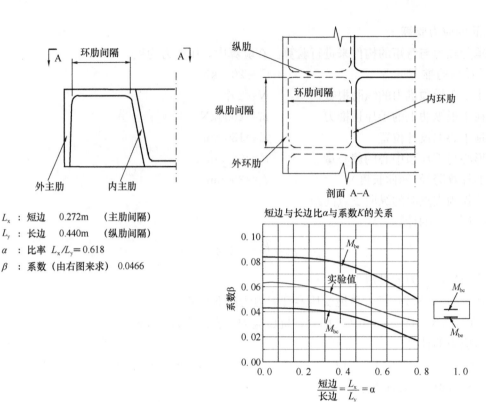

L_x : 短边　0.272m　（主肋间隔）
L_y : 长边　0.440m　（纵肋间隔）
α : 比率 $L_x/L_y = 0.618$
β : 系数（由右图来求）0.0466

图Ⅳ.2.13　面板所产生断面内力的计算

(11) 设计图的制作

此处省略设计图的制作。

在设计中参照设计计算实例中其他种类的管片及极限状态设计法中铸铁管片实例等进行制作。

2.3　混凝土管片实例

(1) 设计概要

参照图Ⅳ.2.14。

二次衬砌的有无：无

隧道内部环境条件：一般环境

(2) 设计条件

1) 荷载条件

覆土厚度	$H=23.6$m
地下水位	$H_w=14.5$m
土的重度	如图Ⅳ.2.14 所示
侧向土压力系数	$\lambda=0.45$
地层抗力系数	$k=30000$kN/m³
地面超载	$p_0=10.0$kN/m²

盾构千机斤顶推力 $P=1500$kN/个×16 个=24000kN

2) 管片的形状与尺寸（参考图Ⅳ.2.14）

管片外径	$D_o=4850$mm
管片内径	$D_i=4400$mm
管片形心半径	$R_c=2313$mm
管片宽度	$b=1000$mm
管片厚度	$h=225$mm
分块数	6 分块

地层种类	层厚 (m)	饱和重度 γ_t (kN/m³)	浮重度 γ' (kN/m³)	N值
黏土	6	16	6	5
中砂	10.2	19	9	10
黏土	6.4	16	6	5
细砂	9.7	20	10	15

地面超载 $p_0=10.0$kN/m²
$H=23.600$m
$H_w=14.500$m
4.850m

图Ⅳ.2.14　设计条件概要（混凝土管片）

K 型管片形状　　　　　　　轴方向插入方式

3）断面内力的计算方法

采用弯曲刚度有效率 $\eta = 1$，弯矩增加率 $\zeta = 0$ 的修正惯用计算法（与惯用计算法相同）。

4）使用材料与容许应力

① 混凝土（设计标准强度 $f'_{ck} = 42\text{N/mm}^2$）

弹性模量　　　　　　　　　　$E_c = 33\text{kN/mm}^2$

容许抗压应力　　　　　　　　$\sigma_{ca} = 16\text{N/mm}^2$

容许抗剪应力　　　　　　　　$\tau_a = 0.73\text{N/mm}^2$

容许粘结应力　　　　　　　　$\tau_{0a} = 2.0\text{N/mm}^2$

短期容许抗压应力　　　　　　$\sigma_{cas} = 1.5\sigma_{ca} = 24\text{N/mm}^2$

② 钢筋（SD345）

容许抗压应力　　　　　　　　$\sigma'_{sa} = 200\text{N/mm}^2$

容许抗拉应力　　　　　　　　$\sigma_{sa} = 200\text{N/mm}^2$

因在本设计中不设二次衬砌，由式（Ⅰ.8.1）对容许应力进行如下折减。

$$\sigma_{wa} = \left(\frac{w_a}{l_{max}} - \varepsilon'_{csd}\right) \cdot E_s = \left(\frac{0.185}{200}\right) \times 210000 = 194.25 \doteq 194\text{N/mm}^2$$

这里，

w_a：容许裂缝宽度 $= 0.005 \cdot c = 0.005(45 - 16/2) = 0.185\text{mm}$，依据隧道内部环境（一般环境）设为"0.005"；

ε'_{csd}：为考虑混凝土蠕变引起的裂缝宽度增加的数值。在钢筋应力计算时考虑混凝土蠕变影响后，因将弹性模量比取为 15，取 $\varepsilon'_{csd} = 0$；

C：钢筋的保护层厚度（以隧道靠近内表面的受力钢筋为对象，取为隧道内表面的纯保护层厚度）；

l_{max}：分布钢筋的最大间隔，为 200mm。但，使 $l_{max} \geq l_1/2$；

l_1：由《混凝土设计标准（设计编）》所确定的裂缝的发生间隔（mm）；

$$l_1 = 1.1 \cdot k_1 \cdot k_2 \cdot k_3 \{4 \cdot c + 0.7(C_s - \phi)\}$$

$$= 1.1 \times 1.0 \times \left(\frac{15}{42 + 20} + 0.7\right) \times \left\{\frac{5 \times (1 + 2)}{7 \times 1 + 8}\right\} \times \left\{4 \times \left(45 - \frac{16}{2}\right) + 0.7 \times (150 - 16)\right\}$$

$$= 250.54\text{mm}$$

c_s：受力钢筋的中心间隔，为 150mm。

③ 接头螺栓（强度等级 10.9）

容许抗拉应力　　　　　　　　　　$\sigma_{bta} = 380\text{N/mm}^2$

容许抗剪应力　　　　　　　　　　$\tau_{ba} = 270\text{N/mm}^2$

（3）设计荷载的计算

盾构隧道通过的土质为细砂，也确认了孔隙水压力。

所以，对水土处理采用水土分离，垂直荷载的计算中为全覆土土压力来计算。

1）垂直荷载（p_1）

$p_{e1} = 6.00 \times 16.0 + 3.10 \times 19.0 + 7.1 \times 9.0 + 6.40 \times 6.0 + 1.00 \times 10.0 + 10.0 = 277.20\text{kN/m}^2$

$p_{w1} = 14.50 \times 10.0 = 145.00\text{kN/m}^2$

$p_1 = p_{e1} + p_{w1} = 422.20\text{kN/m}^2$

2）顶部水平荷载（q_1）

$q_{e1} = (277.2 + 0.225/2 \times 10.0) \times 0.45 = 125.25\text{kN/m}^2$

$q_{w1} = 145.0 + 0.225/2 \times 10.0 = 146.13\text{kN/m}^2$

$q_1 = q_{e1} + q_{w1} = 271.37\text{kN/m}^2$

3）底部水平荷载（q_2）

$$q_{e2}=125.25+(4.625\times10.0)\times0.45=146.06\text{kN/m}^2$$

$$q_{w2}=146.13+2.3125\times2\times10.0=192.38\text{kN/m}^2$$

$$q_2=q_{e2}+q_{w2}=338.44\text{kN/m}^2$$

4) 自重引起的底部反力荷载(p_g)

管片单位长度的重量(g)

$$g=26.0\times h=26.0\times0.225=5.85\text{kN/m}^2$$

反力

$$p_g=\pi\cdot g=3.14\times5.85=18.38\text{kN/m}^2$$

此外，底部水压(p_{w2})为

$$p_{w2}=(14.50+4.85)\times10.0=193.50\text{kN/m}^2$$

因 $p_{e1}+p_{w1}+p_g>p_{w2}$，对浮力是安全的。

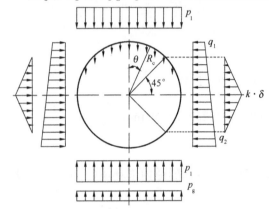

P_1: 垂直荷载=422.20kN/m²
q_1: 顶部水平荷载=271.37kN/m²
q_2: 底部水平荷载=338.44kN/m²
p_g: 自重引起的下部反力荷载=18.38kN/m²
$k\cdot\delta$: 地层抗力=119.33kN/m²
g: 管片自重=5.85kN/m²
R_c: 形心半径=2.3125m

图Ⅳ.2.15　设计荷载

5) 变形量与地层抗力

用表Ⅰ.5.4的公式计算考虑地层抗力后的变形量 δ。

$$\delta=\frac{(2\cdot p_1-q_1-q_2)R_c^4}{24(\eta\cdot E\cdot I+0.0454\cdot k\cdot R_c^4)}=3.978\times10^{-3}\text{m}$$

这里，断面惯性矩 I 由(4)来进行。

地层抗力 $q=k\cdot\delta=30000\times3.978\times10^{-3}=119.33\text{kN/m}^2$

6) 设计荷载

参考图Ⅳ.2.15。

(4) 断面各量的计算

作为混凝土全断面来计算断面各量

1) 断面面积

$$A=b\cdot h=1.00\times0.225=0.225\text{m}^2/\text{Ring}$$

2) 断面惯性矩

$$I=\frac{b\cdot h^3}{12}=\frac{1.00\times0.225^3}{12}=9.492\times10^{-4}\text{m}^4/\text{Ring}$$

3) 形心半径

$$R_c=\frac{D_o}{2}-\frac{h}{2}=\frac{4.85}{2}-\frac{0.225}{2}=2.3125\text{m}$$

(5) 断面内力(弯矩，轴力，剪力)的计算

依据惯用计算法，叠加各个荷载由表Ⅰ.5.4计算所得的断面内力 M，N，Q，将其结果作为管片环的断面内力。

计算结果如表Ⅳ.2.7所示。其中，θ 为管片顶点开始的角度。

断面内力的计算结果　　　　　　　　　　　　　　　　　表Ⅳ.2.7

θ (°)	M (kN·m/m)	N (kN/m)	Q (kN/m)	θ (°)	M (kN·m/m)	N (kN/m)	Q (kN/m)	θ (°)	M (kN·m/m)	N (kN/m)	Q (kN/m)
0	99.14	771.34	0.00	70	−69.34	985.61	−22.86	140	9.23	915.14	74.69
10	91.54	780.06	−37.01	80	−74.06	995.15	−2.08	150	38.89	883.23	70.12
20	70.15	804.94	−67.41	90	−72.56	997.59	7.44	160	64.26	857.05	53.86
30	38.78	842.20	−85.62	100	−68.29	996.99	15.14	170	81.23	839.94	29.14
40	3.19	886.25	−87.92	110	−59.26	990.09	30.67	180	87.18	834.00	0.00
50	−29.86	929.98	−73.61	120	−43.08	973.86	49.59				
60	−54.85	964.27	−49.26	130	−19.54	947.88	66.21				

(6) 主断面的设计

1) 对弯矩与轴力的设计

由正负最大弯矩及其同位置的轴力来验算应力。在应力计算中，判断偏心轴压力作用于管片断面的核心断面内还是核心断面外。此外，在计算中忽略接头箱引起的断面损失。

正弯矩最大点($\theta = 0°$)

$$M_p = (1 + \zeta) \cdot M \cdot b = (1 + 0) \times 99.14 \text{kN} \cdot \text{m/m} \times 1.0 \text{m} = 99.14 \text{kN} \cdot \text{m/Ring}$$
$$N_p = N \cdot b = 771.34 \text{kN} \cdot \text{m} \times 1.0 \text{m} = 771.34 \text{kN} \cdot \text{m/Ring}$$

负弯矩最大点($\theta = 80°$)

$$M_n = (1 + \zeta) \cdot M \cdot b = (1 + 0) \times (-74.06) \text{kN} \cdot \text{m/m} \times 1.0 \text{m} = -74.06 \text{kN} \cdot \text{m/Ring}$$
$$N_n = N \cdot b = 995.15 \text{kN/m} \times 1.0 \text{m} = 995.154 \text{kN/Ring}$$

① 正弯矩与轴力作用时

$$e = \frac{M_p}{N_p} = \frac{99.14 \times 10^6}{771.34 \times 10^3} = 128.53 \text{mm}$$

$$A_i = b \cdot h + n(A_s + A'_s) = 268.35 \times 10^3 \text{mm}^2/\text{Ring}$$

$$u = \frac{0.5 \cdot b \cdot h^2 + n(A_s \cdot d + A'_s + d')}{b \cdot h + n(A_s + A'_s)} = 111.69 \text{mm}$$

$$I_i = \frac{b[u^3 + (h-u)^3]}{3} + n[A_s(d-u)^2 + A'_s(u-d')^2] = 1177.99 \times 10^6 \text{mm}^4/\text{Ring}$$

参照图Ⅳ.2.16。

$$d = 180 \text{mm}, \ d' = 35 \text{mm}$$

$$A_s = A'_s = 1445.0 \text{mm}^2/\text{Ring} \qquad (2 \times D13 + 6 \times D16)$$

$$n = 15$$

$$K_i = \frac{I_i}{A_i(h-u)} = 38.74 \text{mm}$$

$$f = u - \left(\frac{h}{2} - e\right) = 127.72 \text{mm}$$

因 $f > K_i$，在主断面产生了受弯拉应力。

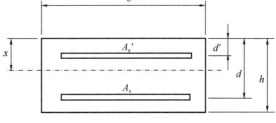

图Ⅳ.2.16 主断面设计

由压缩边缘到中立轴的距离(x)由式(Ⅰ.7.20)

得到 $x = 101.76 \text{mm}$，如果取 $c = d - h/2$，$c' = h/2 - d'$，则混凝土产生的最大压应力(σ_c)变为下式：

$$\sigma_c = \frac{M_p}{(b \cdot x/2)(h/2 - x/3) + (n \cdot A'_s/x)c'(c' - h/2 + x) + (n \cdot A_s/x)c(c + h/2 - x)}$$
$$= 15.93 \text{N/mm}^2 < \sigma_{ca} = 16.0 \text{N/mm}^2$$

受力钢筋发生的拉应力(σ_s)

$$\sigma_s = \frac{n \cdot \sigma_c}{x}\left(c + \frac{h}{2} - x\right) = 183.72 \text{N/mm}^2 < \sigma_{sa} = 194.0 \text{N/mm}^2$$

受力钢筋发生的压应力(σ'_s)

$$\sigma'_s = \frac{n \cdot \sigma_c}{x}\left(c' - \frac{h}{2} + x\right) = 156.76 \text{N/mm}^2 < \sigma'_{sa} = 200.0 \text{N/mm}^2$$

② 受负弯矩与轴力作用时

$$e = \frac{M_n}{N_n} = \frac{74.06 \times 10^6}{995.15 \times 10^3} = 74.42 \text{mm}$$

$$A_i = b \cdot h + n(A_s + A'_s) = 268.35 \times 10^3 \text{mm}^2/\text{Ring}$$

$$u = \frac{0.5 \cdot b \cdot h^2 + n(A_s \cdot d + A'_s \cdot d')}{b \cdot h + n(A_s + A'_s)} = 113.31 \text{mm}$$

$$I_i = \frac{b[u^3 + (h-u)^3]}{3} + n[A_s(d-u)^2 + A'_s(u-d')^2] = 1177.99 \times 10^6 \text{mm}^4/\text{Ring}$$

参照图Ⅳ.2.16。

$$d = 190 \text{mm}, \ d' = 45 \text{mm}$$

$$A_s = A'_s = 1445.0 \text{mm}^2/\text{Ring} \qquad (2 \times D13 + 6 \times D16)$$

$$n = 15$$

$$K_i = \frac{I_i}{A_i(h-u)} = 39.30 \text{mm}$$

$$f=u-\left(\frac{h}{2}-e\right)=75.23\mathrm{mm}$$

因 $f>K_i$，在主断面产生了受弯拉应力。

由压缩边缘到中立轴的距离(x)由式（I.7.20）得到 $x=147.95\mathrm{mm}$，如果取 $c=d-h/2$，$c'=h/2-d'$，混凝土产生的最大压应力(σ_c)变为下式。

$$\sigma_c=\frac{M_n}{(b\cdot x/2)(h/2-x/3)+(n\cdot A'_s/x)c'(c'-h/2+x)+(n\cdot A_s/x)c(c+h/2-x)}$$
$$=12.00\mathrm{N/mm^2}<\sigma_{ca}=16.0\mathrm{N/mm^2}$$

受力钢筋发生的拉应力(σ_s)

$$\sigma_s=\frac{n\cdot\sigma_c}{x}\left(c+\frac{h}{2}-x\right)=51.14\mathrm{N/mm^2}<\sigma_{sa}=194.0\mathrm{N/mm^2}$$

受力钢筋发生的压应力(σ'_s)

$$\sigma'_s=\frac{n\cdot\sigma_c}{x}\left(c'-\frac{h}{2}+x\right)=125.26\mathrm{N/mm^2}<\sigma'_{sa}=200.0\mathrm{N/mm^2}$$

2）对剪力与黏结力的设计

对剪力采用式（I.7.21）来验算剪切应力。

$$Q=87.92\mathrm{kN/m}\times1.0\mathrm{m}=87.92\mathrm{kN/Ring}\qquad(\theta=40°)$$

$$\tau=\frac{Q}{B\cdot d}=\frac{87.92\times10^3}{1000\times180}=0.49\mathrm{N/mm^2}<\tau_a=0.73\mathrm{N/mm^2}$$

(7) 管片接头的设计

1）接头混凝土与螺栓的设计

依据《标准管片》，使管片接头的容许弯矩为主断面抵抗弯矩的 60% 以上来设计管片接头。

① 主断面具有的抵抗弯矩的计算

主断面混凝土达到容许压应力$(\sigma_{ca}=16.0\mathrm{N/mm^2})$时弯矩 M_{rc} 及受拉钢筋达到容许抗拉应力$(\sigma_{sa}=194.0\mathrm{N/mm^2})$时弯矩 M_{rs} 中比较小的弯矩作为抵抗弯矩 M_r。

中和轴的位置(x)为

$$x=-\frac{n(A_s+A'_s)}{B}+\sqrt{\left\{\frac{n(A_s+A'_s)}{B}\right\}^2+\frac{2n}{B}(A_s\cdot d+A'_s\cdot d')}=62.48\mathrm{mm}$$

混凝土达到容许抗压应力(σ_{ca})时弯矩 M_{rc} 及受拉钢筋达到容许抗拉应力(σ_{sa})时弯矩 M_{rs} 为

$$M_{rc}=\left\{\frac{b\cdot x}{2}\left(d-\frac{x}{3}\right)+n\cdot A'_s\frac{x-d'}{x}(d-d')\right\}\sigma_{ca}=101.67\mathrm{kN\cdot m}$$

$$M_{rs}=\frac{\left\{\frac{b\cdot x}{2}\left(d-\frac{x}{3}\right)+n\cdot A'_s\frac{x-d'}{x}(d-d')\right\}x}{n(d-x)}\sigma_{sa}=101.67\mathrm{kN\cdot m}$$

因此，依据 $M_{rc}>M_{rs}$，抵抗弯矩 $M_r=M_{rs}=43.70\mathrm{kN\cdot m}$

② 接头容许弯矩的计算

接头的容许弯矩 M_{jr1} 为主断面抵抗弯矩 M_r 的 60% 以上。

$$M_{jr1}\geqslant0.6M_r=26.22\mathrm{kN\cdot m}$$

按照下式来求解接头的抵抗弯矩。

在图IV.2.17所示的接头断面中

$$d=150\mathrm{mm},\quad A_b=606.0\mathrm{mm^2/Ring}\qquad(2\times M22)$$

$$n=15$$

与主断面一样，混凝土达到容许压应力$(\sigma_{ca}=16.0\mathrm{N/mm^2})$时弯矩 M_{jrc} 及螺栓达到容许抗拉应力$(\sigma_{ba}=380.0\mathrm{N/mm^2})$时弯矩 M_{jrb} 中比较小的弯矩作为抵抗弯矩 M_{jr2}。

中和轴的位置(x)

$$x=\frac{n\cdot A_b}{b}\cdot\left(-1+\sqrt{1+\frac{2\cdot b\cdot d}{n\cdot A_b}}\right)=43.92\mathrm{mm}$$

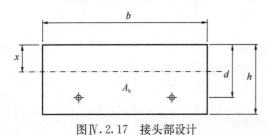

图IV.2.17　接头部设计

$$M_{jrc} = \frac{1}{2} \cdot b \cdot x \left(d - \frac{x}{3} \right) \sigma_{ca} = 47.56 \text{kN} \cdot \text{m}$$

$$M_{jrb} = A_b \left(d - \frac{x}{3} \right) \sigma_{ba} = 31.17 \text{kN} \cdot \text{m}$$

于是，因 $M_{jrc} > M_{jrb}$，抵抗弯矩 M_{jr2} 为

$$M_{jr2} = M_{jrb} = 31.17 \text{kN} \cdot \text{m} > M_{jr1} = 26.22 \text{kN} \cdot \text{m}$$

因此，管片接头的抵抗弯矩为主断面抵抗弯矩的 71%（$\geqslant 60\%$），管片接头螺栓可取为 M22×2 个（10.9）。

2）接头板的设计

接头在容许弯矩 M_{jr1}（主断面抵抗弯矩的 60%）作用下，对螺栓上产生的拉力进行接头板的设计。

$$M_{jr1} = 26.22 \text{kN} \cdot \text{m}$$

$$x = 43.92 \text{mm}$$

$$\sigma_b = \frac{M_{jr1}}{A_b \left(d - \frac{x}{3} \right)} = 319.65 \text{N/mm}^2$$

$$P = \frac{A_b}{2} \cdot \sigma_b = 96.85 \times 10^3 \text{N}$$

$$b = 39 \text{mm}$$

$$w = \frac{P}{b} = 2483 \text{N/mm}$$

$l = 95 \text{mm}$，$a = (l-b)/2 = 28 \text{mm}$，$h_f = 105 \text{mm}$（参考图Ⅳ.2.18）

$$M = w \cdot b \cdot (6 \cdot a \cdot l + b^2) / (24 \cdot l) = 742.46 \times 10^3 \text{N} \cdot \text{mm}$$

如果对接头板采用 SS400 时，

接头板的容许抗拉应力：$\sigma_{pa} = 160 \text{N/mm}^2$

由此，接头板的厚度 t_f 为

$$t_f = \sqrt{\frac{6 \cdot M}{h_f \cdot \sigma_{pa}}} = 16.28 \doteqdot 19 \text{mm}$$

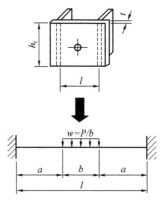

图Ⅳ.2.18 接头板设计

(8) 环间接头的设计

通过使用由管片环的错缝拼接所产生的剪力来进行在隧道横断方向上环间接头的设计。通过使用可以考虑管片环的错缝拼接效应的梁-弹簧模型，能够计算出环间接头上所发生的剪力。但在修正惯用计算法（惯用计算法）中，因无法计算出剪力，一般多将环间接头螺栓与管片接头螺栓同等地来进行设计。

此外，在进行抗震验算等纵断方向上的设计时，因可以求出作用在单处环间接头上的拉力，可使用此拉力进行设计。

并且，接头板的设计与管片接头相同。

(9) 对千斤顶推力的设计

在千斤顶推力作用下对纵肋的应力进行验算。

P：单个千斤顶的推力（=1500kN）

B_s：顶垫的宽度（=800mm）

A_0：与顶垫接触的管片面积（$= B_s \cdot h = 180000 \text{mm}$）

e：千斤顶重心与管片形心在半径方向上的偏心距离（=10mm）

σ_{cas}：混凝土的短期容许抗压应力（=24.0N/mm²）

I'：B_s 宽度上管片的断面惯性矩 $I' = \frac{B_s \cdot h^3}{12} = 759.38 \times 10^6 \text{mm}^4$

k_i：断面核心 $k_i = \frac{h}{b} = 37.5 \text{mm}$

因 $e < K_i$，偏心轴向压力作用在断面核心断面内。

由式（Ⅰ.7.37)得到管片的最大压应力为

$$\sigma_{max}=P\left(\frac{1}{A_0}+e\frac{h/2}{I'}\right)=10.56\text{N/mm}^2<\sigma_{cas}=24.0\text{N/mm}^2$$

(10) 设计图的制作

这里省略设计图的制作。

在设计中参照设计计算实例中其他种类的管片及极限状态设计法中的混凝土管片等进行制作。

3 依据极限状态设计法的设计计算实例

3.1 钢管片实例

3.1.1 设计条件

按表Ⅳ.3.1与图Ⅳ.3.1中所示规格的钢管片进行设计计算。

管片的直径等	表Ⅳ.3.1
外径(m)	4.3
管片宽度(m)	1.2
管片分块数	6分块
环间接头数	32

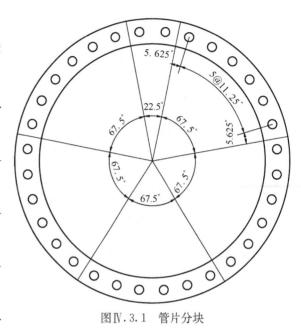

图Ⅳ.3.1 管片分块

(1) 管片规格

管片规格如表Ⅳ.3.2所示。

管 片 尺 寸　　　表Ⅳ.3.2

形式		2根主肋
管片主断面		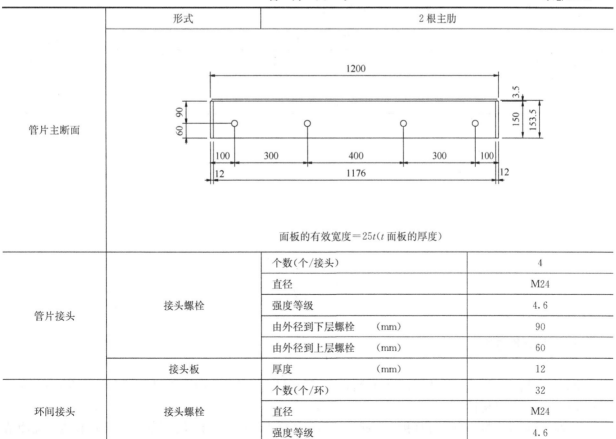 面板的有效宽度＝25t(t面板的厚度)
管片接头	接头螺栓	个数(个/接头)：4
		直径：M24
		强度等级：4.6
		由外径到下层螺栓 (mm)：90
		由外径到上层螺栓 (mm)：60
	接头板	厚度 (mm)：12
环间接头	接头螺栓	个数(个/环)：32
		直径：M24
		强度等级：4.6

(2) 主断面的断面性能

管片宽度(b)：1200mm

面板厚度(t)：3.5mm

环肋高度(h)：150mm

环肋厚度(t_r)：12mm

断面面积(A)：4212.5mm^2

形心位置(y_o)：67.3mm

$\qquad\qquad$(y_i)：86.2mm

断面惯性矩(I)：9834001mm^4/Ring

断面系数(Z_o)：146121.9mm^3/Ring

$\qquad\qquad$(Z_i)：114083.5mm^3/Ring

(3) 管片的材料特性

① 钢材

钢种：SM490A

抗拉屈服强度：325N/mm^2（16mm 以下）

抗压屈服强度：325N/mm^2（16mm 以下）

抗剪屈服强度（全断面）：180N/mm^2

弹性模量：210kN/mm^2

② 螺栓

强度等级：4.6

抗拉屈服强度：240N/mm^2

剪切屈服强度：135N/mm^2

弹性模量：210kN/mm^2

(4) 地层条件

作为硬质地层，按表Ⅳ.3.3所示设定地层条件。

地 层 条 件　　　　　　　　　　Ⅳ.3.3

覆土厚度 (m)	地下水位 (GL-m)	土的种类	水土的处理	N 值	γ (kN/m^3)	ϕ(°)	λ	k (MN/m^3)
20.0	15.0	密实固结砂质土	水土分离	50	18.0	40	0.35	50

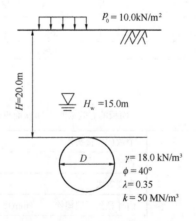

(5) 结构计算方法

1）结构模型

建立接头结构的模型，采用可以对错缝拼装下隧道轴向方向上接头位置不同进行模型化的梁-弹簧模型计算法来进行结构计算。

盾构隧道是通过接头将管片连接在一起的结构。从接头的抗弯试验及在实际隧道中的检查与监测结果等可以看出接头结构对隧道受力性能的影响很大。因此，在对管片本身与接头进行个别验算的极限状态设计法中，通常采用梁-弹簧模型进行结构计算。

图Ⅳ.3.2表示了梁-弹簧计算模型。在本计算中，建立2环错缝拼装结构的2环计算数值模型。

2）计算方法

在结构计算中采用非线性方法。在使用极限状态的结构计算中，因对管片本身采用线性，管片接头采用双线性关系，则计算变为非线性。

计算步骤为按照如下2步来进行分步计算（参照图Ⅳ.3.3）。

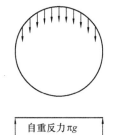

步骤1
管片自重的计算

自重反力πg

将步骤1的断面内力、变形作为初始状态，进行步骤2的计算

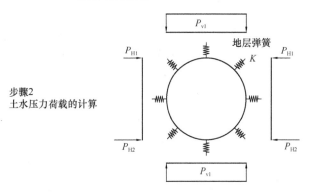

步骤2
土水压力荷载的计算

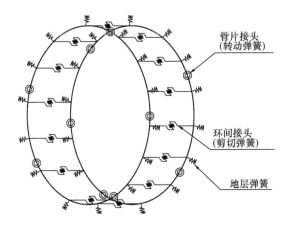

图Ⅳ.3.2　梁-弹簧结构计算模型　　　　　　　　图Ⅳ.3.3　计算步骤

步骤1：管片自重的计算

步骤2：水土压力荷载的计算

在极限状态设计法中计算为上述的非线性结构分析。在非线性计算中，各构件根据断面内力与变形状态的不同，刚度发生了变化。为此，将前步骤的断面内力与变形作为各构件的初始值，利用可以设定构件刚度的分步计算来进行解析。

3.1.2　使用极限状态的验算

（1）安全系数的设定

在使用极限状态验算中所用的安全系数全部取为1.0。

（2）设计荷载的计算

依据地层条件，采用松弛土压力，水土分离的条件来计算荷载。此外，因在使用极限状态中荷载系数全部取为1.0，荷载的标准值与设计值相同，省略对荷载分项系数的表述。

在松弛土压力高度不满$2D_o$（D_o为隧道外径）时，采用松弛土压力高度为$2D_o$的最小土压力，这时不考虑地面超载。

1）垂直荷载：P_{v1}

依据Terzaghi松弛土压力计算公式来进行计算（多地层松弛土压力计算式）。

表Ⅳ.3.4为松弛土压力的计算结果。因松弛土压力高度不满$2D_o$，作为最小土压力，采取松弛土压力高度为$2D_o$的垂直荷载进行设计。

松弛土压力的计算公式

$$\sigma_{v1} = \frac{B_1 \cdot (\gamma_1 - C_1/B_1)}{K_0 \cdot \tan\phi_1} \cdot (1 - e^{-k_0 \cdot \tan\phi_1 \cdot H_1/B_1}) + (P_0 + W_0) \cdot e^{-K_0 \tan\phi_1 \cdot H_1/B_1}$$

$$\sigma_{v2} = \frac{B_1 \cdot (\gamma_2 - C_2/B_1)}{K_0 \cdot \tan\phi_2} \cdot (1 - e^{-k_0 \cdot \tan\phi_2 \cdot H_2/B_1}) + \sigma_{v1} \cdot e^{-K_0 \tan\phi_2 \cdot H_2/B_1}$$

$$\sigma_{vi} = \frac{B_1 \cdot (\gamma_i - C_i/B_1)}{K_0 \cdot \tan\phi_i} \cdot (1 - e^{-k_0 \cdot \tan\phi_i \cdot H_i/B_1}) + \sigma_{vi-1} \cdot e^{-K_0 \tan\phi_i \cdot H_i/B_1}$$

$$\sigma_v = \frac{B_1 \cdot (\gamma_n - C_n/B_1)}{K_0 \cdot \tan\phi_n} \cdot (1 - e^{-k_0 \cdot \tan\phi_n \cdot H_n/B_1}) + \sigma_{vn-1} \cdot e^{-K_0 \tan\phi_n \cdot H_n/B_1}$$

$$B_1 = R_0 \cdot \cot\left(\frac{\pi/4 + \phi_v/2}{2}\right) = 2.150 \times \cot\left(\frac{\pi/4 + 40°/2}{2}\right) = 3.375$$

此外，内摩擦角 $\phi = 0°$ 时

$$\sigma_{vi} = (\gamma_i - C_i/B_i) \cdot H_i + \sigma_{vi-1}$$

松弛土压力的计算结果 　　　　　　　　　　　　　表 Ⅳ.3.4

层数 i	各层厚度 (m)	重度 γ_i(kN/m³)	内摩擦角 ϕ_i(°)	黏聚力 C_i(kN/m²)	地面超载 σ_{vi-1}(kN/m²)	松弛土压力 σ_v(kN/m²)
1	15.000	18.000	40	0	10.000	70.901
2	5.000	8.000	40	0	70.901	43.349

由此，松弛土压力高度为 $2D$(8.6m) 以下，作为最小土压力，松弛土压力高度取为 $2D$ 来计算垂直土压力。

地面超载(可变荷载)：$W_0 = 0.000(\text{kN/m}^2)$

地面超载(永久荷载)：$P_0 = 0.000(\text{kN/m}^2)$

土压力：$P_{sv} = \gamma' \cdot H_w + \gamma \cdot (2 \cdot D_o - H_w)$

$\qquad = 8.000 \times 5.0 + 18.000 \times (2 \times 4.3 - 5.0)$

$\qquad = 104.800(\text{kN/m}^2)$

水压力：$P_{wv} = \gamma_w \cdot H_w$

$\qquad = 1.0 \times 10.000 \times 5.0 = 50.000(\text{kN/m}^2)$

设计垂直荷载：$P_{v1} = W_0 + P_0 + P_{sv} + P_{wv}$

$\qquad\qquad = 0.000 + 0.000 + 104.800 + 50.000 = 154.800(\text{kN/m}^2)$

2) 顶部水平荷载：P_{H1}

地面超载(可变荷载)：$W_H = \lambda \cdot W_0 = 0.000(\text{kN/m}^2)$

地面超载(永久荷载)：$P_H = \lambda \cdot P_0 = 0.000(\text{kN/m}^2)$

土压力：$P_{sh1} = \lambda \cdot \{P_{sv} + \gamma' \cdot (D_o/2 - R_c)\}$

$\qquad = 0.35 \times \{104.800 + 8.000 \times (4.3/2 - 2.0827)\}$

$\qquad = 36.868(\text{kN/m}^2)$

水压力：$P_{wv} = \gamma_{f3} \cdot \gamma_w \cdot (H_{wh} - D_o/2 - R_c)$

$\qquad = 1.0 \times 10.000 \times (9.3 - 4.3/2 - 2.0827)$

$\qquad = 50.673(\text{kN/m}^2)$

设计顶部水平荷载：$P_{H1} = W_H + P_H + p_{sh1} + P_{w1}$

$\qquad\qquad = 0.000 + 0.000 + 36.868 + 50.673 = 87.541(\text{kN/m}^2)$

3) 底部水平荷载：P_{H2}

土压力：$P_{sh2} = \lambda \cdot \{P_{sv} + \gamma' \cdot (D_o/2 + R_c)\}$

$\qquad = 0.35 \times \{104.800 + 8.000 \times (4.3/2 + 2.0827)\}$

$\qquad = 48.532(\text{kN/m}^2)$

水压力：$P_{wv} = \gamma_w \cdot (H_{wh} - D_o/2 + R_c)$

$\qquad = 10.000 \times (9.3 - 4.3/2 + 2.0827)$

$\qquad = 92.327(\text{kN/m}^2)$

设计底部水平荷载：$P_{H2} = W_H + P_H + P_{sh1} + P_{w1}$

$\qquad\qquad = 0.000 + 0.000 + 48.532 + 92.327 = 140.859(\text{kN/m}^2)$

4）自重反力

$$g = \frac{w}{2\pi \cdot R_c} = \frac{11.94}{2\pi \times 2.0827} = 0.912$$

$$P_g = \pi \cdot g = \pi \times 0.912 = 2.865 (\text{kN/m}^2)$$

(3) 结构计算

1）管片主断面刚度（$M-\phi$ 关系）的设定

在使用极限状态中，因在材料的线性领域（屈曲强度以下）进行验算，采用全断面有效来设定刚度的线性关系（图Ⅳ.3.4）。

2）管片接头刚度（$M-\theta$ 关系）的设定

管片接头对结构计算结果的影响很大。为此，按照如下规则来考虑非线性：

① 正弯矩与负弯矩作用时力学特性不同，A. 接头全断面压缩，B. 接头板分离后的双线性关系。

② 假定作用在管片接头上的平均轴力来进行设定。

③ 只有水压力作用在隧道上时其平均轴力设定为 $N = 180\text{kN/R}$。

在接头处于全断面受压时（第一斜率），采用相当于无穷大的转动弹簧系数，接头板分离后（第二斜率）的转动弹簧系数由村上・小泉方法[44]来计算。

④ 在图Ⅳ.3.5 中当中和轴处于管片下边缘时按照下式来计算斜率变化点的弯矩：

斜率变化点的弯矩 $M_r = N \cdot y$

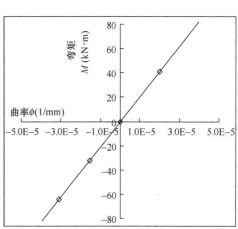

图Ⅳ.3.4　使用极限状态结构计算中管片主断面的 $M-\phi$ 关系

对以上结果进行总结，在水土压力作用下的转动弹簧系数如图Ⅳ.3.6 所示。并且在管片自重计算中所用的转动弹簧系数为分离后的数值所决定的线性关系。

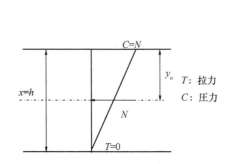

图Ⅳ.3.5　管片接头处力的平衡

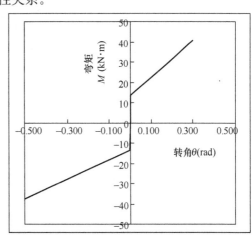

图Ⅳ.3.6　水土压力作用时的 $M-\theta$ 关系

3）环间接头刚度（$S-\delta$）的设定

依据环间接头剪切试验实例，采用剪切弹簧系数为下值的线性关系。

$$k_s = 200\text{MN/m}$$

4）结构计算模型

在结构计算模型中，将单环离散为 64 个单元，采用如图Ⅳ.3.7 所示的 2 环错缝拼装，并将管片环的半径设在管片断面的形心位置。

5）结构计算结果

表Ⅳ.3.5 表示了发生的断面内力与变形量，图Ⅳ.3.8 表示了断面内力图与变形图。

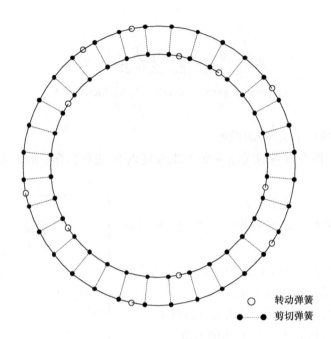

○　转动弹簧
●…●　剪切弹簧

图Ⅳ.3.7　结构计算模型

结构计算结果：使用极限状态　　　　　　　　　　　　　　　表Ⅳ.3.5

主断面	最大弯矩　正弯矩	弯矩	M_{max}	(kN·m)	12.3
		轴力	N_{Mmax}	(kN)	331.5
	最大弯矩　负弯矩	弯矩	M_{min}	(kN·m)	−10.9
		轴力	N_{Mmax}	(kN)	393.3
	最大轴力	轴力	N_{max}	(kN)	413.7
	最大剪力	剪力	S_{max}	(kN)	−22.9
		弯矩	M_{Smax}	(kN·m)	−0.9
		轴力	N_{Smax}	(kN)	356.8
管片接头	最大弯矩　正弯矩	弯矩	M_{max}	(kN·m)	8.0
		轴力	N_{Mmax}	(kN)	339.0
	最大弯矩　负弯矩	弯矩	M_{min}	(kN·m)	−6.7
		轴力	N_{Mmin}	(kN)	364.1
	最大轴力	轴力	N_{max}	(kN)	411.8
	最大剪力	剪力	S_{max}	(kN)	−16.0
		弯矩	M_{Smax}	(kN·m)	−6.7
		轴力	N_{Smax}	(kN)	364.1
	最大转角　正弯矩	转角	θ_{max}	(rad)	8.75E−04
		弯矩	M_{max}	(kN·m)	8.0
		轴力	N_{Mmax}	(kN)	339.0
	最大转角　负弯矩	转角	θ_{max}	(rad)	−1.30E−03
		弯矩	M_{max}	(kN·M)	−6.3
		轴力	N_{Max}	(kN)	393.4
环间接头	最大剪力	半径方向	S_{max}	(kN)	−3.4
		切线方向	S_{max}	(kN)	−0.9
		合力	S_{max}	(kN)	3.4
	变形量	错位量(半径方向)	δ_{max}	(mm)	−0.02
		切线方向	δ_{max}	(mm)	0.00
内表面位移量	垂直方向		δ_{vmax}	(mm)	8.18
	水平方向		δ_{hmax}	(mm)	−2.22
	内侧变形最大		δ_{imax}	(mm)	8.18
	外侧变形最大		δ_{omax}	(mm)	−2.22

注：内表面位移量，＋为偏向隧道内侧，－为偏向隧道外侧。

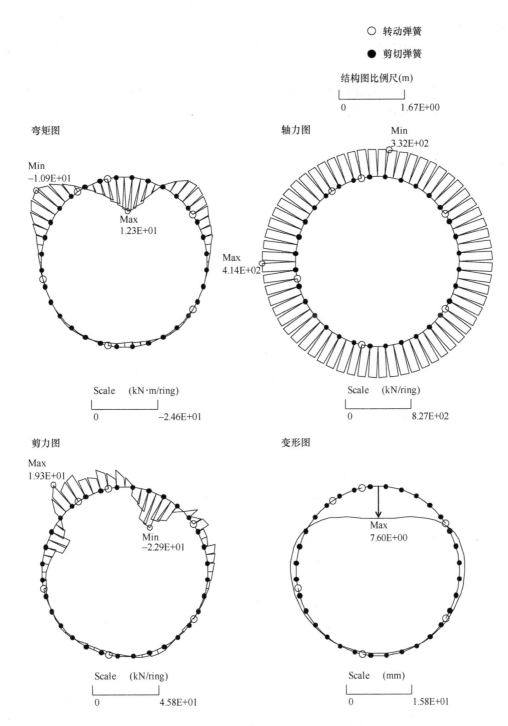

图Ⅳ.3.8 结构计算结果：使用极限状态

(4) 验算

1) 验算项目

钢管片使用极限状态的验算项目如表Ⅳ.3.6所示。

使用极限状态的验算项目　　　　　　　　　表Ⅳ.3.6

	部　位	验算项目	限值
应力	主断面	钢材应力	应力的极限值
	接头处	钢材应力	应力的极限值
位　移	管片环	环变形量	容许变形量
	接头处	开裂	容许开裂量
		错位	容许错位量

注：关于面板与纵肋，通过进行承载力极限状态的验算，也可以兼为使用极限状态的验算。

2) 主断面应力

计算考虑局部屈曲影响后的强度标准值，通过对弯曲应力的验算来校核主断面应力。

① 局部屈曲的验算

通过表Ⅱ.4.6来考虑由局部屈曲的影响导致的强度降低。通过采用对局部屈曲最严格的条件，应力斜率(ϕ)为0时的宽厚比来进行验算。

$$\frac{h}{t_r \cdot f \cdot k_r} = \frac{150}{12 \times 1.00 \times 1.15} = 10.9 \leqslant 11.2$$

这里，

l_r：环肋的屈曲长度 406.7mm

h：环肋的高度 150mm

t_r：环肋的厚度 12mm

$$K_r = \sqrt{\frac{2.33}{(l_r/h)^2} + 1.0} = \sqrt{\frac{2.33}{(406.7/150)^2} + 1.0} = 1.15$$

$$f = 0.65\phi^2 + 0.13\phi + 1.0 = 1.00$$

$$\phi = \frac{\sigma_1 - \sigma_2}{\sigma_1} = 0$$

宽厚比为11.2(SM490A 时)以下时，因不受局部屈曲的影响，可不进行强度的折减。但在需要考虑局部屈曲影响的结果时，由发生的断面内力来计算应力斜率，考虑局部屈曲的影响后来设定强度。

② 受弯应力验算

基于"第Ⅱ篇　极限状态设计法　6.2.3 钢铁管片的验算"来验算主断面的应力。

应力的计算结果如下所示。

● 正弯矩　外边缘侧 163N/mm²，内边缘侧 -29N/mm²

● 负弯矩　外边缘侧 19N/mm²，内边缘侧 189N/mm²

因结构计算分项系数 γ_a 为 1.0，上述的数值变为设计应力(荷载效应值)。

应力的限值(极限值)如下所示。

应力限值＝屈服强度×90%/材料分项系数 γ_m/构件分项系数 γ_b

　　　　　＝325×90%/1.0/1.0＝293N/mm²

对此进行验算，满足如下所示的验算项目。

● 正弯矩　外边缘侧　$\gamma_i \cdot S_d/R_d = 1.0 \times 163/293 = 0.56 \leqslant 1.0$　OK

　　　　　　内边缘侧　$\gamma_i \cdot S_d/R_d = 1.0 \times (-29)/(-293) = 0.10 \leqslant 1.0$　OK

● 负弯矩　外边缘侧　$\gamma_i \cdot S_d/R_d = 1.0 \times 19/293 = 0.06 \leqslant 1.0$　OK

　　　　　　内边缘侧　$\gamma_i \cdot S_d/R_d = 1.0 \times 189/293 = 0.65 \leqslant 1.0$　OK

3) 接头处应力

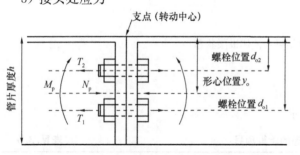

图Ⅳ.3.9　管片接头螺栓的拉力计算模型

通过验算在管片接头弯矩作用下螺栓与接头板的应力来进行计算接头的钢材应力。

基于图Ⅳ.3.9所示的模型，由下式来计算接头螺栓的拉力。

● 正弯矩时　$T_p = \dfrac{M_p - N_p \cdot y_o}{n_1 \cdot d_{o1} + n_2 \cdot d_{o2}^2/d_{o1}}$

● 负弯矩时　$T_n = \dfrac{-M_n - N_n \cdot y_i}{n_2 \cdot d_{i2} + n_1 \cdot d_{i1}^2/d_{i2}}$

这里，

T_p，T_n：螺栓的拉力(p 为正弯矩，n 为负弯矩)；

M_p，M_n：接头的弯矩；

N_p，N_n：接头的轴力；

y_0，y_i：形心位置(y_o 以外边缘为起点，y_i 以内边缘为起点)；

d_{o1}，d_{o2}，d_{i1}，d_{i2}：螺栓位置(d_o 以外边缘为起点，d_i 以内边缘为起点)；

n_1，n_2：螺栓个数。

螺栓拉力计算后变为下式。

正弯矩　$T_p = \dfrac{M_p - N_p \cdot y_o}{n_1 \cdot d_{o1}} = \dfrac{8.0 \times 10^3 - 339.0 \times 67.3}{2 \times 90} = -82.3 \text{kN}$

负弯矩　$T_n = \dfrac{M_n - N_n \times y_i}{n_1 \times d_{i1}} = \dfrac{6.7 \times 10^3 - 364.1 \times 86.2}{2 \times 60} = -205.7 \text{kN}$

二者都为受压状态(负)，得到在使用极限状态中在螺栓上没有拉力作用的结论。

因此，接头板没有发生变形，得到了接头的钢材应力(螺栓，接头板)满足验算项目的结论。

4) 管片环变形量

使用内部净空断面垂直方向的变形量来验算管片环变形量。

由结构计算结果，设计变形量(荷载效应值)表示如下：

设计变形量＝垂直方向上的内净空变形量×结构计算分项系数 γ_a＝8.18mm×1.0＝8.18mm

极限变形量(极限值)依隧道内的设备等条件而异，这里取为 $D_i/150$(D_i 为隧道内径)，设定如下：

极限变形量＝(隧道内径 $D_i/150$)/构件分项系数 γ_b＝(3993mm/150)/1.0＝26.6mm

对此进行验算，满足如下所示的验算项目。

$$\gamma_i \cdot S_d/R_d = 1.0 \cdot 8.18/26.6 = 0.31 \leqslant 1.0 \quad \text{OK}$$

5) 接头处的开裂量

以管片接头为对象来验算接头的开裂。

如图Ⅳ.3.10所示，接头以环肋的端部(正弯矩时为外边缘)为转动中心，使用通过结构计算所得的接头转角，按如下公式来计算管片接头的设计张开量(荷载效应值)。

设计张开量 δ＝构造物分项系数 γ_a×(环肋高度 h·接头转动角度 θ)

由此对正弯矩与负弯矩的设计张开量(荷载效应值)进行如下的计算。

正弯矩作用时的设计张开量 δ_+＝1.0×(150mm×0.000875)＝0.13mm

负弯矩作用时的设计张开量 δ_-＝1.0×(150mm×0.001300)＝0.20mm

防水材料的设计值为2mm，其中施工部分为1mm，对极限张开量(极限值)进行如下设定：

设计极限张开量＝(2.0mm－1.0mm)/构件分项系数 γ_b＝1.0mm/1.0＝1.0mm

对此进行验算，满足如下所示的验算项目。

正弯矩时　　　　　　　　$\gamma_i \cdot S_d/R_d = 1.0 \cdot 0.13/1.0 = 0.13 \leqslant 1.0 \quad \text{OK}$

负弯矩时　　　　　　　　$\gamma_i \cdot S_d/R_d = 1.0 \cdot 0.20/1.0 = 0.20 \leqslant 1.0 \quad \text{OK}$

6) 接头的错位

以环间接头为研究对象进行接头错位的验算。依据结构计算中1，2环的相对变位量来计算环间接头的错缝量(图Ⅳ.3.11)。

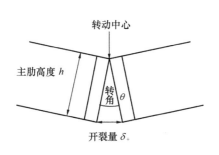
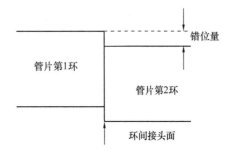

图Ⅳ.3.10　管片接头开裂量的计算模型　　　图Ⅳ.3.11　环间接头错缝量的计算模型

由结构计算，设计错缝量(荷载效应值)为如下数值：

设计错缝量＝结构解析分项系数 γ_a×错缝量 δ＝1.0×0.02mm＝0.02mm

密封材料的设计值为3mm，其中施工部分1.5mm，对极限错缝量(极限值)进行如下的设定：

设计极限错缝量＝(3.0mm－1.5mm)/构件分项系数 γ_b＝1.5/1.0＝1.5mm

对此进行验算，满足如下所示的验算项目。

$$\gamma_i \cdot S_d/R_d = 1.0 \times 0.02/1.5 = 0.01 \leqslant 1.0 \quad \text{OK}$$

3.1.3 承载力极限状态的验算

(1) 安全系数的设定

按表Ⅳ.3.7所示设定安全系数。

承载能力极限状态验算中所用的安全系数　　　　　　表Ⅳ.3.7

荷载分项系数 γ_f	土压力	垂直土压力	全覆土(γ_{f1})	1.15
		侧向土压力系数(γ_{f2})	0.90
	水压力(γ_{f3})		1.00
	自重		1.00
	地面超载(γ_{f0})		1.00
	地层抗力系数 γ_m	半径方向	1.00
		切线方向	—
材料分项系数 γ_m	结构用钢材		1.05
	螺栓		1.05
构件分项系数 γ_b	主体	受弯	1.05
		受压	1.15
		受剪	1.15
	管片接头(抗弯)		1.10
	环间接头(剪力)		1.15
结构解析分项系数 γ_a			1.00
结构物分项系数 γ_i			1.00

这些值中,关于侧向土压力系数的安全系数,取《隧道设计规范》中的设定范围 0.8~1.0 的中间值 0.9。此外,在过去的验算中,因也有将侧向土压力系数的安全系数取为相当于 0.8 的数值来考虑土压力作用的事例,在实际的验算中有必要注意安全系数的设定。

钢管片随水压变大所产生的应力有变大的倾向,故将水压的安全系数取为 1.0。

(2) 设计荷载的计算

荷载的计算方法基本上与使用极限状态一样,依据如下公式对各荷载的标准值乘以安全系数来计算设计荷载。

设计荷载 F_d = 荷载分项系数 γ_f × 荷载标准值 F_k

1) 垂直荷载: P_{v1}

因松弛土压力高度不满 $2D_o$(D_o 为隧道外径),与使用极限状态验算一样,作为最小土压力,取松弛土压力高度为 $2D_o$ 来计算垂直荷载。

地面超载(可变荷载): $W_0 = 0.000(\text{kN/m}^2)$

地面超载(永久荷载): $P_0 = 0.000(\text{kN/m}^2)$

土压: $P_{sv} = \gamma_{f1} \cdot \{\gamma' \cdot H_w + \gamma \cdot (2 \cdot D_o - H_w)\}$
$\qquad = 1.15 \times \{8.000 \times 5.0 + 18.000 \times (2 \times 4.3 - 5.0)\} = 1.15 \times 104.800$
$\qquad = 120.52(\text{kN/m}^2)$

水压: $P_{wv} = \gamma_{f3} \cdot \gamma_w \cdot H_w$
$\qquad = 1.0 \times 10.000 \times 5.0 = 50.000(\text{kN/m}^2)$

设计垂直荷载: $P_{v1} = W_0 + P_0 + P_{sv} + P_{wv}$
$\qquad\qquad = 0.000 + 0.000 + 120.520 + 50.000 = 170.520(\text{kN/m}^2)$

2) 顶部水平荷载: P_{H1}

地面超载(可变荷载): $W_H = \gamma_{f2} \cdot \lambda \cdot W_0 = 0.000(\text{kN/m}^2)$

地面超载(永久荷载): $P_H = \gamma_{f2} \cdot \lambda \cdot P_0 = 0.000(\text{kN/m}^2)$

土压: $P_{sh1} = \gamma_{f2} \cdot \lambda \cdot \{P_{sv} + \gamma' \cdot (D_o/2 - R_c)\}$
$\qquad = 0.9 \times 0.35 \times \{104.800 + 8.000 \times (4.3/2 - 2.0827)\} = 0.9 \times 36.868$

$$=33.181(kN/m^2)$$

水压：$P_{wv}=\gamma_{f3} \cdot \gamma_w \cdot (H_{wh}-D_o/2-R_c)$

$$=1.0\times10.000\times(9.3-4.3/2-2.0827)$$

$$=50.673(kN/m^2)$$

顶部水平设计荷载：$P_{H1}=W_H+P_H+P_{sh1}+P_{wl}$

$$=0.000+0.000+33.181+50.673=83.854(kN/m^2)$$

3）底部水平荷载：P_{H2}

土压：$P_{sh2}=\gamma_{f2} \cdot \lambda \cdot \{P_{sv}+\gamma' \cdot (D_o/2+R_c)\}$

$$=0.9\times0.35\times\{104.800+8.000\times(4.3/2+2.0827)\}=0.9\times48.532$$

$$=43.679(kN/m^2)$$

水压：$P_{wv}=\gamma_{f3} \cdot \gamma_w \cdot (H_{wh}-D_o/2+R_c)$

$$=1.0\times10.000\times(9.3-4.3/2+2.0827)$$

$$=92.327(kN/m^2)$$

底部水平设计荷载：$P_{H2}=W_H+P_H+P_{sh1}+P_{wl}$

$$=0.000+0.000+43.679+92.327=136.006(kN/m^2)$$

4）自重反力（与使用极限状态同样）

$$g=\frac{w}{2 \cdot \pi \cdot R_c}=\frac{11.94}{2\times\pi\times2.0827}=0.912$$

$$P_g=\pi \cdot g=\pi\times0.912=2.862(kN/m^2)$$

(3) 结构计算

1）主断面的刚度（$M-\phi$ 关系）设定

相对只有水压力作用时隧道的轴力（$N=180kN/R$，与转动弹簧系数计算时相同），管片主断面的 $M-\phi$ 关系为三线性关系，即：①屈服前；②外边缘与内边缘其中之一屈服，或二者同时屈服；③外边缘与内边缘处于屈服到全塑性阶段。此外，因在正弯矩与负弯矩作用下刚度不同，要依据弯曲方向采用不同的 $M-\phi$ 关系，按照图Ⅳ.3.12 来进行设定。此外，在自重计算中所用的 $M-\phi$ 关系取为线性关系，与使用极限状态相同。

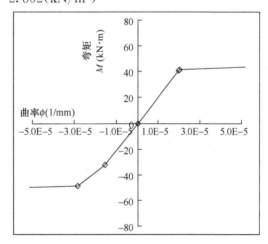

图Ⅳ.3.12　承载能力极限状态
计算所用的 $M-\phi$ 关系

2）管片接头刚度（$M-\theta$ 关系）的设定

采用与使用极限状态相同的双线性关系。

3）环间接头刚度（$S-\delta$）的设定

采用与使用极限状态相同的双线性关系。

4）结构计算模型

采用与使用极限状态相同的 2 环错缝拼装模型。

5）结构计算结果

断面内力、变形量与断面内力图、变形图分别表示在表Ⅳ.3.8 与图Ⅳ.3.13 中。

结构计算结果：承载力极限状态　　　　　　　　　　　　表Ⅳ.3.8

主断面	最大弯矩　正弯矩	弯矩	M_{max}　（kN·m）	12.7
		轴力	M_{Mmax}　（kN）	329.0
	最大弯矩　负弯矩	弯矩	M_{min}　（kN·m）	−11.1
		轴力	N_{Mmin}　（kN）	394.0
	最大轴力	轴力	N_{max}　（kN）	416.2
	最大剪力	剪力	S_{max}　（kN）	−23.8
		弯矩	M_{Smax}　（kN·m）	−1.0
		轴力	N_{Smax}　（kN）	355.6

续表

管片接头	最大弯矩 正弯矩	弯矩	M_{max} （kN•m）	8.2
		轴力	N_{Mmax} （kN）	336.8
	最大弯矩 负弯矩	弯矩	M_{min} （kN•m）	-6.8
		轴力	N_{Mmin} （kN）	363.2
	最大轴力	轴力	N_{max} （kN）	414.2
	最大剪力	剪力	S_{max} （kN）	-16.5
		弯矩	M_{Smax} （kN•m）	-6.8
		轴力	N_{Smax} （kN）	363.2
	最大转角 正弯矩	转角	θ_{max} （rad）	9.06E-04
		弯矩	M_{max} （kN•m）	8.2
		轴力	N_{Mmax} （kN）	336.8
	最大转角 负弯矩	转角	θ_{max} （rad）	-1.31E-03
		弯矩	M_{max} （kN•m）	-6.4
		轴力	N_{Mmax} （kN）	394.3
环间接头	最大剪力	半径方向	S_{max} （kN）	-3.4
		切线方向	S_{max} （kN）	-0.9
		合力	S_{max} （kN）	3.5
	变形量	错位量（半径方向）	δ_{max} （mm）	-0.02
		切线方向	δ_{max} （mm）	0.00
内表面位移量	垂直方向		δ_{vmax} （mm）	8.56
	水平方向		δ_{hmax} （mm）	-2.43
	内侧变形最大		δ_{imax} （mm）	8.56
	外侧变形最大		δ_{omax} （mm）	-2.43

注：内表面位移量，+为偏向隧道内侧，-为偏向隧道外侧。

(4) 验算

1）验算项目

钢管片承载力极限状态的验算项目如表Ⅳ.3.9所示。

承载力极限状态的验算项目　　　　　　　　　　　　　　表Ⅳ.3.9

部　　　位	验算项目	限　　　值
主断面	弯矩，轴力	抗弯承载力，抗压承载力
	剪力	抗剪承载力
接头处	弯矩，轴力	抗弯承载力，抗压承载力
	剪力	抗剪承载力
面板	荷载（外压力）	极限荷载
纵肋	千斤顶推力	极限推力

2）主断面的弯矩与轴力

因对管片进行了二次混凝土衬砌的施工，管片直到全塑性状态不会发生屈曲。因此，采用管片主断面的全塑性承载力来进行弯矩与轴力的验算，可不进行屈曲验算。

① 关于弯矩的验算

依据图Ⅳ.3.14所示的主断面全塑性承载力计算模型来计算弯曲承载力。

对结构计算中管片主断面最大弯矩乘以结构计算分项系数（$\gamma_a = 1.0$）来计算设计断面内力（荷载效应值），如下所示：

• 正弯矩　设计断面内力$=\gamma_a \cdot M = 12.7 \text{kN} \cdot \text{m}$

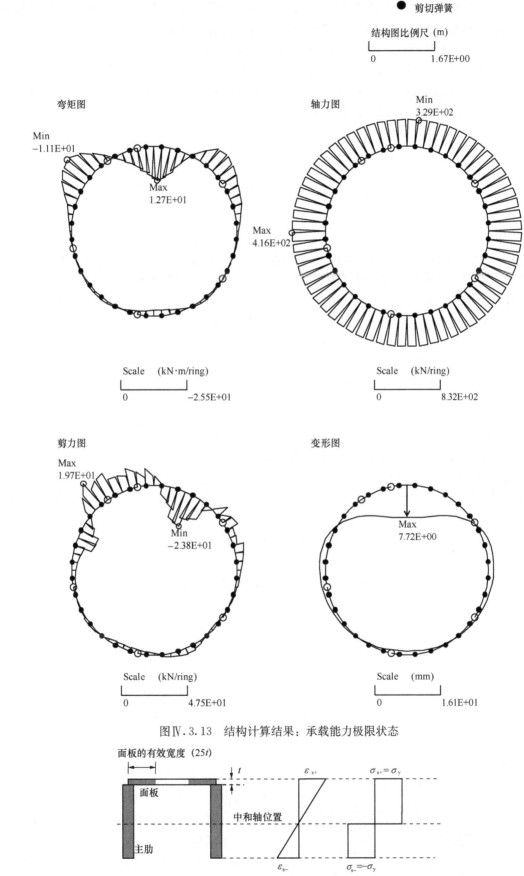

图Ⅳ.3.13 结构计算结果：承载能力极限状态

图Ⅳ.3.14 全塑性承载力计算模型：钢管片的主断面

● 负弯矩　设计断面内力＝$\gamma_a \cdot M$＝-11.1kN・m

采用由结构用钢材的材料标准值除以材料系数所得的设计强度来计算设计断面内力（结构抗力）。

　　　　设计强度（抗压，抗拉）＝屈服强度/材料系数 γ_m＝325/1.05＝309N/mm²

将轴力设为定值进行计算后，设计断面承载力变为如下的结果：

● 正弯矩　设计断面承载力＝全塑性承载力/构件分项系数 γ_b＝51.9/1.05＝49.4kN・m

● 负弯矩　设计断面承载力＝全塑性承载力/构件分项系数 γ_b＝-49.2/1.05＝-46.9kN・m

对此进行验算，满足如下所示的验算项目。

● 正弯矩　$\gamma_i \cdot S_d/R_d$＝1.0×12.7/49.4＝0.26≦1.0　　　OK

● 负弯矩　$\gamma_i \cdot S_d/R_d$＝1.0×-11.1/-46.9＝0.24≦1.0　　　OK

②对轴力的验算

将结构计算中管片主断面的最大轴力乘以结构计算分项系数（γ_a＝1.0）来求设计断面内力（荷载效应值），如下所示。

设计断面内力＝416.2kN

通过使用结构用钢材的材料标准值除以材料分项系数后所得的设计强度来计算断面的设计承载力。

设计强度（受压）＝屈服强度/材料分项系数 γ_m＝325/1.05＝309N/mm²

设计断面承载力变为如下的结果：

设计断面承载力＝结构用钢材的设计强度×管片主断面的面积/构件分项系数 γ_b

　　　　　　　＝309N/mm²×4213mm²/1.15

　　　　　　　＝1132kN

对此进行验算，满足如下所示的验算项目。

　　　　　　$\gamma_i \cdot S_d/R_d$＝1.0×416.2/1132＝0.37≤1.0　　　OK

3）主断面的剪力

由结构计算结果对主断面的设计剪力（荷载效应值）进行如下的设定。

设计剪力＝构造解析分项系数 γ_a×剪力＝-23.8kN

通过使用结构用钢材的材料标准值除以材料分项系数后所得的设计强度来计算断面的设计剪切承载力（结构抗力）。

结构用钢材的剪切强度＝f_{vyk}/材料分项系数 γ_m＝180/1.15＝157N/mm²

于是，由下式来计算设计剪切承载力：

设计剪切承载力＝环肋断面面积(只有腹板)×设计抗剪强度/构件分项系数 γ_b

　　　　　　　＝3600mm²×157/1.15

　　　　　　　＝491kN

对此进行验算，满足如下的验算项目。

　　　　　　$\gamma_i \cdot S_d/R_d$＝1.0×23.8/491＝0.05≤1.0　　　OK

4）接头处的弯矩与轴力

以管片接头为对象在弯矩作用下对接头进行验算。此外，与管片主断面等价来考虑，接头的轴向压力为轴力（主断面＞管片接头），省略验算。

①设计断面内力

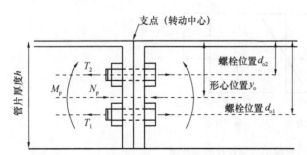

图Ⅵ.3.15　管片接头螺栓拉力计算模型：钢管片

由结构计算结果，接头的设计断面内力（荷载效应值）如下所示。

● 正弯矩　设计断面内力＝最大弯矩×结构计算分项系数 γ_a＝8.2kN・m

● 负弯矩　设计断面内力＝最大弯矩×结构计算分项系数 γ_a＝-6.8kN・m

②设计断面承载力

依据图Ⅳ.3.15所示的模型，接头板达到全塑性或螺栓屈服时的弯曲承载力作为接头的设计断面承载力（结构抗力），由如下公式来计算：

- 正弯矩时 $M_{pu}=T_p(n_1 \cdot d_{o1}+n_2 \cdot d_{o2}^2/d_{o1})+N_p \cdot y_o$
- 负弯矩时 $M_{nu}=-T_n(n_2 \cdot d_{i2}+n_1 \cdot d_{i1}^2/d_{i2})-N_n \cdot y_i$

这里，T_p，T_n：螺栓的拉力（p 为正弯矩，n 为负弯矩）；

M_{pu}，M_{nu}：接头的弯矩承载力；

N_p，N_n：接头的轴力；

y_o，y_i：形心位置（o 以外边缘为起点，i 以内边缘为起点）；

d_{o1}，d_{o2}，d_{i1}，d_{i2}：螺栓位置（o 以外边缘为起点，i 以内边缘为起点）；

n_1，n_2：螺栓个数。

由如下公式来计算螺栓的屈服拉力：

螺栓的屈服拉力＝螺栓的屈服应力/材料分项系数 $\gamma_m \times$ 螺栓的断面面积

$$=240/1.05 \times 303=69.3kN \quad （没有杠杆反力作用时）$$

考虑杠杆反力时将此值除以安全系数 1.25，变为 69.3/1.25＝55.4kN。

接头板达到全塑性时的螺栓拉力依据正负弯矩分别由下式来计算：

$$T_p=f_y \cdot \frac{B \cdot h \cdot t_2^2}{4 \cdot d_1^2}=200kN$$

这里，T_p：接头板屈服时的螺栓拉力；

f_y：接头板的设计屈服应力（309N/mm² ＝屈服强度标准值/材料分项系数 γ_m）；

B：接头板宽度；

h：接头板高度；

t_2：接头板厚度；

d_1：螺栓位置。

由以上计算，因螺栓屈服时的螺栓拉力＜接头板全塑性时的螺栓拉力，采用螺栓屈服时的螺栓拉力（考虑杠杆反力）来计算接头承载力，得到如下结果：

- 正弯矩 设计受弯承载力 $M_{pu}=$ 受弯承载力/构件分项系数 $\gamma_b=32.6/1.1=29.6kN \cdot m$
- 负弯矩 设计受弯承载力 $M_{nu}=$ 受弯承载力/构件分项系数 $\gamma_b=-37.9/1.1=-34.5kN \cdot m$

③ 验算

验算结果如下所示，满足了验算项目。

正弯矩 $\gamma_i \cdot S_d/K_d=1.0 \times 8.2/29.6=0.28 \leqslant 1.0$ OK

负弯矩 $\gamma_i \cdot S_d/K_d=1.0 \times -6.8/-34.4=0.20 \leqslant 1.0$ OK

5）接头处的剪力

对环间接头进行接头处剪力验算。

将结构计算中环间接头的最大剪力作为设计剪力，变为下式：

设计剪切力＝结构解析系数 $\gamma_a \times$ 最大剪力

$$=1.0 \times (-16.5)$$

$$=-16.5kN/接头$$

将螺栓的抗剪承载力作为设计抗剪承载力（结构抗力），变为下式：

设计剪切力（结构抗力）＝螺栓的抗剪承载力/构件分项系数 γ_b

$$=(180N/mm^2/1.05 \times 303mm^2)/1.15$$

$$=42.5kN/接头$$

对此进行验算，得到满足如下所示验算项目的结果。

$$\gamma_i \cdot S_d/R_d=1.0 \times 16.5/45.2=0.37 \leqslant 1.0 \quad OK$$

6）面板

在面板验算中所有安全系数取为 1.0。

采用垂直荷载与侧向荷载中较大的荷载，并加上自重反力来计算设计荷载（荷载效应值）。

$P_e + P_g = 154.800 + 2.865$

$\qquad = 157.665 \text{kN/m}^2$

此外，当壁后注浆压力超过设计荷载时，采用壁后注浆压力作为设计荷载来进行验算。

按照相对两边固定支承矩形板的极限设计法，依据如下公式来计算钢管片面板的极限荷载（结构抗力 P_u）。表Ⅳ.3.10为计算极限荷载所需的各量。

计算面板极限荷载的各要素值　　表Ⅳ.3.10

项　目		单位	各要素值
管片外径	D_o	mm	4300
面板厚度	t	mm	3.5
纵肋中心线角	θ_s	°	11.250
钢材的弹性模量	E_s	N/mm²	210×10^3
泊松比	ν		0.3
强度标准值	f_{yk}	N/mm²	325

面板单位宽度的断面惯性矩 I：3.57mm^4

面板跨距 l_x：$421.1 \text{mm} (= 2 \cdot (D_o/2 - t/2) \cdot \sin(\theta_s/2))$

面板的极限荷载 $P = 773 \text{kN/m}^2$

设计极限荷载如下所示：

设计极限荷载＝极限荷载/构件分项系数 $\gamma_b = 773/1.05 = 736 \text{kN/m}^2$

对此进行验算，得到如下满足所示验算项目的结果。

$$\gamma_i \cdot S_d/R_d = 1.0 \times 157.665/736 = 0.21 \leqslant 1.0 \quad \text{OK}$$

7）纵肋

① 设计荷载（荷载效应值）

由盾构千斤顶的装备推力出发，将作用在单根纵肋上的推力作为设计推力。

设计荷载 $P_d = \gamma_f \cdot P_j/n = 1.0 \times 900/2 = 450 \text{kN}$

这里，P_j：单根盾构机千斤顶的推力；

$\qquad n$：承受单根盾构机千斤顶推力的纵肋数量；

$\qquad \gamma_a$：荷载分项系数 $= 1.0$。

② 极限荷载（结构抗力）

由管片环肋的中央向内净空断面偏心 10mm 的位置作为千斤顶的中心来进行计算。

纵肋的各要素　　表Ⅳ.3.11

项　目		单位	尺寸值
面板厚度	t	mm	3.5
纵肋厚度	t_s	mm	8
纵肋宽度	b_s	mm	87
纵肋中心长度	u_s	mm	215
主肋高度	h	mm	150
纵肋高度	h_s	mm	143
纵肋支点间距	l_s	mm	1176

● 纵肋的断面形状

参照表Ⅳ.3.11

● 单根纵肋的断面性能

有效断面面积 $\qquad A_r$：2211mm^2

形心位置（从外径开始）$\qquad y_o'$：76.3mm

（从内径开始）$\qquad y_i'$：70.2mm

断面惯性矩 $\qquad I_r$：7184518mm^4

断面系数 $\qquad Z_o$：94161mm^3

$\qquad Z_i$：102344mm^3

● 千斤顶的推力与偏心量

单个盾构机千斤顶的推力 $\qquad P_j = 900 \text{kN}$

承受单个千斤顶推力的纵肋根数 $\qquad n = 2$ 根

作用在单根纵肋上的推力 $\qquad p = 450 \text{kN}$

形心与千斤顶中心的偏心量 $\qquad e' = 12.2 \text{mm}$

单根纵肋的极限荷载（极限推力 P_u）

● 将受压屈服强度除以材料分项系数后所得到的受压强度作为设计值来计算极限荷载。

另外，在对千斤顶推力进行验算时构件系数取为 1.0。

$$P_{ud} = P_u/\gamma_b = \frac{b \pm \sqrt{b^2 - 4ac}}{2a}/1.0 = 497 \text{kN}$$

这里，$a = \dfrac{\sigma_{ba}}{\sigma_{ea}} \cdot \dfrac{1}{A^2}$

$$b=\frac{\sigma_{ba}}{A}+\frac{e'\sigma_{ca}}{Z_i}+\frac{\sigma_{ca}\cdot\sigma_{ba}}{\sigma_{ea}}\cdot\frac{1}{A}$$

$$c=\sigma_{ca}\cdot\sigma_{ba}$$

l_s：纵肋的屈曲长度=1176mm

r：纵肋断面的惯性半径=$\sqrt{I_r/A}$=57.0mm

σ_{ca}：考虑屈曲后受压强度的设计值

$l_s/r=20.6$

$8<l_s/r\leqslant115$ $\sigma_{ca}=\{f'_{yk}-2.06\cdot(l_s/r-8)\}/\gamma_m$

$=\{325-2.06(1176/57-8)\}/1.05=285N/mm^2$

σ_{ba}：弯曲强度设计值 $f'_{yk}/\gamma_m=325/1.05=310N/mm^2$

σ_{ea}：欧拉屈曲强度=$\frac{1200000}{(l_s/r)^2}=2819N/mm^2$

f'_{yk}：受压屈曲强度的设计值=$325N/mm^2$ （$h_s/t_s=17.9\leqslant33.7$，SM490 时）

③验算

验算结果满足了如下所示的验算项目：

$$\gamma_i\cdot S_d/R_d=1.0\times450/497=0.90\leqslant1.0\quad OK$$

3.1.4 设计结果

关于本章的验算例子，将使用极限状态与承载力极限状态的各项验算项目的验算结果（$\gamma_i\cdot S_d/R_d$）进行整理后列于表Ⅳ.3.12 中。

设定规格的管片满足所有的验算项目。

验算结果一览：钢管片 表Ⅳ.3.12

使用极限状态	应力	主断面	正弯矩	钢材应力（外边缘侧）	0.56
				钢材应力（内边缘侧）	0.10
			负弯矩	钢材应力（外边缘侧）	0.06
				钢材应力（内边缘侧）	0.65
		接头部	正弯矩	钢材应力（螺栓）	0.00
				钢材应力（接头板）	0.00
			负弯矩	钢材应力（螺栓）	0.00
				钢材应力（接头板）	0.00
	变形	管片环		环变形量	0.31
		接头部		开裂量（正弯矩）	0.13
				开裂量（负弯矩）	0.20
				错位量	0.01
承载能力极限状态	承载力	主断面	正弯矩	弯矩，轴力	0.26
			负弯矩	弯矩，轴力	0.24
			轴压	轴力	0.37
			剪切	剪力	0.05
		接头部	正弯矩	弯矩，轴力	0.28
			负弯矩	弯矩，轴力	0.20
			剪切	剪力	0.37
	荷载	面板		极限荷载	0.21
		纵肋		极限推力	0.97

3.1.5 设计图的制作

省略设计图的制作。

在设计中，参照设计计算实例中其他种类的管片及容许状态设计法中钢管片的实例等进行制作。

图Ⅳ.3.16　管片分块

3.2　铸铁管片实例

3.2.1　设计条件

对表Ⅳ.3.13与图Ⅳ.3.16中所示规格的铸铁管片进行设计计算。

管片的直径等	表Ⅳ.3.13
外径（m）	10.9
管片宽度（m）	1.2
管片分块数	9等分块
环间接头数	72

（1）管片规格

管片规格如表Ⅳ.3.14所示。

管片规格　　　　　　　　　　　　　　　表Ⅳ.3.14

形　式		波　纹　型
管片主断面		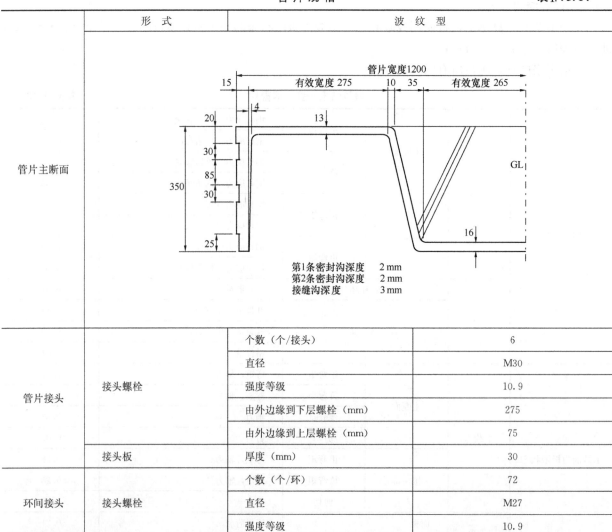 第1条密封沟深度　2 mm 第2条密封沟深度　2 mm 接缝沟深度　3 mm
管片接头	接头螺栓	个数（个/接头）	6
		直径	M30
		强度等级	10.9
		由外边缘到下层螺栓（mm）	275
		由外边缘到上层螺栓（mm）	75
	接头板	厚度（mm）	30
环间接头	接头螺栓	个数（个/环）	72
		直径	M27
		强度等级	10.9

（2）主断面的断面性能（单环宽度）

断面面积（A）　　　　　　　34 088mm^2

形心（y_0）　　　　　　　　　179.1mm

断面惯性矩（I）　　　　　　623 270 000mm^4

断面系数（Z_o）	3 480 000mm³	
（Z_i）	3 647 000mm³	

(3) 管片的材料特性

①球墨铸铁

种类记号　　　　　　　　　　FCD500-7

容许应力（σ_{sa}）　　　　　　抗拉 190N/mm²，抗压 220N/mm²

屈服强度（f_{yk}）　　　　　　抗拉 320N/mm²，抗压 360N/mm²

剪切屈服应力（f_{vyk}）　　　250N/mm²

弹性模量（E_s）　　　　　　170kN/mm²

②螺栓（管片接头，环间接头）

钢材的种类　　　　　　　　　10.9

容许强度（σ_{ba}）　　　　　　380N/mm²

屈服强度（f_{byk}）　　　　　　940N/mm²

剪切屈服强度（f_{vbyk}）　　　540N/mm²

弹性模量（E_b）　　　　　　210kN/mm²

(4) 地层条件

作为软弱地层，如表Ⅳ.3.15 所示来设定地层条件。

地 层 条 件　　　　　　　　　　　　　　　表Ⅳ.3.15

覆土厚度 （m）	地下水位 （GL-m）	土的种类	水土处理	N 值	γ （kN/m³）	ϕ （°）	λ	k （MN/m³）
20.0	—	非常软黏性土	水土一体	2	16.0	—	0.75	0

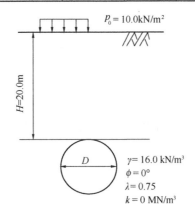

(5) 结构计算方法

1）结构模型

建立接头结构的力学模型，采用可以对错缝拼装下隧道轴向方向上接头位置不同进行模型化的梁-弹簧模型计算法来进行结构计算。

盾构隧道是通过接头将管片连接在一起的结构。依据接头的抗弯试验及在实际隧道中的检查与监测结果等可以看到接头结构对隧道的受力性能影响很大。因此，在对管片本身与接头进行个别验算的极限状态设计法中，通常采用梁-弹簧模型进行结构计算。

图Ⅳ.3.17 表示了梁-弹簧模型计算法的模型。在本计算中，对 2 环错缝拼装的结构采用 2 环来进行模型化。

2）计算方法

在结构计算中，采用了非线性方法。在使用极限状态的结构计算中，因对管片本身采用线性，管片接

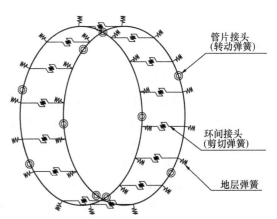

图Ⅳ.3.17　梁-弹簧模型结构计算模型

步骤1
管片自重的计算

自重反力 πg

将步骤1的断面内力、变形作为初始状态，
进行步骤2的计算

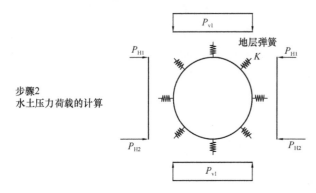

步骤2
水土压力荷载的计算

图Ⅳ.3.18　计算步骤

头采用双线性关系，计算变为非线性。

计算步骤为按照如下 2 步来进行分步计算（参照图Ⅳ.3.18）。

步骤 1：管片自重的计算

步骤 2：水土压力荷载的计算

在极限状态设计法中，计算变为上述的非线性结构分析。在非线性计算中，各构件依据断面内力与变形状态刚度发生了变化。为此，将前步骤的断面内力与变形作为各构件的初始值，利用可以设定构件刚度的分步计算来进行解析。

3.2.2　使用极限状态的验算

(1) 安全系数的设定

在使用极限状态验算中所用的安全系数全部取为 1.0。

(2) 设计荷载的计算

依据地层条件，采用全覆土土压力，水土一体的条件来计算荷载。此外，因在使用极限状态中荷载分项系数全部取为 1.0，荷载的标准值与设计值相同，在此省略对荷载系数的表述。

1）垂直荷载

$$P_{v1} = H \cdot \gamma + P_o = 20.0 \times 16.0 + 10.0 = 330 \text{kN/m}^2$$

2）顶部水平荷载

$$P_{H1} = \lambda \cdot (\gamma \cdot (H + y_o) + P_o)$$
$$= 0.75 \times (16.0 \times (20.0 + 0.179) + 10.0) = 250 \text{kN/m}^2$$

3）底部水平荷载

$$P_{H2} = P_{H1} + \lambda \cdot D_c \cdot \gamma = 250 + 0.75 \times 10.542 \times 16.0 = 377 \text{kN/m}^2$$

4）自重反力

钢铁部分的质量为 13792kg，混凝土体积为 6.012m³，所以管片单环的质量 W 为

$$W = 13.792 + 6.012 \times 2.35 = 27.92 \text{tf} \approx 279 \text{kN}$$

由此，单位面积的自重 g 为

$$g = W/(2\pi \cdot R_c)/1.2 = 279/(2\pi \times 5.27)/1.2 \doteqdot 7.02 \text{kN/m}^2$$

因此，自重抗力 P_g 为

$$P_g = 7.02 \times \pi = 22.1 \text{kN/m}^2$$

(3) 结构计算

1）管片主断面刚度（$M-\phi$ 关系）的设定

在使用极限状态中，因在材料的非线性领域（屈曲强度）以下进行验算，所以采用全断面有效来设定刚度的线性关系（图Ⅳ.3.19）。

2）管片接头刚度（$M-\theta$ 关系）的设定

管片接头带给结构计算结果的影响很大。为此，按照如下规则来考虑非线性。

① 正弯矩与负弯矩作用时的力学特性不同：A. 接头全断面压缩；B. 接头板分离后的双线性关系。

② 预测作用在管片接头上的平均轴力来进行设定。

③ 只有水压力作用在隧道上时其平均轴力设定为：$N = 684 \text{kN/R}$

在接头处于全断面受压时（第一斜率），采用相当于无穷大的转动弹簧系数，接头板分离后（第二斜率）的转动弹簧系数由村上·小泉方法[44]计算。

④ 在图Ⅳ.3.20 当中和轴处于管片下边缘时按照下式来计算斜率变化点的弯矩。

斜率变化点的弯矩：$M_r = N \cdot y$

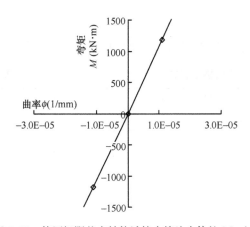

图Ⅳ.3.19 使用极限状态结构计算中管片本体的 $M—\phi$ 关系

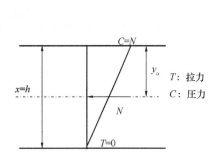

图Ⅳ.3.20 管片接头力的平衡

对以上结果进行总结，水土压力作用下的转动弹簧系数如表Ⅳ.3.16，图Ⅳ.3.21 所示。并且，在管片自重计算中所用的转动弹簧系数为由分离后的数值所决定的线性关系。

转 动 弹 簧 系 数　　表Ⅳ.3.16

类别	斜率变化点 (kN·m)	分离后的转动弹簧系数 (kN·m/rad)
正弯矩	123	31600
负弯矩	−116	30800

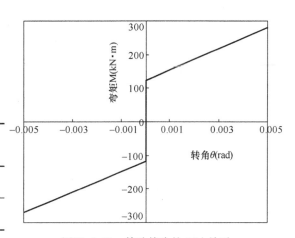

图Ⅳ.3.21 管片接头的 M-ϕ 关系

3）环间接头刚度（ $S-\delta$ ）的设定

依据环间接头剪切试验的实例，采用剪切弹簧系数为如下数值的线性关系。

$$k_s = 200\text{MN/m}$$

4）结构计算模型

在结构计算模型中，将 1 环离散为 144 个单元，采用如图Ⅳ.3.22 所示的 2 环错缝拼装，并将管片环的半径设在管片断面的形心位置。

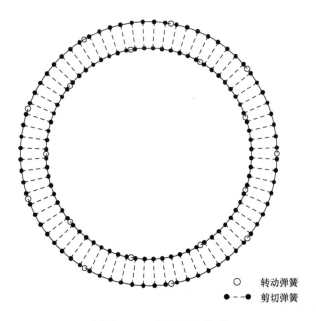

○ 转动弹簧

●─● 剪切弹簧

图Ⅳ.3.22 结构计算模型

5）结构计算结果

表Ⅳ.3.17表示了发生的断面内力与变形量，图Ⅳ.3.23表示了断面内力图与变形图。

结构计算结果：使用极限状态　　　　　　　　　表Ⅳ.3.17

主断面	最大弯矩	正弯矩	弯矩（kN·m/ring）	371.9
			轴力（kN/ring）	1806.6
		负弯矩	弯矩（kN·m/ring）	−320.8
			轴力（kN/ring）	2158.4
	最大轴力		轴力（kN/ring）	2179.5
	最大剪力		弯矩（kN·m/ring）	204.6
			轴力（kN/ring）	1880.1
			剪力（kN/ring）	173.2
管片接头	最大弯矩	正弯矩	弯矩（kN·m/ring）	195.2
			轴力（kN/ring）	1865.9
			转角（rad）	0.00232
		负弯矩	弯矩（kN·m/ring）	−174.9
			轴力（kN/ring）	2108.0
			转角（rad）	−0.00195
	最大轴力		轴力（kN/ring）	2140.6
	最大剪力		弯矩（kN·m/ring）	107.8
			轴力（kN/ring）	1930.3
			剪力（kN/ring）	131.0
环间接头	最大剪力（合成力）		剪力（kN）	50.7
	最大错位量		错位量（mm）	−0.25
内表面位移量			垂直方向	51.39
			水平方向	−44.21

注：内表面位移量，+为偏向隧道内侧，一为偏向隧道外侧。

（4）验算

1）验算项目

铸铁管片使用极限状态的验算项目如表Ⅳ.3.18所示。

使用极限状态的验算项目：铸铁管片　　　　　　表Ⅳ.3.18

	部　位	验算项目	限　值
应力	主断面	钢材应力	应力的极限值
	接头处	钢材应力	应力的极限值
变形	管片环	环变形量	容许变形量
	接头处	开裂	容许开裂量
		错位	容许错位量

注：关于面板与纵肋，通过进行承载能力极限状态的验算，也可以作为使用极限状态的验算。

2）主断面应力

计算考虑局部屈曲影响后的强度标准值，通过对受弯应力的验算来校核主断面应力。

①对局部屈曲的考虑

通过表Ⅱ.4.9来考虑由局部屈曲的影响导致的强度降低。通过采用对局部屈曲最严格的条件，应力斜率（φ）为0时的宽厚比来进行验算。

$$\frac{h}{t_r \cdot f \cdot \sqrt{K}} = \frac{337}{15 \times 1.00 \times \sqrt{3.617}} = 11.8 \leqslant 14.3$$

这里，l_r：环肋的屈曲长度 420.1mm

h：环肋高度 337mm

t_r：环肋厚度 15mm

ν：泊松比 0.27

$$K=\frac{4}{\alpha^2}+\frac{40}{3\pi^2}+\frac{15\alpha^2}{\pi^4}-\frac{20\nu}{\pi^2}=3.617$$

$$\alpha=\frac{l_r}{h}=\frac{420.1}{337}=1.25\leq2.26$$

$$f=0.65\phi^2+0.13\phi+1.0=1.00$$

$$\phi=\frac{\sigma_1-\sigma_2}{\sigma_1}=0$$

宽厚比为 14.3（FCD500－7 时）以下时，因不受局部屈曲的影响，不进行强度的折减。但在为需

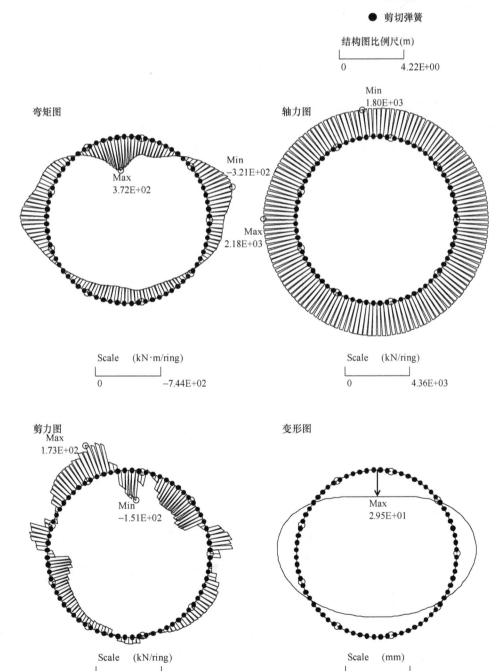

图Ⅳ.3.23 结构计算结果：使用极限状态

要考虑局部屈曲影响的结果时，由发生的断面内力来计算应力斜率，考虑局部屈曲的影响后来设定强度。

这里，在局部屈曲验算中，外环肋的厚度取为 15mm 来进行。但外环肋的厚度为 15～19mm，中环肋的厚度为 10mm，所以中环肋比外环肋要薄。对约束条件，外环肋为 3 边固定，中环肋为 4 边固定。因 4 边固定对局部屈曲的安全性比 3 边固定要高，所以采用了 3 边固定的外环肋为验算对象。因此，有必要注意 3 环肋类型。

② 弯曲应力的验算

基于"第Ⅱ篇 极限状态设计法 6.2.3 钢铁管片的验算"来验算主断面的应力。

应力的计算结果如下所示。

- 正弯矩　外边缘侧 1600N/mm²，内边缘侧 −49N/mm²
- 负弯矩　外边缘侧 −29N/mm²，内边缘侧 151N/mm²

因结构计算分项系数 γ_a 为 1.0，上述的数值变为设计应力（荷载效应值）。

应力的限制值（结构抗力）如下所示。

应力限制值（受压）＝屈服强度×75%/材料分项系数 γ_m/构件分项系数 γ_b＝360×75%/1.0/1.0＝270N/mm²

应力限制值（受拉）＝屈服强度×75%/材料分项系数 γ_m/构件分项系数 γ_b＝−320×75%/1.0/1.0＝−240N/mm²

对此进行验算，得到满足如下所示验算项目的结果。

- 正弯矩　外边缘侧　$\gamma_i \cdot S_d/R_d = 1.0 \times 160/270 = 0.59 \leqq 1.0$　OK
　　　　　内边缘侧　$\gamma_i \cdot S_d/R_d = 1.0 \times (-49)/(-240) = 0.20 \leqq 1.0$　OK
- 负弯矩　外边缘侧　$\gamma_i \cdot S_d/R_d = 1.0 \times (-29)/(-240) = 0.12 \leqq 1.0$　OK
　　　　　内边缘侧　$\gamma_i \cdot S_d/R_d = 1.0 \times 151/270 = 0.56 \leqq 1.0$　OK

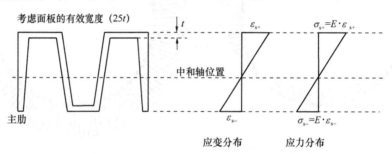

图Ⅳ.3.24　管片主断面的应力计算模型：铸铁管片主断面

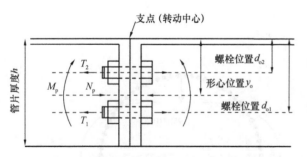

图Ⅳ.3.25　管片接头螺栓拉力计算模型：铸铁管片

3）接头处应力

通过在管片接头弯矩作用下验算螺栓与接头板的应力来计算接头的钢材应力。

基于图Ⅳ.3.25 所示的模型，由下式来计算接头螺栓的拉应力。

- 正弯矩时　$T_p = \dfrac{M_p - N_p \cdot y_o}{n_1 \cdot d_{o1} + n_2 \cdot d_{o2}^2/d_{o1}}$
- 负弯矩时　$T_n = \dfrac{-M_n - N_n \cdot y_i}{n_2 \cdot d_{i2} + n_1 \cdot d_{i1}^2/d_{i2}}$

这里，T_p，T_n：螺栓的拉力（p 为正弯矩，n 为负弯矩）

　　　　M_p，M_n：接头的弯矩

　　　　N_p，N_n：接头的轴力

　　　　y_o，y_i：形心位置（o 以外边缘为起点，i 以内边缘为起点）

d_{o1}，d_{o2}，d_{i1}，d_{i2}：螺栓位置（o 以外边缘为起点，i 以内边缘为起点）

　　　　n_1，n_2：螺栓个数

螺栓拉力计算后变为下式：

正弯矩　$T_+ = -121.8 \text{(kN)}$，

负弯矩　$T_- = -245.7 \text{(kN)}$。

二者都为压缩状态(负)，得到在使用极限状态中在螺栓上没有拉力作用的结论。

因此，接头板没有发生变形，得到了接头的钢材应力(螺栓，接头板)满足验算项目的结论。

4)管片环变形量

使用内断面垂直方向的变形量来验算管片环变形量。

由结构计算结果，设计变形量(荷载效应值)为如下所示。

设计变形量＝垂直方向上的内净空变形量×结构计算分项系数 γ_a＝51.39mm×1.0＝51.39mm

极限变形量(结构抗力)依隧道内的设备等条件而异，这里取为 $D_i/150$(D_i 为隧道内径)，设定如下：

极限变形量＝(隧道内径 $D_i/150$)/构件分项系数 γ_b＝(10.2m/150)/1.0＝68.0mm

对此进行验算，满足如下所示的验算项目。

$$\gamma_i \cdot S_d/R_d = 1.0 \times 51.39/68.0 = 0.76 \leqslant 1.0 \quad \text{OK}$$

5)接头处的张开量

以管片接头为对象来进行接头的开裂验算。

如图Ⅳ.3.26 所示，接头以环肋的端部(正弯矩时为外边缘)为转动中心，使用通过由结构计算所得的接头转角，由下式来计算管片接头的设计张开量(荷载效应值)。

设计张开量 δ＝结构计算分项系数 γ_a×(环肋高度 h · 接头转动角 θ)

由此，对正弯矩与负弯矩的设计张开量(荷载效应值)进行如下计算：

正弯矩的设计张开量 δ_+＝1.0×(350mm×0.00232)＝0.81mm

负弯矩的设计张开量 δ_-＝1.0×(350mm×0.00195)＝0.68mm

将密封材料的设计值取为 2mm，其中施工误差为 1mm，可对极限张开量(结构抗力)进行如下的设定。

设计极限张开量＝(2.0mm－1.0mm)/构件分项系数 γ_b＝1.0mm/1.0＝1.0mm

对此进行验算，满足如下所示的验算项目。

正弯矩时：$\gamma_i \cdot S_d/R_d = 1.0 \times 0.81/1.0 = 0.81 \leqslant 1.0 \quad \text{OK}$

负弯矩时：$\gamma_i \cdot S_d/R_d = 1.0 \times 0.68/1.0 = 0.68 \leqslant 1.0 \quad \text{OK}$

6) 接头的错位

以环间接头为对象进行接头错位的验算。依据结构计算中1，2环的相对变形量 (图Ⅳ.3.27) 计算出环间接头的错位量。

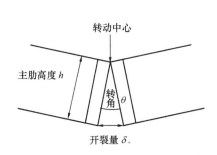

图Ⅳ.3.26　管片接头开裂量的计算模型：铸铁管片

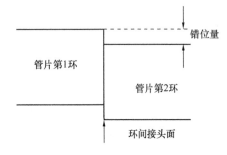

图Ⅳ.3.27　环间接头错位量的计算模型

通过结构计算，设计错缝量(荷载效应值)为如下数值。

设计错缝量＝结构解析分项系数 γ_a×错缝量 δ＝1.0×0.25mm＝0.25mm

将密封材料的设计值取为 3mm，其中施工误差为 1.5mm，可对极限错缝量(结构抗力)进行如下设定。

设计极限错缝量＝(3.0mm－1.5mm)/构件分项系数 γ_b＝1.5/1.0＝1.5mm

对此进行验算，满足如下所示的验算项目。

$$\gamma_i \cdot S_d/R_d = 1.0 \times 0.25/1.5 = 0.17 \leqslant 1.0 \quad \text{OK}$$

3.2.3 承载力极限状态的验算

(1) 安全系数的设定

按表Ⅳ.3.19所示来设定安全系数。

其中关于侧向土压力系数的安全系数,取《隧道设计规范》中的设定范围0.8~1.0的中间值0.9。此外,在过去的验算中,因也有将侧向土压力系数的安全系数取为相当于0.8的数值来考虑土压力作用的事例,在实际的验算中有必要注意安全系数的设定。

对铸铁管片,随着水压的变大所发生的应力有变大的倾向,故水压的安全系数取为1.0。

承载力极限状态验算中所用的安全系数 表Ⅳ.3.19

荷载分项系数 γ_f	土压力	垂直土压力	全覆土(γ_{f1})	1.05
		侧向土压力系数(γ_{f2})		0.90
	水压力			1.00
	自重			1.00
	地面超载(γ_{f0})			1.10
	地层抗力系数	半径方向		1.00
		切线方向		—
材料分项系数 γ_m	球墨铸铁			1.10
	螺栓			1.05
构件分项系数 γ_b	主体	受弯		1.05
		轴压		1.15
		剪切		1.15
	管片接头(受弯)			1.10
	环间接头(剪切)			1.15
结构解析分项系数 γ_a				1.00
结构物分项系数 γ_i				1.00

(2) 设计荷载的计算

荷载的计算方法基本上与使用极限状态相同,由下式对各荷载的标准值乘以安全系数来计算设计荷载。

$$设计荷载 F_d = 荷载分项系数 \gamma_f \times 荷载标准值 F_k$$

1) 垂直荷载

$$P_{v1} = \gamma_{f1} \cdot \gamma \cdot H + P_o \cdot \gamma_{f0} = 1.05 \times 16.0 \times 20.0 + 10.0 \times 1.10 = 347 \text{kN/m}^2$$

2) 顶部水平荷载

$$P_{H1} = \gamma_{f2} \cdot \lambda (\gamma \cdot (H + y_o) + P_o)$$

$$= 0.9 \times 0.75 \times (16.0 \times (20.0 + 0.179) + 10.0) = 225 \text{kN/m}^2$$

3) 底部水平荷载

$$P_{H2} = P_{H1} + \gamma_{f2} \cdot \lambda \cdot D_c \cdot \gamma$$

$$= 225 + 0.9 \times 0.75 \times 10.54 \times 16.0 = 339 \text{kN/m}^2$$

4) 自重反力(与使用极限状态相同)

$$g = 7.02 \text{kN/m}^2$$

$$P_g = 22.1 \text{kN/m}^2$$

(3) 结构计算

1) 主断面的刚度($M-\phi$关系)设定

相对只有水压力作用时隧道的轴力（$N=$ 684kN/环，与转动弹簧系数计算时相同），管片主断面的 $M-\phi$ 关系为三线性关系，即：①屈服前，②外边缘与内边缘其中之一屈服，或二者同时屈服；③外边缘与内边缘处于屈服到全塑性阶段。此外，对铸铁管片，因在正弯矩与负弯矩作用时刚度不同的原因，要依据弯矩方向采用不同的 $M-\phi$ 关系，按照图Ⅳ.3.28来进行设定。此外，在自重计算中所用的 $M-\phi$ 关系取为线性关系，与使用极限状态相同。

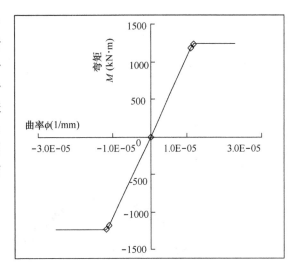

图Ⅳ.3.28　铸铁管片主断面的 $M-\phi$ 关系
（承载力极限状态）

2）管片接头刚度（$M-\theta$ 关系）的设定

采用与使用极限状态相同的双线性关系。

3）环间接头刚度（$S-\delta$ 关系）的设定

采用与使用极限状态相同的线性关系。

4）结构计算模型

采用与使用极限状态相同的2环错缝拼装模型。

5）结构计算结果

断面内力、变形量与断面内力图、变形图分别表示在表Ⅳ.3.20与图Ⅳ.3.29中。

结构计算结果：承载力极限状态				表Ⅳ.3.20
主断面	最大弯矩	正弯矩	弯矩（kN·m/ring）	947.4
			轴力（kN/ring）	1570.3
		负弯矩	弯矩（kN·m/ring）	−923.0
			轴力（kN/ring）	2348.9
	最大轴力		轴力（kN/ring）	2368.6
	最大剪力		弯矩（kN·m/ring）	473.1
			轴力（kN/ring）	1736.9
			剪力（kN/ring）	514.5
管片接头	最大弯矩	正弯矩	弯矩（kN·m/ring）	366.5
			轴力（kN/ring）	1765.0
			转角（rad）	0.00775
		负弯矩	弯矩（kN·m/ring）	−348.1
			轴力（kN/ring）	2159.3
			转角（rad）	−0.00780
	最大轴力		轴力（kN/ring）	2159.3
	最大剪力		弯矩（kN·m/ring）	−139.9
			轴力（kN/ring）	2016.2
			剪力（kN/ring）	298.2
环间接头	最大剪力（合成力）		剪力（kN）	175.6
	最大错位量		错位量（mm）	−0.88
内表面位移量			垂直方向（mm）	149.84
			水平方向（mm）	−144.72

注：内表面位移量，＋为偏向隧道内侧，—为偏向隧道外侧。

(4) 验算

1）验算项目

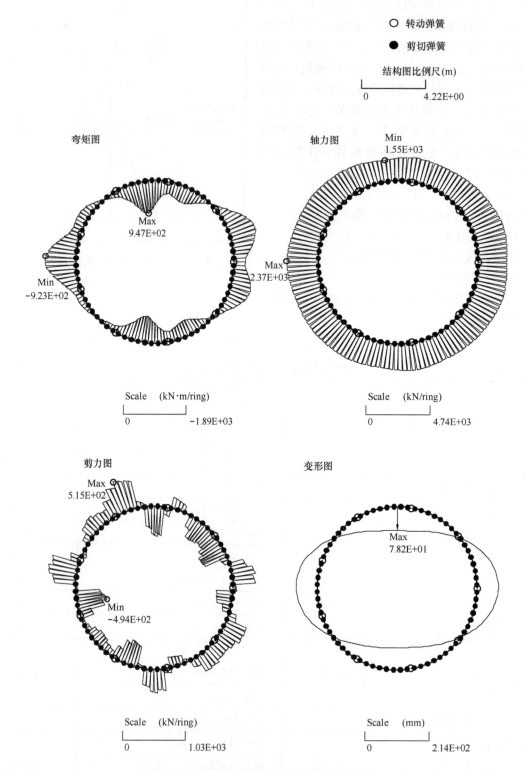

图Ⅳ.3.29　结构计算结果：承载力极限状态

铸铁管片承载力极限状态的验算项目如表Ⅳ.3.21所示。

承载力极限状态的验算项目　　　　　　　　　　　　表Ⅳ.3.21

部　位	验　算　项　目	限　值
主断面	弯矩，轴力	抗弯承载力，抗压承载力
	剪力	抗剪承载力
接头部	弯矩，轴力	抗弯承载力，抗压承载力
	剪力	抗剪承载力
面板	荷载（外部压力）	极限荷载
纵肋	千斤顶推力	极限推力

2）主断面的弯矩与轴力

假设直到全塑性状态不会发生屈曲，采用管片主断面的全塑性承载力来进行弯矩与轴力的验算，可不进行屈曲验算。

①对弯矩的验算

依据图Ⅳ.3.30所示的主断面全塑性承载力计算模型来计算受弯承载力。

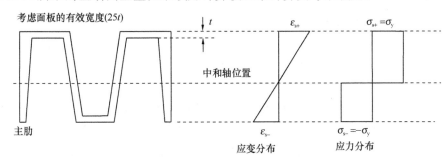

图Ⅳ.3.30 全塑性承载力计算模型：铸铁管片主断面

对结构计算中管片主断面最大弯矩乘以结构解析系数（$\gamma_a=1.0$）来计算设计断面内力（荷载响应值），如下所示。

- 正弯矩 设计断面内力$=\gamma_a \cdot M=947.4$kN·m
- 负弯矩 设计断面内力$=\gamma_a \cdot M=-923.0$kN·m

采用球墨铸铁的材料标准值除以材料分项系数所得的设计强度来计算设计断面内力（极限值）。

设计强度（抗压）= 抗压屈服强度/材料分项系数$\gamma_m=360/1.10=327.3$N/mm²

设计强度（抗拉）= 抗拉屈服强度/材料分项系数$\gamma_m=320/1.10=290.9$N/mm²

将轴力设为定值来进行计算后，设计断面承载力变为如下的结果：

- 正弯矩 设计断面承载力$=$全塑性承载力/构件分项系数$\gamma_b=1283.5/1.05=1222.4$kN·m
- 负弯矩 设计断面承载力$=$全塑性承载力/构件分项系数$\gamma_b=-1266.6/1.05=-1206.2$kN·m

对此进行验算，满足如下所示的验算项目。

- 正弯矩 $\gamma_i \cdot S_d/R_d=1.0\times947.4/1222.4=0.78\leqslant1.0$ OK
- 负弯矩 $\gamma_i \cdot S_d/R_d=1.0\times(-923.0)/(-1206.2)=0.77\leqslant1.0$ OK

② 对轴力的验算

将结构计算中管片主断面的最大轴力乘以结构计算分项系数（$\gamma_a=1.0$）来求设计断面内力（荷载效应值），如下所示。

设计断面内力$=2368.6$kN

通过使用球墨铸铁的材料标准值除以材料分项系数后所得的设计强度来计算断面的设计承载力（结构抗力）。

设计强度（受压）=受压屈服强度/材料分项系数$\gamma_m=360/1.10=327.3$N/mm²

设计断面承载力变为如下的结果。

设计断面承载力$=$球墨铸铁的设计强度×管片主断面的断面面积/构件分项系数γ_b

$=327.3$N/mm²×34088mm²/1.15

$=9701.7$kN

对此进行验算，满足如下所示的验算项目。

$$\gamma_i \cdot S_d/R_d=1.0\times2368.6/9701.7=0.24\leqslant1.0 \quad OK$$

3）主断面的剪力

依据结构计算结果对主断面的设计剪力（荷载效应值）进行如下的设定。

设计剪力$=$结构计算分项系数γ_a×剪力$=514.5$kN

通过使用球墨铸铁的材料标准值除以材料分项系数后所得的设计强度来计算断面的设计抗剪承载力（结构抗力）。

球墨铸铁的设计抗剪强度$=f_{vsk}$/材料分项系数$\gamma_m=250/1.10=227.3$N/mm²

于是，由下式来计算设计抗剪承载力：

设计抗剪承载力＝环肋断面面积（只有腹板）×设计抗剪强度/构件分项系数 γ_b

$$= 18900\text{mm}^2 \times 227.3/1.15$$
$$= 3735.6\text{kN}$$

对此进行验算，满足如下的验算项目。

$$\gamma_i \cdot S_d/R_d = 1.0 \times 514.5/3735.6 = 0.14 \leqslant 1.0 \quad \text{OK}$$

4）接头处的弯矩与轴力

以管片接头为对象在弯矩作用下对接头进行验算。此外，将管片接头与管片主断面等价来考虑，接头的轴向压缩力变为轴力（主断面＞管片接头），省略验算。

依据结构计算结果，接头的设计断面内力（荷载效应值）如下所示。

● 正弯矩　设计断面内力＝最大弯矩×结构计算分项系数 $\gamma_a = 366.5\text{kN} \cdot \text{m}$
● 负弯矩　设计断面内力＝最大弯矩×结构计算分项系数 $\gamma_a = -348.1\text{kN} \cdot \text{m}$

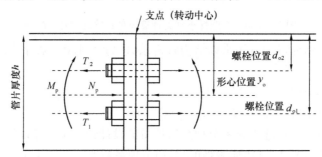

图Ⅳ.3.31　管片接头螺栓拉力计算模型：铸铁管片

依据图Ⅳ.3.31所示的模型，接头板达到全塑性或螺栓屈服时的受弯承载力作为接头的设计断面承载力（结构抗力），由下式来计算。

● 正弯矩时　$M_{pu} = T_p(n_1 \cdot d_{o1} + n_2 \cdot d_{o2}^2/d_{o1}) + N_p \cdot y_o$
● 负弯矩时　$M_{nu} = -T_n(n_2 \cdot d_{i2} + n_1 \cdot d_{i1}^2/d_{i2}) - N_n \cdot y_i$

这里，T_p，T_n：螺栓的拉力（p 为正弯矩，n 为负弯矩）

　　　M_{pu}，M_{nu}：接头的弯矩承载力

　　　　N_p，N_n：接头的轴力

　　　　　y_o，y_i：形心位置（o 以外边缘为起点，i 以内边缘为起点）

d_{o1}，d_{o2}，d_{i1}，d_{i2}：螺栓位置（o 以外边缘为起点，i 以内边缘为起点）

　　　　　　n_1，n_2：螺栓个数

由下式来计算螺栓的屈服拉力。

螺栓的屈服拉力＝螺栓的屈服应力/材料分项系数 γ_m×螺栓的断面面积

$$= 940/1.05 \times 561 = 502.2\text{kN} \quad \text{（没有杠杆反力作用时）}$$

考虑杠杆反力时将此值除以安全系数1.25，变为502.2/1.25＝401.8kN。

接头板达到全塑性时的螺栓拉力依据正负弯矩分别由下式来计算。

● 正弯曲时接头板达到全塑性时螺栓拉力的计算

根据图Ⅳ.3.32的力学模型由下式来计算正弯曲时接头板达到全塑性时的螺栓拉力：

$$T_p = f_y \cdot \frac{B \cdot t_2^2}{4} \frac{12L}{12 \cdot d \cdot e - w^2} = 419.3\text{kN}$$

这里，T_p：接头板屈服时的螺栓拉力

　　　f_y：接头板的设计屈服应力（290.9N/mm²＝屈服强度标准值/材料分项系数 γ_m）

　　　B：有效宽度（175mm）

　　　t_2：接头板端部的接头板厚度（44.6mm）

L，d，e：螺栓位置（L＝304mm，d＝85mm，e＝219mm）

　　　w：垫圈宽度（56mm）

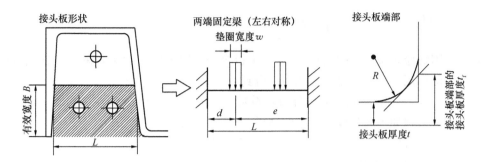

图Ⅳ.3.32 接头板达到全塑性时螺栓拉力的计算模型：铸铁管片，正弯矩

由以上计算，因螺栓屈服时的螺栓拉力＜接头板全塑性时的螺栓拉力，采用螺栓屈服时的螺栓拉力（考虑杠杆反力）来计算接头承载力，得到：

设计弯矩承载力 M_{pk}＝弯矩承载力/构件分项系数 γ_b＝774.6/1.1＝704.2kN・m

- 负弯曲时接头板达到全塑性时螺栓拉力的计算

如图Ⅳ.3.33所示，建立接头板垂直方向与水平方向上梁模型，来计算负弯曲时接头板达到全塑性时的螺栓拉力。

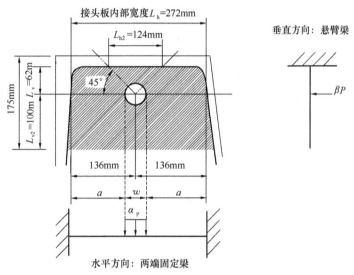

图Ⅳ.3.33 接头板达到全塑性时螺栓拉力的计算模型：铸铁管片，负弯矩

将水平方向梁作为两端固定梁，当中部与端部为全塑性时来计算螺栓拉力。对于垂直方向梁当固定端部为全塑性时来计算螺栓拉力。其计算公式如下：

水平方向梁的中部：$T_{nv1} = f_y \cdot \dfrac{B \cdot t^2}{4} \cdot \dfrac{24L_h}{6aL_h + w^2} \cdot \dfrac{1}{\alpha} = 617.0 \text{kN}$

水平方向梁的端部：$T_{nv2} = f_y \cdot \dfrac{B \cdot t^2}{4} \cdot \dfrac{24L_h}{3L_h^2 - w^2} \cdot \dfrac{1}{\alpha} = 1117.9 \text{kN}$

垂直方向梁的端部：$T_{nh} = f_y \cdot \dfrac{L_{h2} \cdot t_2^2}{4} \cdot \dfrac{1}{L_v} \cdot \dfrac{1}{1-\alpha} = 576.3 \text{kN}$

这里，f_y：接头板的设计屈服强度（290.9N/mm²＝屈服强度标准值/材料分项系数 γ_m）

B：除去螺栓孔后接头板的有效宽度（129mm＝（100＋62）－33）

t：接头板中部的厚度（30mm）

t_2：接头板端部的厚度（44.6mm）

L_v：接头板的内侧宽度（62mm）

a：由接头板端部到垫圈的长度（108mm）

w：垫圈宽度（56mm）

α：垂直方向与水平方向梁的分担率＝$\dfrac{64L_v^3 I_x}{L_h^3 I_y + 64L_v^3 I_x} = 0.498$

$$I_x = \frac{(L_v + L_{v2}) \cdot t^3}{12} \qquad I_y = \frac{L_{h2} \cdot t^3}{12}$$

由以上计算，因螺栓屈服时的螺栓拉力＜接头板全塑性时的螺栓拉力，采用螺栓屈服时的螺栓拉力（没有杠杆反力的作用）来计算接头承载力，得到：

设计弯矩承载力 M_{nu}＝弯矩承载力/构件分项系数 γ_b＝$-686.4/1.1＝-624.0$kN・m

对此进行验算，得到如下满足验算项目的结果：

- 正弯矩　$\gamma_i \cdot S_d / R_d = 1.0 \times 366.5/704.2 = 0.52 \leqq 1.0$　OK
- 负弯矩　$\gamma_i \cdot S_d / R_d = 1.0 \times (-348.1)/(-624.0) = 0.56 \leqq 1.0$　OK

5）接头处的剪力

对环间接头进行接头剪力验算。

将结构计算中环间接头的最大剪力作为设计剪力（荷载效应值），如下式所示：

$$设计剪力＝结构解析系数 \gamma_a \times 最大剪力$$
$$= 1.0 \times 175.6$$
$$= 175.6\text{kN/接头}$$

将螺栓的抗剪承载力作为设计抗剪承载力（结构抗力），如下式所示：

$$设计抗剪力＝螺栓的抗剪承载力/构件分项系数 \gamma_b$$
$$= (540\text{N/mm}^2/1.05 \times 459\text{mm}^2)/1.15$$
$$= 205.3\text{kN/接头}$$

对此进行验算，得到满足如下所示验算项目的结果：

$$\gamma_i \cdot S_d / R_d = 1.0 \times 175.6/205.3 = 0.86 \leqq 1.0 \quad OK$$

6）面板

选用垂直荷载与侧向荷载中较大的荷载，并加上自重反力来计算设计荷载（荷载效应值）。

$$P_e + P_g = 347 + 22.1 = 369.1\text{kN/m}^2$$

此外，当壁后注浆压力超过设计荷载时，将壁后注浆压力作为设计荷载来进行验算。

按照四边固定支承矩形板的断面内力计算公式 Seely 方法来计算铸铁管片面板（图Ⅳ.3.34）的极限荷载（极限值 P_u）。

L_x（环肋间距）＝271mm

L_y（纵肋间距）＝443mm

$$\alpha = L_x / L_y = 0.612$$

β（系数）＝0.0469（图Ⅳ.3.35）

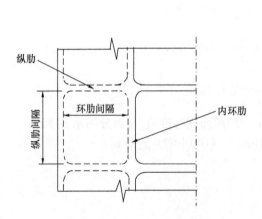

图Ⅳ.3.34　面板的支承状况

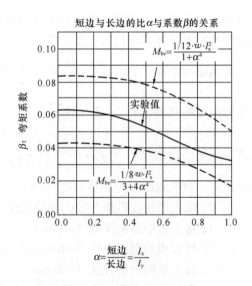

图Ⅳ.3.35　Seely 方法的系数 β

t_s（面板厚度）＝13mm

f_{yk}（强度标准值）＝屈服强度/γ_m＝320/1.10＝290.9N/mm²

$$P_{u} = \frac{f_{yk} \cdot t_{s}^{2}}{4 \cdot \beta \cdot l_{x}^{2}} = \frac{290.9 \times 13^{2}}{4 \times 0.0469 \times 271^{2}} = 3.568 \text{N/mm}^{2} = 3568 \text{kN/m}^{2}$$

设计极限荷载＝极限荷载/构件分项系数 $\gamma_{b} = 3568/1.10 = 3244 \text{kN/m}^{2}$

对此进行验算，得到满足如下所示验算项目的结果：

$$\gamma_{i} = S_{d}/R_{d} = 1.0 \times 369.1/3244 = 0.11 \leqslant 1.0 \quad \text{OK}$$

7）纵肋

① 设计荷载（荷载效应值）

由盾构机千斤顶的装备推力出发，将作用在 1 根纵肋上的推力作为设计推力。

设计荷载　　$P_{d} = \gamma_{f} \cdot P_{j}/n = 1.0 \times 2800/2$
$= 1400 \text{kN}$

这里，P_{j}：1 个盾构千斤顶的推力

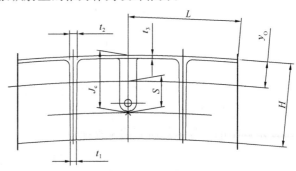

图Ⅳ.3.36　纵肋断面图

　　　　n：承受 1 个盾构千斤顶推力的纵肋数量

　　　　γ_{a}：荷载系数＝1.0

② 极限荷载（结构抗力）

将由管片的外径偏移 230mm 的位置作为千斤顶的中心位置，按照如下方法来计算极限荷载。

● 纵肋的断面形状（图Ⅳ.3.36）

纵肋厚度（内）	$t_{1} = 25 \text{mm}$
纵肋厚度（外）	$t_{2} = 32 \text{mm}$
面板的厚度	$t_{3} = 13 \text{mm}$
面板的有效宽度	$L = 476 \text{mm}$
管片高度	$H = 350 \text{mm}$

● 1 根纵肋的断面性能

断面面积	$A = 15787 \text{mm}^{2}$
形心位置（从外径开始）	$y_{o} = 108.8 \text{mm}$
断面惯性矩	$I = 196820000 \text{mm}^{4}$
断面系数	$Z_{o} = 1810000 \text{mm}^{3}$
	$Z_{i} = 816000 \text{mm}^{3}$

● 千斤顶的推力与偏心量

1 个盾构机千斤顶的推力	$P_{j} = 2800 \text{kN}$
承受 1 个千斤顶推力的纵肋根数	$n = 2$ 根
作用在 1 根纵肋上的推力	$P = P_{j}/n = 1400 \text{kN}$
由外径到千斤顶中心的距离	$J_{c} = 230 \text{mm}$
形心与千斤顶中心的偏心量	$S = 121.2 \text{mm}$

● 1 根纵肋的极限荷载（极限推力 P_{u}）

将受压屈服强度除以材料分项系数后所得到的数值作为受压强度的设计值来计算极限荷载。

另外，在对千斤顶推力进行验算时构件系数取为 1.0。

$$P_{ud} = P_{u}/\gamma_{b} = \frac{b \pm \sqrt{b^{2} - 4ac}}{2a}/1.0 = 1547 \text{kN}$$

这里，$a = \dfrac{\sigma_{ba}}{\sigma_{ea}} \cdot \dfrac{1}{A^{2}}$

$b = \dfrac{\sigma_{ba}}{A} + \dfrac{e' \cdot \sigma_{ca}}{Z_{i}} + \dfrac{\sigma_{ca} \cdot \sigma_{ba}}{\sigma_{ea}} \cdot \dfrac{1}{A}$

$c = \sigma_{ca} \cdot \sigma_{ba}$

　　　　l_{s}：纵肋的屈曲长度＝290mm

　　　　r：纵肋断面的惯性半径＝$\sqrt{I/A} = 111.7 \text{mm}$

σ_{ca}，σ_{ba}：考虑屈曲后强度的设计值

$$l_s/r = 2.60，0 < l_s/r \leqslant 7 \quad \sigma_{ca} = f'_{yk}/\gamma_m = 360/1.10 = 327.3 \text{N/mm}^2$$

$$\sigma_{ba} = f'_{yk}/\gamma_m = 360/1.10 = 327.3 \text{N/mm}^2$$

σ_{ea}：弯曲强度设计值$\left(= \dfrac{1200000}{(l_s/r)^2} \right)$

f'_{yk}：受压屈服强度的特征值 $= 360 \text{N/mm}^2$（$h_s/t_s \leqslant 28.7$，FCD500 时）

③验算

结果满足了如下所示的验算项目：

$$\gamma_i \cdot S_d/R_d = 1.0 \times 1400/1547 = 0.91 \leqslant 1.0 \quad \text{OK}$$

3.2.4　设计结果

关于本章的验算例子，将使用极限状态与承载力极限状态的各项验算项目的验算结果（$\gamma_i \cdot S_d/R_d$），进行整理后如表Ⅳ.3.22 所示。

设定规格的管片满足所有的验算项目。

验算结果一览：铸铁管片　　　　　　　　　　　表Ⅳ.3.22

使用极限状态	应力	主断面	正弯矩	钢材应力（外边缘侧）	0.59
				钢材应力（内边缘侧）	0.20
			负弯矩	钢材应力（外边缘侧）	0.12
				钢材应力（内边缘侧）	0.56
		接头处	正弯矩	钢材应力（螺栓）	0.00
				钢材应力（接头板）	0.00
			负弯矩	钢材应力（螺栓）	0.00
				钢材应力（接头板）	0.00
	变形	管片环		环变形量	0.76
		接头处		开裂量（正弯矩）	0.81
				开裂量（负弯矩）	0.68
				错位量	0.17
承载力极限状态	承载力	主断面	正弯矩	弯矩，轴力	0.78
			负弯矩	弯矩，轴力	0.77
			轴压	轴力	0.24
			剪切	剪力	0.14
		接头处	正弯矩	弯矩，轴力	0.52
			负弯矩	弯矩，轴力	0.56
			剪切	剪力	0.86
	荷载	面板		极限荷载	0.11
		纵肋		极限推力	0.91

3.2.5　设计图的制作

制作如下 3 种设计图（详见插页）。

①设计条件

②设计结果（结构计算结果，验算结果）

③结构图（2 张）

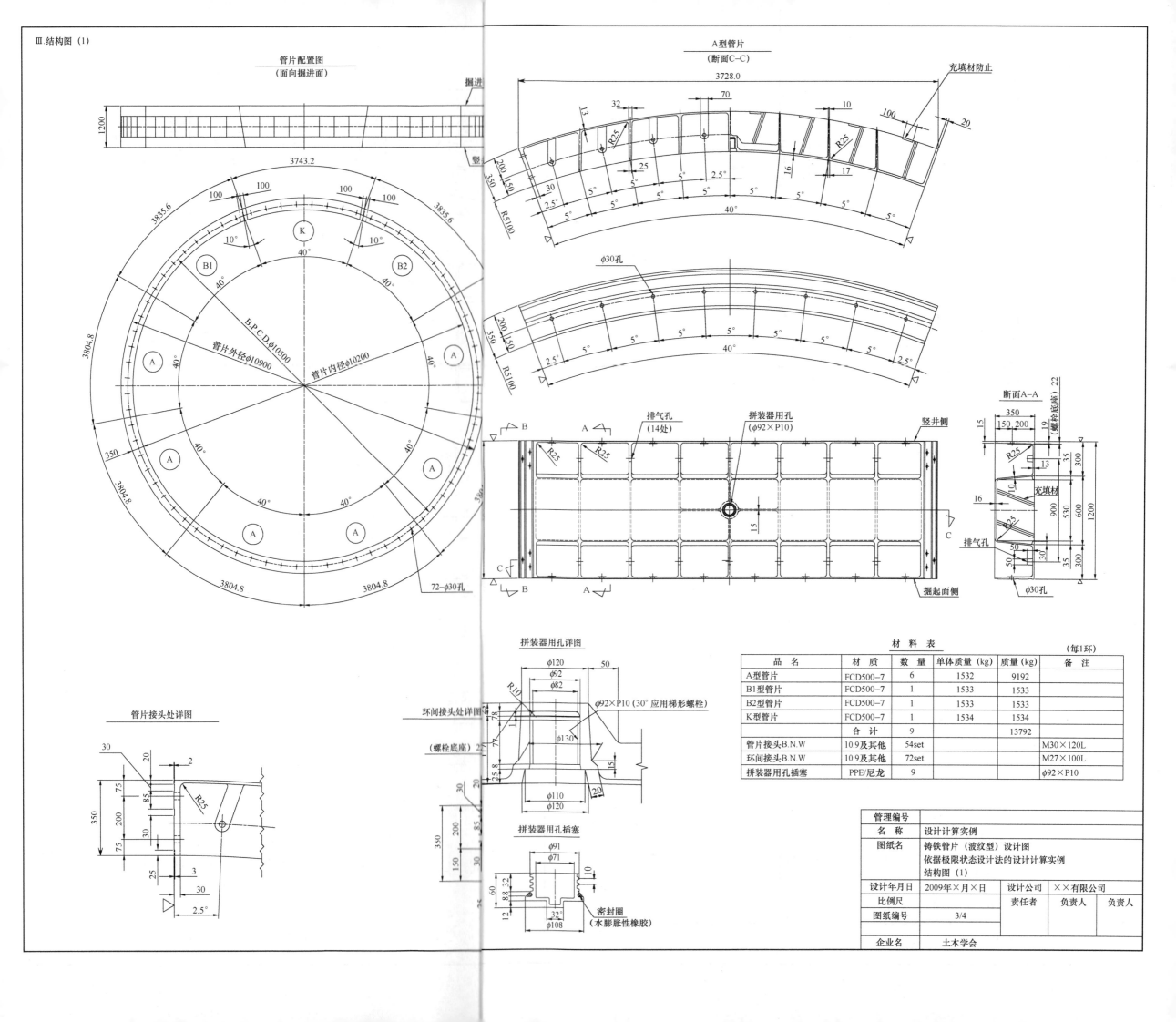

Ⅲ.结构图（1）

管片配置图
（面向掘进面）

A型管片
（断面C-C）

充填材防止

管片接头处详图

环间接头处详图

拼装器用孔详图

拼装器用孔插塞

密封圈
（水膨胀性橡胶）

材 料 表

（每1环）

品　名	材　质	数　量	单体质量（kg）	质量（kg）	备　注
A型管片	FCD500-7	6	1532	9192	
B1型管片	FCD500-7	1	1533	1533	
B2型管片	FCD500-7	1	1533	1533	
K型管片	FCD500-7	1	1534	1534	
合　计		9		13792	
管片接头B.N.W	10.9及其他	54set			M30×120L
环间接头B.N.W	10.9及其他	72set			M27×100L
拼装器用孔插塞	PPE/尼龙	9			φ92×P10

管理编号				
名　称	设计计算实例			
图纸名	铸铁管片（波纹型）设计图 依据极限状态设计法的设计计算实例 结构图（1）			
设计年月日	2009年×月×日	设计公司	××有限公司	
比例尺		责任者	负责人	负责人
图纸编号	3/4			
企业名	土木学会			

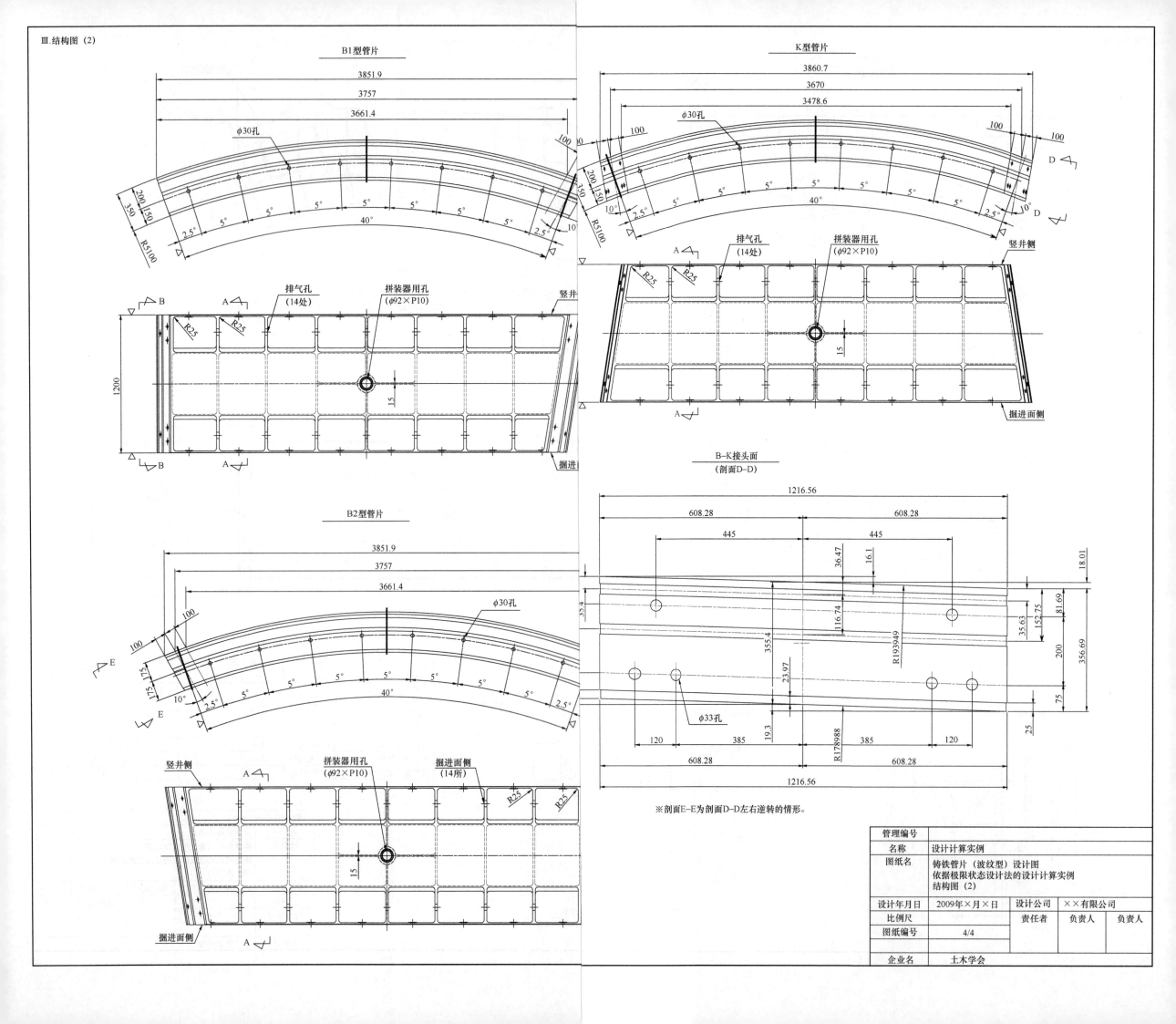

Ⅲ.结构图（2）

B1型管片

K型管片

φ30孔

排气孔
（14处）

拼装器用孔
（φ92×P10）

竖井侧

掘进面侧

B2型管片

φ30孔

竖井侧

拼装器用孔
（φ92×P10）

掘进面侧
（14所）

掘进面侧

B-K接头面
（剖面D-D）

φ33孔

※剖面E-E为剖面D-D左右逆转的情形。

管理编号				
名称	设计计算实例			
图纸名	铸铁管片（波纹型）设计图 依据极限状态设计法的设计计算实例 结构图（2）			
设计年月日	2009年×月×日	设计公司	××有限公司	
比例尺		责任者	负责人	负责人
图纸编号	4/4			
企业名	土木学会			

3.3　混凝土管片实例

3.3.1　设计条件

对表Ⅳ.3.23与图Ⅳ.3.37中所示外径的管片
进行设计计算。

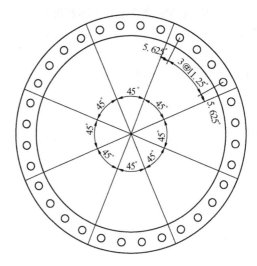

图Ⅳ.3.37　管片分块

管片的直径等　　表Ⅳ.3.23

外径（m）	10.9
管片宽度（m）	1.5
管片分块数	8等分块
环间接头数	32

（1）管片规格

管片规格如表Ⅳ.3.24所示。

管片尺寸　　　　　　　　　　　　　　表Ⅳ.3.24

形式			平板形
管片主断面			
	宽度	B（m）	1.50
	厚度	h（m）	0.450
钢筋	钢筋量	A_s	D25×12
	有效高度	d_1（mm）	55
		d_2（mm）	395
形式			钢制箱形
管片接头			
	接头螺栓	个数　（个/接头）	2
		直径	M27
		钢材的种类	8.8
		高度（上层）d_1（mm）	100
		高度（下层）d_2（mm）	250
	接头板	高度 h_j（mm）	280
		宽度 b_j（mm）	175
		厚度 t（mm）	25
环间接头	形式		钢制箱型
	接头螺栓	个数　（个/环）	32
		直径	M27
		强度等级	8.8

（2）主断面的断面性能（1环宽度）

断面面积（A）　　　　　　0.675m²

断面惯性矩（I）　　　　　 0.0114m⁴

（3）管片的材料特性

① 混凝土

设计标准值（f'_{ck}，σ_{ck}）　　42N/mm²

容许抗弯压应力：（σ_{ca}）　　16N/mm²

抗拉强度（f_{tk}）　　　　2.78N/mm²（$=0.23 \cdot f'^{2/3}_{ck}$）

弯曲开裂强度　　　　　2.17N/mm²（$=k_{0b}k_{1b}f_{tk}$），$d_{max}=20$mm，$h=450$mm，

　　　　　　　　　　混凝土设计规范（设计篇）（2007年制定）

屈服应变（ε_0）　　　　0.0020

极限压应变（ε'_{cu}）　　0.0035（$(155-f'_{ck})/30000=0.00377$）

弹性模量（E_c）　　　　31.4kN/mm²

② 钢筋（受力钢筋，分布钢筋，接头锚筋）

钢筋种类　　　　　　SD345

容许应力（σ_{sa}）　　　200N/mm²

屈服强度（f_{yk}）　　　345N/mm²（屈服点345～440N/mm²）

弹性模量（E_s）　　　　210kN/mm²

③ 钢材（接头板）

钢材种类　　　　　　SM490A

容许应力（σ_{sa}）　　　215N/mm²

屈服强度（f_{yk}）　　　325N/mm²（厚度16mm以下）

　　　　　　　　　　315N/mm²（厚度超过16mm，但40mm以下）

剪切屈服强度（f_{vyk}）　185N/mm²（厚度16mm以下）

　　　　　　　　　　180N/mm²（厚度超过16mm，但40mm以下）

弹性模量（E_s）　　　　210kN/mm²

④ 螺栓（管片接头，环间接头）

强度等级　　　　　　8.8

容许应力　　　　　　290N/mm²

屈服强度　　　　　　660N/mm²

剪切屈服强度　　　　380N/mm²

弹性模量　　　　　　210kN/mm²

（4）地层条件

作为软弱地层，如表Ⅳ.3.25所示来设定地层条件。

地 层 条 件　　　　表Ⅳ.3.25

覆土厚度 （m）	地下水位 （GL-m）	土的种类	水土的处理
1.50	—	非常软黏土	水土一体

N值	γ （kN/m³）	ϕ （°）	λ	k （MN/m³）
2	16.0	—	0.75	0

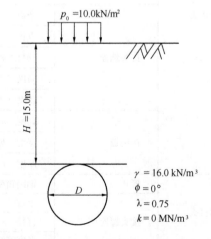

$p_0=10.0$kN/m²

$H=15.0$m

$\gamma=16.0$ kN/m³
$\phi=0°$
$\lambda=0.75$
$k=0$ MN/m³

(5) 结构计算方法

1) 结构模型

建立接头结构的力学模型，采用可以对错缝拼装下隧道轴向方向上接头位置不同进行模型化的梁-弹簧模型计算法来进行结构计算。

盾构隧道是通过接头将管片连接在一起的结构。依据接头的抗弯试验及在实际隧道中的检查与监测结果等可以看到接头结构的影响很大。因此，在对管片本身与接头进行个别验算的极限状态设计法中，通常采用梁-弹簧模型进行结构计算。

图IV.3.38 表示了梁-弹簧模型计算模型。在本计算中，对 2 环错缝拼装的结构采用 2 环来进行模型化。

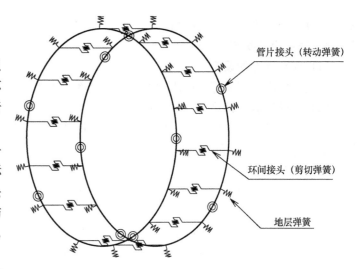

图IV.3.38 梁-弹簧结构计算模型

2) 计算方法

在结构计算中，采用了非线性方法。在使用极限状态的结构计算中，因对管片本身采用线性，管片接头采用双线性关系，计算变为非线性。

计算步骤为按照如下 2 步来进行分步计算（参照图IV.3.39）。

步骤 1：管片自重的计算

步骤 2：水土压荷载的计算

在极限状态设计法中计算变为上述的非线性结构分析。在非线性计算中，各构件依据断面内力与变形状态，刚度发生了变化。为此，将前步骤的断面内力与变形作为各构件的初始值，利用可以设定构件

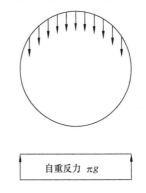

步骤1 管片自重的计算

自重反力 πg

↓ 将步骤1的断面内力、变形作为初始状态，进行步骤2的计算

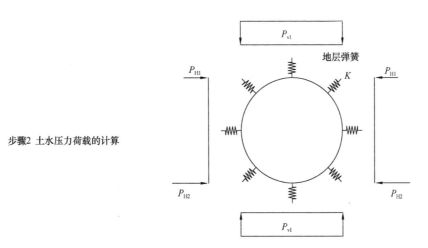

步骤2 土水压力荷载的计算

图IV.3.39 计算步骤

刚度的分步计算方法来进行解析。

3.3.2 使用极限状态的验算

（1）安全系数的设定

在使用极限状态验算中所用的安全系数全部取为1.0。

（2）设计荷载的计算

依据地层条件，采用全覆土压力，水土一体的条件来计算荷载。此外，因在使用极限状态中荷载系数全部取为1.0，荷载的标准值与设计值相同。

1）垂直荷载

$$P_{v1} = \gamma_{f1} \cdot (H \cdot \gamma + P_o) = 1.0 \times (15.0 \times 16.0 + 10.0) = 250\text{kN/m}^2$$

2）顶部水平荷载

$$P_{H1} = \gamma_{f2} \cdot \{\lambda \cdot [\gamma \cdot (H + h/2) + P_o]\}$$
$$= 1.0 \times \{0.75 \times [16.0 \times (15.0 + 0.45/2) + 10.0]\} = 190\text{kN/m}^2$$

3）底部水平荷载

$$P_{H2} = P_{H1} + \gamma_{f2} \cdot \lambda \cdot D_c \cdot \gamma = 190 + 1.0 \times 0.75 \times 10.45 \times 16.0 = 315\text{kN/m}^2$$

4）自重与自重反力

因混凝土体积为22.160m³，所以管片单环的质量 W

$$W = 22.160 \times 26 = 576\text{kN}$$

单位面积的自重 g

$$g = W / (2\pi \cdot R_c) / 1.5 = 576 / (\pi \times 10.45) / 1.5 \doteq 11.70\text{kN/m}^2$$

自重抗力 P_g

$$P_g = 11.70 \times \pi = 36.8\text{kN/m}^2$$

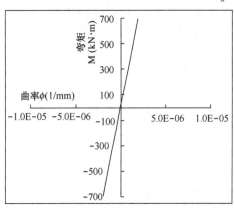

图Ⅳ.3.40 使用极限状态结构计算中
管片本体的 $M-\phi$ 关系

（3）结构计算

1）管片主断面刚度（$M-\phi$ 关系）的设定

在使用极限状态中，因可以认为非线性比较小，所以采用全断面有效来设定刚度的线性关系(图Ⅳ.3.40)。

2）管片接头刚度（$M-\theta$ 关系）的设定

管片接头带给结构计算结果的影响很大。为此，按照如下规则来考虑非线性：

● 使用考虑作用在接头上轴力后的转动弹簧系数、接头抗拉弹簧系数来进行计算；

● 只有水压力作用在隧道上时，其平均轴力设定为：$N = 855\text{kN/R}$；

● 设定为由第一斜率（k_{m1}）与第二斜率（k_{m2}）构成的双线性关系。

按照《铁路设计规范》中记载的方法，求出斜率变化点的弯矩与转角。

①中和轴处于管片下边缘时的弯矩（M_{c0}）与转角（θ_{c0}）

$$k_m = \frac{M}{\theta} = \frac{x(3h - 2x)b \cdot E_c}{24} \quad M = N \cdot \frac{h}{6}$$

这里，k_m：转动弹簧系数（kN·m/rad）

θ：接头的转角（rad）

N：轴力（kN）= （855kN/R）

x：由压缩侧外边缘到中和轴的距离（m）

这里取 $x = h$

b：管片宽度（m）（=1.5m）

h：管片厚度（m）（=0.45m）

E_c：混凝土的弹性模量（kN/m²）（=31.4×10⁶kN/m²）

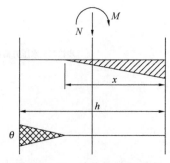

图Ⅳ.3.41 接头处的力平衡

由上式可以计算出 k_m 的数值，中和轴位于管片下边缘时为全断面受压状态，接头没有开裂。因此，可以将接头刚度视为非常大，将转动弹簧系数设为无穷大。计算结果如表Ⅳ.3.26所示。

M_{co}与 θ_{co}的计算结果　　　　　　　　表Ⅳ.3.26

类　　别	M_{co}（kN·m）	θ_{co}（rad）
正弯矩	64.125	0.000154
负弯矩	64.125	0.000154

②中和轴位于螺栓位置时的弯矩（M_{bo}）与转角（θ_{bo}）

$$\theta = \frac{N}{\dfrac{bxE_c}{4} - (d-x) \cdot k_j} \quad M = N \cdot \left(\frac{h}{2} - \frac{d}{3} \right)$$

这里，θ：接头的转角（rad）

N：轴力（kN）

x：压缩侧外边缘到中和轴的距离（m）

　　这里取 $x = d$（抗拉构件的有效高度）

d：抗拉构件的有效高度（m）

b：管片宽度（m）

h：管片厚度（m）

E_c：混凝土的弹性模量（kN/m²）

k_j：接头部的抗拉弹簧系数（kN/m）（图Ⅳ.3.42，图Ⅳ.3.43）

$$k_j = \frac{1}{\dfrac{1}{k_B} + \dfrac{2}{k_P}} = 408000(\text{kN/m})$$

$$k_B = \frac{k_{B1} \cdot k_{B2}}{k_{B1} + k_{B2}} = \frac{E_B \cdot A_{B2}}{\dfrac{A_{B2}}{A_{B1}} \cdot L_{B1} + L_{B2} + L_{B3}} = 1686000(\text{kN/m})$$

$$k_P = \frac{192 E_P I_P}{L^3} = 1076000(\text{kN/m})$$

$$I_P = \frac{(b-\phi) \cdot t_P^3}{12} = 1.43 \times 10^{-7}(\text{m}^4)$$

k_B：接头螺栓的抗拉弹簧系数（kN/m）

k_P：接头板的抗拉弹簧系数（kN/m）

k_{B1}：轴部的弹簧系数（kN/m）

k_{B2}：螺纹部的弹簧系数（kN/m）

E_B：螺栓的弹性模量（kN/m²）（＝210×10⁶kN/m²）

L_{B1}：螺栓的轴部长度（m）（＝0.0530m）

L_{B2}：螺纹部长度（m）（＝0.0015m）

L_{B3}：螺母的有效长度（L_{B4} 的60%）（m）（＝0.0220×0.6＝0.0132m）

L_{B4}：螺母的长度（m）（＝0.0220m）

A_{B1}：螺栓的轴断面面积（m²）（＝0.000573m²）

A_{B2}：螺栓的有效断面面积（m²）（＝0.000459m²）

k_p：1枚接头板所相当的弹簧系数（kN/m）

I_P：假定为梁模型，接头板的断面惯性矩（m⁴）

L：梁的跨度（m）（＝0.175m）

b：假定为梁模型，接头板的有效宽度（m）（＝0.280/2＝0.140m）

E_P：接头板的弹性模量（kN/m²）（＝210×10⁶kN/m²）

ϕ：螺栓孔的直径（m）（＝0.0300m）

t_p：接头板的厚度（m）（＝0.0250m）

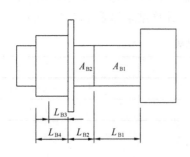

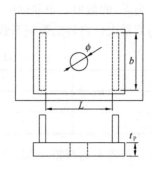

图Ⅳ.3.42　螺栓模型图　　　　　　　　图Ⅳ.3.43　接头板的模型图

计算结果如表Ⅳ.3.27所示。

M_{bo}与θ_{bo}的计算结果　　　　　　　　　　　　　表Ⅳ.3.27

类　别	M_{bo}（kN·m）	θ_{bo}（rad）
正弯矩	92.625	0.000197
负弯矩	121.125	0.000276

③管片的压缩应力变为容许应力时的弯矩（M_{ca}）与转角（θ_{ca}）

依据下面的假定来进行计算。

- 接头面的抗拉区域与抗压区域分别保持平面。
- 混凝土对压缩领域转角的影响深度为由管片压缩边缘到中和轴距离的2倍。

由接头的力平衡条件（图Ⅳ.3.44）导出的式子来计算M_{ca}与θ_{ca}：

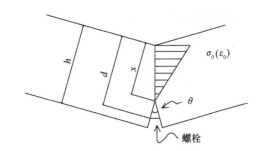

图Ⅳ.3.44　接头处力的平衡（具有抗拉构件）

$$T=(d-x)\theta k_j$$

$$C=\frac{1}{2}b\cdot x\cdot \sigma_o$$

$$x\theta=\frac{\sigma_o\cdot l}{E_c}$$

$$C-T=N$$

$$C\left(\frac{h}{2}-\frac{x}{3}\right)+T\left(d-\frac{h}{2}\right)=M$$

这里，M：接头的弯矩（kN·m）

　　　N：轴力（kN）

　　　T：接头的拉力（kN）

　　　C：接头的压力（kN）

　　　d：抗拉构件的有效高度（m）

　　　x：由压缩侧外边缘到中和轴的距离（m）

　　　b：管片宽度（m）

　　　h：管片厚度（m）

　　　l：受压应变的影响深度（m），这里取$l=2x$

　　　E_c：混凝土的弹性模量（kN/m²）

　　　k_j：接头部的抗拉弹簧系数（kN/m）

　　　θ：接头的转角（rad）

　　　σ_0：受压外边缘的混凝土应力（kN/m²）

计算结果如表Ⅳ.3.28所示。

M_{ca} 与 θ_{ca} 的计算结果　　　　　　　　表Ⅳ.3.28

类　别	M_{ca} （kN·m）	θ_{cd} （rad）
正弯矩	235.407	0.000970
负弯矩	197.614	0.000970

④结构计算中所用到的转动弹簧系数（第一斜率 K_{m1} ，第二斜率 K_{m2} ）的计算

接头弯矩的计算结果为 $M_{bo} < M_{ca}$ ，混凝土的压缩应力达到容许应力时，中和轴位于螺栓位置以上，处于压缩侧。由此，K_{m1} 与 K_{m2} 可进行如下的设定（图Ⅳ.3.45）。

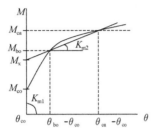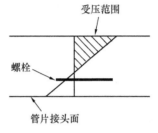

图Ⅳ.3.45　$M_{co} < M_{ca}$ 时的转动弹簧系数

K_{m1} ： ∞ （$0 \leqslant M \leqslant M_x$）

K_{m2} ：M_{bo} 与 M_{ca} 点的连线斜率

将以上的结果进行整理，在水土压力作用时的转动弹簧系数如表Ⅳ.3.29所示。另外，管片接头的 $M - \theta$ 关系如图Ⅳ.3.46所示。

并且，管片自重计算时所用的转动弹簧系数使用了不考虑轴力的数值（表Ⅳ.3.30，图Ⅳ.3.47）。

3）环间接头刚度（$S - \delta$ 关系）的设定

依据环间接头剪切试验实例，采用剪切弹簧系数为如下数值的线性关系：

$$k_s = 200\text{MN/m}$$

转动弹簧系数（水土压力荷载计算时）　表Ⅳ.3.29

类　　别	斜率变化点 （kN·m）	变化后的转动弹簧系数 （kN·m/rad）
正弯矩	84.5	184900
负弯矩	−107.6	110300

转动弹簧系数（计算自重时）　　表Ⅳ.3.30

类　别	转动弹簧系数（kN·m/rad）
正弯矩	94700
负弯矩	45400

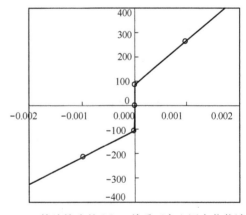

图Ⅳ.3.46　管片接头的 $M - \theta$ 关系（水土压力荷载计算时）

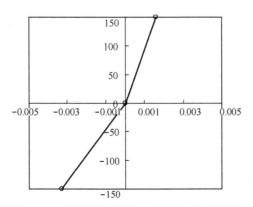

图Ⅳ.3.47　管片接头的 $M - \theta$ 关系（自重计算时）

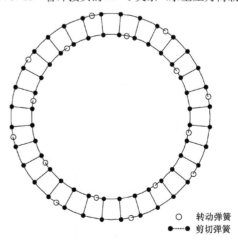

图Ⅳ.3.48　结构计算模型

4）结构计算模型

在结构计算模型中，将 1 环离散为 128 个单元，采用如图Ⅳ.3.48 所示的 2 环错缝拼装，并将管片环的半径设在管片断面的形心位置。

5）结构计算结果

表Ⅳ.3.31 表示了发生的断面内力与变形量，图Ⅳ.3.49 表示了断面内力图与变形图。

结构计算结果：使用极限状态　　　表Ⅳ.3.31

主断面	最大弯矩	正弯矩	弯矩（kN·m/ring）	253.1
			轴力（kN/ring）	1776.1
		负弯矩	弯矩（kN·m/ring）	−224.8
			轴力（kN/ring）	2098.9
	最大轴力		轴力（kN/ring）	2180.5
	最大剪力		弯矩（kN·m/ring）	41.6
			轴力（kN/ring）	1902.6
			剪力（kN/ring）	−121.7
管片接头	最大弯矩	正弯矩	弯矩（kN·m/ring）	185.9
			轴力（kN/ring）	2107.5
			转角（rad）	5.18E-04
		负弯矩	弯矩（kN·m/ring）	−161.2
			轴力（kN/ring）	2078.7
			转角（rad）	−4.91E-04
	最大轴力		轴力（kN/ring）	2174.2
	最大剪力		弯矩（kN·m/ring）	−93.1
			轴力（kN/ring）	1902.6
			剪力（kN/ring）	−121.7
环间接头	最大剪力（合力）		剪力（kN）	16.7
	最大错位量		错位量（mm）	−0.08
内表面位移量			垂直方向（mm）	10.24
			水平方向（mm）	−8.15

注：内表面位移量，+为偏向隧道内侧，−为偏向隧道外侧。

（4）验算

1）验算项目

混凝土管片使用极限状态的验算项目如表Ⅳ.3.32 所示。

使用极限状态的验算项目：混凝土管片　　　表Ⅳ.3.32

	部位	验算项目	限　值
应力	主断面	混凝土应力	应力的极限值
		钢筋应力	应力的极限值
	接头处	混凝土应力	应力的极限值
		钢材应力	应力的极限值
变形	管片环	环变形量	容许变形量
	接头处	开裂	容许开裂量
		错位	容许错位量
裂缝	主断面	受弯裂缝宽度	容许裂缝宽度
		剪力	剪切裂缝承载力

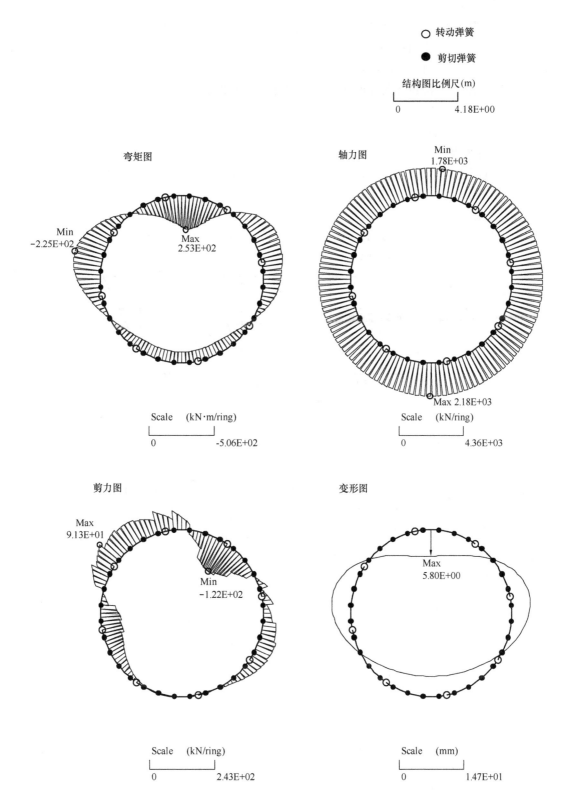

图Ⅳ.3.49 结构计算结果：使用极限状态

2）主断面的混凝土应力，钢筋应力

依据"第Ⅱ篇 极限状态设计法 6.2.2 混凝土管片的验算"，验算主断面的应力。这时弹性模量比取为 6.7（＝E_s/E_c＝210/31.4）。

混凝土与钢筋应力的计算结果如下所示。

正弯矩：混凝土应力 7.1N/mm²，钢筋应力 13.5N/mm²

负弯矩：混凝土应力 6.6N/mm² 钢筋应力 1.6N/mm²

在使用极限状态中，因安全系数取为 1.0，上述数值变为设计应力（荷载效应值）。

应力的限制值（结构抗力）如下所示。

- 混凝土应力限制值＝[(设计强度标准值 $f'_{ck} \times 40\%$)/γ_m]/构件分项系数
$$= [(42 \times 0.4)/1.0]/1.0$$
$$= 16.8 \text{N/mm}^2$$
- 钢筋应力限制值＝(抗拉屈服强度 f_{yk}/γ_m)/构件分项系数 γ_b
$$= (345/1.0)/1.0$$
$$= 345 \text{N/mm}^2$$

验算后得到如下结果。

- 正弯矩　混凝土应力　$\gamma_i \cdot S_d/R_d = 1.0 \times 7.1/16.8 = 0.42 \leqslant 1.0$　OK
　　　　　钢筋应力　　$\gamma_i \cdot S_d/R_d = 1.0 \times 13.5/345 = 0.04 \leqslant 1.0$　OK
- 负弯矩　混凝土应力　$\gamma_i \cdot S_d/R_d = 1.0 \times 6.6/16.8 = 0.39 \leqslant 1.0$　OK
　　　　　钢筋应力　　$\gamma_i \cdot S_d/R_d = 1.0 \times 1.6/345 = 0.005 \leqslant 1.0$　OK

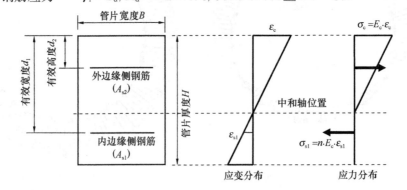

图Ⅳ.3.50　管片主体（主断面）应力计算模型：混凝土管片

3）接头处的混凝土应力与钢材应力

在管片接头的弯矩与轴力作用下验算接头的混凝土应力与钢材应力。将接头螺栓看作钢筋，采用与主断面相同的方法来计算在管片接头断面内力作用下混凝土与钢材的应力（图Ⅳ.3.51）。

另外，管片接头为将螺栓在管片的厚度方向上按2层配置的结构。因此，在验算实例中，作为一般验算的方法，只考虑有效高度比较大的1层螺栓（正弯矩时为内边缘侧，负弯矩时为外边缘侧），接头板的有效高度取为接头板高度的1/2来进行验算。

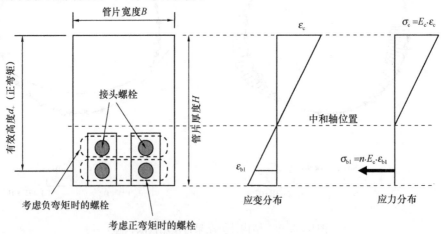

图Ⅳ.3.51　管片接头应力计算模型：混凝土管片

由此，混凝土与接头螺栓应力的计算如下所示。

正弯矩：混凝土应力 6.9N/mm²，螺栓应力 0.0N/mm²

负弯矩：混凝土应力 6.3/mm²，螺栓应力 0.0N/mm²

在使用极限状态中，因安全系数取为1.0，上述数值变为设计应力（荷载效应值）。

应力的限制值（结构抗力）如下所示：

混凝土应力的限制值＝[(设计强度标准值 f'_{ck}/γ_m) $\times 40\%$]/构件分项系数 γ_b

$$=[(42/1.0) \times 40\%]/1.0$$
$$=16.8 \text{N/mm}^2$$

接头螺栓应力的限制值=[(抗拉屈服强度 f_{byk}/γ_m)×75%]/构件分项系数 γ_b

$$=[(660/1.0) \times 75\%]/1.0$$
$$=495 \text{N/mm}^2$$

对此进行验算得到如下结果:

- 正弯矩 混凝土应力 $\gamma_i \cdot S_d/R_d = 1.0 \times 6.9/16.8 = 0.41 \leqslant 1.0$ OK
  接头螺栓应力 $\gamma_i \cdot S_d/R_d = 1.0 \times 0.0/495 = 0.00 \leqslant 1.0$ OK
- 负弯矩 混凝土应力 $\gamma_i \cdot S_d/R_d = 1.0 \times 6.3/16.8 = 0.38 \leqslant 1.0$ OK
  接头螺栓应力 $\gamma_i \cdot S_d/R_d = 1.0 \times 0.0/495 = 0.00 \leqslant 1.0$ OK

此外,在接头螺栓上有拉力作用时,建立接头板的两端固定的梁模型,依据下面的方法对接头板的弯曲应力进行验算(图Ⅳ.3.52)。

$$\sigma_s = \frac{T \cdot l}{8 \cdot Z} = \frac{T \cdot l}{8 \cdot ht^2/6}$$

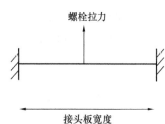

图Ⅳ.3.52 接头板的应力计算模型
(使用极限状态)

这里,σ_s:接头板的受弯应力

T:螺栓的拉力

l:接头板宽度(175mm)

h:接头板的有效高度(280/2=140mm)

t:接头板的厚度(25mm)

此外,在本设计实例中,因在螺栓上没有拉力的作用,故省略验算。

4)管片环变形量

使用内断面垂直方向的变形量验算管片环变形量。

依据结构计算结果,设计变形量(荷载效应值)如下所示。

设计变形量=垂直方向上的内净空变形量×结构计算分项系数 γ_a=10.24mm×1.0=10.24mm

极限变形量(结构抗力)依隧道内的设备等条件而异,这里取为 $D_i/150$(D_i 为隧道内径),设定如下:

极限变形量=(隧道内径 D_i/150)/构件分项系数 γ_b=(10.0m/150)/1.0=66.7mm

验算如下:

$$\gamma_i \cdot S_d/R_d = 1.0 \times 10.24/66.7 = 0.15 \leqslant 1.0 \quad \text{OK}$$

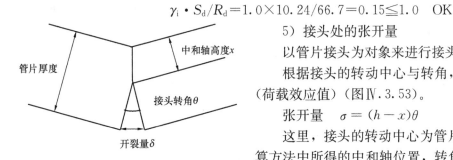

图Ⅳ.3.53 管片接头开裂量的计算模型
(混凝土管片)

5)接头处的张开量

以管片接头为对象来进行接头的开裂验算。

根据接头的转动中心与转角,由下式来计算设计张开量(荷载效应值)(图Ⅳ.3.53)。

张开量 $\sigma = (h-x)\theta$

这里,接头的转动中心为管片接头混凝土与钢材应力计算方法中所得的中和轴位置,转角为结构计算结果中接头的最大转角。

计算设计张开量后,得到如下结果:

正弯矩 $\delta = (450-409) \times 5.18\text{E}-04 \text{ rad} \times \gamma_a = 0.02\text{mm} \times 1.0 = 0.02\text{mm}$

负弯矩 $\delta = (450-440) \times 4.91\text{E}-04 \text{ rad} \times \gamma_a = 0.01\text{mm} \times 1.0 = 0.01\text{mm}$

将密封材料的设计值取为 2mm,其中 1mm 为施工误差,可对极限张开量(结构抗力)进行如下的设定。

极限张开量=(2.0mm-1.0mm)/γ_b=1.0mm/1.0=1.0mm

对此进行验算,结果如下。

正弯矩时 $\gamma_i \cdot S_d/R_d = 1.0 \times 0.02/1.0 = 0.02 \leqslant 1.0$ OK

负弯矩时 $\gamma_i \cdot S_d/R_d = 1.0 \times 0.01/1.0 = 0.01 \leqslant 1.0$ OK

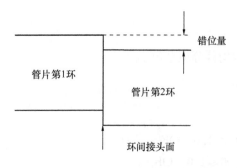

图Ⅳ.3.54　环间接头错位量的计算模型

6）接头的错位

以环间接头为对象来进行接头错位的验算。依据结构计算中1，2环的相对变形量（图Ⅳ.3.54）来计算环间接头的错缝量。通过结构计算，设计错缝量（荷载效应值）为如下结果。

设计错缝量＝0.08mm×γ_a＝0.08mm×1.0＝0.08mm

将密封材料的设计值取为3mm，其中施工误差为1.5mm，来设定极限错缝量（结构抗力）。

极限错缝量＝（3.0mm－1.5mm）/γ_b＝1.5mm/1.0＝1.5mm

对此进行验算，满足如下所示的验算项目。

$$\gamma_i \cdot S_d/R_d = 1.0 \times 0.08/1.5 = 0.05 \leqslant 1.0 \quad OK$$

7）主断面的裂缝：受弯裂缝宽度

根据管片主断面的最大断面内力，依据下式来计算分布钢筋之间的裂缝。

$$w = l_{max} \cdot \left[\frac{\sigma_{se}}{E_s} + \varepsilon'_{csd} \right]$$

这里，l_{max}：分布钢筋的最大间隔（设为200mm）；σ_{se}：由钢材位置混凝土应力为0的状态，得到的钢筋应力的增加量（计算时的弹性模量比为实际弹性模量比 E_s/E_c），E_s：钢筋的弹性模量；ε'_{csd}：考虑混凝土的收缩及蠕变引起的裂缝宽度增加的数值。

另外，依据《混凝土设计规范》裂缝的发生间隔为 $l_1 = 267$mm，l_{max} 的下限值为 $l_1/2 = 133.5$mm。因钢筋的最大间隔200mm比 l_{max} 的下限值大，故 l_{max} 取为分布钢筋的最大间隔200mm。

由此，裂缝宽度（荷载效应值）的计算结果如下：

裂缝宽度　$w = 200 \times (13.5/210000 + 150 \times 10^{-6}) \times \gamma_a = 0.043 \times 1.0 = 0.043$mm

在一般环境中，按照下式计算裂缝宽度的极限值（容许裂缝宽度）：

容许裂缝宽度＝$0.005c/\gamma_b = 0.21$mm/1.0＝0.21mm

进行验算后，如下所示满足了验算项目。

$$\gamma_i \cdot S_d/R_d = 1.0 \times 0.043/0.21 = 0.20 \leqslant 1.0 \quad OK$$

8）主断面的裂缝：剪力

关于管片主断面的剪力，对是否有剪切裂缝的发生进行验算。依据抗剪承载力计算公式（Ⅱ.6.13）所得到的主断面混凝土承载力的70%来验算剪切裂缝。

由结构计算结果，设计剪切力（荷载效应值）为如下结果：

$$V = 最大剪力 \times 构造系数 \gamma_a = 121.7 \times 1.0 = 121.7 kN$$

管片主断面的剪切裂缝抗剪承载力计算如下，

$V_{\gamma d} = 0.7 \cdot V_{cd} = 0.7 \times 1048.2 = 733.7$kN

V_{cd}：没有使用剪切加固钢筋，杆构件的设计剪切承载力

$$V_{cd} = \beta_d \cdot \beta_p \cdot \beta_n \cdot f_{vcd} \cdot b_w \cdot d/\gamma_b$$

$f_{vcd} = 0.20\sqrt[3]{f'_{cd}}$（N/mm²）但，$f_{vcd} \leqslant 0.72$

$\beta_d = \sqrt[4]{1/d}$（d：m），但当 $\beta_d > 1.5$ 时，取为1.5

$\beta_p = \sqrt[3]{100p_w}$，但当 $\beta_p > 1.5$ 时，取为1.5

$\beta_n = 1 + M_0/M_d$（$N'_d \geqslant 0$），但当 $\beta_n > 2$ 时，取为2

N'_d：设计轴向压力

M_d：设计弯矩

M_0：在设计弯矩 M_d 作用下，为了抵消由轴向力在受拉侧产生的应力所需要的弯矩

b_w：腹板宽度（＝管片宽度）

d：有效高度（＝抗拉钢筋的有效高度）

$$p_w = A_s(b_w \cdot d)$$

A_s：受拉钢筋有效断面积

f'_{cd}：混凝土的设计抗压强度（$=42/\gamma_m$，单位：N/mm^2）

进行验算后，如下所示满足了设计要求

$$\gamma_i \cdot S_d/R_d = 1.0 \times 121.7/733.7 = 0.17 \leqslant 1.0 \quad OK$$

3.3.3 承载力极限状态的验算

（1）安全系数的设定

按表Ⅳ.3.33所示来设定安全系数。

这些值中，关于侧向土压力系数的安全系数，取为《隧道设计规范》中的设定范围0.8～1.0的中间值0.9。此外，在过去的验算中，因也有将侧向土压力系数的安全系数取为相当于0.8的数值来考虑土压力作用的事例，在实际验算中有必要注意安全系数的设定。

另外，随着水压的变小混凝土所发生的应力有变大的倾向，将水压的安全系数取为0.9。

承载力极限状态验算中所用的安全系数 表Ⅳ.3.33

荷载分项系数 γ_f	土压力	垂直土压力	全覆土（γ_{f1}）	1.05
		侧向土压力系数（γ_{f2}）		0.90
	水压力			0.90
	自重			1.00
	地面超载（γ_{f0}）			1.10
	地层抗力系数	半径方向		1.00
		切线方向		—
材料分项系数 γ_m	混凝土			1.20
	钢筋			1.00
	钢材（接头板）			1.05
	螺栓			1.05
构件分项系数 γ_b	主体	受弯		1.10
		受压		1.30
		受剪	混凝土	1.30
			剪切加固钢筋	1.10
	管片接头（弯曲）			1.10
	环间接头（剪切）			1.15
结构解析分项系数 γ_a				1.00
结构物分项系数 γ_i				1.00

（2）设计荷载的计算

荷载的计算方法基本上与使用极限状态相同，由下式对各荷载的标准值乘以安全系数来计算设计荷载。

设计荷载 F_d＝荷载分项系数 γ_t×荷载标准值 F_k

1）垂直荷载

$$P_{v1} = \gamma_{f1} \cdot H \cdot \gamma + \gamma_{f0} \cdot P_o = 1.05 \times 15.0 \times 16.0 + 1.10 \times 10.0 = 263kN/m^2$$

2）顶部侧向荷载

$$P_{H1} = \gamma_{f2} \cdot \lambda \cdot (\gamma \cdot (H + h/2) + P_o)$$
$$= 0.9 \times 0.75 \times (16.0 \times (15.0 + 0.45/2) + 10.0) = 171kN/m^2$$

3）底部侧向荷载

$$P_{H2} = P_{H1} + \gamma_{f2} \cdot \lambda \cdot D_c \cdot \gamma = 171 + 0.9 \times 0.75 \times 10.45 \times 16.0 = 284kN/m^2$$

4）自重反力（与使用极限状态相同）

$$g = 11.70kN/m^2$$
$$P_g = 36.8kN/m^2$$

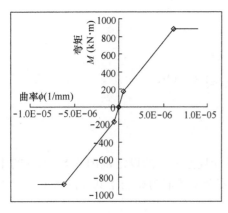

图Ⅳ.3.55　混凝土管片主断面的 $M-\phi$ 关系（承载能力极限状态）

(3) 结构计算

1）管片主断面的刚度（$M-\phi$ 关系）设定

对只有水压力作用时隧道的轴力（$N=855\mathrm{kN/R}$，与转动弹簧系数计算时相同），管片主断面的 $M-\phi$ 关系为三线性关系，即：①裂缝发生前；②裂缝发生—屈服应力；③屈服应力—极限承载力。设定结果如图Ⅳ.3.55所示。此外，在自重计算中所用的 $M-\phi$ 关系取为线性关系，与使用极限状态相同。

2）管片接头刚度（$M-\theta$ 关系）的设定

采用与使用极限状态相同的双线性关系。

3）环间接头刚度（$S-\delta$ 关系）的设定

采用与使用极限状态相同的线性关系。

4）结构计算模型

采用与使用极限状态相同的 2 环错缝拼装模型。

5）结构计算结果

断面内力、变形量与断面内力图、变形图分别表示在表Ⅳ.3.34与图Ⅳ.3.56中。

				结构计算结果：承载力极限状态　　　　　表Ⅳ.3.34
主断面	最大弯矩	正弯矩	弯矩（kN·m/ring）	715.3
			轴力（kN/ring）	1563.4
		负弯矩	弯矩（kN·m/ring）	−678.4
			轴力（kN/ring）	2250.3
	最大轴力		轴力（kN/ring）	2255.9
	最大剪力		弯矩（kN·m/ring）	339.9
			轴力（kN/ring）	1733.7
			剪力（kN/ring）	−332.8
管片接头	最大弯矩	正弯矩	弯矩（kN·m/ring）	468.7
			轴力（kN/ring）	1678.5
			转角（rad）	2.08E-03
		负弯矩	弯矩（kN·m/ring）	−393.7
			轴力（kN/ring）	2118.1
			转角（rad）	−2.60E-03
	最大轴力		轴力（kN/ring）	2148.1
	最大剪力		弯矩（kN·m/ring）	182.5
			轴力（kN/ring）	1818.0
			剪力（kN/ring）	−314.6
环间接头	最大剪力（合力）		剪力（kN）	86.6
	最大错位量		错位量（mm）	−0.43
内表面位移量			垂直方向（mm）	38.37
			水平方向（mm）	−36.64

(4) 验算

1）验算项目

混凝土管片的承载力极限状态的验算项目如表Ⅳ.3.35所示。

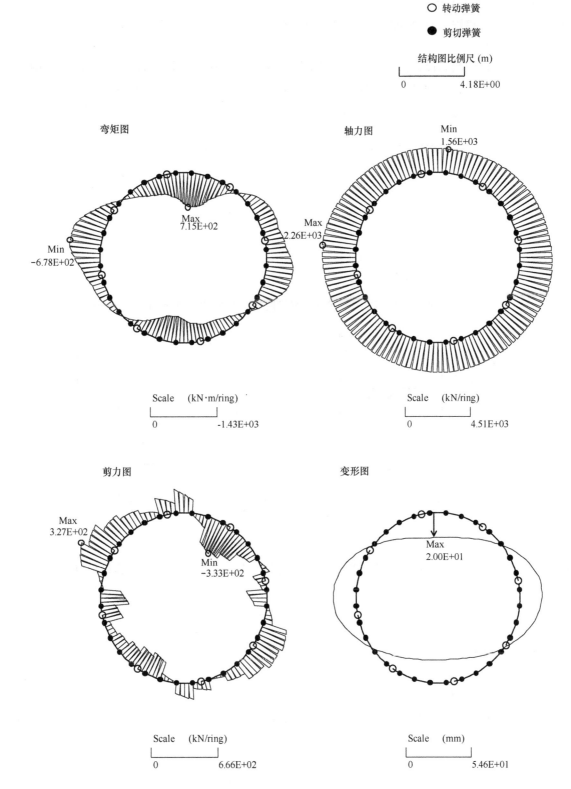

图Ⅳ.3.56 结构计算结果（承载力极限状态）

承载力极限状态的验算项目   表Ⅳ.3.35

部位	验算项目	限值
主断面	弯矩，轴力	抗弯承载力，抗压承载力
	剪力	抗剪承载力
接头处	弯矩，轴力	抗弯承载力，抗压承载力
	剪力	抗剪承载力

2）主断面的弯矩与轴力

基于"第Ⅱ篇　极限状态设计法　6.1.2混凝土管片的验算"进行验算。

①对弯矩的验算

在"第Ⅱ篇　极限状态设计法　6.1.2混凝土管片的验算"中，论述了混凝土受压区计算中所采用的等效矩形应力法，但在本验算中没有使用等效矩形应力法（图Ⅳ.3.57，图Ⅳ.3.58）。

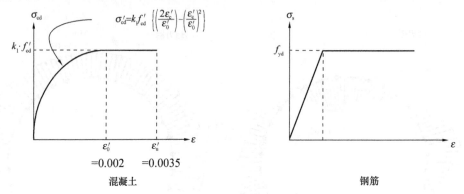

图Ⅳ.3.57　应力－应变关系材料模型（混凝土管片主断面）

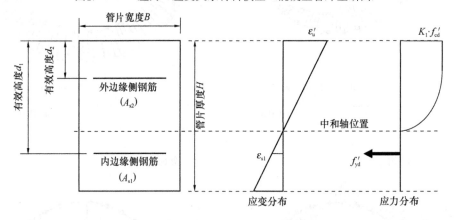

图Ⅳ.3.58　抗弯承载力计算时模型（混凝土管片主断面）

对结构计算中管片主断面最大弯矩乘以结构计算分项系数（$\gamma_a = 1.0$）来计算设计断面内力（荷载效应值），如下所示。

- 正弯矩：设计断面内力＝1.0×715.3kN・m＝715.3kN・m
- 负弯矩：设计断面内力＝1.0×－678.4kN・m＝－678.4kN・m

采用混凝土与钢筋的材料标准值除以材料分项系数所得的设计强度来计算断面内力（受弯承载力）。

混凝土设计强度 $f'_{cd} = f'_{ck}/\gamma_m = 42/1.2 = 35 \text{N/mm}^2$

钢筋设计强度 $f_{yd} = f_{yk}/\gamma_m = 345/1.0 = 345 \text{N/mm}^2$

将轴力设为定值，弯曲承载力 M_u 除以构件分项系数 γ_b 后，设计断面承载力（结构抗力）为如下的结果。

- 正弯矩：设计断面承载力＝1044.2/1.1＝949.3kN・m
- 负弯矩：设计断面承载力＝－1158.2/1.1＝－1052.9kN・m

对此进行验算，满足如下所示的验算项目。

- 正弯矩：$\gamma_i \cdot S_d/R_d$＝1.0×715.3/949.3＝0.75≤1.0　　　OK
- 负弯矩：$\gamma_i \cdot S_d/R_d$＝1.0×（－678.4）/（－1052.9）＝0.64≤1.0　　　OK

②对轴力的验算

将结构计算中管片主断面的最大轴力乘以结构计算分项系数来求设计断面内力（荷载效应值），如下所示。

设计断面内力＝1.0×2255.9kN＝2255.9kN

通过使用钢筋与混凝土的标准值除以材料分项系数后所得的设计强度来计算断面的设计承载力（轴

向承载力）。

混凝土的设计强度 $f'_{cd}=f'_{ck}/\gamma_m=42/1.2=35\text{N/mm}^2$

钢筋的设计强度 $f'_{yd}=f'_{yk}/\gamma_m=345/1.0=345\text{N/mm}^2$

依据混凝土设计规范中的下式来计算轴向承载力 N'_{oud}，将其作为设计断面承载力（结构抗力）。

$$N'_{oud}=(k_1 f'_{cd}A_c+f'_{yd}A_{st})/\gamma_b=24276.7\text{kN}/1.3=18674.4\text{kN}$$

这里，k_1：强度折减系数（0.85）

　　　f'_{cd}：混凝土的设计受压强度（35N/mm²）

　　　A_c：混凝土的断面面积（1500mm×450mm=675000mm²）

　　　f'_{yd}：钢筋的设计强度（345N/mm²）

　　　A_{st}：轴方向钢筋的全断面面积（D25×12 根×2 层）

　　　γ_d：构件分项系数（1.3）

对此进行验算，满足如下所示的设计要求。

$$\gamma_i \cdot S_d/R_d=1.0\times2255.9/18674.4=0.12\leqslant1.0 \quad \text{OK}$$

3）主断面的剪力

将结构计算中管片主断面的最大剪力作为验算的荷载效应值。

设计剪力=结构计算分项系数 γ_a×剪力=1.0×332.8kN=332.8kN

通过使用混凝土与钢筋的标准值除以材料分项系数后所得的设计强度来计算断面的设计抗剪承载力（结构抗力）。

混凝土的设计强度 $f'_{cd}=f'_{ck}/\gamma_m=42/1.2=35\text{N/mm}^2$

钢筋的设计强度 $f'_{yd}=f_{yk}/\gamma_m=345/1.0=345\text{N/mm}^2$

由下式来计算设计抗剪承载力。

$$V_{yd}=V_{cd}+V_{sd}$$

V_{cd}：没有使用抗剪补强钢筋，杆构件的设计抗剪承载力

$$V_{cd}=\beta_d \cdot \beta_p \cdot \beta_n \cdot f_{vcd} \cdot b_w \cdot d/\gamma_b$$
$$=681.8/1.3=524.5\text{kN}$$

$$f_{vcd}=0.20\sqrt[3]{f'_{cd}}(\text{N/mm}^2) \quad \text{但，} f_{vcd}\leqslant0.72\text{N/mm}^2$$

$$\beta_d=\sqrt[4]{1/d} \quad \text{但当} \beta_d>1.5 \text{时，取为} 1.5$$

$$\beta_p=\sqrt[3]{100_w} \quad \text{但当} \beta_p>1.5 \text{时，取为} 1.5$$

$$\beta_n=1+M_0/M_d(N'_d\geqslant0) \quad \text{但当} \beta_n>2 \text{时，取为} 2$$

$$1+2M_0/M_d(N'_d<0) \quad \text{但当} \beta_n<0 \text{时，取为} 0$$

N'_d：设计轴向压力

M_d：设计弯矩

M_0：在设计弯矩 M_d 作用下，为了抵消由轴向力在受拉侧产生的应力所需的弯矩

b_w：腹板宽度（=管片宽度）

d：有效高度（=抗拉钢筋的有效高度）（m）

$$p_w=A_s/(b_w \cdot d)$$

A_s：受拉侧钢材的断面面积（=受拉钢筋的有效断面面积）

f'_{cd}：混凝土的设计抗压强度（N/mm²）

γ_b：1.3

V_{sd}：抗剪钢材所承担的设计剪切承载力

$$V_{sd}=A_{sw}f_{wyd}z/s_s/\gamma_b=300.3/1.1=273.0\text{kN}$$

A_w：区间 s_s 中抗剪钢筋的总断面面积（D13×4 根=506.8mm²）

f_{wyd}：依据抗剪钢筋的设计屈服强度，取为 400N/mm² 以下；但当混凝土抗压强度的标准值 f'_{ck} 为 60N/mm² 以上时，也可以取为 800N/mm² 以下（SD345：345N/mm²）

S_s：抗剪钢筋的配置间距（=200mm）

z：受压应力合力的作用位置到抗拉钢材形心的距离，一般取为 $d/1.15$（$=395/1.15=343\text{mm}$）

γ_b：1.1

由此计算设计断面承载力（结构抗力）：

设计断面承载力＝剪切承载力 $V_{yd}=V_{cd}+V_{sd}=524.5+273.0=797.5\text{kN}$

进行验算后，如下所示：

$$\gamma_i \cdot S_d/R_d=1.0\times332.8/797.5=0.42\leqslant1.00 \quad \text{OK}$$

4）接头处的弯矩与轴力

对管片接头的受弯承载力进行验算。此外，在轴力的验算中，将管片主断面的轴向承载力与管片接头的轴向承载力考虑为大致相等，因管片主断面的设计断面力大于管片接头的设计承载力，这里省略验算。

依据结构计算结果，设计断面内力（荷载效应值）如下所示。

● 正弯矩：断面内力$\times\gamma_a=468.7\times1.0=468.7\text{kN}\cdot\text{m}$

● 负弯矩：断面内力$\times\gamma_a=-393.7\times1.0=-393.7\text{kN}\cdot\text{m}$

依据图Ⅳ.3.59 及图Ⅳ.3.60 所示的模型来计算管片接头的抗弯承载力。此外，比较螺栓的屈服强度与接头板的屈服强度，选取小的一方作为接头的屈服强度来计算接头的承载力。这里，与使用极限状态相同，对 2 层配置的螺栓中只考虑有效高度大的螺栓，接头板的有效高度取接头板高度的 1/2 来进行验算。此外，利用接头板的屈服强度，在接头板中央受到螺栓的拉力，接头板的两端与中央处于塑性状态条件下来计算螺栓拉力。

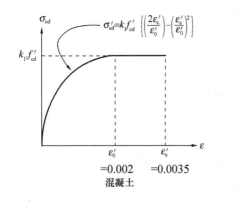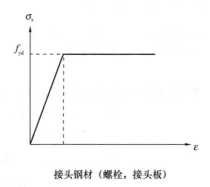

图Ⅳ.3.59　承载力极限状态验算中的应力－应变关系材料模型
混凝土管片的管片接头

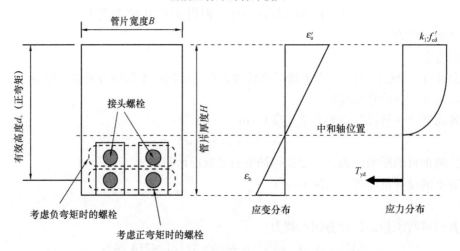

图Ⅳ.3.60　承载力极限状态验算中抗弯承载力计算时的模型
混凝土管片的管片接头

由此来计算设计断面承载力（结构抗力），结果如下。

- 正弯矩：弯曲承载力/γ_b＝522.6/1.1＝475.1kN・m
- 负弯矩：弯曲承载力/γ_b＝－539.4/1.1＝－490.4kN・m

进行验算后，如下所示。

- 正弯矩：$\gamma_i \cdot S_d/R_d$＝1.0×468.7/475.1＝0.99≤1.0 OK
- 负弯矩：$\gamma_i \cdot S_d/R_d$＝1.0×（－393.7）/－490.4＝0.80≤1.0 OK

5）接头处的剪力

以环间接头为对象验算接头的剪力。

将结构计算中环间接头的最大剪力作为设计剪力（荷载效应值），如下式所示。

$$设计剪力＝结构解析分项系数 \gamma_a × 剪力$$
$$＝1.0×86.6$$
$$＝86.6kN/接头$$

将螺栓的剪切承载力作为设计抗剪承载力（结构抗力），成为下式：

$$设计剪力＝螺栓的剪切屈服承载力/构件分项系数 \gamma_b$$
$$＝(380N/mm^2×459mm^2)/1.15$$
$$＝151.7kN/接头$$

对此进行验算，如下所示。

$$\gamma_i \cdot S_d/R_d＝1.0×86.6/151.7＝0.57≤1.0 \quad OK$$

此外，在本验算实例中使用了环间接头螺栓的抗剪承载力，但在接头剪切试验中混凝土有先期发生破坏的倾向。因此，也有采用以混凝土破坏为对象的抗剪承载力计算方法。

6）千斤顶推力引起的弯矩与轴力

①设计荷载（荷载效应值）

将盾构机千斤顶的装备推力作为设计推力来进行设定。

设计荷载 $P_d＝\gamma_f \cdot P_j＝1.0 \cdot 3000＝3000kN$

这里，P_j：1个盾构机千斤顶的推力

γ_a：荷载分项系数＝1.0

②极限荷载（结构抗力）

将管片的形心偏移10mm的位置作为千斤顶的中心，依据下式来计算极限荷载（P_u）。另外，因千斤顶推力为临时荷载，构件系数取为1.0。

$$P_{ud} = P_u/\gamma_d = f'_{cd}/\left(\frac{1}{A_0} + e\frac{h/2}{I'}\right)/1.0 = 11118kN$$

这里，f'_{cd}：混凝土的设计抗压强度（＝f'_{ck}/γ_m＝35N/mm²）

h：管片的高度（＝450mm）

B_s：顶垫的宽度（＝800mm）

A_0：与顶垫接触的管片面积（＝$B_s \cdot h$＝360000mm）

e：千斤顶中心与管片形心在半径方向上的偏心距离（＝10mm）

I'：管片在宽度 B_s 上的断面惯性矩（＝$I'＝B_s \cdot h^3/12$＝6075×10⁶mm⁴）

γ_b：构件分项系数（＝1.0）

③验算

验算结果如下所示，满足设计要求。

$$\gamma_i \cdot S_d/R_d＝1.0×3000/11118＝0.27≤1.0 \quad OK$$

3.3.4 设计结果

关于本章的验算例子，整理使用极限状态与承载力极限状态的各项验算项目的验算结果（$\gamma_i \cdot S_d/R_d$）后，如表Ⅳ.3.36所示。

管片规格满足了所有的验算项目。

验算结果一览：混凝土管片　　　　　　　　　　表Ⅳ.3.36

使用极限状态	应力	主断面	正弯矩	混凝土应力	0.42
				钢筋应力	0.04
			负弯矩	混凝土应力	0.39
				钢筋应力	0.005
		接头处	正弯矩	混凝土应力	0.41
				螺栓应力	0.00
				接头板应力	—
			负弯矩	混凝土应力	0.38
				螺栓应力	0.00
				接头板应力	—
	变形	管片环		环变形量	0.15
		接头处		开裂量（正弯矩）	0.02
				开裂量（负弯矩）	0.01
				错位量	0.05
	裂缝	受弯裂缝宽度			0.20
		剪切裂缝			0.17
承载力极限状态	承载力	主断面	正弯矩	弯矩，轴力	0.75
			负弯矩	弯矩，轴力	0.64
			轴压	轴力	0.12
			剪切	剪力	0.42
		接头处	正弯矩	弯矩，轴力	0.99
			负弯矩	弯矩，轴力	0.80
			剪切	剪力	0.50
		千斤顶推力			0.27

3.3.5　设计图的制作

制作如下所示的3类设计图（详见插页）。

①设计条件

②设计结果（结构计算结果，验算结果）

③结构图（2张）

第V篇 参 考 资 料

1 特 殊 管 片

1.1 具有特殊形状的管片

(1) 平面形状

在盾构隧道中，因从隧道内侧来拼装管片形成管片环，最后拼装的 K 型管片在隧道的半径方向与轴方向上具有插入角度。因此，管片的平面形状一般具有 3 种类，即：长方形的 A 型管片，平面上单侧具有插入角度的 B 型管片及 K 型管片。

另一方面，也有对构成环的所有管片采用同一形状的情况，如照片 V.1.1，照片 V.1.2 所示的六角形及凸形的例子，这时管片的分块数基本上都为偶数。这种类型管片的优点是在曲线区间及蛇行修正区间中所使用的楔形环没有方向性，可以使用同一楔形环来进行曲线施工及蛇行修正。此外，虽然不是等分块，但如照片 V.1.3 所示的平面形状为梯形及平行四边形的管片得到了应用。

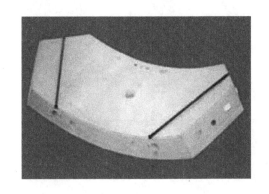

照片 V.1.1 六角形管片实例[53]

照片 V.1.2 凸形管片实例[54]

(2) 非圆形断面

建造在地中的盾构隧道主要使用在力学上有利的圆形断面中。另一方面，计划建设在狭窄的城市道路下时，由于受到道路宽度的限制，在有些情况下为了达到缩小开挖面积的目的也使用非圆形断面的隧道。以下表示其使用例子。

1）多圆形断面

这种类型的断面主要应用在铁路隧道上，如照片 V.1.4 和照片 V.1.5 所示的将 2 条单线并行隧道做成一个双圆隧道，照片 V.1.6，照片 V.1.7 所示的岛式站台与上下行线的轨道同时建造的三圆隧道，照片 V.1.8 所示的在左右 2 处切削面的中间部位设置较小的切削刀盘

照片 V.1.3 梯形、平行四边形管片实例[55]

来建造轨道处与站台的四圆隧道。在管片拼装中，同时或交互拼装左右环，最后装入中柱，结束施工。如图 V.1.1 所示，与柱结合的管片形状有在单侧设置突出部分上下采用同样管片的形式，组合两侧具有突出部分与没有突出部分管片的形式。此外，在如照片 V.1.8 所示的四圆隧道中，为了形成隧道轴方向上的梁构件，将箱型梁内藏于此部位。在与中柱连接的管片中，通常会发生很大的剪力，有必要采取加固措施。管片及中柱多使用钢筋混凝土、钢、钢混凝土合成结构及铸铁等。

另外，如照片Ⅴ.1.4～照片Ⅴ.1.8所示，在盾构机中有将刀头进行前后配置的开挖面前后型与将多个刀头配置在同一平面的开挖面同一平面型。

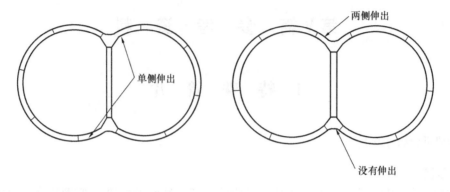

图Ⅴ.1.1 多圆管片分块实例

照片Ⅴ.1.4 双圆隧道实例（1）[56]

照片Ⅴ.1.5 双圆隧道实例（2）[56]

照片Ⅴ.1.6 三圆隧道实例（1）[56]

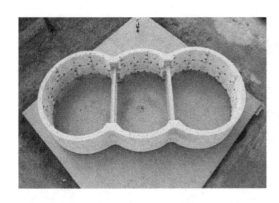

照片 V.1.7　三圆隧道实例（2）[57]

照片 V.1.8　四圆隧道实例[58]

2）椭圆形断面

为了实现摆脱道路占有宽度的限制及缩小开挖断面、有效利用断面的目的，在铁路、下水道、地下步行道中有使用纵向及横向椭圆形管片的实例。管片的材质有钢筋混凝土、钢铁、钢混凝土组合等。与圆形断面相比所发生的断面内力有变大的倾向，所以有必要提高管片主断面、接头的强度与刚度。

照片 V.1.9 与照片 V.1.10 表示了其使用实例。

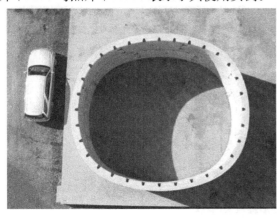
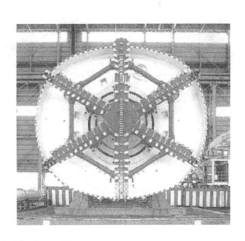

照片 V.1.9　横向椭圆隧道实例[59]

3）矩形断面

依据隧道的用途，与圆形隧道相比矩形断面具有合理的地方，在电力、下水道、地下步行道中有使用实例。与普通的圆形断面相比，这种类型的管片所发生的弯矩变大，有必要提高管片主断面、接头的强度与刚度。管片的种类有在钢壳内部充填混凝土的合成管片与钢筋混凝土管片等。在照片 V.1.11 与照片 V.1.12 中表示了其使用实例。

照片 V.1.13 表示了通过反复使用小型矩形盾构机，将几个箱形隧道按照块状堆积起来形成大断面隧道的方法。在管片部分使用了容易局部撤去的钢管片。

如图 V.1.2 所示，使用多个盾构机采用钢管片来构筑隧道主体的外壳部分，在单体钢管片之间开挖完成后，在管片内部浇筑混凝土来构筑外壳部分的主体。

照片 V. 1. 10　纵向椭圆隧道实例[56]

照片 V. 1. 11　矩形隧道实例（1）[60]

照片 V. 1. 12　矩形隧道实例（2）[61]

照片 V. 1. 13　矩形隧道组合实例[62]

图Ⅴ.1.2 矩形管片组合实例[55]

1.2 具有特殊功能的管片

过去，一次衬砌管片是作为盾构开挖时推力的反力材料及抵抗土压力、水压力等外荷载而建造的，为了防腐蚀、耐火、加固的目的多在其内侧建造二次衬砌。但近年在使管片具有这些功能的基础上增加了其特殊功能，也使用了省略二次衬砌及减少二次衬砌厚度来减少开挖断面面积的方法。以下列举了其代表实例。

(1) 具有防腐蚀功能的管片

在如下水道隧道这样隧道内表面存在腐蚀环境的条件下，过去多进行二次衬砌施工，由此保证了其防腐蚀功能，近年使用了在管片上附加二次衬砌防腐蚀功能的方法。防腐蚀功能的附加方法大致可以分为采用与管片同一配合的混凝土设置防腐蚀层的方法与在管片内表面设置树脂层的方法。作为这些方法的施工实例，有二次衬砌一体型管片与内表面树脂一体型管片。

二次衬砌一体型管片为增加钢筋保护层厚度，将保护层作为管片内侧防腐蚀层的管片。东京都下水道局取增加后的钢筋保护层厚度为50mm。此外，原则上在防腐蚀层中不配置钢筋及接头的金属器具，一般使用如照片Ⅴ.1.14所示的没有接头箱、内表面平滑类型的管片。另外，作为二次衬砌一体型管片的一例，有如照片Ⅴ.1.15所示将仰拱部分与管片作为一体的4分块3铰接结构的管片[16]。

照片Ⅴ.1.14 二次衬砌一体型管片实例[63]　　　　　照片Ⅴ.1.15 3铰接结构管片实例[64]

在曲线部位所用的钢管片多使用如照片Ⅴ.1.16所示的充填混凝土的钢管片。这时也同样从保证防腐蚀层厚度的基本考虑方式出发，使混凝土比环肋的内边缘高出50mm，在管片拼装完成后，一般进行接头箱部的充填与环肋内表面接缝的施工。

在合流管及污水管等下水道管渠，为了达到隧道内表面防腐蚀、降低粗糙系数的目的而使用内表面树脂一体型管片。在管片的制造中，将带有突起的树脂板安装在管片模板的内表面后，浇

照片Ⅴ.1.16 充填混凝土钢管片实例[65]

照片 V.1.17　内表面涂装树脂管片实例[66]

注混凝土使其成为一体，通过此方法在管片拼装后形成具有树脂衬砌的隧道。内表面树脂一体型管片实例表示在照片 V.1.17 中。

在内表面一体型管片的设计中，因树脂具有防腐蚀功能，钢筋保护层厚度与一般的保护层厚度相同，采用将树脂的厚度除去后的面积验算断面应力。

此外，在曲线部位施工中，采用内表面贴有树脂板（除去螺栓手孔）的充填混凝土钢管片，在管片拼装后有在手孔部采用同样树脂进行表面处理的方法与向螺栓手孔填充砂浆，在充填混凝土钢管片的表面进行树脂涂装施工的方法。

（2）具有耐火功能的管片

具有耐火功能的管片主要是在道路隧道的车辆火灾中为了保护衬砌体而开发的。在过去，采用了管片拼装后在管片内表面进行防火板与喷射防火材料的施工及进行二次衬砌的施工来阻断火灾产生的热影响的考虑方法。但近年开始采用在管片制造时在混凝土中加入如照片 V.1.18 所示的聚丙烯及聚缩醛等树脂纤维，伴随着温度的上升可以防止混凝土爆裂的方法。

混凝土表面达到高温后，在内部的水分蒸发时，致密的混凝土中蒸汽压不能消散导致压力增加，混凝土表面发生了爆裂。混入树脂纤维后，火灾时树脂溶解流出，其留下的空隙将压力减小可以防止爆裂。一般使用的树脂纤维为纤维直径 $100\mu m$ 以下的细纤维。为了使钢筋位置的温度处于容许值以下，有必要设定管片内表面的保护层厚度。

照片 V.1.18　耐火用树脂纤维实例[67]

在耐火一体型管片的设计中，对管片环的刚度评价采用全管片厚度有效，在应力验算中一般采用除去受到火灾影响部分后的断面。

（3）应用于开口处和扩宽处的管片

根据隧道的用途，有时需要对隧道进行开口与扩宽，需要使用与此相对应的管片。以下介绍了其代表性实例。

1）与开口处加固相对应的管片

在下水道的检查孔、支管连接处、共同沟隧道的分支处，铁路隧道的泵站等连接处及隧道的开口处，由于结构为不完整圆的原因，有必要在开口的周围进行加固。过去多在二次衬砌的内部或者隧道的外部采用钢材、钢筋进行加固，但最近将梁构件及柱构件内藏在管片环上，应用具有对开口处加固功能管片的事例也很多。内藏开口处加固构件的管片一般为钢管片，图 V.1.3 表示了其一实例。

2）与扩宽处结构对应的管片

在铁路隧道的车站处与道路隧道的分合流处等，要撤去管片的区间为数十米到数百米长度，有必要分别按照其结构特点进行加固。

在铁路隧道的车站处，如图 V.1.4 所示，拼装将柱构件作为支承的特殊形状的管片后，采用柱构件及纵断方向的梁构件进行加固，这种扩宽方法被广泛应用[45]。此外，也有如照片 V.1.8 所示的四圆

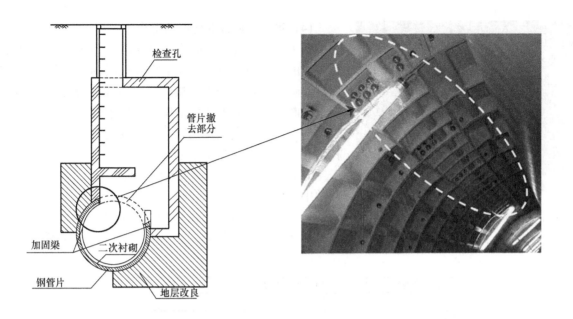

图Ⅴ.1.3　将加固构件内藏的钢管片[68]

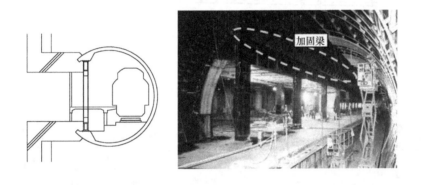

图Ⅴ.1.4　开口处结构组成[69]

管片，具有在纵断方向上的加固结构及与加固梁连接的结构。

在道路隧道的分歧处，管片随着扩口处的范围而变化，支承着管片的躯体结构也随着变化，多变为复杂的结构，因此采用可以对应连接结构变化的构造。图Ⅴ.1.5表示了躯体与管片之间异种结构连接的实例。在东京环状高速公路新宿线工程中，将钢管片的环肋埋在躯体中，只将靠近环肋的纵肋留下来作为共同连接键来使用，得到可以传递弯矩、轴力与剪力的一体化结构（参照图Ⅴ.1.5，照片Ⅴ.1.19）。

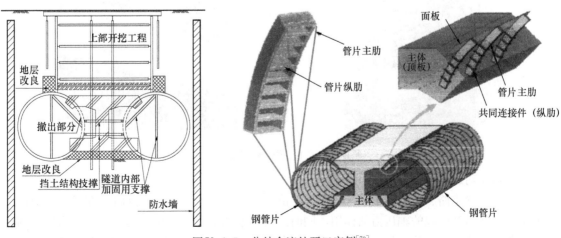

图Ⅴ.1.5　分歧合流处开口实例[70]

照片 V.1.19　分歧合流处完成状况[70]

（4）可以适应纵向变形的管片

作为线状结构物的盾构隧道建造在冲积层及洪积层等各种各样的地层中。因此，为了吸收地层的不均匀沉降及地震引起的隧道弯曲、伸缩、扭转、剪切等应力与应变，有时在隧道纵断方向上采用柔性结构。使用柔性结构的部位有如图 V.1.6 所示的与基坑的连接处，地层急变处，及其他地下结构物施工引起的二次应力的部位。

对应于柔性结构，一般使用如照片 V.1.20 所示的在钢管片的中央设置防水橡胶与耐力棒的柔性管片。另外，在所需的变形量小时，多采用由橡胶与钢板组成的叠合弹性垫圈，将其安装在环间接头螺栓上，这比照片 V.1.21 所示的柔性管片便宜。

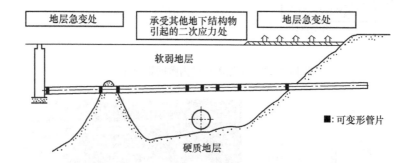

图 V.1.6　纵断方向柔性结构化部位实例[31]

照片 V.1.20　柔性管片实例[31]

照片 V.1.21　弹性垫圈实例[31]

（5）与内水压对应的管片

在地下河流、导水路、地下储藏管等情况下，隧道上多有内水压作用。这时，在隧道横断面上有土压力与水压力等外荷载引起的轴压力的作用，同时还有内水压引起的轴拉力的作用。作为衬砌的设计方法，有如下考虑方式，即管片承担外荷载、配有钢筋的二次衬砌及 FRPM 等内插管承担内水压力的方法及管片承担外荷载与内水压力的方法。对于后者，也会依据内水压力的大小而论，但当内水压大有轴拉力发生时，因在管片断面需要设置抗拉材料，多使用钢管片及合成管片。此外，如图V.1.7所示，在混凝土管片的内部预先设置树脂套管，在管片拼装完成后通过拉紧与套管无黏结的PC钢绞线，将轴压应力作用在管片上。根据拉紧状态，有通常管片所用的环状拉紧方法与多角形管片所用的网状拉紧方法。也有如图V.1.8所示在管片的圆周方向设置榫接部位使管片主体承受接头处拉力的方法。

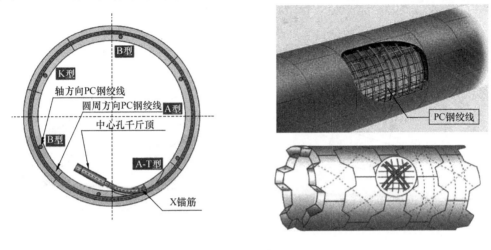

图V.1.7　PC管片实例[71]

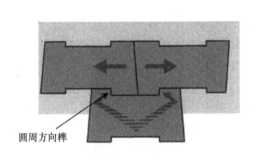

图V.1.8　圆周方向榫实例[72]

1.3　对应各种施工条件的管片

(1) 与小半径曲线施工对应的管片

一般在小半径曲线施工中使用宽度小的钢管片。依据隧道直径、曲线半径来设定管片宽度，但在制作上管片的最小宽度为300mm左右。另外，特别在小半径曲线施工中，因盾尾有与管片发生接触的情况，多使用管片的外径比一般部小20～70mm的缩径管片。因缩径管片的盾尾间隙比一般部位大，盾尾密封的适应性变得很重要。在不能适应时，壁后注浆材料会侵入盾尾间隙中并固化，会妨碍盾尾的密封功能，缩小盾尾间隙，导致管片拼装不良的发生与盾尾密封功能的不全，这也成为盾尾部漏水及出水的原因。为此，在使用缩径管片时，为了调整隧道外径，在与一般部位的接合处，使用如图V.1.9所

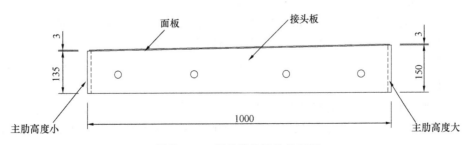

图V.1.9　调整管片接头板实例

示的将接头板，纵肋制造为梯形的调整管片，使盾尾密封可以顺利地适应施工情况。

　　曲线区间掘进的影响并不仅仅限于曲线区间的始点到终点范围内的管片。在入口处从掘进面到达曲线起点开始，盾构机进入曲线掘进，但因管片在掘进面后方的直线部分里，管片受到了影响。在出口处也是一样。因此，如图V.1.10所示，在小半径曲线的入口与出口，为了缓和曲线施工的影响，拼装1倍盾构机机长左右的钢管片的事例有很多。

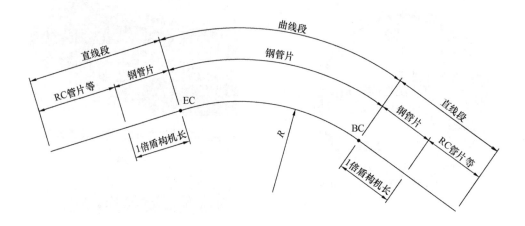

图V.1.10　小半径曲线段管片配置实例

　　此外，在小半径曲线区间因开挖断面变大的原因，为了达到管片环的早期稳定与防止壁后注浆材料的流失，可使用装有橡胶带的管片，即在管片的背面安装橡胶带。过去为了达到对邻近结构物的早期保护，防止壁后注浆材料的流出等目的，也有对全部管片环使用装有橡胶带管片的施工实例，但最近多只使用在如前所述的曲线区间中，其设置位置为如图V.1.11所示的限定区间，在一般部位使用曲线区间的标准管片。在使用装有橡胶带管片进行施工时，向橡胶带中注入快速固结性材料以达到早期固结，向其之间的多余开挖部分中注入普通的壁后注浆材料达到管片环稳定的目的。注浆带一般为橡胶制，为了防止盾构密封装置对其造成的损伤，一般在橡胶带的外侧采取安装钢板等保护措施。

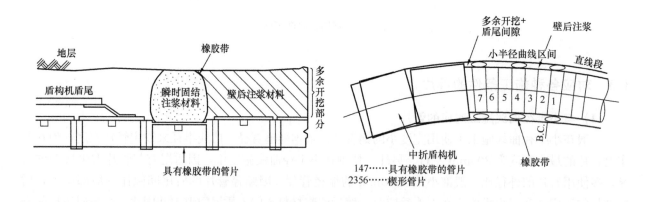

图V.1.11　具有橡胶带管片的使用实例[27]

(2) 分歧，接合用管片

　　如图V.1.12所示，支线隧道与主线隧道接合时，其基本方法有侧面接合与向上接合。过去有建造升降口及竖井、改良地层后进行接合的方法，也有在盾构掘进面采取冻结施工等地层改良措施，在盾构机解体后进行接合的方法。但是，在交通量大的道路中由于受到施工等制约，不能设置升降口与竖井的情况下，也有使用从主线隧道内直接开出支线盾构机的方法。

　　在直接推进处所用的管片要求具有易被盾构刀头切削的功能。如照片V.1.22~照片V.1.24所示的由玻璃纤维强化型树脂叠合而成的管片；使用容易切削的石灰岩系列骨料与砂浆，用碳素纤维代替钢筋的管片；使用超高强度纤维加强混凝土（UFC）的管片等。

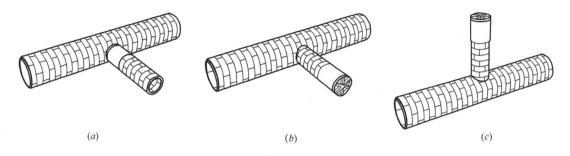

(a)　　　　　　　　　(b)　　　　　　　　　(c)

图Ⅴ.1.12　分歧与接合部施工的基本形态[68]
(a) 侧面直角接合（到达）；(b) 侧面直角分歧（出发）；(c) 正上方分歧（出发）

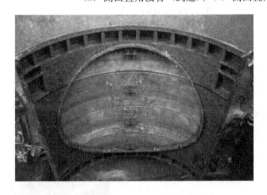

照片Ⅴ.1.22　玻璃纤维加固型实例[68]　　　　照片Ⅴ.1.23　碳素纤维加固型实例[68]

照片Ⅴ.1.24　超高强度纤维加固混凝土实例[68]

(3) 对应隧道直径扩大的管片[73]

在下水道的管路合流处，电力地中电线的接合处及共同沟的管路分歧处等，有时需要对先期施工隧道的直径进行局部扩大。其方法如下：

1) 在先期隧道建设时，拼装成为圆周盾构基准的导向环及其中容易撤去的多分块一次衬砌管片，同时在扩大区间拼装宽度为一般部位使用管片宽度1/2左右的一次衬砌管片（参照图Ⅴ.1.13）。

2) 在多分块一次衬砌管片拼装位置的隧道下方修建圆周盾构机的推进基地。

3) 在此空间中设置圆周盾构，沿着导向环中的沟槽来推进盾构机，在撤去多分块一次衬砌管片的同时，拼装如图Ⅴ.1.14所示的圆周管片，建造扩大

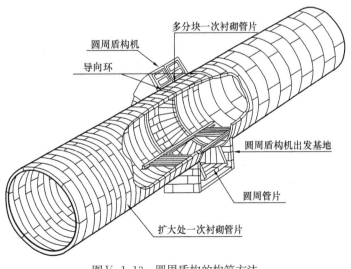

多分块一次衬砌管片

圆周盾构机

导向环

圆周盾构机出发基地

圆周管片

扩大处一次衬砌管片

图Ⅴ.1.13　圆周盾构的构筑方法

盾构机的推进基地。

4）在此扩大处中拼装如照片Ⅴ.1.25所示的圆环状盾构机，在撤去扩大处一次衬砌管片的同时拼装扩大管片（参照图Ⅴ.1.15）。

此外，如图Ⅴ.1.14所示，通常1块圆周管片被分为4小块，在圆周方向上被分为36～50份左右。

考虑到特殊的形状及施工时的处理，对先期施工隧道的多分块一次衬砌管片、扩大处一次衬砌管片、扩大时使用的圆周管片及扩大管片多采用钢管片。

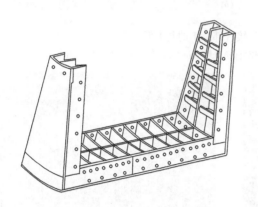 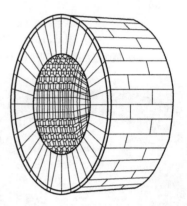

图Ⅴ.1.14   圆周管片的结构与分块实例

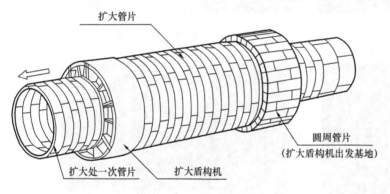 

图Ⅴ.1.15   扩大盾构机的构筑方法

照片Ⅴ.1.25   扩大盾构机[74]

2　接头的种类与分类

过去对管片接头一般多采用直螺栓连接接头板的方式。近年主要针对混凝土管片，为了达到管片拼装的自动化、省力化、高速施工、省略二次衬砌、内表面平滑、与特殊荷载对应的目的，开发了多种接头，并进行了实用化。在表Ⅴ.2.1中对这些接头进行了分类，并与过去的直螺栓进行了比较，总结了其主要特征及注意要点。

接头的种类　　　　　　　　　　　　　　　　　　表Ⅴ.2.1

大分类	中分类	适用接头		概念图	主要特征	主要注意点
		管片接头	环间接头			
螺栓接头类型	直螺栓	○	○	直螺栓　直螺栓	·实际中应用最多的接头结构 ·也有采用球墨铸铁来提高接头板刚度的类型	·有必要考虑接头板的刚度，拧紧螺栓时的施工性能，来设定螺栓孔的间隙量
	弯螺栓长螺栓	○	○	弯螺栓　长螺栓	·因接头面没有金属构件，防腐蚀性、耐久性好 ·为采用螺栓来连接混凝土接头面的方法	·在拧紧力作用下，有必要加固接头周围的混凝土 ·从施工性能及制作性能出发，有必要设定较大的螺栓孔间隙 ·因弯螺栓类型的接头刚度比较小的原因，在软弱地层中应用时有必要加以注意
	斜螺栓	○	○	斜螺栓	·因接头面上没有接头金属构件，防腐蚀性、耐久性好 ·螺栓单侧为预埋结构，螺栓多只起到拼装功能	·从施工性能出发，有必要设定比直螺栓孔大的间隙
	袋状螺母式	○	○	袋状螺母	·与直螺栓相比，螺栓孔的数量减半 ·通过在接头板上焊接袋状螺母的结构，作为接头板的锚筋起到抵抗拉拔力的作用	·考虑到施工性能，有必要注意袋状螺母的配置及螺栓孔间隙的设定

254　　　　　　　　　　　　盾构隧道管片设计

续表

分类		适用接头		概念图	主要特征	主要注意点
大分类	中分类	管片接头	环间接头			
螺栓接头类型	插入螺栓式	○	○	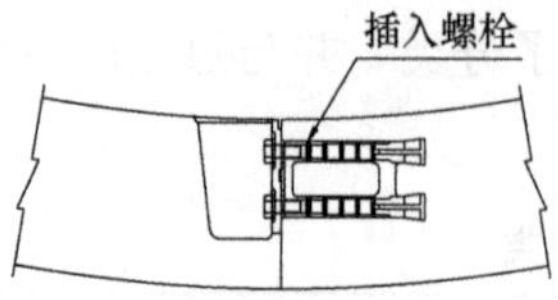 插入螺栓	·与直螺栓相比螺栓孔的数量减半 ·通过插入螺栓来保证抗拉力	·考虑到施工性能,有必要注意插入螺栓的配置及螺栓孔的间隙
	通螺栓	○	○	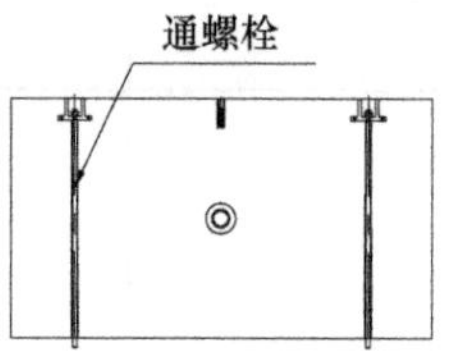 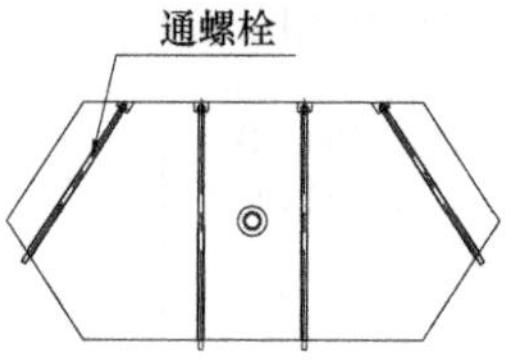 通螺栓 通螺栓	·因隧道内表面没有接头金属器具的露出,具有优越的耐久性能与内表面平滑性能 ·使用于环间接头及六角形管片的斜边部位	·考虑到施工性能,有必要注意螺栓孔间隙的设定
铰接头类型	转向接头	—	○	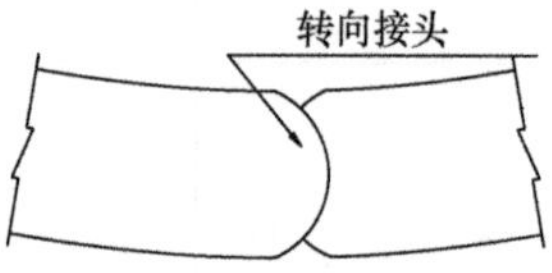 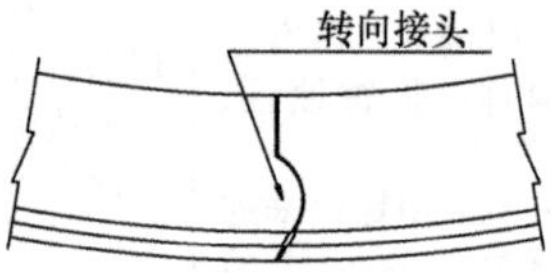 转向接头 转向接头	·因隧道内表面没有接头金属器具的露出,具有优越的耐久性能与内表面平滑性能 ·在保证剪切抗力的同时,具有可以转动的形状	·因接头为铰接结构,有必要注意在壁后注浆硬化前保持形状与防止变形 ·因接头刚度较小,有必要注意应用的地层
销插入型接头类型	混凝土管片类型	—	○	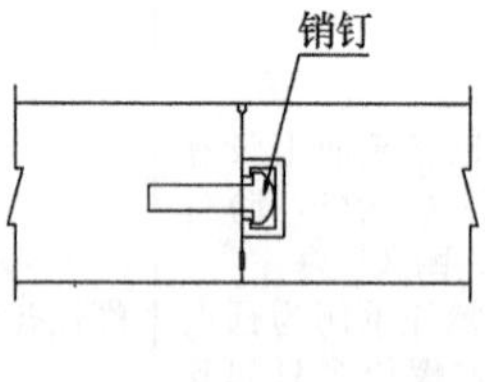 销钉	·因隧道内表面没有接头金属器具的露出,具有优越的耐久性能、施工性能与内表面平滑性能。由于不需要接头的拧紧作业,适用于快速施工 ·有通过机械方式将两侧嵌合类型与通过摩擦抵抗的接合方式	·有必要留意在考虑施工误差的吸收(拼装裕量的设定)、拼装容易程度的基础上来设定接头的刚度、拧紧力 ·接头的剪切刚度及轴向抗拉刚度多通过实验值来进行评价
	钢铁管片类型	—	○	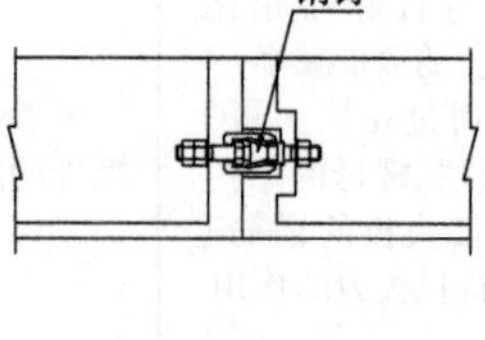 销钉	·因隧道内表面没有接头金属器具的露出,具有优越的耐久性能,施工性能与内表面平滑性能。由于不需要接头的拧紧作业,适用于快速施工 ·预先在环肋部设置螺母与销钉,不需要螺栓的拧紧作业	·要留意施工误差的吸收(拼装裕量的设定) ·多通过实验值来评价接头的剪切刚度及轴向抗拉刚度

续表

分类		适用接头		概念图	主要特征	主要注意点
大分类	中分类	管片接头	环间接头			
楔接头类型	轴方向插入式	○	—	楔形金属构件 楔形金属构件	·因隧道内表面没有接头金属器具的露出，具有优越的耐久性能，施工性能与内表面平滑性能。通过轴方向的插入，来完成拼接操作，适用于快速施工 ·有接头处本身为楔形形状类型与对接后插入楔形块的类型	·要留意施工误差的吸收（拼装裕量的设定）与接头拧紧力管理方法 ·接头的转动刚度多通过实验值来进行评价 ·因接头刚度大，可适用于各种各样的地层条件与荷载条件
	半径方向插入式	◎	—	楔形金属构件	·接头造成的断面损失小 ·通过隧道内表面来插入楔形构件进行拼接的结构	·有必要设置楔形金属构件的防脱落装置 ·多通过实验值评价接头的转动刚度
榫接头类型	环间接头	—	○	榫 榫	·可以希望通过榫来传递剪力 ·有在接头面全体设置榫类型与局部设榫类型 ·有与拼装螺栓及其他连接构件并用的情况	·有必要采取防止施工时混凝土损伤的措施（榫周围加固等） ·多依据实验值来评价接头的抗剪刚度
	管片接头	○	—	榫 榫	·接头面可分为圆弧形状及凸形类型及埋入塑料棒类型等 ·通过与其他的连接构件并用，来满足拼装时的导向与调芯功能	·多依据混凝土对接接头的理论来计算接头的转动刚度 ·因接头刚度比较小的原因，有必要留意在盾尾内保持真圆度及防止损伤对接面混凝土
机械嵌合连接方式		○	○	嵌合接头	·在合成管片中有使用实例，为环肋翼缘之间相互嵌合的结构 ·机械式嵌合可以抑止错位量，剪切传递效果比较大	·有必要留意施工误差的吸收（拼装裕量的设定） ·有必要留意接头处密封材料的配置及防水措施
PC连接方式		○	○	PC钢材	·通过导入预应力，可以减少钢筋量与抑制裂缝的发生 ·在环全体导入轴力，对内水压有效	·有必要留意预应力导入时要控制拧紧力与防止损伤混凝土 ·要留意套管的配置及保护层厚度，有必要考虑预应力导入力的分力的影响

3 土压力与水压力的计算实例

3.1 土压力与水压力的计算流程

必须在考虑隧道外径与覆土厚度的关系、土质、地下水位等方面的基础上，采用偏于安全的方式确定作用在管片上的土压力与水压力。图Ⅴ.3.1表示了土压力与水压力确定流程实例。

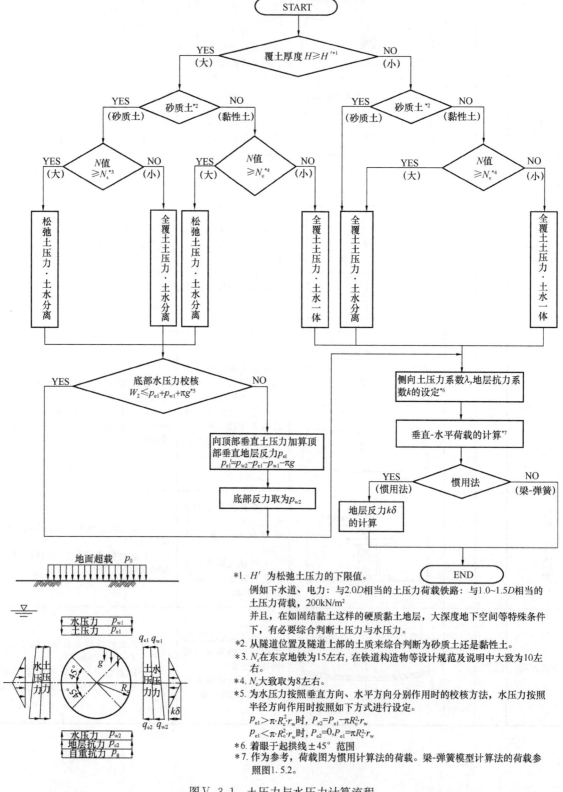

*1. H' 为松弛土压力的下限值。
　　例如下水道、电力：与2.0D相当的土压力荷载铁路：与1.0~1.5D相当的土压力荷载，200kN/m²
　　并且，在如固结黏土这样的硬质黏土地层，大深度地下空间等特殊条件下，有必要综合判断土压力与水压力。
*2. 从隧道位置及隧道上部的土质来综合判断为砂质土还是黏性土。
*3. N_s 在东京地铁为15左右，在铁道构造物等设计规范及说明中大致为10左右。
*4. N_c 大致取为8左右。
*5. 为水压力按照垂直方向、水平方向分别作用时的校核方法，水压力按照半径方向作用时按照如下方式进行设定。
　　$P_{e1} > \pi \cdot R_c^2 \cdot r_w$ 时，$P_{e2} = P_{e1} - \pi R_c^2 r_w$
　　$P_{e1} < \pi \cdot R_c^2 \cdot r_w$ 时，$P_{e2} = 0$，$P_{e1} = \pi R_c^2 r_w$
*6. 着眼于起拱线±45°范围
*7. 作为参考，荷载图为惯用计算法的荷载。梁-弹簧模型计算法的荷载参照图1.5.2。

图Ⅴ.3.1 土压力与水压力计算流程

3.2　土压力与水压力计算方法实例

要根据隧道正上方的地层条件来判断垂直荷载是采用全覆土土压力还是松弛土压力。着眼于起拱线±45°范围内的地层条件来设定侧向土压力系数 λ 及地层抗力系数 k。表 V.3.1 表示了各种地层条件下土压力与水压力的确定实例。

土压力，水压力设定方法实例　　　　　表 V.3.1

		以砂质土层为主体时		以黏性土层为主体时	
		松散砂质土 $(N<N_s)$	中等程度～密实砂质土 $(N \geqslant N_s)$	软弱～中等程度黏性土 $(N<N_c)$	硬质黏性土 $(N \geqslant N_c)$
单一土层	① $(H<H')$	全覆土土压力 水土分离	全覆土土压力 水土分离	全覆土土压力 水土一体	全覆土土压力 水土一体
	① $(H \geqslant H')$	全覆土土压力 水土分离	松弛土压力 水土分离	全覆土土压力 水土一体	松弛土压力 水土分离
互层 $(H \geqslant H')$	③	全覆土土压力 水土分离	2层地层的松弛土压力 水土分离 通过黏土层或砂质层的值综合判断 λ, k	全覆土土压力 需要综合判断垂直荷载是采用水土分离还是水土一体 水平方向为水土一体 λ, k 为黏土层的数值	松弛土压力 水土分离
	④	全覆土土压力 垂直土压力为水土分离 水平荷载为水土一体 λ, k 为黏性土层的数值	松弛土压力 垂直土压力为水土分离 水平荷载为水土一体 λ, k 为黏性土层的数值	全覆土土压力 垂直土压力为水土一体 需要综合判断水平荷载是采用水土分离还是水土一体 综合判断 λ, k	松弛土压力 水土分离 综合判断 λ, k

		以砂质土层为主体时		以黏性土层为主体时	
		松散砂质土 ($N<N_s$)	中等程度～密实砂质土 ($N \geqslant N_s$)	软弱～中等程度黏性土 ($N<N_c$)	硬质黏性土 ($N \geqslant N_c$)
互层 ($H \geqslant H'$)	⑤	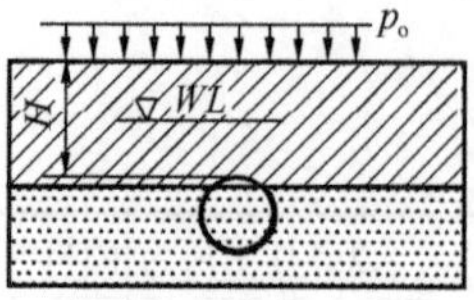 全覆土土压力 垂直荷载为水土一体 水平荷载为水土分离 λ,k 为砂质土的数值	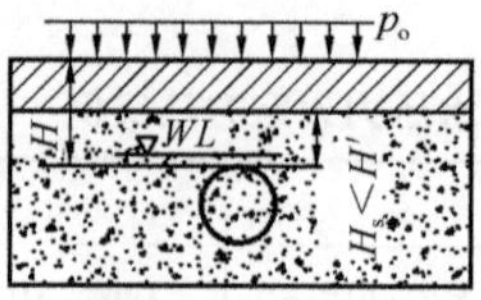 全覆土土压力 水土分离	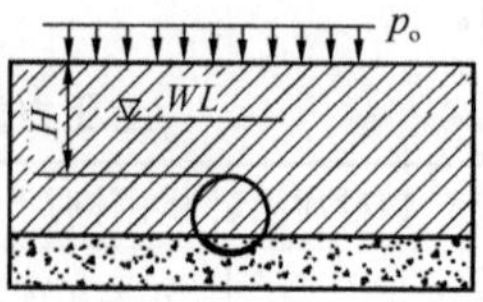 全覆土土压力 水土一体	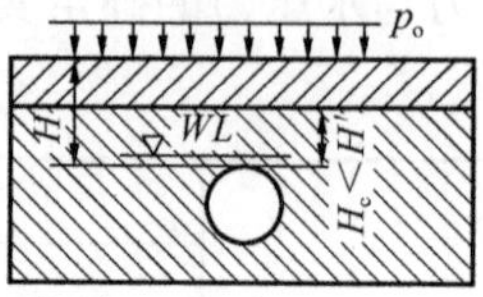 全覆土土压力 水土分离

注：1. ▨：松弛砂质土，▨：中等程度～密实砂质土

　　　　▨：软弱～中等程度黏性土，▨：硬质黏性土

2. H' 为得到土拱效应的必要的覆土厚度。

　　如：下水道，电力：相当于 $2.0D$ 土荷载。

　　铁路：相当于 $1.0\sim1.5D$ 的土荷载，200kN/m^2。

3. N_s 在《盾构隧道设计指南》中为 15 左右，在《铁路设计规范》中为 10 左右。N_c 多以 8 左右为标准。

4. 互层时，综合判断地层条件来设定土压力与水压力。

5. 在如固结黏土这样的硬质黏土地层中，在大深度地下空间这样的特殊条件下，有必要综合判断土压力与水压力。

4 太沙基松弛土压力计算公式

存在地下水时的松弛土压力、只考虑黏性土地层的黏聚力 c、及多层地层时的松弛土压力的计算公式分别如下所示。

(1) 存在地下水时的松弛土压力

i) $H_w < H$ 时

$$\sigma_{v1} = \frac{B_1(\gamma - c/B_1)}{K_0 \tan\phi} \cdot (1 - e^{-K_0 \tan\phi \cdot (H-H_w)/B_1}) + p_0 e^{-K_0 \tan\phi \cdot (H-H_w)/B_1}$$

$$\sigma_p = \frac{B_1(\gamma' - c/B_1)}{K_0 \tan\phi} \cdot (1 - e^{-K_0 \tan\phi \cdot H_w/B_1}) + \sigma_{v1} e^{-K_0 \tan\phi \cdot H_w/B_1}$$

$$= \frac{B_1(\gamma' - c/B_1)}{K_0 \tan\phi} \cdot (1 - e^{-K_0 \tan\phi \cdot H_w/B_1})$$

$$+ \left\{ \frac{B_1(\gamma - c/B_1)}{K_0 \tan\phi} \cdot (1 - e^{-K_0 \tan\phi \cdot (H-H_w)/B_1}) + p_0 e^{-K_0 \tan\phi \cdot (H-H_w)/B_1} \right\}$$

$$e^{-K_0 \tan\phi \cdot H_w/B_1}$$

$$= \frac{B_1(\gamma' - c/B_1)}{K_0 \tan\phi} \cdot (1 - e^{-K_0 \tan\phi \cdot H_w/B_1})$$

$$+ \frac{B_1(\gamma - c/B_1)}{K_0 \tan\phi} \cdot (1 - e^{-K_0 \tan\phi \cdot (H-H_w)/B_1}) e^{-K_0 \tan\phi \cdot H_w/B_1} + p_0 e^{-K_0 \tan\phi \cdot H/B_1}$$

ii) $H_w \geqslant H$ 时

$$\sigma_v = \frac{B_1(\gamma' - c/B_1)}{K_0 \tan\phi} \cdot (1 - e^{-K_0 \tan\phi \cdot H/B_1}) + p_0 e^{-K_0 \tan\phi \cdot H/B_1}$$

$$B_1 = R_0 \cot\left(\frac{\pi/4 + \phi/2}{2}\right)$$

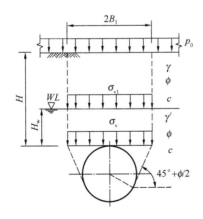

图Ⅴ.4.1 松弛土压力
(地下水位以下时)

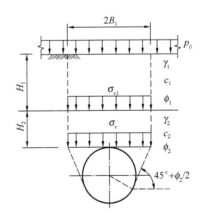

图Ⅴ.4.2 多地层时的松弛土压力

(2) 只评价黏性地层黏聚力 c 时的松弛土压力

$$\sigma_v = (\gamma - c/B_1)H + p_0$$

(3) 多层地层时的松弛土压力

$$\sigma_{v1} = \frac{B_1(\gamma_1 - c_1/B_1)}{K_0 \tan\phi_1} \cdot (1 - e^{-K_0 \tan\phi_1 \cdot H_1/B_1}) + p_0 e^{-K_0 \tan\phi_1 \cdot H_1/B_1}$$

$$\sigma_v = \frac{B_1(\gamma_2 - c_2/B_1)}{K_0 \tan\phi_2} \cdot (1 - e^{-K_0 \tan\phi_2 \cdot H_2/B_1}) + \sigma_{v1} e^{-K_0 \tan\phi_2 \cdot H_2/B_1}$$

$$= \frac{B_1(\gamma_2 - c_2/B_1)}{K_0 \tan\phi_2} \cdot (1 - e^{-K_0 \tan\phi_2 \cdot H_2/B_1})$$

$$+ \frac{B_1(\gamma_1 - c_1/B_1)}{K_0 \tan\phi_1} \cdot (1 - e^{-K_0 \tan\phi_1 \cdot H_1/B_1}) \cdot e^{-K_0 \tan\phi_2 \cdot H_2/B_1} + p_0 e^{-K_0(\tan\phi_1 \cdot H_1 + \tan\phi_2 \cdot H_2)/B_1}$$

5　由路面交通荷载引起的地面超载计算实例

盾构隧道一般多建设在道路下面，有必要将路面交通荷载作为地面超载来考虑。路面交通荷载包含道路内通行的汽车、路面公交车、自行车及步行者等全部的重量。在土木学会《隧道设计规范（明挖法）及解说》[45]中，对路面交通荷载的规定如下，这里加以介绍。作为荷载计算的前提条件，如下所示：

（1）关于汽车荷载，考虑车辆相关条例等中所规定的车辆总重量，如表Ⅴ.5.1及图Ⅴ.5.1所示。

（2）汽车在纵横方向上没有间隙地进行配置。考虑车轮荷载在地中的重叠（参照图Ⅴ.5.3）。

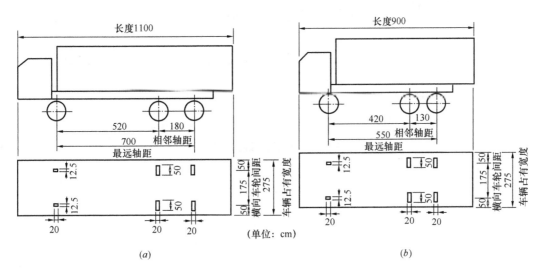

图Ⅴ.5.1　设定后的汽车各要素
（a）总重量 250kN 的车辆；（b）总重量 220kN 的车辆

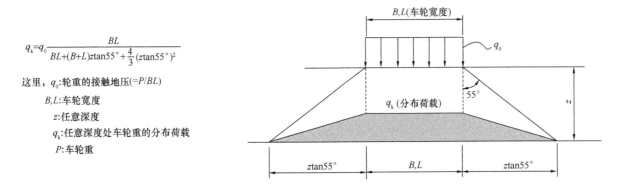

$$q_k=q_0\frac{BL}{BL+(B+L)z\tan55°+\frac{4}{3}(z\tan55°)^2}$$

这里，q_0：轮重的接触地压（$=P/BL$）
B,L：车轮宽度
z：任意深度
q_k：任意深度处车轮重的分布荷载
P：车轮重

图Ⅴ.5.2　依据 Kogler 理论分布荷载的计算

（3）冲击系数在覆土厚度 1m 以内取为 0.3，在深度 3m 以上取为 0。

（4）汽车荷载在土中的分布采用 Kogler 的方法，分布角度为 55°（参照图Ⅴ.5.2）。

（5）分别对车辆总重量为 250kN 及 220kN 时，依据覆土厚度进行计算，采用较大数值作为路面交通荷载。覆土厚度为 4.5m 以上时，路面交通荷载收敛于 $10kN/mm^2$（参照表Ⅴ.5.2）。

汽车荷载条件		表Ⅴ.5.1
车辆条件	前轮荷载	后轮荷载
总重量为 250kN 的车辆	25	50×2
总重量为 220kN 的车辆	15	47.5×2

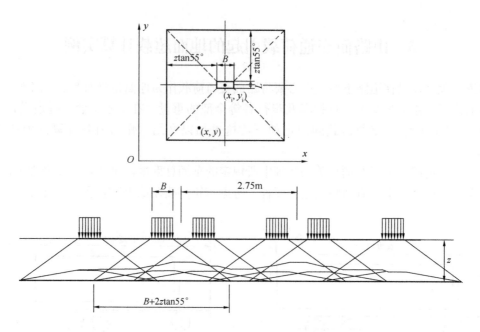

图 V.5.3　任意位置 $(x，y)$ 处分布荷载的叠加

关于路面交通荷载的采用值　　　　　　　　　　　　　　　表 V.5.2

覆土厚度 Z(m)		1	1.5	2	2.5	3	3.5	4	4.5以上
冲击系数 i		0.3	0.225	0.15	0.075	0	0	0	0
车辆总重量 250kN	q_k(kN/m²)	23.03	22.49	17.33	14.04	12.16	11.29	10.31	9.51
	$q_k(1+i)$(kN/m²)	29.94	27.55	19.93	15.09	12.16	11.29	10.31	9.51
车辆总重量 220kN	q_k(kN/m²)	30.59	23.38	17.71	13.81	12.16	11.03	10.13	9.47
	$q_k(1+i)$(kN/m²)	39.77	28.64	20.37	14.85	12.16	11.03	10.13	9.47
路面交通荷载的采用值(kN/m²)		40.0	28.5	20.5	15.0	12.0	11.5	10.5	10.0

　　在《标准管片》中因所应用的盾构隧道多建造在道路下面，假定道路桥设计所用的 T-25 左右的荷载全部作用在道路上，在采用全覆土土压力情况下，作为地面超载的影响在隧道顶部取为 10kN/m²。此外，在采用松弛土压力时，在计算其值时地表荷载取为 10kN/mm²。

6　大深度地下隧道的地面超载计算实例

随着"关于大深度地下空间使用的特别措施法"的实施，因在建筑物下建造隧道的可能性很高，有必要对既存的建筑物及将来要建的建筑物进行评价。

关于这一点，在《大深度地下空间使用技术指南及说明》[75]中，依据对建筑物荷载评价调查实例进行了规定，介绍如下。

这里对大深度地下空间的定义及确定方法进行说明。以 1998 年 5 月"临时大深度地下空间利用调查会答辩"中的建议为基础，如下所示，将①或②中任一深度以下的地下空间作为大深度地下空间。

①不会被建筑物的地下室及为其建设提供使用的地下深度。

考虑到通常地下室的利用（25m）及为了设置地下室必要的隔离距离（15m），为从地表面 40m 深度以下的地下空间。

②可以支撑通常建筑物基础桩的地层（支持层）中，最浅部分的深度，对此加上一定距离（隔离距离）的深度。

为直到能够设置通常建筑物基础的持力层上表面的深度。考虑桩的插入深度后，对此加上隔离距离（10m）后的深度以下的地下空间。

大深度地下空间的定义如图Ⅴ.6.1 所示。

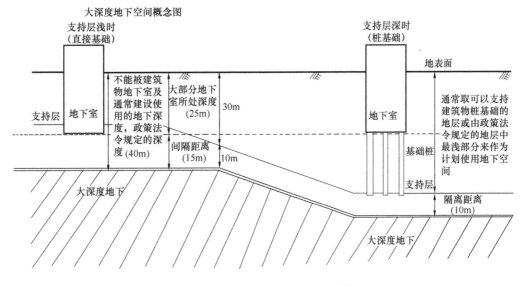

图Ⅴ.6.1　大深度地下的定义[75]

作为大深度地下空间使用前提的建筑物规模为：地下开挖深度为 GL−25m，荷载为 $300kN/mm^2 + \gamma_e kN/mm^3 \times 25m$（$\gamma_e$：计算排出土荷载时土的单位体积重量），荷载面规模为 70m×70m。东京都新宿的高层建筑群（大致在 50～55 层）的增加荷载全部为 $300kN/mm^2$，考虑到一般都建造有地下室后设定此数值。图Ⅴ.6.2 表示了将大深度地下使用制度作为前提的建筑物规模。

此外，对依据航空法的高度限制及依据都市规划法所确定的第 1 种低层住宅专用区域及第 2 种低层区域、高层区域中建筑高度的最高限度确定的区域等给建筑物荷载带来影响的限制区域，按照如下所示计算建筑物荷载。

①非都市规划法的第 1 种低层住宅专用区域及第 2 种低层区域

采用下式中较小的数值：

$$p = 246 + p_u \qquad\qquad (Ⅴ.6.1)$$

$$p = 300 + 25\gamma_e \qquad\qquad (Ⅴ.6.2)$$

这里，p：建筑物荷载（kN/m^2）；

p_u：由 $p_u = 18 \cdot f$ 计算出的建筑物地上部分的荷载（kN/m^2）。这里，18 为地上部分 1 层的荷载；

f：对 $f = H_B/3$ 计算出的数值，小数点以下进一位后所得的数值作为地上楼层的层数（单位层）；

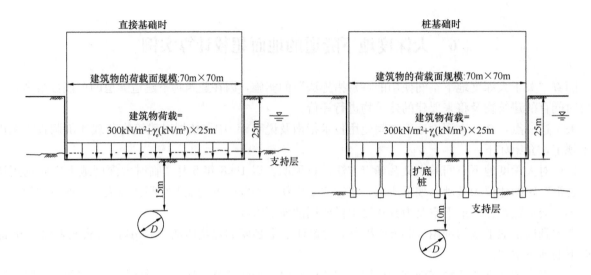

图 V.6.2 将大深度地下使用制度作为前提的建筑物规模概念图[75]

H_B：该地区依据法令规定可建造的建筑物高度的最高限度（m）；

γ_e：排出土荷载计算时的土的单位体积重量（地下水位以上时，为土的湿润重度 γ_t，地下水位以下时，为土的饱和重度 γ_{sat}）。

式（V.6.1）中的 264 是根据实践中地下荷载得到的，即地下 1 层的荷载（35kN/m²）×4 层＋基础荷载（106kN/m²）。

②都市规划法的第 1 种低层住居专用区域及第 2 种低层区域

采用下式中较小的数值：

$$p = p_u \tag{V.6.3}$$
$$p = 300 + 25\gamma_e \tag{V.6.4}$$

以上是对待建建筑物荷载的计算，但也基于上式的考虑方法来计算既存建筑物引起的荷载。

7　铁路结构物中的地层抗力系数计算实例

在《铁路设计规范》中，在管片设计中所用的全周弹簧模型的地层抗力系数如表 V.7.1 所示。该系数为将周边地层假定为弹性体，将以下所示的 Muir Wood，A.M. 的理论解作为基本式，考虑到变形系数不同的壁后注浆与周边地层的 2 层变形特性所计算得到的数值。

地层反力系数×隧道半径的数值　　　　　　　　　　　　　　　表 V.7.1

土的种类		壁后注浆硬化过程中[*1]	壁后注浆硬化后[*2]	N 值的标准
砂质土	非常密实	35.0~47.0	55.0~90.0	30≤N<50
	密实	21.5~35.0	28.0~55.0	15≤N<30
	中等程度，松散	~21.5	~28.0	N<15
黏性土	固结	31.5~	46.0~	25≤N
	硬质	13.0~31.5	15.0~46.0	8≤N<25
	中等程度	7.0~13.0	7.5~15.0	4≤N<8
	软	3.5~7.0	3.8~7.5	2≤N<4
	非常软	~3.5	~3.8	N<2

*1. 主荷载作用下横断面设计中，对施工荷载的验算；

*2. 针对邻近施工的影响，地震的影响，特殊荷载的验算。

$$k_r = \frac{3E_0}{(1+\nu)(5-6\nu)R_c} \quad （依据 Muir Wood，A.M. 理论解） \qquad (V.7.1)$$

$$E_o = \frac{-\dfrac{1}{D_c + 2H \cdot \tan\theta} + \dfrac{1}{D_c}}{\dfrac{1}{E_{ob}}\left(-\dfrac{1}{D_c + 2H_b \cdot \tan\theta} + \dfrac{1}{D_c}\right) + \dfrac{1}{E_{og}}\left(-\dfrac{1}{D_c + 2H_g \cdot \tan\theta} + \dfrac{1}{D_c + 2H_b \cdot \tan\theta}\right)} \qquad (V.7.2)$$

这里，

k_r：隧道半径方向上的地层抗力系数（kN/m³）；

ν：泊松比（取为 0.35）；

R_c：管片形心线的半径（m）；

D_c：管片形心线的直径（m）；

D_o：管片外径（m）；

E_o：考虑壁后注浆刚度后的换算变形系数（kN/m²）；

E_{ob}：壁后注浆的变形系数（1 小时后：为 2MN/m²，1 天后：为 50MN/m²）；

E_{og}：靠近壁后注浆的地层变形系数（在砂质土中为 E_{og} =2500N，黏性土 E_{og} =2100N）；

H：影响范围（一般为 $3D_o$；m）；

H_b：壁后注浆的厚度（盾尾间隙厚度）；

H_g：从影响范围中减去壁后注浆厚度后的厚度（m）；

θ：荷载的分布宽度（取为 30°）。

图 V.7.1　壁后注浆材料与地层的 2 层结构[10]

8 由管片自重变形引起的地层抗力系数计算实例

因道路隧道的外径为 $\phi 12 \sim 14m$，与水土压力等外荷载引起的断面内力相比，由自重引起的断面内力变大了。为此，如果在盾构机中安装有真圆度保持装置，并在进行同步壁后注浆的前提下，在《首都高速公路设计要领》中论述到考虑由自重变形引起的地层抗力的设计方法，并在首都高速中央环状新宿线工程中应用了此方法。

对管片外径 $\phi 11.8$ 的平板形管片（参照表 V.8.1），假设地层的 N 值为 3 类，即 $N = 50$，30，13.7，按照接头的种类将管片接头的转动弹簧系数分为大与小两种，环间接头的剪切弹簧也分为大与小两种，表 V.8.2 表示了假定的参数与工况。

管片的结构条件　　　　　　　　　　　　表 V.8.1

管片形式	管片外径 D (mm)	管片宽度 B (mm)	管片厚度 h (mm)	管片分块	混凝土弹性模量 E_c (N/mm²)	管片重度 Y_c (kN/m³)
RC 平板形管片	11,800	1,500	450	9 等分块	3.9×10^4	26.0

解 析 工 况　　　　　　　　　　　　表 V.8.2

工况编号	假定地层的 N 值			转动弹簧系数 K_θ [*2]		剪切弹簧系数 K_s [*3]	
	50	30	13.7 [*1]	大	小	大	小
No.1	○				○		○
No.2		○			○		○
No.3			○	○			○
No.4		○		○		○	

[*1]. 假定 $N=13.7$ 为 T_{oc}（东京层黏性土）的平均值。

[*2]. 假定转动弹簧系数大时：正弯矩 300MN·m/rad，负弯矩 200MN·m/rad。
假定转动弹簧小时：正弯矩 30MN·m/rad，负弯矩 20MN·m/rad。

[*3]. 假定剪切弹簧系数大时：2500MN/m 左右。
假定剪切弹簧系数小时：25MN/m 左右。

对表 V.8.2 中的 4 个工况，考虑以下①～④所示的地层抗力系数及计算方法，采用梁-弹簧模型计算方法进行解析。

①将管片的自重作为底面的自重抗力，采用不考虑地层抗力系数的 2 环模型来进行计算（参照图 V.8.1）。

②将由管片自重引起的变形作为地层抗力。将壁后注浆材料硬化 1 小时后的注浆层与地层作为 2 层地层来考虑，由《铁路设计规范》中所述的方法来求地层抗力系数 k_1。考虑这些后，采用 2 环梁-弹簧模型来进行解析（参照图 V.7.1，图 V.8.1）。

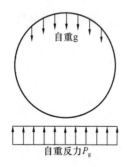

图 V.8.1　①不考虑地层抗力时（2 环）[15]

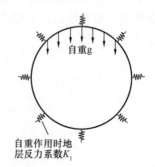

图 V.8.2　②考虑地层反力时（2 环）[15]

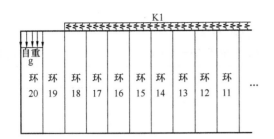

图Ⅴ.8.3 ③直到环 18 地层反力
系数相同时（20 环）[15]

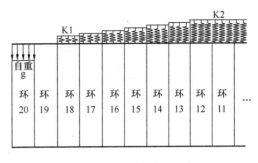

图Ⅴ.8.4 ④考虑壁后注浆
硬化过程时（20 环）[15]

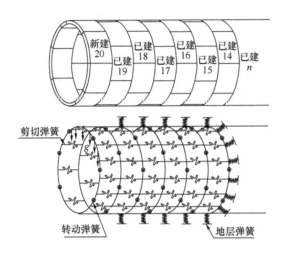

图Ⅴ.8.5 20 环解析模型[15]

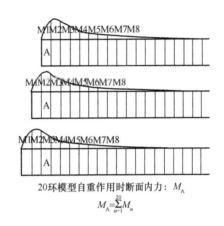

20 环模型自重作用时断面内力：M_A
$$M_A = \sum_{n=1}^{20} M_n$$

图Ⅴ.8.6 20 环模型的断面[15]

③只将新设环 20 的自重作为荷载来施加。在既设环 1 到 18 的全周采用地层抗力系数 k_1，此系数将壁后注浆材料硬化 1 小时后的注浆层与地层作为 2 层地层来考虑，并使用 20 环梁-弹簧模型来进行计算（参照图Ⅴ.8.3）。

④只将新设环 20 的自重作为荷载来施加。在既设环 1 到 18 的全周采用地层抗力系数 k_1，此系数将壁后注浆材料硬化 1 小时后的注浆层与地层作为 2 层地层来考虑。在壁后注浆材料硬化后，依据《隧道设计规范》中所述的地层 N 值来确定地层抗力系数 k_2，将其应用于既设环 1～17，并使用 20 环梁-弹簧模型来进行解析（参照图Ⅴ.8.4，表Ⅰ.2.3）。

对图Ⅴ.8.2～图Ⅴ.8.4 所示的地层抗力系数 k_1，k_2 进行整理后，如表Ⅴ.8.3 所示。在③，④的 20 环梁-弹簧模型中，如图Ⅴ.8.5 所示，新设环与既设环 19 处于盾构机的尾部内，既设环 0～18 受到地层约束（地层弹簧）时进行计算。另外，对由自重引起的断面内力，着眼于拼装好的 1 环，因伴随着掘进逐渐地将断面内力追加到新设环上，将由新设环 20 到既设环 1 的断面内力的合力作为自重时的断面内力（参照图Ⅴ.8.6）。

地层反力系数的设定 表Ⅴ.8.3

	N 值			备 考
	50	30	13.7	
k_1(MN/m³)	9.4	6.9	2.0	依据《铁路设计规范》中地层抗力系数的设定方法，假定壁后注浆材料（硬化 1 小时后）与地层为 2 层地层来进行计算。参考"7. 铁路结构物中地层抗力系数的设定实例"。
k_2(MN/m³)	50	30	10	《隧道设计规范》中所示的地层抗力系数。参照表Ⅰ.2.3。

在验算结果中，对自重变形引起的地层抗力系数 k_1 预测如下：在 N 值为 50 左右的工况 No.1 中为 5MN/m³，N 值为 30 左右的工况 No.1 及 No.4 中为 4MN/m³，N 值为 10 左右的工况 No.3 中为 1MN/m³。表Ⅴ.8.4 表示了其合理的设计结果。此外，将这些值与首都高速中央环状新宿线中的现场监测结果相比，取得了比较好的一致性。在设计中考虑由管片自重变形引起的地层抗力时，可以参考表

V. 8. 4。

自重变形引起的地层反力系数实例

设定条件：具有真圆度保持装置，同时进行壁后注浆　　　　表 V.8.4

土　质	N　值	k_1（MN/m³）
砂质土	$N \geqslant 50$	5
砂质土	$50 > N \geqslant 30$	4
硬质黏土	$N > 10$	1

9　施工荷载验算方法实例

9.1　施工荷载验算的现状

管片是受盾构机施工荷载影响很大的结构物，本来就有必要在合理考虑其影响的基础上来验算其结构与相关特性。在千斤顶推力的验算、壁后注浆压力的验算中，一部分采用了简便验算的方法，但现在还没有建立合理评价施工荷载影响的设计方法。

近年，伴随着超深、高水压、大口径、长距离、高速掘进等困难条件下盾构隧道工程的增加，同时还有管片的大宽度化、薄壳化、二次衬砌的省略等，管片的经济化设计得到很大的发展，所以希望能够更加合理地评价施工荷载的影响。为此，日本土木学会成立了施工荷载对管片影响的研究会，其第一阶段的研究成果总结在隧道系列丛书第 17 号《盾构隧道的施工荷载》[21]中。虽然还没有达到评价施工荷载影响的阶段，但调查了受到施工荷载所带来的不利影响的事例，整理了施工荷载带给管片影响的主要因素。

在本章中叙述了过去的验算方法及作为各企业的参考，介绍了施工荷载的作用状态及验算方针的事例。但是，这里所表述的方法仅为个例，要充分注意这些并不是针对施工荷载验算的规定。

今后依据对施工荷载的研究及监测结果得到更合理的见解时，望能依据这些见解采用合理的方法进行验算。

9.2　考虑隧道纵向上曲线施工时千斤顶推力与千斤顶组合方式影响的实例

盾构机在曲线处掘进时，为了得到改变自身转向的推力，要将千斤顶区分为有效千斤顶与无效千斤顶（千斤顶作用方式）来进行掘进。将此称为单侧推进（参照图Ⅴ.9.1）。依据千斤顶作用方式，在隧道的纵断方向上对管片环全体有弯矩的作用，在曲线内侧的环间接头部分有过大的拉力作用导致在接头面产生了开裂，由于管片的移动等也可能导致盾构机尾部与管片产生干扰。另外，作用在环间接头断面上的受弯拉力及剪力也容易导致环间接头螺栓发生损伤。在曲线的外侧，由于过大的压力，也有在混凝土管片的棱线部及角部发生损伤，钢管片的纵肋发生变形的事例。在本验算中最好能参照"第Ⅰ篇　容许应力设计法 6. 纵断方向的结构计算"。

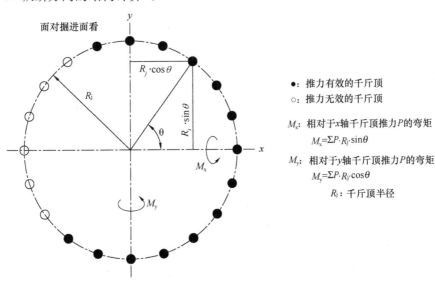

图Ⅴ.9.1　千斤顶组合方式的概念图（开挖左转向曲线时）

此外，最好能在盾构机后部装配中折机构，采用接近于均匀推进的千斤顶作用方式来进行曲线部分的掘进。在小半径曲线施工时作为由施工荷载引起的曲线内侧接头开裂的对应措施，对管片采取增加环间接头螺栓，改变材料性质，变更环肋尺寸等措施。

9.3　管片加宽等引起的喇叭状拼装验算方法实例

对刚刚拼装好的管片环与其后方的管片环，由于后方管片环受到盾构机盾尾刷等压迫约束作用，而刚刚拼装好的管片环并不受此约束，二者管片环的直径存在着微小的差异。刚刚拼装好的管片环因盾构机侧的端部直径变大的原因（对此称为喇叭状拼装），相对于推力的作用方向，刚刚拼装好的管片带有偏角。这种情况下，管片受到隧道轴向方向与垂直于隧道轴向的推力作用，导致裂缝的发生，需要注意（参照图V.9.2，图V.9.3）。

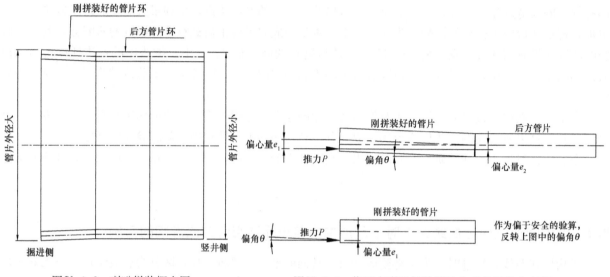

图V.9.2　喇叭拼装概念图　　　　　图V.9.3　作用在喇叭拼装管片上千斤顶推力实例

9.4　壁后注浆压力验算实例

在对壁后注浆压力进行管片验算时，在考虑地层条件及邻近施工的条件、壁后注浆的施工方法（注入位置、注入时间、注入材料）等基础上，有必要评价壁后注浆压力的大小及分布。特别在使用半径方向插入型K型管片时，要考虑壁后注浆压力导致的脱落问题。

到目前为止，半径方向插入型K型管片在《标准管片》中得到了采用，也有很多施工实例。使用这种K型管片时，盾构机长度变短，对曲线施工等有利。出发井也可以设计得较小，制作成本也变得便宜，与轴向插入型K型管片相比具有经济优越性。

作为施工荷载，壁后注浆压力有时会导致半径方向插入型K型管片的脱落，也曾发生了重大事故。采用此种管片时，在考虑地下水压、有无二次衬砌、隧道用途、隧道外径、线形等基础上，有必要充分讨论K型管片是否会脱落。

在使用半径方向插入式K型管片时，K型管片接头的验算实例如图V.9.4，式（V.9.1）所示。

$$Q_d = N_c\sin\alpha + Q_c\cos\alpha - f(N_c\cos\alpha - Q_c\sin\alpha) + W_k/2$$
$$= N_c(\sin\alpha - f\cdot\cos\alpha) + Q_c(\cos\alpha + f\cdot\sin\alpha) + W_k/2 \quad (V.9.1)$$

这里，

Q_d：作用在接头面上的剪力（kN/Ring），（/Ring）表示单位管片宽度；

Q_c：壁后注浆压力导致的作用在接头上的剪力（kN/Ring）；

N_c：土压力及水压力导致的轴力（kN/Ring），$N_c = p_g\cdot B\cdot D_0/2$ 以受压为正；

f：接头面的静止摩擦系数（钢管片时为0.3，混凝土管片为0.5，但在应用静止摩擦系数时有必要加以注意）；

α：K型管片的接头角度（°）；

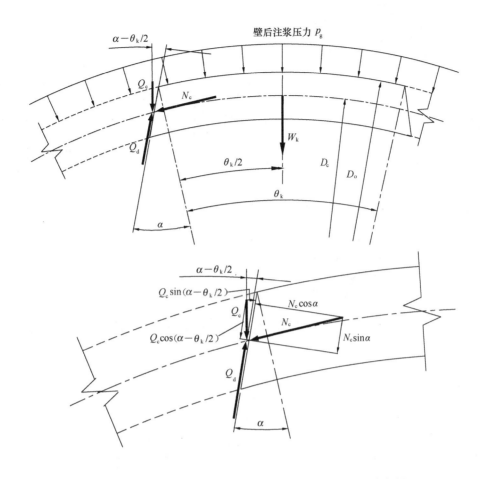

图Ⅴ.9.4 作用在 K 型管片上的壁后注浆压力与接头验算实例

D_o：管片外径（m）；

θ_k：K 型管片的中心角度（°）；

B：管片宽度（m）；

p_g：壁后注浆压力（$= p_f + 50 \sim 100$）（kN/m²）；

W_k：K 型管片自重（kN/Ring）；

p_f：掘进面压力（kN/m²）。

式（Ⅴ.9.1）将壁后注浆压力以接近于冲压剪切状态作用在 K 型管片上。此外因 K 型管片主要位于管片环的顶部附近，这里表示了考虑自重影响的例子。

在设计中，壁后注浆压力作用时期为管片环离开盾构机与地层接触时，也为由外荷载引起的管片环形状达到稳定状态以前。使用作为混凝土之间接触及钢材之间接触的固有值，即接头面的静止摩擦系数来考虑摩擦的作用，有时会使设计偏于危险，在采用上述静止摩擦系数时有必要充分加以注意。特别是不设密封槽，粘贴密封材料的钢管片等，因不能考虑 K 型管片与 B 型管片接触所引起的摩擦，这时将接头面的静止摩擦系数作为 $f = 0$ 来进行设计。

9.5 管片拼装器操作荷载实例

管片拼装器的操作荷载为作用在管片上的荷载，除应用于起吊孔的验算之外，也是在管片拼装中带给管片各部位影响的验算中必要的荷载。最近，由于接头的简略化、管片的大型化、管片拼装的自动化等，需要注意管片拼装器的装配能力有变大的倾向。此外，对多圆形及矩形断面的管片，对柱部位、接头部位，隔角部位等圆弧以外特殊形状的管片，除受到完成后荷载作用以外，还有抓举管片及拼装时荷载的作用，也有必要确认这些荷载作用下的安全性能。

管片拼装器操作荷载的概念图表示在图Ⅴ.9.5，图Ⅴ.9.6 中。

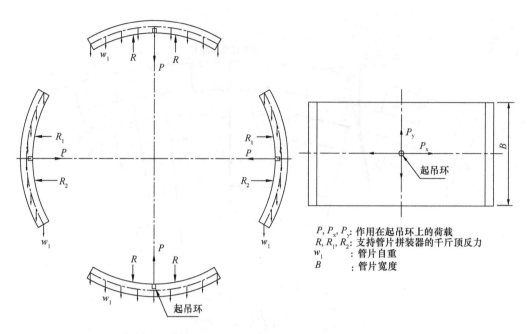

P, P_x, P_y：作用在起吊环上的荷载
R, R_1, R_2：支持管片拼装器的千斤顶反力
w_1　　　：管片自重
B　　　　：管片宽度

图V.9.5　管片拼装器的操作引起的作用在起吊部位上的荷载

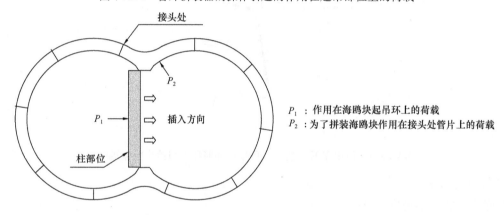

P_1：作用在海鸥块起吊环上的荷载
P_2：为了拼装海鸥块作用在接头处管片上的荷载

图V.9.6　复圆形隧道中拼装海鸥块时拼装器的操作引起的荷载

9.6　混凝土管片密封材料压缩反力验算方法实例

对预先在密封槽粘贴有密封材料的管片进行拼装时，通过管片接头及环间接头的连结将密封材料封入密封槽中。密封材料在其厚度方向上受到了压缩，其压缩反力作用在管片上（参照图V.9.7）。

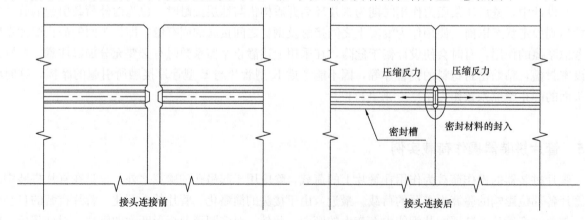

图V.9.7　密封材料受压反力的发生

在混凝土管片中，密封材料的位置接近于管片的外边缘与内边缘时，此压缩反力会导致混凝土保护层开裂、破损、剥离等损伤。在损伤发生部位将密封材料妥善地封入密封槽变得困难，并有可能给防水

性能带来影响，有必要慎重地研究密封材料的压缩反力及防水材料的设置位置。

图 V.9.8 表示了混凝土管片密封材料压缩反力影响的验算实例。对由密封材料的压缩反力导致的混凝土所发生的割裂应力及剪切应力进行了验算。

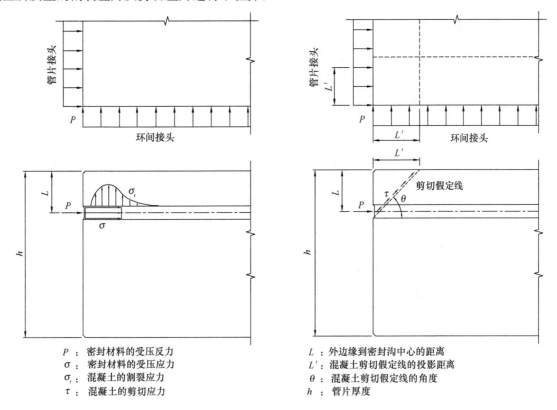

P ：密封材料的受压反力
σ ：密封材料的受压应力
σ_r ：混凝土的割裂应力
τ ：混凝土的剪切应力

L ：外边缘到密封沟中心的距离
L' ：混凝土剪切假定线的投影距离
θ ：混凝土剪切假定线的角度
h ：管片厚度

图 V.9.8　密封材料的受压反力影响验算实例

10　开口部设计法概要（《下水道临时设计手册》）

10.1　开口部带来的影响

在下水道隧道的主线隧道设置支线隧道及在共同沟隧道中为了通向地面而设置检查孔等情况时，要在主线隧道的侧面，顶部或底部设置开口。因为开口，管片环不再为圆形形状，有必要使发生在圆形环上的断面内力由开口周围的加固材料来负担。在东京都下水道服务（有限公司）的《下水道临时设计手册》[17]中对开口加固作了详细的论述，这里介绍了由开口加固引起的作用在管片上荷载的概要。

在《下水道临时设计手册》[17]中，根据开口程度（开口率＝开口直径/主隧道外径），论述了开口加固的必要性。

①开口率原则上以20％～60％的范围为对象。

②开口直径超过主线隧道内径的1/3时，通过环解析来决定加固构件。（假定加固构件（梁构件，柱构件）设置于二次衬砌。）

③开口率在20％～1/3时原则上依据最小钢筋量来进行加固。

（因将下水道作为研究对象，通常采用对素混凝土的二次衬砌配置钢筋来进行加固。）

④开口率不满20％时，原则上不进行加固。但是，在开口处跨越管片、需要切断管片环肋时必须考虑加固。对于这些比较大的开口，需要进行环解析。

此外，进行开口加固的范围为开口直径的3倍。

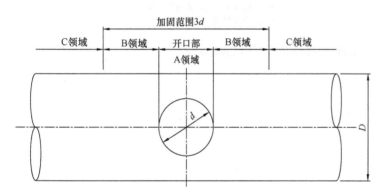

A领域：设有开口的领域
B领域：由开口边缘到开口直径以下距离的领域
C领域：离开开口直径以上的领域
D：主管外径（管片外径）
d：开口直径

图V.10.1　开口加固范围[17]

代表性的开口加固方法列举如下：

①在开口处周围二次衬砌中设置钢材（梁构件，柱构件）。

②在开口处周围隧道外部设置由钢材及混凝土组成的加固结构。

③将开口加固材料（梁构件，柱构件）内藏在管片环中，使管片具有开口加固的功能。

在《下水道临时设计手册》[17]中对①进行了记述，对②与③的情况也设定相同的荷载。因本书以管片设计方法为对象，在③中将开口加固材料内藏在管片环中，使管片具有开口加固功能时，其设计方法如下所述。

10.2　开口部设计中应考虑的荷载

在将开口加固材内藏于管片的设计中，以假定开口时的"开口施工时"与隧道完成时的"完成时"作为研究对象进行结构计算。将作用在"开口施工时"与"完成时"的A领域中配置的管片环，B领域中配置的管片环及在开口加固构件上的荷载，按照开口位置位于侧面时及顶部时的情况列举在表V.10.1和表V.10.2中。

开口部位于侧面时的荷载（引用《下水道临时设计手册》） 表 Ⅴ.10.1

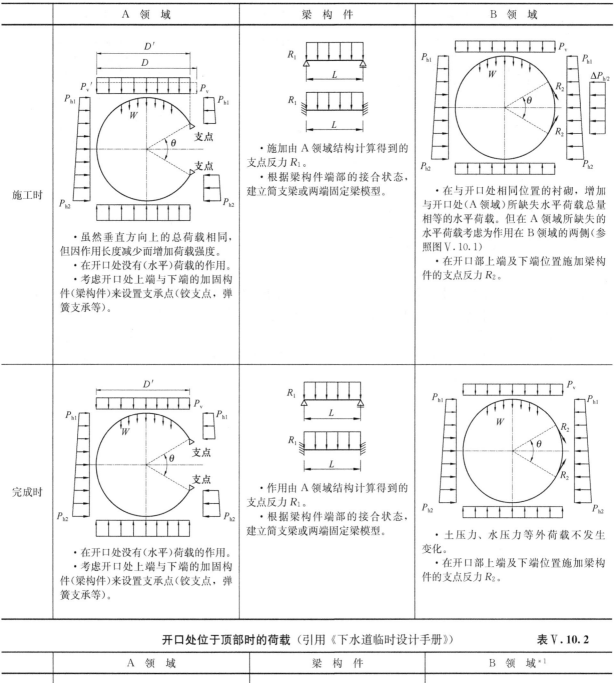

A 领 域	梁 构 件	B 领 域
施工时		
完成时		

开口处位于顶部时的荷载（引用《下水道临时设计手册》） 表 Ⅴ.10.2

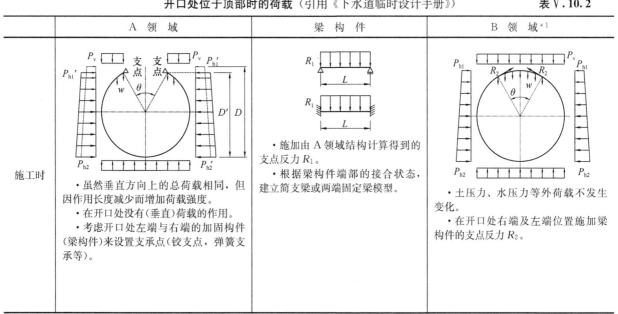

A 领 域	梁 构 件	B 领 域 *1
施工时		

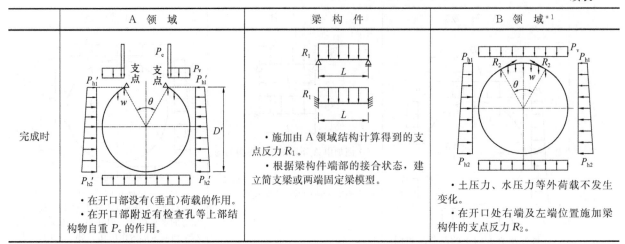

	A 领 域	梁 构 件	B 领 域[1]
完成时	・在开口部没有（垂直）荷载的作用。 ・在开口部附近有检查孔等上部结构物自重 P_c 的作用。	・施加由 A 领域结构计算得到的支点反力 R_1。 ・根据梁构件端部的接合状态，建立简支梁或两端固定梁模型。	・土压力、水压力等外荷载不发生变化。 ・在开口处右端及左端位置施加梁构件的支点反力 R_2。

[1]. 承受 B 领域的 R_2 荷载的管片环为在开口位置 θ 范围内具有柱构件的环。对于不具有柱构件的 B 领域的管片环，不考虑 R_2 荷载。

在考虑覆土厚度、地下水压力、周边地层特性的基础上，依据开口直径与开口位置，管片环也会表现出不同的变形等力学特性，有必要慎重地研究由于开口造成的作用在管片环上的荷载。此外，依据开口直径与位置，开口附近的管片发生了偏向隧道内净空的变形。要考虑管片与地层（包含地层改良体）的分离，有必要在考虑开口附近管片力学特性的基础上来论证地层的改良。并且，也有必要注意在地层改良施工时带给管片的影响。

11　高强度钢材的容许应力（草案）

11.1　《隧道设计规范》中对局部屈曲容许应力的说明

将记述在"第Ⅰ篇 容许应力设计法 3. 材料与容许应力"中的《隧道设计规范》对钢管片局部屈曲的容许应力再次记述在表Ⅴ.11.1 中。

钢管片局部屈曲的容许应力　　　　表 V.11.1

钢　材	不受局部屈曲影响时		受局部屈曲影响时	
	宽厚比（板宽/板厚）	容许应力（N/mm²）	宽厚比（板宽/板厚）	容许应力（N/mm²）
SS400 SM400	$\frac{h}{t_r \cdot f \cdot K_r} \leqslant 13.1$	160	$13.1 \leqslant \frac{h}{t_r \cdot f \cdot K_r} \leqslant 16$	$27200 \cdot \left(\frac{t_r \cdot f \cdot K_r}{h}\right)^2$
SM490A	$\frac{h}{t_r \cdot f \cdot K_r} \leqslant 11.2$	215	$11.2 \leqslant \frac{h}{t_r \cdot f \cdot K_r} \leqslant 16$	$27200 \cdot \left(\frac{t_r \cdot f \cdot K_r}{h}\right)^2$

$$f = 0.65\varphi^2 + 0.13\varphi + 1.0,\ \varphi = \frac{\sigma_1 - \sigma_2}{\sigma_1}\ (\sigma_2 < \sigma_1\text{：以压为正})\ K_r = \sqrt{\frac{2.33}{(l_r/h)^2} + 1.0}$$

这里，l_r：环肋的屈曲长度（mm）（纵肋的净间距或纵肋与环间接头螺栓的间隔）；h：环肋的高度；t_r：环肋的厚度；f：依据应力斜率的修正；k_r：屈曲系数比；σ_1、σ_2：环肋的边缘应力。

在《标准管片》中详述了表Ⅴ.11.1 的推导。因为需要推导中所述的高强度钢材容许应力，这里叙述了该书中的概要。

在《道路桥规范及说明　Ⅱ钢桥编》中，依据以下的标准承载力曲线公式来计算"自由突出板的局部屈曲容许应力"。

$$\frac{\sigma_{cr}}{\sigma_y} = 1.0 (R \leqslant 0.7) \tag{V.11.1}$$

$$\frac{\sigma_{cr}}{\sigma_y} = \frac{0.5}{R^2} (0.7 < R) \tag{V.11.2}$$

这里，

$$R = \frac{b}{t}\sqrt{\frac{\sigma_y}{E} \cdot \frac{12(1-\mu^2)}{\pi^2 \cdot k}} \tag{V.11.3}$$

b：板宽（mm）；t：板厚（mm）；σ_y：钢材的屈服点（N/mm²），E：弹性模量（N/mm²）；μ：泊松比；k：屈曲系数（无限长的两端支持板时为 4.0，无限长的自由突出板时为 0.43）。

将在《道路桥规范》中所示的屈曲系数 k 向《标准管片》中的屈曲系数比 k_r 进行变换。即在《道路桥规范》中所表示的屈曲系数 $k = 0.43$ 为 3 边单纯支持的状态下，板为无限长时的数值，基于此数值在本书中设定了自由突出板的局部屈曲的容许应力。

另一方面，钢管片的环肋在延长方向上受到纵肋的支持，在《标准管片》中对此支持效果采用屈曲系数比，推导了 3 边单纯支承状态下有限长度板的局部屈曲容许应力。

在《标准管片》中对屈曲系数比 K_r 的定义如下。

$$Kr = \sqrt{\frac{k}{k(l=\infty)}} = \sqrt{\frac{k}{0.43}} = \sqrt{\frac{1/(lr/h)^2 + 0.43}{0.43}} = \sqrt{\frac{2.33}{(l_r/h)^2} + 1.0} \tag{V.11.4}$$

K_r：屈曲系数比（无限长屈曲系数与有限长屈曲系数之比的平方根）

k：由纵肋等支承的有限长板在 3 边简支状态下的屈曲系数 $k = \frac{1}{(l_r/h)^2} + 0.43$

将 $k = 0.43 \cdot K_r^2$ 代入式（Ⅴ.11.3）中，使 $R = 0.7$，可以推导局部屈曲时的宽厚比（极限宽厚比）$h/(t_r \cdot K_r)$ 的计算公式。将 b 替换为 h，t 替换为 t_r。

$$\frac{h}{t_r \cdot K_r} = R\sqrt{\frac{\sigma_y}{E} \cdot \frac{12(1-\mu^2)}{\pi^2 \cdot 0.43}} = 0.7\sqrt{\frac{\sigma_y}{E} \cdot \frac{12(1-\mu^2)}{\pi^2 \cdot 0.43}} \tag{V.11.5}$$

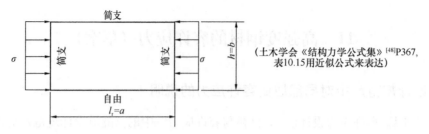

l_r：板的屈曲长度（纵肋的净间距）h：环肋高度（板宽）

$k(l_r = \infty)$：无限长板 3 边简支状态下的屈曲系数 $k = 0.43$

将式（V.11.3），$k = 0.43$ 代入式（V.11.2）中，将 b 替换为 h，t 替换为 t_r，$0.7 < R$ 时的标准承载力 σ_{cr} 可以由下式来表示：

$$\sigma_{cr} = \frac{0.5}{\left(\dfrac{h}{t_r}\right)^2 \left\{ \dfrac{1}{E} \cdot \dfrac{12(1-\mu^2)}{\pi^2 \cdot 0.43 \cdot K_r^2} \right\}} = \frac{0.5}{\dfrac{1}{E} \cdot \dfrac{12(1-\mu^2)}{\pi^2 \cdot 0.43}} \left(\frac{t_r \cdot K_r}{h}\right)^2 \leqslant \sigma_y$$

考虑安全率 F 后，容许应力变为下式：

$$\sigma_a = \frac{\sigma_{cr}}{F} = \frac{1}{F} \frac{0.5}{\dfrac{1}{E} \cdot \dfrac{12(1-\mu^2)}{\pi^2 \cdot 0.43}} \left(\frac{t_r \cdot K_r}{h}\right)^2 \leqslant \frac{\sigma_y}{F} \qquad (V.11.6)$$

将 $E = 2.1 \times 10^5 \, \text{N/mm}^2$，$u = 0.3$，$F = 1.5$ 代入式（V.11.6）中，容许应力变为下式：

$$\sigma_a = 27200 \cdot \left(\frac{t_r \cdot K_r}{h}\right)^2 \quad (\text{SS400, SM400, SM490A}) \qquad (V.11.7)$$

在钢管片的环肋轴压应力与弯曲应力同时发生。对此进行考虑后，使用《道路桥规范》"承受压应力的两端支承板"中所规定的由应力斜率引起的系数（修正系数）f 来修正式（V.11.5）与式（V.11.7)后，两式变为如下所示：

$$\frac{h}{t_r \cdot f \cdot K_r} = R \sqrt{\frac{\sigma_y}{E} \cdot \frac{12(1-\mu^2)}{\pi^2 \cdot 0.43}} = 0.7 \sqrt{\frac{\sigma_y}{E} \cdot \frac{12(1-\mu^2)}{\pi^2 \cdot 0.43}} \qquad (V.11.8)$$

$$\sigma_a = 27200 \cdot \left(\frac{t_r \cdot f \cdot K_r}{h}\right)^2 \qquad (V.11.9)$$

代入 $E = 2.1 \times 10^5 \, \text{N/mm}^2$，$\mu = 0.3$，由钢种和板厚来确定屈服点 σ_y。由式（V.11.8）来确定宽厚比，由式（V.11.9）来设定容许应力。并且，在《道路桥规范》中规定"承受压缩应力的自由突出板的板厚 t 取为自由突出宽度 b 的 1/16 以上"。按照此规定取为宽厚比的上限值，表 V.11.1 表示了钢种 SS400，SM400，SM490 的局部屈曲容许应力。

11.2　高强度钢材的容许应力（草案）

近年，由于在隧道大深度化及大断面化及开口等特殊部位的钢管片的应用，开始在钢管片的环肋上使用材料强度超过 SM490A 的高强度钢 SM490Y，SM520C，SM570。考虑到这种实际情况，在这里论述了与板厚对应的钢材屈服点，及与此对应的钢材容许应力（草案）。与前项一样，将弹性模量 $E = 2.1 \times 10^5 \, \text{N/mm}^2$，泊松比 $\mu = 0.3$，安全率 $F = 1.5$，1.7 代入式（V.11.6），式（V.11.7）中，采用应力斜率系数（修正系数）f 来修正高强度钢材的宽厚比，由以下所示的计算公式来计算对应于钢材板厚的屈服点。

$$\frac{h}{t_r \cdot f \cdot K_r} = R \sqrt{\frac{\sigma_y}{E} \cdot \frac{12(1-\mu^2)}{\pi^2 \cdot 0.43}} = 0.7 \sqrt{\frac{\sigma_y}{E} \cdot \frac{12(1-\mu^2)}{\pi^2 \cdot 0.43}} \qquad (V.11.10)$$

$$\sigma_a = 27200 \cdot \left(\frac{t_r \cdot f \cdot K_r}{h}\right)^2 \quad (\text{SM490Y, SM520C}) \qquad (V.11.11)$$

$$\sigma_a = 24000 \cdot \left(\frac{t_r \cdot f \cdot K_r}{h}\right)^2 \quad (\text{SM570}) \qquad (V.11.12)$$

注：关于钢材 SM570，因抗拉强度与屈服点比其他钢材小，故使用《道路桥设计规范》中的安全率 $F = 1.7$。

表 V.11.2 表示了局部屈曲的容许应力（草案）。

针对高强度钢局部屈曲的容许应力（提案） 表Ⅴ.11.2

钢种	由冲击试验规定的记号	板厚 (mm)	屈服点 *3 (N/mm²)	不受局部屈曲影响时		受局部屈曲影响时	
				宽厚比 (板宽/板厚)	容许应力 (N/mm²)	宽厚比 (板宽/板厚)	容许应力 (N/mm²)
SM490Y	A B	$t \leqslant 40$	355 *1	$h/(t_r \cdot f \cdot K_r) \leqslant 10.6$	235	$10.6 \leqslant h/(t_r \cdot f \cdot K_r) \leqslant 16$	$27200 \cdot (t_r \cdot f \cdot K_r/h)^2$
		$40 < t \leqslant 75$ *2	335	$h/(t_r \cdot f \cdot K_r) \leqslant 10.9$	220	$10.9 \leqslant h/(t_r \cdot f \cdot K_r) \leqslant 16$	$27200 \cdot (t_r \cdot f \cdot K_r/h)^2$
		$75 < t$ *2	325	$h/(t_r \cdot f \cdot K_r) \leqslant 11.1$	215	$11.1 \leqslant h/(t_r \cdot f \cdot K_r) \leqslant 16$	$27200 \cdot (t_r \cdot f \cdot K_r/h)^2$
SM520	C	$t \leqslant 40$	355 *1	$h/(t_r \cdot f \cdot K_r) \leqslant 10.6$	235	$10.6 \leqslant h/(t_r \cdot f \cdot K_r) \leqslant 16$	$27200 \cdot (t_r \cdot f \cdot K_r/h)^2$
		$40 < t \leqslant 75$ *2	335	$h/(t_r \cdot f \cdot K_r) \leqslant 10.9$	220	$10.9 \leqslant h/(t_r \cdot f \cdot K_r) \leqslant 16$	$27200 \cdot (t_r \cdot f \cdot K_r/h)^2$
		$75 < t$ *2	325	$h/(t_r \cdot f \cdot K_r) \leqslant 11.1$	215	$11.1 \leqslant h/(t_r \cdot f \cdot K_r) \leqslant 16$	$27200 \cdot (t_r \cdot f \cdot K_r/h)^2$
SM570	—	$t \leqslant 40$	450 *1	$h/(t_r \cdot f \cdot K_r) \leqslant 9.4$	260	$9.4 \leqslant h/(t_r \cdot f \cdot K_r) \leqslant 16$	$24000 \cdot (t_r \cdot f \cdot K_r/h)^2$
		$40 < t \leqslant 75$ *2	430	$h/(t_r \cdot f \cdot K_r) \leqslant 9.6$	250	$9.6 \leqslant h/(t_r \cdot f \cdot K_r) \leqslant 16$	$24000 \cdot (t_r \cdot f \cdot K_r/h)^2$
		$75 < t$ *2	420	$h/(t_r \cdot f \cdot K_r) \leqslant 9.8$	245	$9.8 \leqslant h/(t_r \cdot f \cdot K_r) \leqslant 16$	$24000 \cdot (t_r \cdot f \cdot K_r/h)^2$

* 1. 如《隧道设计规范》所示，采用板厚 16mm 以上～40mm 以下的屈服点为板厚 40mm 以下的屈服点。板厚 16mm 以下的钢材屈服点虽比板厚 16mm 以上～40mm 以下的屈服点大，但考虑到其影响小，本表也可适用于板厚 16mm 以下的钢材。

* 2. 为《道路桥规范》中的板厚分类。对焊接结构用扎制钢材的 C 材与 SM570 材，其适用板厚到 100mm 为止。

* 3. 钢材的屈服点依据《道路桥规范》"JIS G 3106 焊接结构用轧制钢材"。

　　钢材的弹性模量采用《隧道规范》中的数值。

　　屈服点保证钢(SM520C-H，SM570-H)的容许应力分别适用于板厚 $t \leqslant 40$ 时的容许应力。

12 管片接头的转动弹簧系数

12.1 概要

转动弹簧系数 K_θ 定义为作用在管片接头上的弯矩 M 与接头所发生的转角 θ 之比，即 $K_\theta = M/\theta$。受到接头处的轴力、接头板的变形、接头的初始拧紧力等影响，表现出复杂的力学行为。

一般，转动弹簧系数如图 V.12.1 所示，为双线性及三线性关系。将螺栓连接式接头作为研究对象，作用在接头上的轴压力使接头全面处于压应力状态，上述的第一斜率变为无穷大。随着弯矩的增大，由螺栓的初始拧紧力引起的接头板压应变得到了释放，同时接头板的弹性弯曲变形导致在接头部位产生了开裂，变为第二斜率。此后随着弯曲变形的发展，接头板的一部分达到了屈服，变为第三斜率。

对于转动弹簧系数的设定，在设计中有考虑轴力设定为双线性、也有不考虑轴力使设计偏于安全的实例。

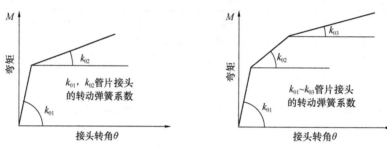

图 V.12.1 弯矩与接头转角的关系

对如螺栓连接式接头这些一般的管片接头，已经提出了理论上与解析上的求解方法并固定下来，但一直到现在还在开发着许多新的接头，对各个接头进行高精度的模型化还存在着很多困难。为此，在多数情况下依据接头的弯曲试验及载荷试验结果来决定转动弹簧系数。以下介绍了管片接头的转动弹簧系数设定方法的现状。

12.2 依据实验的计算方法

制作实物大小的实验体，施加所定的轴力与接头的初始拧紧力进行接头弯曲试验，整理接头处的弯矩与接头面的转角来求转动弹簧的系数。在《铁道设计标准》等中记述了实验方法。

作为参考，在表 V.12.1 中给出了转动弹簧系数的实验值。

管片接头的转动弹簧系数参考值   表 V.12.1

管 片				弹簧系数实测值 *2 $k_\theta(+)$(kN·m/rad)	备 考
外径(mm)	种类 *1	宽度(mm)	厚度(mm)		
2600	S	750	125	0.00845×10^4 (负 0.00435×10^4)	钢板接头 4 个螺栓
2950	S	1100	125	$0.22\sim2.10\times10^4$	钢板接头 4 个螺栓(3 根环肋)
3150	C：平板形	900	125	$0.10\sim0.44\times10^4$	钢板接头 1 个螺栓
3600	D：3 环肋	1200	160(+15)	0.26×10^4	M24 4 个螺栓(内表面浇筑类型)（ ）为混凝土保护层厚度
3650	C：平板形	1000	200	0.57×10^4	楔接头
4050	C：平板形	900	175	$0.22\sim2.10\times10^4$	钢板接头 1 个螺栓
4350	C：平板形	1200	300	0.97×10^4	钢板接头 2 个螺栓
4500	C：平板形	1200	250	0.71×10^4	钢板接头 1 个螺栓

管 片				弹簧系数实测值*2	备 考
外径(mm)	种类*1	宽度(mm)	厚度(mm)	$k_\theta(+)$(kN·m/rad)	
4550	C：平板形	900	200	$0.10\sim0.29\times10^4$	钢板接头 1 个螺栓
				$0.50\sim0.71\times10^4$	有拉杆拱接头 1 个螺栓
4550	C：平板形	1220	275	0.84×10^4	钢板接头 1 个螺栓
5100	C：平板形	900	200	$0.14\sim1.07\times10^4$	有拉杆拱接头 1 个螺栓
5190	D：4 环肋	1300	225	1.25×10^4	M27 4 个螺栓
5300	C：平板形	1000	250	$3.40\sim3.63\times10^4$	钢板接头 2 螺栓
5300	C：平板形	1000	250	4.6×10^4	铸铁接头(1 个/金属螺栓)
5300	C：平板形	1200	280	1.5×10^4	楔接头
5300	D：波纹形	1300	250	2.15×10^4	M30 8 个螺栓
5380	C：平板形	1200	250	$2.24\sim2.50\times10^4$	钢板接头 2 螺栓
5400	C：平板形	1200	280	7.50×10^4	插入螺栓式(1 个/金属螺栓)
5400	C：平板形	1200	250	1.36×10^4	铸铁接头(1 个/金属螺栓)
5700	C：平板形	1000	275	0.5×10^4	楔接头
5700	C：平板形	1200	250	2.25×10^4	钢板接头 2 螺栓
6000	C：平板形	900	250	$0.43\sim2.13\times10^4$	钢板接头 1 个螺栓
6600	C：平板形	1600	320	5.50×10^4	铸铁接头 1 个螺栓
6600	C：平板形	1600	320	3.80×10^4	铸铁接头(1 个/金属螺栓)
6600	C：平板形	1600	320	0.92×10^4	楔接头
6700	C：平板形	1200	300	0.49×10^4	钢板接头 2 螺栓
6700	G：平板形	1400	300	0.98×10^4	楔接头 2 处
6700	C：平板形	1400	300	1.32×10^4	楔接头
6700	C：平板形	1400	300	1.32×10^4	楔接头
6750	C：平板形	1400	380	10.54×10^4	高刚度(久保田制)(2 个/金属螺栓)
6750	C：平板形	1400	380	$13.6\sim18.0\times10^4$	钢板接头 2 螺栓
6750	C：平板形	1500	300	3.80×10^4	插入螺栓式(1 个/金属螺栓)
6750	C：平板形	1500	300	4.10×10^4	铸铁接头(1 个/金属螺栓)
6900	C：平板形	1000	350	$1.90\sim3.00\times10^4$	铸铁接头 3 个螺栓
7000	D：波纹形	1000	300	3.64×10^4	M27 6 个螺栓
7520	C：平板形	1200	350	3.0×10^4	楔接头
7600	C：平板形	1000	300	$0.58\sim1.86\times10^4$	铸铁接头 2 个螺栓
				$2.39\sim7.49\times10^4$	有拉杆拱接头 2 个螺栓
7800	G：平板形	1000	300	$1.25\sim3.87\times10^4$	钢板接头 2 个螺栓
				$2.85\sim14.7\times10^4$	有拉杆拱接头 2 个螺栓
7900	D：波纹形	1300	350	5.47×10^4	M27 8 个螺栓
8150	C：平板形	1200	375	4.4×10^4	楔接头
8240	D：波纹形	1200	370(+5)	8.30×10^4	M36 8 个螺栓(内表面浇筑类型)( )为混凝土保护层厚度
9260	C：平板形	1500	400	$13.1\sim15.3\times10^4$	CPI 2 个螺栓
9500	G：平板形	1200	400	$3.42\sim5.34\times10^4$	有拉杆拱接头 2 个螺栓
9500	C：平板形	1200	400	15.1×10^4	钢板接头 2 个螺栓
9800	C：中子形	1000	550	$1.44\sim5.18\times10^4$	长螺栓接头 5 个螺栓
9800	C：平板形	1200	400	6.47×10^4	插入螺栓式(3 个/金属螺栓)

续表

管　片				弹簧系数实测值[*2] $k_\theta(+)$(kN・m/rad)	备　考
外径(mm)	种类[*1]	宽度(mm)	厚度(mm)		
9900×650	G：平板形	1000	500	导入轴力	钢板接头 8 个螺栓
				正 7.5×10⁵	导入轴力
				负 3.7×10⁵	正弯矩 N=803kN，负弯矩 N=1000kN
10000	C：平板形	1500	400	5.1×10⁴	楔接头
10000	C：平板形	1500	400	11.2×10⁴	钢板接头 2 个螺栓
11220	C：平板形	1500	400	7.22×10⁴	插入螺栓式(2个/金属螺栓)
11360	C：平板形	1500	450	6.29×10⁴	钢板接头 2 个螺栓
11360	C：平板形	1500	450	7.91×10⁴	钢板接头 3 个螺栓
11800	C：平板形	1200	600	46.0×10⁴	楔接头
11800	C：平板形	1500	450	6.26×10⁴	楔接头
11800	D：波纹形	1200	400	8.40×10⁴	M30 8 个螺栓
11900	C：平板形	1500	400	3.4×10⁴	楔接头
12200	C：平板形	1500	500	7.21×10⁴	楔接头 2 处
13900	C：平板形	1500	650	23.7~79.4×10⁴	有拉杆拱接头 2 个螺栓
	G：平板形			59.4~204.3×10⁴	有拉杆拱接头 2 个螺栓
4200×3800 (矩形)	C：平板形	1000	250	2.673×10⁴	钢板接头 1 个螺栓(M24)
4500×3000 (椭圆)	S	750	175	0.01~0.03×10⁴	钢板接头 4 个螺栓
				0.16~2.05×10⁴	有拉杆拱接头 4 个螺栓
	G：平板形	1000	175	0.15~2.55×10⁴	钢板接头 1 个螺栓
				0.41~5.46×10⁴	有拉杆拱接头 1 个螺栓
7480×6510 (椭圆)	C：平板形	1200	300	3.03×10⁴	铸铁接头 1 个螺栓
9700×8400 (椭圆)	C：平板形	1600	400	16.32×10⁴	有拉杆拱接头，插入螺栓式接头 2 个螺栓

＊1. S：钢管片，C：混凝土管片，D：铸铁管片 G：合成管片；

＊2. 正弯曲试验数值。

12.3　理论和解析计算方法

有理论公式，框架解析的村上-小泉方法[44]，《铁路设计标准》中的方法[10]等。另外，也提出了作为混凝土对接接头的转动弹簧系数计算方法的 Leonhardt 式[77]。在表Ⅴ.12.2 中对这些方法进行了概述。

通过解析方法计算转动弹簧系数方法实例　　　　　　　　　　　表Ⅴ.12.2

方　法	适用接头	考虑方法	应用时的注意点
村上－小泉方法	螺栓式 其他	建立接头处各要素的梁模型，考虑初始拧紧力，通过理论、解析的方法求分离前、分离后的转动弹簧系数。为最一般的理论公式与解析计算方法。	・有必要注意由于螺栓的配置引起杠杆反力的情况。 ・特殊的接头，有必要建立其合理的力学模型。
《铁路设计规范》中的方法	螺栓式 其他	(由理论公式计算)通过框架解析来解说管片接头的计算方法。将接头分为具有抗拉构件与不具抗拉构件，来计算转动弹簧系数。	・与上述同样，但也可以计算考虑轴力，没有抗拉构件的情况。 ・要注意不能过大地评价轴力。
	螺栓式 其他	(FEM解析)将管片作为直线梁，对管片主体、接头处进行离散化建立力学模型，通过 FEM 解析来求出转动弹簧系数。导入轴力后，求出分离前、分离后的弹簧系数。	・单元的配置左右着解析精度。

续表

方　　法	适用接头	考虑方法	应用时的注意点
Leonhardt 公式	混凝土对接	为理论求解没有抗拉构件接头的转动弹簧系数的方法。以接头处所发生的轴力作为前提，依据混凝土接头的理论公式来计算转动弹簧系数。	·要注意不能过大地评价轴力。 ·有必要另行讨论没有水土压力作用，拼装时的情况。

12.3.1　村上-小泉方法

在表 V.12.3 中表示了混凝土管片（平板形）的管片接头的形状。依据接头的螺栓配置，有时会有杠杆反力的发生。在计算有杠杆反力发生时管片接头的转动弹簧系数时，为了评价杠杆反力的大小，有必要使用数值解析方法。

混凝土管片（平板形）的接头形状实例　　　　　　　　　　　　　表 V.12.3

螺栓数		1 个螺栓		2 个螺栓		3 个螺栓	
接头处的形状							
接头形状*		带板形	箱形	带板形	箱形	带板形	箱形
杠杆反力	正弯矩	不发生	不发生	不发生	不发生	发生	发生
	负弯矩	不发生	不发生	不发生	不发生	不发生	不发生

* 右图表示带板类型，箱型：

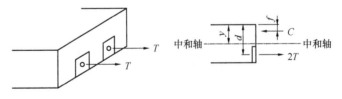

带板类形　　　箱形

这里介绍了混凝土（平板形）管片中没有杠杆反力发生时的转动弹簧系数的计算方法。详细可以参照隧道系列丛书第 19 号《盾构隧道的抗震研究》[22]。

(1) 根据作用在管片接头上力的平衡来计算转动弹簧系数

将作用在接头处（管片接头面）上的弯矩记为 M'，混凝土管片接头的开裂引起的转角记为 θ，依据力的平衡建立下式。

$$M' = (d-f) \cdot 2T$$

$$\theta = \frac{2\delta}{d-y}$$

$$K'_\theta = \frac{M'}{\theta} = \frac{(d-f)(d-y)T}{\delta}$$

图 V.12.2　管片接头处的力的平衡（参考正弯矩）

这里，d：螺栓中心到管片受压边缘的距离；

f：压缩力的中心到管片受压边缘的距

离 $f = \dfrac{y}{3}$；

c：作用在接头面上压缩力的合力；

T：作用在 1 个螺栓上的拉力；

y：由中和轴到管片受压边缘的距离；

δ：接头板在螺栓位置的挠度；

K'_θ：管片接头部（每个接头面）的转动弹簧系数。

为了简化说明，将 1 处接头板所承担的弯矩记为 M，接头的开裂量的角度记为 θ，因转角相同，1 处接头板的转动弹簧系数与上述一样由下式来计算。

$$M = (d - f) \cdot T \left(= \frac{M'}{2} \right)$$

$$\theta = \frac{2\delta}{d - y}$$

$$K_\theta = \frac{M}{\theta} = \frac{(d - f)(d - y)T}{2\delta}$$

这里，K_θ：1 处接头板的转动弹簧系数；

　　y：由中和轴到管片受压边缘的距离。

　　只有弯矩作用时，应用单筋矩形断面中和轴计算公式。

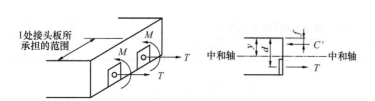

图 V.12.3　1 处接头板的力的平衡（参考正弯矩）

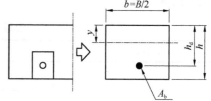

图 V.12.4　单筋矩形断面
（正弯矩时）

$$y = -\frac{n \cdot A_b}{b} \left(-1 + \sqrt{1 + \frac{2b \cdot h_d}{n \cdot A_b}} \right)$$

这里，A_b：螺栓的有效断面面积；

　　n：管片主体与螺栓的弹性模量比；

　　b：宽度（负弯曲时也有减少接头板宽度的情况）；

　　h_d：有效高度。

　　在正弯曲与负弯曲作用下，由下式来计算平板型 2 个螺栓接头板 1 处所对应的转动弹簧系数。正弯曲时拉力作用在内边缘侧螺栓上，负弯曲时拉力作用在外边缘螺栓上。

　　·正弯曲时

$$K_{\theta 1} = \frac{M_1}{\theta_1} = \frac{(d_1 - f_1)(d_1 - y_1)T_1}{2\delta_1} \tag{V.12.1}$$

　　·负弯曲时

$$K_{\theta 2} = \frac{M_2}{\theta_2} = \frac{(d_2 - f_2)(d_2 - y_2)T_2}{2\delta_2} \tag{V.12.2}$$

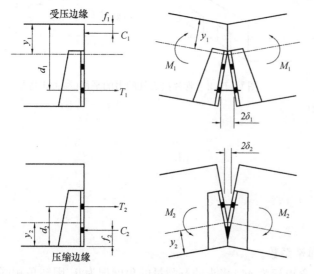

图 V.12.5　2 根螺栓时力的平衡

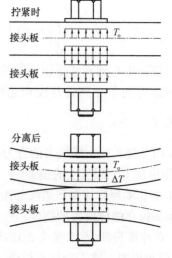

图 V.12.6　接头板的应力状态

　　在正弯曲和负弯曲作用下，接头板的挠度 δ_1，δ_2 的计算如下所述。

(2) 接头板挠度计算

1）评价螺栓与接头板的弹簧系数 K

由于受到螺栓初始拧紧力的作用，接头板产生了压缩应变。在螺栓上有拉力作用时，接头板的两端分别被掀起，接头板的上侧（垫圈近侧）进一步受到压缩，在接头板的下侧（2 枚接头板接触侧）预先施加的初始压缩应变得到了释放。

$$K = \frac{2k_b \cdot k_{pu}}{2_b + k_{pu}} + 2k_{pl}（分离前）$$

(Ⅴ.12.3)

$$K = \frac{2k_b \cdot k_{pu}}{2_b + k_{pu}}（分离后）$$

这里，k_b：评价螺栓轴向刚度的弹簧系数

$$k_b = \frac{E_b \cdot A_e}{l_l \cdot A_e / A_{bl} + l_n + l_e}$$

k_{pu}：评价受到接头板螺栓约束部分的压缩刚度的弹簧系数

$$k_{pu} = \frac{E \cdot A_u}{t/2 + t_w}$$

k_{pl}：接头板受到螺栓初始拧紧力的作用，预先施加的压缩应变得到释放时，评价板刚度的弹簧系数

$$k_{pl} = \frac{E \cdot A_l}{t}$$

E：螺栓的弹性模量

A：螺栓带有螺纹部分的有效断面面积

A_{bl}：螺栓的轴部断面面积

l_e：螺母部分的有效拧紧长度

$$l_e = 0.6 \cdot l_H$$

l_H：螺母的高度

l_l：螺栓的轴部长度

l_n：螺栓带有螺纹部的长度

$$l_n = 2 \cdot t + 2 \cdot t_w - l_l$$

t_w：垫圈厚度

E：接头板的弹性模量

$$A_u = \pi \cdot (r_u^2 - r_a^2)$$
$$A_l = \pi \cdot (r_l^2 - r_a^2)$$

r_a：螺栓孔半径

$$r_u = r_w + \frac{t}{12}$$

$$r_l = r_w + \frac{t}{3}$$

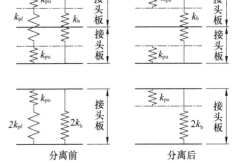

图Ⅴ.12.7　接头处的弹簧评价

r_w：垫圈外半径

t：接头板厚度

2）接头板模型化

将平板形 1 个螺栓的带板类型及箱形，平板形 2 个螺栓的箱形作为研究对象，按照正负弯矩分别论述。

平板形 2 个螺栓的带板类型的模型化基本上与平板形 1 个螺栓的带板类型相同，这里省略。此外，平板形 3 个螺栓类型在负弯矩作用下的模型与平板形 2 个螺栓类型在负弯矩作用下的模型相同（参照表Ⅴ.12.5）。

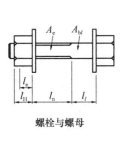
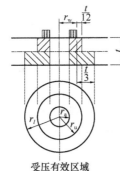

图Ⅴ.12.8　螺栓的评价与接头板的受压有效区域

　　将接头板作为圆周方向与半径方向上的梁构件，将螺栓与接头板作为弹簧来进行模型化。将螺栓的拉力 T 分解为作用在圆周方向上及半径方向上的梁的力。

平板形 1 个螺栓接头板的梁评价模型　　　　　　　　表 V.12.4

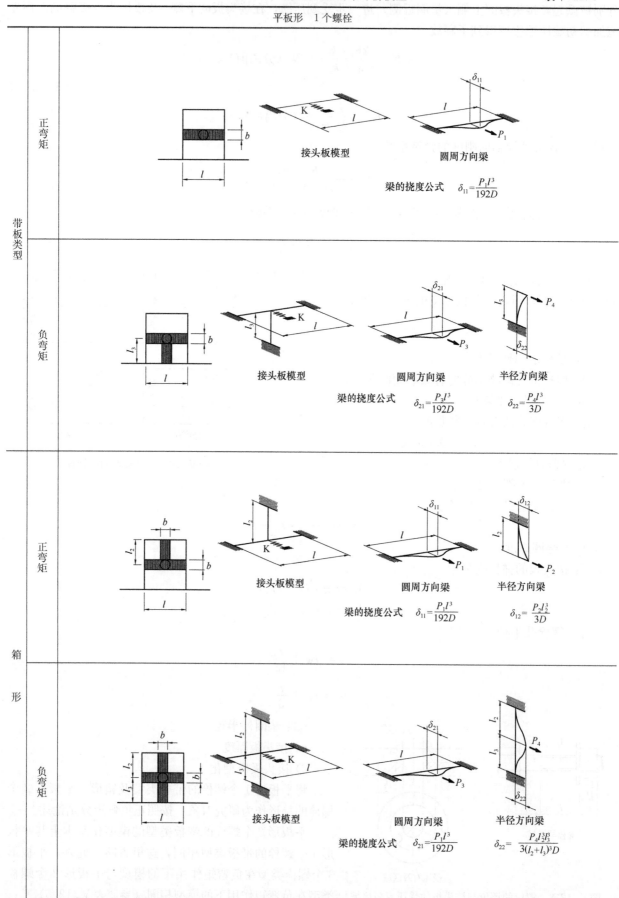

平板形 **2 个螺栓接头板的梁评价模型**　　　　　　　　　　表 Ⅴ.12.5

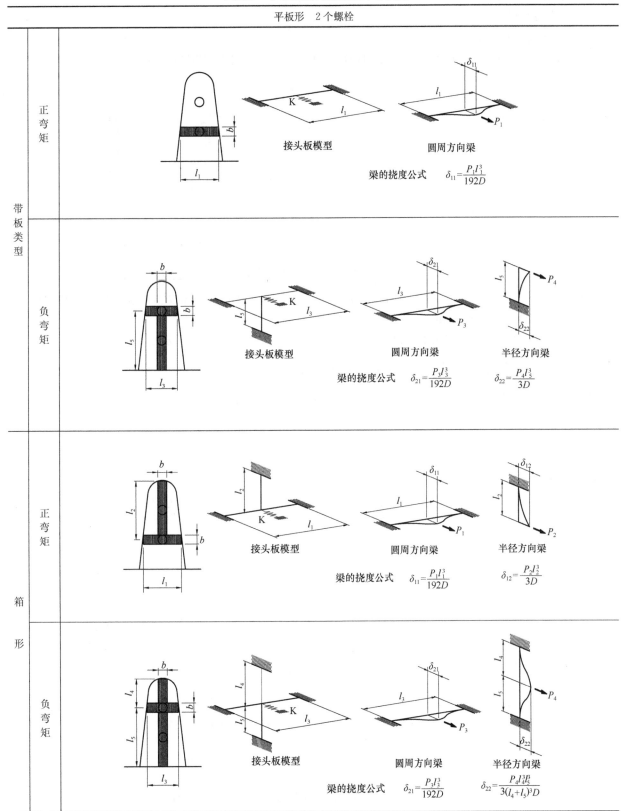

D：接头板的梁的弯曲刚度

$$D = \frac{b \cdot t^3}{12(1-\nu^2)} E \qquad\qquad (V.12.4)$$

b：梁的有效宽度，$b = 2\left(\gamma_w + \dfrac{t}{12}\right)$

γ_w：垫圈外半径

t：接头板厚度

E：接头板弹性模量

ν：接头板泊松比

3）接头板挠度的计算

作为代表，分别计算平板形 2 个螺栓的箱形在正弯矩与负弯矩作用时的挠度。

①正弯矩时

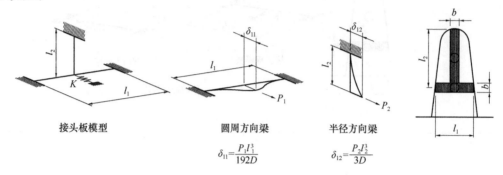

$$\delta_{11}=\frac{P_1 l_1^3}{192D}$$　　　　　$$\delta_{12}=\frac{P_2 l_2^3}{3D}$$

图 V.12.9　平板形 2 个螺栓箱形接头正弯曲时接头板的挠度

将螺栓的拉力 T_1 分解为作用在圆周方向上梁及半径方向上梁的力 P_1 和 P_2，这时将圆周方向梁，半径方向梁的挠度分别记为 δ_{11} 和 δ_{12}，δ_{11}，δ_{12} 如下所示。

因圆周方向梁与半径方向梁的挠度相等，即 $\delta_{11}=\delta_{12}$，设 $P_1=\alpha \cdot P_2$，α 变为下式。

$$\alpha=\frac{l_1^3}{64 l_2^3}（圆周方向梁与半径方向梁的力的分担比）$$

因 $T_1=P_1+P_2$，得到 $T_1=(1+\alpha)\cdot P_1$，进而 P_1 如下所示。

$$P_1=\frac{T_1}{1+2}$$

因此，接头板的挠度 δ_1 如下所示。

$$\delta_1=\delta_{11}+\frac{T_1}{K}=\frac{P_1 l_1^3}{192D}+\frac{T_1}{K}=\frac{T_1 l_1^3}{192D(1+\alpha)}+\frac{T_1}{K}=\frac{Kl_1^3+192D(1+\alpha)}{192D(1+\alpha)K}T_1 \quad （V.12.5）$$

②负弯矩时

与正弯矩相同，挠度 δ_2 如下所示。

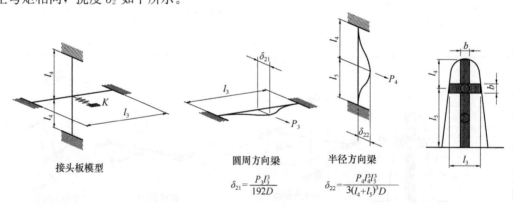

$$\delta_{21}=\frac{P_3 l_3^3}{192D}$$　　　　　$$\delta_{22}=\frac{P_4 l_4^3 l_5^3}{3(l_4+l_5)^3 D}$$

图 V.12.10　平板形 2 根螺栓箱形接头负弯曲时接头板的挠度

$$\alpha=\frac{l_3^3(l_4+l_5)^3}{64 l_4^3 l_5^3}$$

$$\delta_2=\delta_{21}+\frac{T_2}{K}=\frac{Kl_3^3+192D(1+\alpha)}{192D(1+\alpha)K}T_2 \quad （V.12.6）$$

按照管片接头的形状及接头板形状，在表 V.12.6 中总结了圆周方向与半径方向梁的力的分担比例及接头板的挠度。

圆周方向与半径方向梁的力的分担比及接头板的挠度　　　　　　表Ⅴ.12.6

			圆周方向与半径方向梁的力的分担比	接头板的挠度
			平板形 1 个螺栓	
带板类型	正弯矩		$\alpha = 0$ （Ⅴ.12.7）	$\delta_1 = \dfrac{Kl_1^3 + 192D(1+\alpha)}{192D(1+\alpha)K}T_1$ （Ⅴ.12.15）
	负弯矩		$\alpha = \dfrac{l^3}{64l_3^3}$ （Ⅴ.12.8）	$\delta_1 = \dfrac{Kl^3 + 192D(1+\alpha)}{192D(1+\alpha)K}T_2$ （Ⅴ.12.16）
箱形	正弯矩		$\alpha = \dfrac{l^3}{64l_2^3}$ （Ⅴ.12.9）	$\delta_1 = \dfrac{Kl^3 + 192D(1+\alpha)}{192D(1+\alpha)K}T_1$ ［式（Ⅴ.12.15）］
	负弯矩		$\alpha = \dfrac{l^3(l_2+l_3)^3}{64l_2^3 l_3^3}$ （Ⅴ.12.10）	$\delta_2 = \dfrac{Kl^3 + 192D(1+\alpha)}{192D(1+\alpha)K}T_2$ ［式（Ⅴ.12.16）］
			平板形 2 个螺栓	
带板类型	正弯矩		$\alpha = 0$ （Ⅴ.12.11）	$\delta_1 = \dfrac{Kl_1^3 + 192D(1+\alpha)}{192D(1+\alpha)K}T_1$ ［式（Ⅴ.12.5）］
	负弯矩		$\alpha = \dfrac{l_3^3}{64l_5^3}$ （Ⅴ.12.12）	$\delta_2 = \dfrac{Kl_3^3 + 192D(1+\alpha)}{192D(1+\alpha)K}T_1$ ［式（Ⅴ.12.6）］
箱形	正弯矩		$\alpha = \dfrac{l_1^3}{64l_2^3}$ （Ⅴ.12.13）	$\delta_1 = \dfrac{Kl_1^3 + 192D(1+\alpha)}{192D(1+\alpha)K}T_1$ ［式（Ⅴ.12.5）］
	负弯矩		$\alpha = \dfrac{l_3^3(l_4+l_5)^3}{64l_4^3 l_5^3}$ （Ⅴ.12.14）	$\delta_2 = \dfrac{Kl_3^3 + 192D(1+\alpha)}{192D(1+\alpha)K}T_2$ ［式（Ⅴ.12.6）］

　　按照螺栓数目、接头类型，为了计算正弯曲与负弯曲时的 1 处接头板所对应的转动弹簧系数，表 Ⅴ.12.7 表示了所需计算公式的组合。

计算转动弹簧系数的公式组合　　　　　　　　表 V.12.7

			转动弹簧计算公式 K_θ	评价螺栓与接头板的弹簧 K	作为接头板的梁构件的抗弯刚度 D	圆周方向梁与半径方向梁的力的分担比 α	接头板的挠度公式 δ
平板形 1个螺栓	带板类型	正弯矩	式（V.12.1）			式（V.12.7）	式（V.12.15）
		负弯矩	式（V.12.2）			式（V.12.8）	式（V.12.16）
	箱形	正弯矩	式（V.12.1）			式（V.12.9）	式（V.12.15）
		负弯矩	式（V.12.2）	式（V.12.3）	式（V.12.4）	式（V.12.10）	式（V.12.16）
平板形 2个螺栓	带板类型	正弯矩	式（V.12.1）			式（V.12.11）	式（V.12.5）
		负弯矩	式（V.12.2）			式（V.12.12）	式（V.12.6）
	箱形	正弯矩	式（V.12.1）			式（V.12.13）	式（V.12.5）
		负弯矩	式（V.12.2）			式（V.12.14）	式（V.12.6）

12.3.2 《铁路设计规范》中的方法

以代表性的接头形式为对象，对由理论公式来计算管片圆周方向接头（管片接头）的转动弹簧系数的方法进行说明。对其他的接头形式，也可以采用同样的方法来求解。

(1) 混凝土管片

1) 接头处没有抗拉构件时

依据接头处的力的平衡条件（参照图 V.12.11），转动弹簧系数如下所示。

$$k_\theta = \frac{M}{\theta} = \frac{x(3h - 2x) \cdot b \cdot E_c}{24} \qquad (V.12.17)$$

这里，k_θ：转动弹簧系数

　　θ：转角

　　M：弯矩

　　x：由受压外边缘到中和轴的距离

　　b：管片宽度

　　h：管片高度

　　E_c：混凝土的弹性系数

2) 接头处有抗拉构件时

①中和轴位于螺栓与受拉边缘之间时

与接头处没有抗拉构件时采用同样方法来求解。但在上下2层配置螺栓时，螺栓的位置为有效高度大的一方。

②中和轴位于螺栓与受压边缘之间时

•接头处的抗拉弹簧系数 k_j

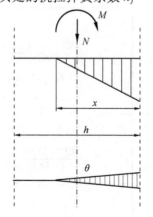

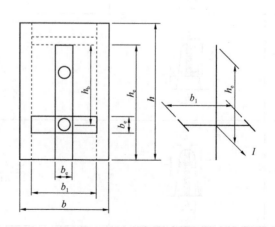

图 V.12.11　接头处的
力的平衡[10]

图 V.12.12　接头板抗拉弹簧
系数的求解方法[10]

与考虑接头板弯曲刚度后的接头处的抗拉弹簧相比，螺栓-接头板的复合弹簧的刚度很大。忽视螺栓-接头板的复合弹簧，依据格子梁模型来求解接头处的抗拉弹簧系数。图Ⅴ.12.12表示了2层螺栓金属接头在正弯矩作用下的实例。关于螺栓的拧紧力，考虑到施工的多样性作为不充分的状态取为0。此外，在上下2层配有螺栓时，即使忽略有效高度小的螺栓，也不会产生过大的偏差，也可以只考虑有效高度大的螺栓。

$$b_{\mathrm{e}} = 2(r_{\mathrm{w}} + t/6)$$

$$k_j = (k_{\mathrm{r}} + k_{\mathrm{h}})/1.2 \ (1.2 \ \text{为形状系数}) \tag{V.12.18}$$

这里，b_{e}：由螺栓拧紧引起的接头板的受压有效宽度（参照图Ⅴ.12.12）

　　r_{w}：垫圈半径

　　t：接头板厚

$$k_{\mathrm{h}} = \frac{192EI}{b_1^3} \ (\text{格子梁模型中水平梁的弹簧系数})$$

$$k_{\mathrm{v}} = \frac{3EI}{h_{\mathrm{b}}^3} \ (\text{格子梁模型中垂直梁的弹簧系数})$$

$$I = \frac{b_{\mathrm{e}}t^3}{12(1-r^2)} \ (t\text{：接头板厚度}, \upsilon\text{：接头板材料的泊松比})$$

③接头处的力的平衡

［假定］·接头面的受拉区域与受压区域分别保持平面。

　　　　·混凝土对压缩区域转角的影响深度为管片受压边缘到中和轴距离的2倍。

由接头部的力的平衡（图Ⅴ.12.13）可以导出下面的基本公式。

$$T = (d-x)\theta \cdot k_j \tag{V.12.19}$$

$$C = \frac{1}{2}bx\sigma_0 \tag{V.12.20}$$

$$x\theta = \frac{\sigma_0 \cdot l}{E_{\mathrm{c}}} \tag{V.12.21}$$

$$C - T = N \tag{V.12.22}$$

$$C\left(\frac{h}{2} - \frac{x}{3}\right) + T\left(d - \frac{T}{2}\right) = M \tag{V.12.23}$$

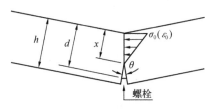

图Ⅴ.12.13　接头处的力的平衡
条件（具有接头构件）[10]

这里，M：接头处的弯矩；

　　h：管片高度；

　　N：接头处的轴力；

　　l：受压应变的影响深度；

　　T：接头部拉力；

　　E_{c}：混凝土的弹性模量；

　　C：接头部压力；

　　k_j：接头处的受拉弹簧系数；

　　d：抗拉构件的有效高度；

　　θ：接头面的转角；

　　x：由压缩外边缘到中和轴的距离；

　　σ_0：压缩外边缘混凝土的应力；

　　b：管片宽度。

由此，给定断面力（M, N）及接头的诸要素，由下式可以得到转动角度θ，则可以计算出转动弹簧系数k_0。

$$\frac{b \cdot N \cdot E_c}{3}x^3 + \left[b \cdot E_c\left(M - \frac{N \cdot h}{2}\right) + 4k_j\left\{M - N\left(\frac{h}{2} - d\right)\right\}\right]x - 4k_j\left\{M \cdot d - N\left(\frac{d \cdot h}{2} - d^2\right)\right\} = 0$$

$$\theta = \frac{N}{\dfrac{b \cdot x \cdot E_c}{4} - (d-x)k_j} \qquad (V.12.24)$$

$$k_\theta = \frac{M}{\theta}$$

（2）钢管片

1）中和轴位于螺栓与受拉边缘之间时

按照接头处没有抗拉构件的方法来求，但只有环肋构件有效。

2）中和轴位于螺栓与受压边缘之间时

·螺栓-接头板的抗拉弹簧系数

采用与金属接头相同的方法来求。此时接头板由环肋来支持。

·接头处应力的平衡

按照金属接头的计算方法来求。

12.3.3　Leonhardt 公式

为对接接头所用的转动弹簧系数的计算方法，Leonhardt 等[77] 按照混凝土接头理论来计算。

Leonhardt 等在推导混凝土接头相关理论公式的同时，还基于混凝土接头的相关基础实验结果及研究作出了如下的假定：

·在接头面不传递拉应力。

·受压应力为直线分布。

·变形系数为常数，其大小为 $\sigma = \varepsilon = 0$ 时的初始切线弹性系数 E_0。

·轴方向的变形范围（s）以接头面对中心，与接头凸部的范围相同，应变（ε）在此范围内分布均匀。

由以上的假设与图 V.12.14 中所示的几何关系可以导出下面的理论公式。

$$k_\theta = M/\alpha = \frac{9a^2 \cdot b \cdot E_0}{8}m(1-2m)^2 \qquad (V.12.25)$$

这里，k_θ：接头的转动弹簧系数（kN·m/rad）

α：转动角度（rad）

m：荷载的偏心率 $m = e/a = M(N \cdot a)$

（$m \leqslant 0.167$ 时，使用 $m = 0.167$ 时的 k_θ）

M：弯矩（kN·m）

N：轴力（kN）

a：榫宽度（m）

b：榫长度（m）

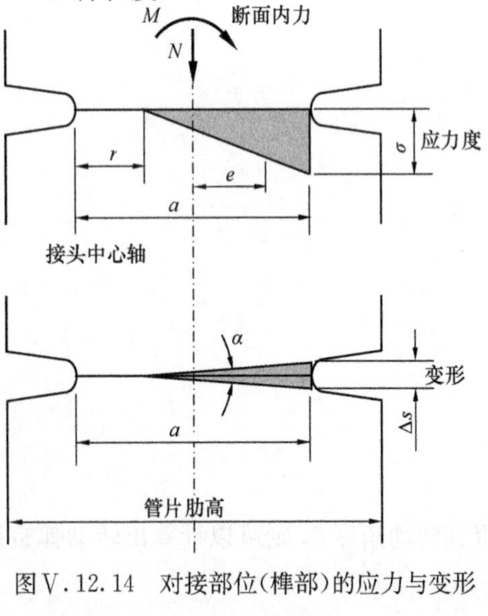

图 V.12.14　对接部位（榫部）的应力与变形

E_0：混凝土的弹性模量（kN/m²）

式（V.12.25）所示的转动弹簧系数根据荷载偏心率 m 而变化，表现出非线性。

在使用对接接头的代表性管片即榫接头管片的设计计算中，为了简化计算，建立如图 V.12.15 所示的转动弹簧系数的 3 阶段模型，在各个阶段中进行线性计算。此外，经过反复计算直至接头位置的荷载偏心率与转动弹簧系数的关系达到收敛。

此外，近年来随着计算软件的进步，可由式（V.12.25）中的转动弹簧系数来计算断面内力，从而求出荷载偏心率，然后通过反复计算直至接头位置的荷载偏心率与转动弹簧系数的关系达到收敛。

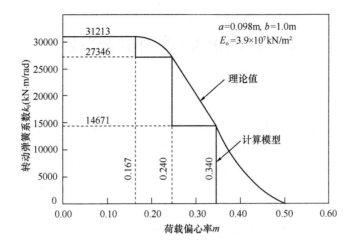

图Ⅴ.12.15 转动弹簧系数的理论公式与
设计时模型化实例（具有榫部的管片）

13　环间接头的剪切弹簧系数

13.1　概要

剪切弹簧系数在有相对位移产生的环间接头面上可以分为切线方向与法线方向 2 个部分。将切线方向的剪切弹簧系数记为 K_{st}，切线方向作用的剪力记为 Q_{st}，管片在切线方向上的相对位移记为 δ_{st}，则切线方向上的剪切弹簧系数可以定义为 $K_{st} = Q_{st}/\delta_{st}$。此外，将半径方向的剪切弹簧系数记为 K_{sr}，半径方向上作用的剪力记为 Q_{sr}，管片在半径方向上的相对位移记为 δ_{sr}，则可定义 $K_{sr} = Q_{sr}/\delta_{sr}$。现在还没有建立剪切弹簧的解析求解的方法，一般依据试验结果与经验来确定。

如图 V.13.1 所示，剪力比环间接头面的摩擦力小时，剪切弹簧系数依存于管片的弹性变形。当剪力大于摩擦力从接头面滑出时，只依据螺栓与螺栓孔之间的裕量来维持剪力，接头发生了变位，剪切弹簧系数为 0，此后再次几乎变为初始斜率。

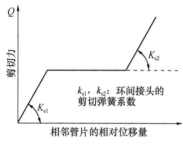

图 V.13.1　剪力与环间
相对位移的关系

剪切弹簧系数为 100000～500000kN/m 左右，但在千斤顶推力充分地施加在环间接头上时，产生了摩擦抗力，在接头面上不会发生剪切错位，这也由试验得到了证实。

在设计中，将环间接头的剪切弹簧系数进行过大的评价，由拼装效应带来的管片主体所发生的弯矩被过大地计算，使设计偏于安全。因此有考虑无剪切错位的发生、将剪切弹簧系数取为无穷大或者很大数值来进行处理的实例。

另外，《铁路设计规范》中在考虑管片主体弯曲及剪切变形的基础上，有不考虑剪切错位来计算环间接头弹簧系数的实例，也有考虑剪切错位来设定剪切弹簧系数的实例。

在将环间接头的剪切弹簧系数取为无穷大时，计算得环间接头所发生的剪力变大，使用此剪力进行环间接头设计时，会使设计变为偏大的设计，有必要加以注意。另外，在有如偏压这样的荷载作用时，也有可能得到偏于危险的设计，要加以注意。

13.2　《铁路设计规范》中的计算方法

关于依据梁变形理论计算环间接头的剪切弹簧系数的方法，以代表性的混凝土管片（平板形）为对象。对其他的接头形式也可以采用同样的方法来求。

环间接头的剪切弹簧系数计算方法[10]　　　　　　　　　　　　　　表 V.13.1

半径方向剪切弹簧系数计算法	切线方向剪切弹簧系数计算法
$$k_{sr} = \frac{192EI}{(2b)^3}$$ 这里， k_{sr}：半径方向剪切弹簧系数 EI：平板型管片隧道轴方向的抗弯刚度 B：管片宽度 L_j：轴方向（环）接头间隔 h：管片厚度	$$k_{st} = \frac{2L_j \cdot h \cdot G}{b} = \frac{L_j \cdot h \cdot E}{b(1+v)}$$ 这里， k_{sr}：切线方向剪切弹簧系数 G：管片的剪切弹性模量 E：管片弹性模量 v：管片泊松比 b：管片宽度 L_j：轴方向（环）接头间隔

14　接头弹簧系数的设定实例

14.1　《内水压指南》中的参考实例

采用只有一次衬砌来承担内、外压力的衬砌结构设计时，作为具体例子选定了 5 种结构方案，表 V.14.1 列举了其 K_θ, K_s 的实例。适用于内径 D_i = 7.5, 10.0m, 12.5m 的一次衬砌管片的基本设计。

接头处弹簧系数实例　　　　　　　　表 V.14.1

（引用《内水压力指南》[14]，采用 SI 单位表示）

接头处的弹簧系数 结构方案		主体结构	无量纲化后接头抗弯刚度 K_θ^{*} [*1]	剪切弹簧系数 k_s(kN/m)
①	金属结构方式	金属结构	3.0	1.0×10^4
②	长螺栓方式	钢筋混凝土结构	1.0	1.5×10^4
		合成结构		
③	金属器具接头方式	钢筋混凝土结构	2.1	1.0×10^5
		合成结构		
④	销方式	钢筋混凝土结构	1.0	1.0×10^5
		合成结构		
⑤	嵌合方式	合成结构	1.0	$G \cdot \dfrac{b \cdot h}{L}$ [*2]

*1. 无量纲化后接头抗弯刚度（转动弹簧系数）。

$$K_\theta^{*} = \frac{K_\theta \cdot r}{EI}$$

这里，K_θ:转动弹簧系数；

　　　r:管片环的形心半径；

　　　EI:管片单体的抗弯刚度。

*2. $K_s = G \cdot \dfrac{b \cdot h}{L}$

这里，K_s:环间的剪切弹簧系数；

　　　G:剪切弹性模量；

　　　b:解析模型中梁的长度；

　　　h:肋的高度；

　　　L:含有环间接头的 2 环的中心间隔。

14.2　《东京高速公路设计要领》中的参考实例

按照图 V.14.1 所示各种管片的形式，作为管片接头处弹簧系数的计算结果将管片接头转动弹簧系数表示在表 V.14.2，图 V.14.2 中，将环间接头剪切弹簧系数表示在图 V.14.3 中。

在本节中所示的图表是从《东京高速公路设计要领》中引用的。

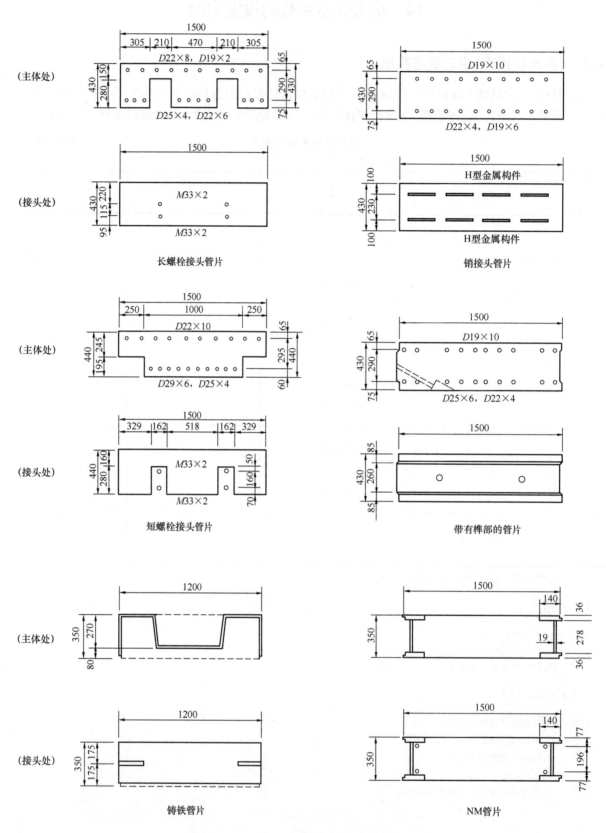

图Ⅴ.14.1　管片主体处与接头处断面形状[15]

接头弹簧系数的计算实例(用 SI 单位来表示) 　　　　表 V.14.2

	转动弹簧系数		剪切弹簧系数
	拼装时	外荷载时	
长螺栓	3.0×10^5 -2.0×10^5 出处：计算公式 土木学会论文报告集 1980 年 4 月 "盾构工程用管片的管片接头的力学特性"	$+K_\theta = 2.0 \times 10^6$ $-K_\theta = \infty$ (同左)	$K_{s1} = 2.5 \times 10^6$(0.035mm 以下) $K_{s2} = 1.38 \times 10^4$ (依据横断道路的实验结果)隧道与地下 1990VOL21.4
短螺栓	1.0×10^5 -7.5×10^4 (同上)	6.5×10^5 $-\infty$ (同左)	(同上)
销接头 (水平)	4.6×10^5 出处：实验值 文献 土木学会第 53 回年次学术演讲会 Ⅲ－B－152	2.29×10^6 (同左)	8.0×10^4 (同左)
榫接头	4.76×10^3 出处：计算公式 (财团法人)先端建设技术中心《带榫管片施工方法》技术审查证明报告书	$2.46 \times 10^5 (m \leq 0.24)$ $1.32 \times 10^5 (0.24 < m \leq 0.34)$ $0 (0.34 < m)$ (同左)	$K_{sr} = 3.45 \times 10^4$ $K_{s\theta} = 0$ (同左)
AS	4.0×10^4 出处：实验值 文献　土木学会第 51 回年次学术演讲会 Ⅲ－B－140	4.0×10^4 (同左)	$K_{s1} = 5.71 \times 10^3$(3.5mm 以下) $K_{s2} = 8.0 \times 10^4$ 出处：实验值 文献　土木学会第 51 回年次学术演讲会 Ⅲ－B－135
NM	7.2×10^4 出处：计算公式 (财团法人)先端建设技术中心 "地下河川内水压隧道衬砌结构设计要领(提案)"	7.2×10^4 (同左)	4.57×10^5 (同左)

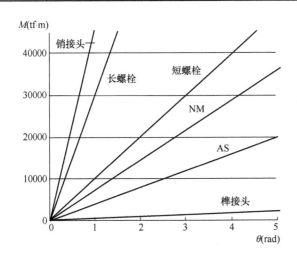

图 V.14.2(1)　转动弹簧系数(自重时正弯曲)[15]

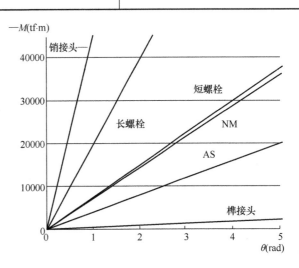

图 V.14.2(2)　转动弹簧系数(自重时负弯曲)[15]

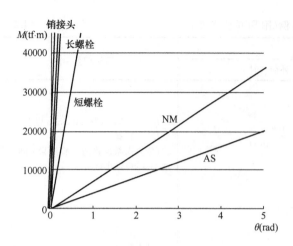

图Ⅴ.14.2(3)　转动弹簧系数(完成时正弯曲)[15]

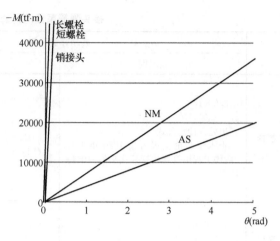

图Ⅴ.14.2(4)　转动弹簧系数(完成时负弯曲)[15]

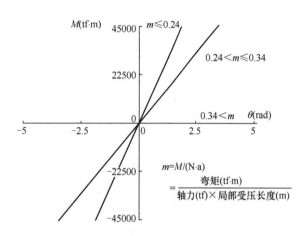

图Ⅴ.14.2(5)　转动弹簧系数(榫接合完成时)[15]

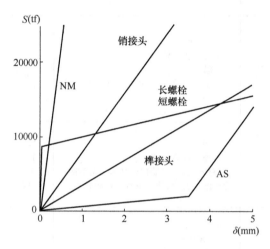

图Ⅴ.14.3　剪切弹簧系数[15]

15 盾构隧道纵断方向上的转动弹簧系数（理论计算方法）

在"第Ⅰ篇 容许应力设计法 6.2.1 纵断方向的梁-弹簧模型"中，论述了盾构隧道纵断方向的梁-弹簧模型中环间接头的转动弹簧系数 K_θ 的解析计算方法，也提出了理论计算方法。这里作为其实例，介绍了如下 2 种方法。

15.1 依据志波等提案的计算方法

志波等[78]提出了纵向等效抗弯刚度计算公式，常用于隧道纵向抗震验算，并反映在众多的抗震设计标准中。对此式进行若干变形后可以简略计算转动弹簧系数。详细可以参照相关文献。在文献中当在隧道纵断方向上有弯矩 M 作用时，与隧道转角 θ 的关系如下式所示。

$$\theta = \frac{l_s}{E_s \cdot I_s} \cdot \frac{\cos\varphi + (\pi/2 + \varphi) \cdot \sin\varphi}{\cos^3\varphi} M \qquad (V.15.1)$$

对文献中所提到的式（Ⅴ.15.1）进行变形后如下所示。

$$K_\theta = \frac{M}{\theta} = \frac{\cos^3\varphi}{\cos\varphi + (\pi/2 + \varphi) \cdot \sin\varphi} \cdot \frac{E_s \cdot I_s}{l_s} \qquad (V.15.2)$$

（本式在文献中没有表示，本书追加）

这里，φ 满足下式：

$$\varphi + \cot\varphi = \pi \cdot \left(\frac{1}{2} + \frac{K_j}{E_s \cdot A_s / l_s} \right) \qquad (V.15.3)$$

这里，K_θ：环间接头处的转动弹簧；

φ：表示中和轴位置的角度（由隧道起拱线位置开始的中心角）；

E_s：管片主体的弹性模量；

I_s：管片主体的断面惯性矩；

l_s：管片宽度；

K_j：环间接头的轴向弹簧（拉弹簧）系数的总和 $K_j = n \cdot k_j$；

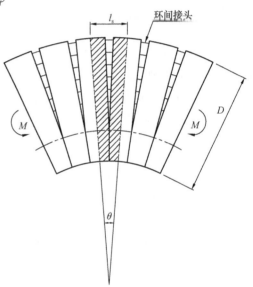

图Ⅴ.15.1 隧道变形

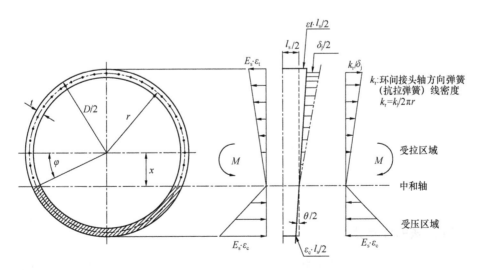

图Ⅴ.15.2 环间接头的变形与应力状态

n：环间接头数目；

k_j：环间接头 1 处的轴向弹簧系数（拉弹簧）。

15.2　依据西野提案的计算方法

西野[79]针对隧道纵断方向上环间接头转动弹簧系数推导了如下所示的理论公式：

$$K_\theta = 2 \cdot kt \cdot r^3 \cdot D\varphi \qquad\qquad (\text{V}.15.4)$$

$$D\varphi = \left\{ \sin\varphi_\circ + (\pi - \varphi_\circ) \cdot \cos\varphi_\circ \right\} \cdot \left\{ \frac{\varphi_\circ \left(\frac{1}{2} + \cos^2\varphi_\circ \right) - \frac{3}{4}\sin2\varphi_\circ}{\sin\varphi_\circ - \varphi_\circ \cdot \cos\varphi_\circ} + \frac{(\pi - \varphi_\circ) \cdot \left(\frac{1}{2} + \cos^2\varphi_\circ \right) + \frac{3}{4}\sin2\varphi_\circ}{\sin\varphi_\circ + (\pi - \varphi_\circ) \cdot \cos\varphi_\circ} \right\}$$

文献中表示了上述公式，进一步对 $D\varphi$ 整理后如下所示：

$$D\varphi = \frac{\frac{\pi}{2} \cdot \sin^3\varphi_\circ}{\sin\varphi_\circ - \varphi_\circ \cdot \cos\varphi_\circ} \qquad\qquad (\text{V}.15.5)$$

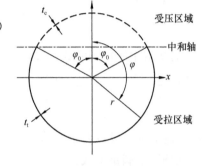

$\varphi_\circ$ 满足下式：

$$\tan\varphi_\circ = \varphi_\circ + \frac{1}{\xi - 1} \cdot \pi \qquad (\text{V}.15.6)$$

$\xi = 1$ 时，$\varphi_\circ = \pi/2$

$$\xi = \frac{E_c \cdot t_c}{E_s \cdot t_t}, \quad t_c = \frac{A_c}{2\pi r}, \quad t_t = \frac{A_t}{2\pi r}, \quad k_t = \frac{n_r \cdot k_{ru}}{2\pi r}$$

这里，K_θ：环间接头处的转动弹簧；

k_t：环间接头处的拉弹簧（轴方向弹簧）的线密度；

k_{ru}：环间接头处的拉弹簧（轴方向弹簧）$k_{ru} = k_j$；

$\varphi_\circ$：表示中和轴位置的角度（由隧道顶部开始的中心角）；

E_c：管片主体的弹性系数；

E_s：环间接头螺栓的弹性系数；

t_c：有效受压断面的宽度；

t_t：有效受拉断面的宽度；

A_c：环间接头断面的有效受压断面面积；

A_t：环间接头螺栓的有效抗拉断面面积总和；

n_r：环间接头数目；

r：形心半径。

图 V.15.3　记号的说明

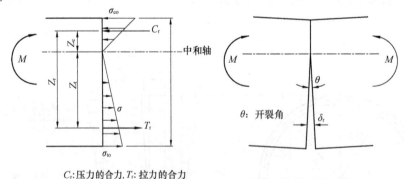

C_r：压力的合力，T_r：拉力的合力

图 V.15.4　环间接头部的力的平衡与变形

15.3　理论计算方法的注意点

在 15.1，15.2 中所示的环间接头的转动弹簧的计算公式是以隧道纵断方向上只有弯矩作用（纯弯曲）为前提的。因此，在隧道纵断方向上对作为轴向压力作用的千斤顶推力进行验算时，不能照原样使用这些计算公式来计算转动弹簧系数，要注意有必要合理地考虑轴力的影响。但是，在考虑荷载评价、结构模型化、地层评价等精度及既往研究实例的基础上，应在可以判断对实际应用不会产生影响时有效

利用上面的公式。

此外，在依据志波等提案的方法与依据西野提案的方法中，对以下各项因考虑方法不同，应加以注意。

・对表示中和轴位置的中心角度的定义不同。

・根据弯矩作用下环间接头处的力的平衡，前者考虑了受拉区域的管片主体的受拉应变，但后者没有考虑。

・对弯矩作用下环间接头处的截面应变保持平面的假定及变形协调条件，前者没有考虑截面应变保持平面的假定，而考虑了受拉区域管片主体的受拉应变，应用变形协调条件；但后者考虑了截面应变保持平面的假定。

16　盾构隧道纵断方向上等效抗弯刚度的推导

16.1　纵断方向上等效抗弯刚度的推导

根据志波等的方法[78]，论述了环间接头的等效抗弯刚度的推导。在隧道纵向方向上有弯矩发生时，隧道的变形协调条件与力的平衡条件如下式所示。

16.1.1　变形协调条件

$$\varepsilon_c \cdot \frac{l_s}{2} = \left(\frac{D}{2} - x\right) \cdot \frac{\theta}{2} \qquad (\text{V}.16.1)$$

$$\frac{r+x}{D/2+x}\varepsilon_t \cdot \frac{l_s}{2} + \frac{\delta_j}{2} = (r+x) \cdot \frac{\theta}{2} \qquad (\text{V}.16.2)$$

16.1.2　力的平衡条件

$$2 \cdot \frac{E_s \cdot \varepsilon_c}{D/2-x}\int_0^{\pi/2-\varphi}(r \cdot \cos\alpha - x) \cdot r \cdot t \cdot d\alpha$$

$$= 2 \cdot \frac{E_s \cdot \varepsilon_t}{D/2+x}\int_0^{\pi/2+\varphi}(r \cdot \cos\alpha + x) \cdot r \cdot t \cdot d\alpha \qquad (\text{V}.16.3)$$

$$= 2 \cdot \frac{k_r \cdot \delta_j}{r+x}\int_0^{\pi/2+\varphi}(r \cdot \cos\alpha + x) \cdot r \cdot t \cdot d\alpha \qquad (\text{V}.16.4)$$

$$2 \cdot \frac{E_s \cdot \varepsilon_c}{D/2-x}\int_0^{\pi/2-\varphi}(r \cdot \cos\alpha - x)^2 \cdot r \cdot t \cdot d\alpha + 2 \cdot \frac{E_s \cdot \varepsilon_t}{D/2+x}\int_0^{\pi/2+\varphi}(r \cdot \cos\alpha + x)^2 \cdot r \cdot t \cdot d\alpha = M$$

$$(\text{V}.16.5)$$

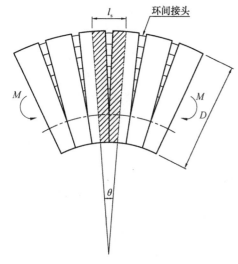

图 V.16.1　盾构隧道变形

这里，

M：轴向方向（纵断方向）的弯矩；

l_s：管片环长度（管片宽度）；

D：管片外径；

θ：转角；

K_j：断面内（环间接头面部）的环间接头弹簧系数的总和；

r：管片环的形心半径；

t：衬砌厚度；

x：中和轴的位置；

φ：表示中和轴位置的角度；$\varphi = \sin^{-1}(x/r)$；

k_r：环间接头的抗拉弹簧（轴向弹簧）的线密度 $k_r = K_j/(2\pi \cdot r)$；

ε_c，ε_t：管片的受压应变与受拉应变；

δ_j 环间接头在受拉边缘的开裂量。

16.1.3　对变形协调条件及力的平衡条件的说明

对式（V.16.3）～式（V.16.5）进行如下说明：

●式（V.16.3）的左边：环间接头处所发生压力（管片主体）的合力。

●式（V.16.3）的右边：环间接头处所发生拉力（管片主体）的合力。

●式（V.16.4）的右边：环间接头处所发生拉力的合力。

●式（V.16.5）的左边第1项：相对于环间接头处所发生压力的中和轴的弯矩。

●式（V.16.5）的左边第2项：相对于环间接头处所发生拉力的中和轴的弯矩。

对式（V.16.3），式（V.16.4），式（V.16.5）进行如下说明：

任意位置（角度 α,β）处于微小区域 dA_1，dA_2 上的作用力 dP_1，dP_2 变为下式。

拉力

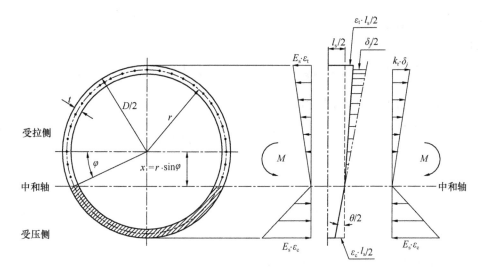

图Ⅴ.16.2　环间接头的变形与应力状态-1

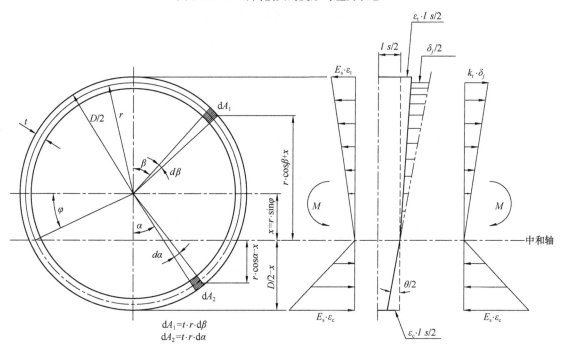

$$dA_1 = t \cdot r \cdot d\beta$$
$$dA_2 = t \cdot r \cdot d\alpha$$

图Ⅴ.16.3　环间接头的变形与应力状态-2

$$dP_1 = \frac{r \cdot \cos\beta + x}{D/2 + x} \cdot E_s \cdot \varepsilon_t \cdot t \cdot r \cdot d\beta = \frac{r \cdot \cos\beta + x}{r + x} \cdot k_r \cdot \delta_j \cdot r \cdot d\beta$$

压力

$$dP_2 = \frac{r \cdot \cos\alpha - x}{D/2 - x} \cdot E_s \cdot \varepsilon_c \cdot t \cdot r \cdot d\alpha$$

对于压力中和轴的弯矩如下所示：

$$2\int_0^{\pi/2-\varphi} (r \cdot \cos\alpha - x) \cdot dP_2 = 2\int_0^{\pi/2-\varphi} (r \cdot \cos\alpha - x) \cdot \frac{r \cdot \cos\alpha - x}{D/2 - x} \cdot E_s \cdot \varepsilon_c \cdot t \cdot r \cdot d\alpha$$

$$= 2 \cdot \frac{E_s \cdot \varepsilon_c}{D/2 - x} \cdot \int_0^{\pi/2-\varphi} (r \cdot \cos\alpha - x)^2 \cdot t \cdot r \cdot d\alpha$$

即式（Ⅴ.16.5）的左边第1项。

对于拉力中和轴的弯矩如下所示：

$$2\int_0^{\pi/2+\varphi} (r \cdot \cos\beta + x) \cdot dP_1 = 2\int_0^{\pi/2+\varphi} (r \cdot \cos\beta + x) \cdot \frac{r \cdot \cos\beta + x}{D/2 + x} \cdot E_s \cdot \varepsilon_t \cdot t \cdot r \cdot d\beta$$

$$= 2 \cdot \frac{E_s \cdot \varepsilon_t}{D/2 + x} \cdot \int_0^{\pi/2+\varphi} (r \cdot \cos\beta + x)^2 \cdot t \cdot r \cdot d\beta$$

即式（V.16.5）的左边第 2 项。

压力的合力如下所示：

$$2\int_0^{\pi/2-\varphi} \mathrm{d}P_2 = 2\int_0^{\pi/2-\varphi} \frac{r \cdot \cos\alpha - x}{D/2 - x} \cdot E_s \cdot \varepsilon_c \cdot t \cdot r \cdot \mathrm{d}\alpha = 2 \cdot \frac{E_s \cdot \varepsilon_c}{D/2 - x} \cdot \int_0^{\pi/2-\varphi} (r \cdot \cos\alpha - x) \cdot t \cdot r \cdot \mathrm{d}\alpha$$

即（V.16.3）左边。拉力的合力如下所示：

$$2\int_0^{\pi/2+\varphi} \mathrm{d}P_1 = 2\int_0^{\pi/2+\varphi} \frac{r \cdot \cos\beta + x}{D/2 + x} \cdot E_s \cdot \varepsilon_t \cdot t \cdot r \cdot \mathrm{d}\alpha = 2 \cdot \frac{E_s \cdot \varepsilon_c}{D/2 + x} \cdot \int_0^{\pi/2+\varphi} (r \cdot \cos\beta + x) \cdot t \cdot r \cdot \mathrm{d}\beta$$

即式（V.16.3）右边。

拉力的合力如下所示：

$$2\int_0^{\pi/2+\varphi} \mathrm{d}P_1 = 2\int_0^{\pi/2+\varphi} \frac{r \cdot \cos\beta + x}{r + x} \cdot k_r \cdot \delta_j \cdot r \cdot \mathrm{d}\beta = 2 \cdot \frac{k_r \cdot \delta_j}{r + x} \cdot \int_0^{\pi/2+\varphi} (r \cdot \cos\beta + x) \cdot r \cdot \mathrm{d}\beta$$

即式（V.16.4）右边。

由以上公式来推导等效抗弯刚度与中和轴计算公式。

16.1.4　等效抗弯刚度的推导

使用 $x = r \cdot \sin\varphi$ 对式（V.16.5）进行变形，得到式（V.16.5.1）。

$$2 \cdot \frac{E_s \cdot \varepsilon_c}{D/2 - x} \int_0^{\pi/2-\varphi} (r \cdot \cos\alpha - x)^2 \cdot r \cdot t \cdot \mathrm{d}\alpha + 2 \cdot \frac{E_s \cdot \varepsilon_t}{D/2 + x} \int_0^{\pi/2+\varphi} (r \cdot \cos\alpha + x)^2 \cdot r \cdot t \cdot \mathrm{d}\alpha = M$$

$$M = 2 \frac{E_s \cdot \varepsilon_c \cdot r^3 \cdot t}{D/2 - x} \left\{ \left(\frac{\pi}{2} - \varphi\right)\left(\frac{1}{2} + \sin^2\varphi\right) - \frac{3}{4}\sin 2\varphi \right\}$$

$$+ 2 \frac{E_s \cdot \varepsilon_t \cdot r^3 \cdot t}{D/2 + x} \left\{ \left(\frac{\pi}{2} + \varphi\right)\left(\frac{1}{2} + \sin^2\varphi\right) + \frac{3}{4}\sin 2\varphi \right\} \qquad (V.16.5\text{-}1)$$

使用 $x = r \cdot \sin\varphi$ 对式（V.16.3）进行变形，得到式（V.16.3-1）。

$$2 \cdot \frac{E_s \cdot \varepsilon_c}{D/2 - x} \int_0^{\pi/2-\varphi} (r \cdot \cos\alpha - x) \cdot r \cdot t \cdot \mathrm{d}\alpha = 2 \cdot \frac{E_s \cdot \varepsilon_t}{D/2 + x} \int_0^{\pi/2+\varphi} (r \cdot \cos\alpha + x) \cdot r \cdot t \cdot \mathrm{d}\alpha$$

$$\frac{\varepsilon_t}{D/2 + x} = \frac{\varepsilon_c}{D/2 - x} \cdot \frac{\cos\varphi - (\pi/2 - \varphi) \cdot \sin\varphi}{\cos\varphi + (\pi/2 + \varphi) \cdot \sin\varphi} \qquad (V.16.3\text{-}1)$$

将式（V.16.3-1）代入到式（V.16.1）的变形式（V.16.1-1）中，得到。

$$\varepsilon_c \cdot \frac{l_s}{2} = \left(\frac{D}{2} - x\right) \cdot \frac{\theta}{2}$$

$$\frac{\varepsilon_c}{D/2 - x} = \frac{\theta}{l_s} \qquad (V.16.1\text{-}1)$$

$$\frac{\varepsilon_t}{D/2 + x} = \frac{\theta}{l_s} \cdot \frac{\cos\varphi - (\pi/2 - \varphi) \cdot \sin\varphi}{\cos\varphi + (\pi/2 + \varphi) \cdot \sin\varphi} \qquad (V.16.3\text{-}2)$$

将式（V.16.1-1）及式（V.16.3-2）代入到式（V.16.5-1）中，得到：

$$M = \frac{E_s \cdot \pi r^3 \cdot t}{ls} \cdot \frac{\cos^3\varphi}{\cos\varphi + (\pi/2 + \varphi) \cdot \sin\varphi} \cdot \theta \qquad (V.16.5\text{-}2)$$

取 $I_s \approx \pi r^3 \cdot t$，式（V.16.5-2）变为：

$$M = \frac{E_s \cdot I_s}{ls} \cdot \frac{\cos^3\varphi}{\cos\varphi + (\pi/2 + \varphi) \cdot \sin\varphi} \cdot \theta \qquad (V.16.5\text{-}3)$$

可见，与式（V.15.1）相同。具有刚度为 EI_{eq} 的梁在弯矩 M 作用下，梁长为 l_s 部分的转角 θ_{eq} 变为下式。

$$\theta_{eq} = \frac{M}{EI_{eq}} \cdot ls$$

定义使 $\theta = \theta_{eq}$ 的抗弯刚度为等效抗弯刚度，依据这两式，等效抗弯刚度可由下式来计算。

$$EI_{eq} = \frac{\cos^3\varphi}{\cos\varphi + (\pi/2 + \varphi) \cdot \sin\varphi} \cdot E_s \cdot I_s \qquad (V.16.6)$$

16.1.5　中和轴计算公式的推导

使用 $x = r \cdot \sin\varphi$ 对式（V.16.4）进行变形，得到：

$$2 \cdot \frac{E_s \cdot \varepsilon_c}{D/2 - x} \int_0^{\pi/2-\varphi} (r \cdot \cos\alpha - x) \cdot r \cdot t \cdot \mathrm{d}\alpha = 2 \cdot \frac{k_r \cdot \delta_j}{r + x} \int_0^{\pi/2+\varphi} (r \cdot \cos\alpha + x) \cdot r \cdot \mathrm{d}\alpha$$

$$\frac{E_s \cdot \varepsilon_c \cdot t}{D/2 - x}\left\{\cos\varphi - \left(\frac{\pi}{2} - \varphi\right) \cdot \sin\varphi\right\} = \frac{k_r \cdot \delta_j}{r + x}\left\{\cos\varphi + \left(\frac{\pi}{2} + \varphi\right) \cdot \sin\varphi\right\} \qquad (\text{V}.16.4\text{-}1)$$

将式（Ⅴ.16.2）代入到式（Ⅴ.16.3.2）中，得到式（Ⅴ.16.3.3）。

$$\frac{r + x}{D/2 + x}\varepsilon_t \cdot \frac{l_s}{2} + \frac{\delta_j}{2} = (r + x) \cdot \frac{\theta}{2}$$

$$\frac{\varepsilon_t}{D/2 + x} = \frac{\theta}{l_s} \cdot \frac{\cos\varphi - (\pi/2 - \varphi) \cdot \sin\varphi}{\cos\varphi + (\pi/2 + \varphi) \cdot \sin\varphi}$$

$$\frac{\delta_j}{r + x} = \frac{\pi \cdot \sin\varphi}{\cos\varphi + (\pi/2 + \varphi) \cdot \sin\varphi} \cdot \theta \qquad (\text{V}.16.3\text{-}3)$$

将式（Ⅴ.16.1-1）及式（Ⅴ.16.3-3）代入到式（Ⅴ.16.4-1）中，得到：

$$\varphi + \cot\varphi = \pi \cdot \left(\frac{1}{2} + \frac{k_r}{E_s \cdot t/l_s}\right) \qquad (\text{V}.16.4\text{-}2)$$

式（Ⅴ.16.4-2）的 k_r/t 可以进行如下的变形：

$$\frac{k_r}{t} = \frac{K_j}{2\pi \cdot r} \cdot \frac{1}{t} = \frac{K_j}{2\pi(D/2 - t/2) \cdot t} = \frac{K_j}{\pi \cdot t(D - t)} \qquad (\text{补充式 } 1)$$

另一方面，将管片环的断面面积记为 A_s，A_s 变为下式：

$$A_s = \frac{\pi}{4}\{D^2 - (D - 2t)^2\} = \pi \cdot t(D - t) \qquad (\text{补充式 } 2)$$

将（补充式 2）代入到（补充式 1）中，k_r/t 变为下式：

$$\frac{k_r}{t} = \frac{K_j}{A_s}$$

因此式（Ⅴ.16.4-2）变为：

$$\varphi + \cot\varphi = \pi \cdot \left(\frac{1}{2} + \frac{K_j}{E_s \cdot A_s/l_s}\right) \qquad (\text{V}.16.7)$$

16.2 盾构隧道纵断方向的应力与接头拉力计算公式的推导

隧道纵断方向上有弯矩 M 发生时，环间接头处应力计算公式的推导如下所示。

①管片主体的受压应力 σ_c

$$\sigma_c = E_s \cdot \varepsilon_c$$

$$= E_s \cdot \frac{\theta}{l_s} \cdot \left(\frac{D}{2} - x\right) \qquad \text{由式（V.16.1-1）}$$

$$= E_s \cdot \frac{D/2 - x}{l_s} \cdot \frac{M \cdot l_s}{E_s \cdot I_s} \cdot \frac{\cos\varphi + (\pi/2 + \varphi) \cdot \sin\varphi}{\cos^3\varphi} \qquad \text{由式（V.16.5-3）}$$

$$\therefore \sigma_c = \frac{M}{I_s} \cdot \frac{\cos\varphi + (\pi/2 + \varphi) \cdot \sin\varphi}{\cos^3\varphi} \cdot \left(\frac{D}{2} - x\right)$$

②管片主体的受拉应力 σ_t

$$\sigma_t = E_s \cdot \varepsilon_t$$

$$= E_s \cdot \frac{\theta}{l_s} \cdot \left(\frac{D}{2} + x\right) \cdot \frac{\cos\varphi - (\pi/2 - \varphi) \cdot \sin\varphi}{\cos\varphi + (\pi/2 + \varphi) \cdot \sin\varphi} \qquad \text{由式（V.16.3.2）}$$

$$= E_s \cdot \frac{D/2 + x}{l_s} \cdot \frac{M \cdot l_s}{E_s \cdot I_s} \cdot \frac{\cos\varphi - (\pi/2 - \varphi) \cdot \sin\varphi}{\cos^3\varphi} \cdot$$

$$\frac{\cos\varphi - (\pi/2 - \varphi) \cdot \sin\varphi}{\cos\varphi + (\pi/2 + \varphi) \cdot \sin\varphi} \qquad \text{由式（V.16.5-3）}$$

$$\therefore \sigma_t = \frac{M}{I_s} \cdot \frac{\cos\varphi - (\pi/2 - \varphi) \cdot \sin\varphi}{\cos^3\varphi} \cdot \left(\frac{D}{2} + x\right)$$

③1 处环间接头所作用的拉力 f_j

$$f_j = k_j \cdot \delta_j$$

$$= k_{\mathrm{j}} \cdot \frac{\pi \cdot \sin\varphi}{\cos\varphi + (\pi/2 + \varphi) \cdot \sin\varphi} \cdot (r + x) \cdot \theta \qquad \text{由式(V.16.3-3)}$$

$$= k_{\mathrm{j}} \cdot \frac{\pi \cdot \sin\varphi}{\cos\varphi + (\pi/2 + \varphi) \cdot \sin\varphi} \cdot (r + x) \cdot \frac{M \cdot l_{\mathrm{s}}}{E_{\mathrm{s}} \cdot I_{\mathrm{s}}} \cdot$$

$$\frac{\cos\varphi + (\pi/2 + \varphi) \cdot \sin\varphi}{\cos^{3}\varphi} \qquad \text{由式(V.16.5-3)}$$

$$\therefore \quad f_{\mathrm{j}} = \frac{M \cdot l_{\mathrm{s}}}{E_{\mathrm{s}} \cdot I_{\mathrm{s}}} \cdot \frac{\pi \cdot \sin\varphi}{\cos^{3}\varphi} \cdot (r + x) \cdot k_{\mathrm{j}}$$

17　楔形环楔形量的计算方法

在曲线区间所使用的楔形环楔形量的计算方法如下所述。

(1) 以楔形环最大宽度为基准的计算方法

将位于曲线区间的楔形环与普通环的数目分别记为 m，n，隧道衬砌的外周长与内周长分别变为式（V.17.1）与式（V.17.2）。

$$衬砌的外周长 = m \cdot B_T + n \cdot B \qquad (V.17.1)$$

$$衬砌的内周长 = m(B_T - \Delta) + n \cdot B \qquad (V.17.2)$$

将曲线半径记为 R，由图 V.17.1 所示的相似关系变为式（V.17.3）。

$$\frac{m \cdot B_T + n \cdot B}{m(B_T - \Delta) + n \cdot B} = \frac{R + D_0/2}{R - D_0/2} \qquad (V.17.3)$$

此外，楔形环的楔形量 Δ 由式（V.17.4）来表示。

$$\Delta = \frac{n/m \cdot B + B_T}{R + D_0/2} \cdot D_0 \qquad (V.17.4)$$

另一方面，中心线的长 l 由式（V.17.5）来计算。

$$l = m\left(B_T - \frac{\Delta}{2}\right) + n \cdot B \qquad (V.17.5)$$

这里，R：隧道中心曲线半径（mm）；

Δ：楔形量（mm）；

m：楔形环环数；

n：标准环环数；

B_T：楔形环的最大宽度（mm）；

B：标准环的宽度（mm）；

D_0：管片外径（mm）；

l：隧道中心线的长度（mm）。

(2) 以楔形环中心宽度为基准的计算方法

与前述相同的考虑方法，管片衬砌的外周长、内周长分别如式（V.17.6）及式（V.17.7）。

$$衬砌的外周长 = m\left(B_{TS} + \frac{\Delta}{2}\right) + n \cdot B \qquad (V.17.6)$$

$$衬砌的内周长 = m\left(B_{TS} - \frac{\Delta}{2}\right) + n \cdot B \qquad (V.17.7)$$

将曲线半径记为 R，依据图 V.17.1 所示的相似关系，式（V.17.3），式（V.17.4），式（V.17.5）分别变成式（V.17.8），式（V.17.9），式（V.17.10）。

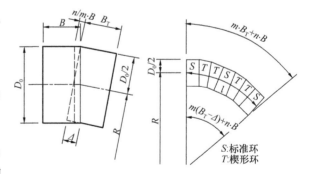

图 V.17.1　曲线半径与楔形量

$$\frac{m(B_{TS} + \Delta/2) + n \cdot B}{m(B_{TS} - \Delta/2) + n \cdot B} = \frac{R + D_0/2}{R - D_0/2} \qquad (V.17.8)$$

$$\Delta = \frac{n/m \cdot B + B_{TS}}{R} \cdot D_0 \qquad (V.17.9)$$

$$l = m \cdot B_{TS} + n \cdot B \qquad (V.17.10)$$

这里，B_{TS}：楔形环的中心宽度（mm）。

(3) 楔形量的修正

由式（V.17.4）及式（V.17.9）所求得楔形量 Δ 为管片环形成曲线区间必需的楔形量。另一方面，楔形环的形状如图 V.17.2 所示，一般 K 型管片位于顶部，在起拱线处设定最大宽度与最小宽度。在管片拼装中，为了进行如图 V.17.3 所示的错缝拼装，因为 K 型管片的拼装角度为 σ，故实际有效的

楔形量为 $\Delta \cdot \cos\sigma$ 。因此，在管片的设计中有必要考虑此因素对设定的楔形量进行修正，一般按照式（Ⅴ.17.11）增加楔形量。

$$\Delta_0 = \frac{\Delta}{\cos\sigma} \qquad\qquad (Ⅴ.17.11)$$

这里，Δ_0：考虑增加后的楔形量（mm）；

　　　　σ：楔形环的拼装角度（度）。

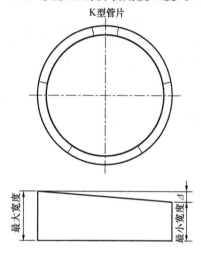

图Ⅴ.17.2　楔形环的结构实例

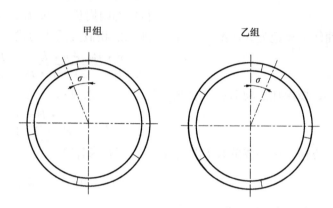

图Ⅴ.17.3　错缝拼装实例

18 极限状态设计法的参考资料

18.1 铸铁管片的材料特性及局部屈曲

(1) 球墨铸铁的材料特性

球墨铸铁与钢材不同，没有明显的屈服点。为此，规定将永久残留应变为 0.2% 时的强度定为屈服强度。球墨铸铁制品大多比 JIS 规定的强度大。如图Ⅴ.18.1 所示，对小于 JIS 规定下限值的材料，关于其应力-应变关系，在设计中所用的弹性模量（初始斜率）与应变为 0.2% 时的承载力点处的名义弹性模量不同。

在使用极限状态设计中，因应力限制值取为屈服强度的 75%，即使采用 JIS 下限值的材料，实际弹性模量与设计上的弹性模量没有大的偏差，在设计上可以忽略其影响。但在承载力极限状态设计中，不设二次衬砌时，因有必要考虑屈曲的影响，名义上的弹性模量的减小给屈曲的评价带来很大的影响，要加以注意。

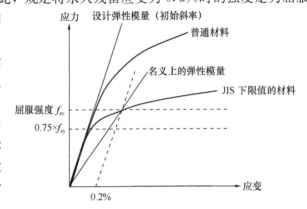

图Ⅴ.18.1 关于球墨铸铁的弹性模量

(2) 关于铸铁管片局部屈曲的验算[80]

铸铁管片通过铸造一体成型，板也比较厚，考虑不会发生局部屈曲，过去以来省略了局部屈曲的验算。但由于管片的大型化及极限状态设计法的导入，有必要明确铸铁管片局部屈曲的考虑方法。

铸铁管片与钢管片在制造方法与结构上的不同，若采用同一条件来进行局部屈曲的验算则与实际情况不符。铸铁管片的局部屈曲可以与钢管片相同，考虑应用《道路桥设计规范Ⅱ钢桥编》中 4.2.3 中所述的欧拉（Euler）弹性屈曲理论，但要使用与钢管片不同屈曲系数的考虑方法。

关于评价铸铁管片结构的局部屈曲，在本节中为了讨论欧拉弹性屈曲理论的应用及屈曲系数计算方法的合理性，进行了如下研究。

依据考虑外主肋的约束状态后的平板模型，进行 FEM 屈曲计算，在此计算结果的基础上依据欧拉的弹性屈曲理论计算屈曲系数，并和依据提案的计算方法得到的屈曲系数进行比较讨论。

采用考虑铸铁管片结构后的箱型模型，进行 FEM 屈曲计算，计算所得的屈曲应力与依据欧拉弹性屈曲理论所得的理论屈曲应力进行比较讨论。

进行铸铁管片的抗压试验，由试验所得的试件屈曲时的荷载与欧拉弹性屈曲理论所得的荷载进行比较讨论。

关于这些研究内容如下所示。

1) 屈曲系数计算方法的讨论

波纹型管片主肋中，以可能发生局部屈曲的外主肋（环间接头板并用）为研究对象，对屈曲系数的计算方法进行了讨论。外主肋为在其 3 边与纵肋及面板一体成型的矩形板，因面板比较厚的原因，主肋的周边支承条件可以考虑为 3 边固定，1 边自由。

因铸铁管片具有上述结构特点，可按照表Ⅴ.18.1 来设定外主肋的约束状态及屈曲系数。

铸铁管片的约束状态与屈服系数　　　　　　　　　表Ⅴ.18.1

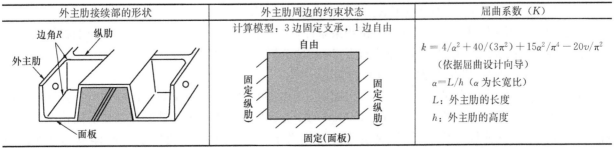

外主肋接续部的形状	外主肋周边的约束状态	屈曲系数（K）
边角R 纵肋 外主肋 面板	计算模型：3 边固定支承，1 边自由　自由　固定纵肋　固定纵肋　固定(面板)	$k = 4/\alpha^2 + 40/(3\pi^2) + 15\alpha^2/\pi^4 - 20v/\pi^2$（依据屈曲设计向导）$\alpha = L/h$（$\alpha$ 为长宽比）L：外主肋的长度 h：外主肋的高度

3 边固定，1 边自由平板的屈曲系数的计算公式可以应用日本土木学会《屈曲设计指南》[81]中的公式。为了依据此式中的 α 与屈曲系数的关系来确认此式的适用范围，进行了平板模型的 FEM 屈曲计算（弹性分析）（参照图 V.18.2）。

计算模型中材质与 FCD500-7 相当，宽度为 240mm，板厚为 13.5～16.3mm（板由自由面向面板侧逐渐变厚），并使用了六面体单元。将依据由屈曲计算得到的一次模式的屈曲荷载所得到的屈曲系数与依据《屈曲设计指南》[81]中所述的计算公式所求得的屈曲系数进行比较，如图 V.18.3 所示。

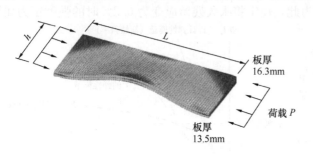

图 V.18.2 FEM 屈曲解析结果实例
（$\alpha=2$，一次模式变形图，应力等高线图）

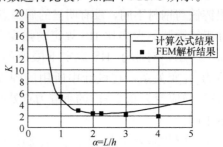

图 V.18.3 屈曲系数的计算结果

此外，由计算得到的屈曲荷载来计算屈曲应力 σ_{cr}，基于《道路桥规范 II 钢桥编》4.2.3 中所述的欧拉（Euler）弹性屈曲理论，利用式（V.18.1）和式（V.18.2）计算出依据 FEM 屈曲解析所得的屈曲系数 k。

$$\frac{\sigma_{cr}}{\sigma_y} = \frac{1}{R^2} \tag{V.18.1}$$

$$R = \frac{h}{t}\sqrt{\frac{\sigma_y}{E} \cdot \frac{12(1-\nu^2)}{\pi^2 \cdot k}} \tag{V.18.2}$$

这里，

σ_{cr}：屈曲应力；

σ_y：球墨铸铁 FCD500-7 的屈服应力；

h：外主肋高度；

t：外主肋厚度；

k：屈曲系数；

E：球墨铸铁的弹性模量；

ν：球墨铸铁的泊松比；

依据《屈曲设计指南》[81]中所述的计算公式，$\alpha = 2.26$ 时屈曲系数为最小值，其后随着 α 的增加，屈曲系数也在增加，由此计算式得到的屈曲系数与依据 FEM 解析结果所得数值产生了偏离。但当 α 处于 2.26 以下时两者一致，在此范围内可认为使用《屈曲设计指南》[81]中所述的计算公式是合理的。

此外，对实际使用中管片高度（200～450mm）及外主肋的板厚（15mm 以上）的铸铁管片，α 值全部处于 2.26 以下。进一步，使用由《屈曲设计指南》[81]中所述的计算公式所求得的屈曲系数，计算《隧道设计规范》中第 209 条表 5.9 中所示的宽厚比（$h/t_r \cdot f \cdot \sqrt{K}$），对上述实例中的主肋尺寸，FCD500-7 的极限宽厚比处于 14.3 以下。因不受局部屈曲的影响，可以认为在目前所使用的铸铁管片中，没有局部屈曲的问题。

但在管片高度大，板厚比实例中的数值薄时，需要注意有必要考虑局部屈曲。

2）对主肋周围的约束条件及应用欧拉弹性屈曲理论合理性的讨论

为了确认应用在铸铁管片上的主肋周围约束条件，即 3 边固定，1 边自由平板与欧拉的弹性屈曲理论的合理性，依据如下所示的箱形模型进行 FEM 屈曲解析与抗压试验来进行验证。

①依据箱形模型的 FEM 屈曲解析进行的验证

关于铸铁管片的局部屈曲，为了与以 3 边固定，1 边自由约束状态下平板为前提的欧拉弹性屈曲理论计算结果的比较，对高分别为 250mm，450mm 的 2 类管片，采用考虑铸铁管片结构后的箱型模型进行 FEM 屈曲计算（弹性分析）。计算模型的材料相当于 FCD500-7，并使用了 4 面体单元（参照图

V.18.4)。

表 V.18.2 表示了依据欧拉弹性屈曲理论的屈曲计算结果与箱型模型 FEM 屈曲解析结果的比较。因外主肋的厚度比实际中常用数值薄 15mm，在受到局部屈曲的影响时，外主肋的屈曲决定了管片的屈曲强度，屈曲的计算结果 $(\sigma_{cr}/\sigma_y)_{cal}$ 与 FEM 解析结果 $(\sigma_{cr}/\sigma_y)_{FEM}$ 几乎一致。

由此，在评价局部屈曲的影响时将主肋的形状与周边的约束条件考虑为 3 边固定，1 边自由的板，可以认为在此条件下将欧拉的弹性理论应用于铸铁管片是没有问题的。

依据欧拉弹性屈曲理论进行的屈曲计算与 FEM 屈曲解析结果的比较

（弹性屈曲应力/屈服应力）　　　　　　　　表 V.18.2

管片的高度 (mm)	纵肋的间隔 (mm)	d	外主肋的厚度 (mm)	宽厚比	屈曲计算结果[*1] $(\sigma_{cr}/\sigma_y)_{cal}$	FEM 屈曲解析结果[*2] $(\sigma_{cr}/\sigma_y)_{FEM}$	局部屈曲的影响[*3]
250	400	1.55	9	15.9	1.67	1.67	受影响
450	440	0.94	12	15.7	1.73	1.80	受影响

*1. 根据式（V.18.1），式（V.18.2）进行计算。
*2. 根据由 FEM 屈曲解析得到的屈曲荷载来计算 σ_{cr}。
*3. 受局部屈曲影响的情况为主肋的宽厚比＞14.3 时。

②依据抗压试验的验证

为了确认主肋受压时的力学行为，采用如图 V.18.5 所示的管片高度为 200mm、250mm、450mm 的箱形试件，施加压力直到构件达到破坏状态来进行实验。

荷载

高度为450mm，主肋厚度
为120mm的解析结果

图 V.18.4　FEM 屈曲解析结果实例（一次模式图）
（一次模式变形图，应力等高线图）

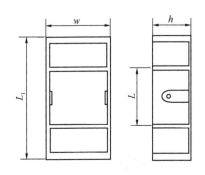

图 V.18.5　试件的形状与记号

试件的尺寸如表 V.18.3 所示，主肋高度有 3 种类型，主肋厚度为 2~3 种类型，共 7 种类。材质为 FCD500-7。

受压试件的尺寸　　　　　　　　表 V.18.3

工况 No.	高度 h	宽度 W	纵肋间隔 L	全长 L_1	构件厚度 主肋（t_r）	构件厚度 面板	构件厚度 纵肋	试件个数	宽厚比修正值[*1]	局部屈曲的影响[*2]
1A	200	300	360	680	15~17	9	22~26	1	8.1	不受
1B		294	〃	〃	12~14	〃	〃	1	10.1	不受
2A	250	300	400	800	15~18	9	25~30	1	9.8	不受
2B		294	〃	〃	12~15	〃	〃	1	12.2	不受
3A	450	350	460	1100	15~20	9	21~30	3	13.6	不受
3B		344	〃	〃	12~17	〃	〃	2	17.0	受
3C		338	〃	〃	9~14	〃	〃	2	22.7	受

*1. 宽厚比修正为 $h/t_r \cdot f \cdot \sqrt{K}$。

*2. 当 $h/t_r \cdot f \cdot \sqrt{K} \leqslant 14.3$ 时，不受局部屈曲影响。

因在试件的周围 4 面采用了与管片相同的机械加工，主肋外面几乎没有初始挠度的产生。

在试验中使试件处于竖立的状态，将其形心位置与千斤顶的中心对正后，施加荷载。在对主肋屈曲最严格的单纯受压条件下来施加荷载直到不能增加为止。

试验中的最大荷载与构件应力到达屈服应力时的计算荷载的比较如表 Ⅴ.18.4 所示，试验后的状况如照片 Ⅴ.18.1 所示。

主肋高度为 200mm 与 250mm 的 4 工况（1A，1B，2A，2B）都为不受局部屈曲影响的工况，试验中的最大荷载 P_2 为相当于屈服应力的计算荷载 P_1 的约 1.25 倍，达到了塑性状态。主肋周围的变形状态如照片 Ⅴ.18.1 所示，在主肋与纵肋交叉附近，及主肋与接头板交叉附近保持着初始的直角状态，在主肋交叉处的约束表现出固结的状态。

试验中最大荷载与计算荷载的比较   表 Ⅴ.18.4

工况 No	高度 (mm)	主肋的断面面积 A (mm²)	与屈服应力相当的计算荷载 $P_1 = \sigma_y \cdot A$ (kN)	试验中的最大荷载 P_2 (kN)	最大荷载与计算荷载的比 P_2/P_1	最大荷载时的垂直位移 (mm)
1A	200	8812	3172	3930	1.24	约 4
1B		7612	2740	3410	1.24	约 3
2A	250	10653	3835	4790	1.25	约 4
2B		9153	3295	4240	1.29	约 3.5
3A	450	18585	6691	7160	1.07	约 4
3B		15885	5719	5660	0.99	约 3.5
3C		13185	4747	4600	0.97	约 3

注：高度 450mm 的试验结果为 2～3 次的平均值。

对主肋高度为 450mm，不受局部屈曲影响的 3A 工况，试验中的最大荷载也大于相当于屈服应力以上的荷载，达到了塑性状态。

另一方面，在受到局部屈曲影响的工况 3B 与 3C 的实验结果中，将 R（宽厚比参数）与 σ_u/σ_y（实验中最大压应力与屈曲应力）的关系描述在图 Ⅴ.18.6 中，得到接近基于欧拉弹性屈曲理论的承载力曲线（曲线 D）的结果。这相对于《道路桥规范 Ⅱ 钢桥编》4.2.3 中所规定的标准承载力的曲线（曲线 A），处于充分的安全状态。

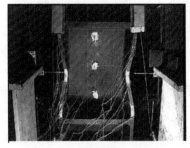
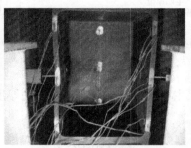

1B工况   2A工况   3A工况

照片 Ⅴ.18.1 抗压试验后的状况

于是，在本研究中对外主肋局部屈曲的约束条件为 3 边固结，1 边自由支承，可以认为此约束条件可以应用于欧拉弹性屈曲理论对铸铁管片局部屈曲的考虑之中。

（3）小结

由以上的研究可以得到如下结论。

按照平板的 3 边固定，1 边自由的约束状态由 FEM 计算所得的屈曲系数与依据《屈曲设计指南》[81] 中由屈曲系数计算公式所得的值在 α 小于 2.26 时取得了一致。因此，在 α 处于 2.26 以下的范围时，可以应用《屈曲设计指南》[81] 中所述的屈曲系数计算公式于铸铁管片的局部屈曲系数计算中。

箱形模型的 FEM 屈曲计算结果与在受到局部屈曲影响时平板的 3 边固定、1 边自由的约束下依据欧拉弹性屈曲理论的计算结果近似。并且箱形试件的抗压试验结果与依据欧拉弹性屈曲理论的曲线（欧拉曲线）相近，可以认为欧拉屈曲弹性屈曲理论可以应用于铸铁管片局部屈曲计算中。

综上所述，可以将主肋周围约束条件（平板的 3 边固定、1 边自由）下的欧拉弹性屈曲理论应用于铸铁管片局部屈曲的考虑方法中。

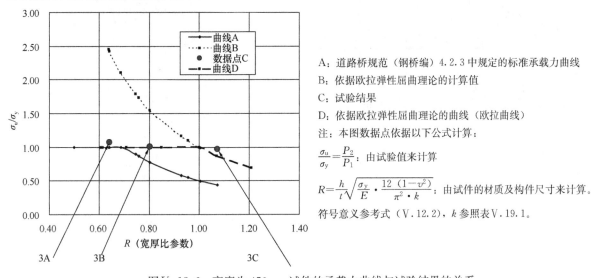

A：道路桥规范（钢桥编）4.2.3 中规定的标准承载力曲线
B：依据欧拉弹性屈曲理论的计算值
C：试验结果
D：依据欧拉弹性屈曲理论的曲线（欧拉曲线）
注：本图数据点依据以下公式计算：

$\dfrac{\sigma_u}{\sigma_y}=\dfrac{P_2}{P_1}$：由试验值来计算

$R=\dfrac{h}{t}\sqrt{\dfrac{\sigma_y}{E}\cdot\dfrac{12\,(1-v^2)}{\pi^2\cdot k}}$：由试件的材质及构件尺寸来计算。

符号意义参考式（Ⅴ.12.2），k 参照表Ⅴ.19.1。

图Ⅴ.18.6 高度为 450mm 试件的承载力曲线与试验结果的关系

18.2 钢铁管片承载力极限状态的验算

（1）关于钢铁管片主断面的验算

相对于主肋的高度，厚度很小时，主肋的边缘应力在达到屈服点以前，即使处于弹性阶段，在主肋上发生了局部屈曲，钢管片的主断面承载力也会发生显著的降低。对于这样的主肋其局部屈曲将于纵肋-纵肋之间或纵肋-环间螺栓之间作为屈曲波形的交接处发生。主肋的高度、板厚、固定间隔及材质都会影响主肋局部屈曲状况。在《隧道设计规范》中基于《道路桥规范Ⅱ钢桥篇》中所述的屈曲承载力公式来定义弹性领域中主肋的局部屈曲。

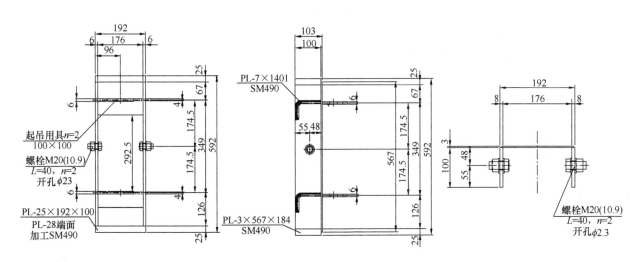

图Ⅴ.18.7 抗压试验中所用的试件形状[50]

建立《标准管片》中标准号码为 S9 及 S59 管片的模型，并进行了抗压试验，在主肋的边缘应力超过屈服点后发生了局部屈曲，在主断面达到全塑性以前承载力显著地降低，如图Ⅴ.18.8 所示。对具有此种承载力状况的钢管片，主肋断面可分为如下 3 类：①边缘应力达到屈服点以前发生了局部屈曲，决定承载力的为屈曲强度断面；②断面的一部分塑性化后，发生了局部屈曲，决定承载力的为塑性强度断面；③全断面塑性化，决定承载力的为应用塑性设计的断面。但在现实中依据分类②的塑性强度断面来预测钢片主断面的承载力是很困难的，所以钢铁管片主断面的验算区分为①或者③的断面。

为了应用③的塑性设计进行主断面的验算，有必要确认在达到全塑性状态之前，主肋不会发生局部屈曲。但在二次衬砌的混凝土及充填混凝土使主肋的面外变形受到约束时，确认了断面并不依据主肋的高度、板厚、固定间隔、材质等，一直处于稳定状态发挥了全塑承载力以上的承载力。

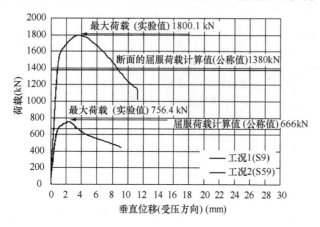

图Ⅴ.18.8　受压荷载与垂直位移的关系（实验结果）[50]

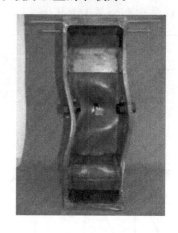

图Ⅴ.18.9　荷载施加完成后的试件[50]

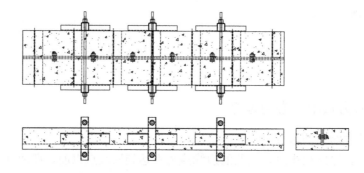

图Ⅴ.18.10　具有二次衬砌的钢管片单体抗弯试件[82]

　　为了确认二次衬砌混凝土及充填混凝土的效果，图Ⅴ.18.11与图Ⅴ.18.12为管片主断面受弯试验结果。依据图Ⅴ.18.11，即使在超过图中以承载力理论值所表示的全塑性承载力领域，并没有发生屈曲引起承载力显著下降的现象，在弯矩作用下维持着稳定的力学特性。

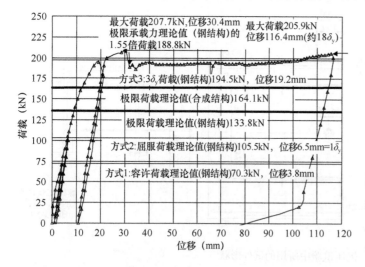

图Ⅴ.18.11　荷载与试件中央位移的关系（实验结果）[82]

图Ⅴ.18.12　实验完成后主肋的状况[82]

　　在《隧道设计规范》中考虑到这些试验结果，将钢管片主断面的承载力极限状态分为如下2种情况：①二次衬砌混凝土或充填混凝土存在时以全塑性承载力来计算；②没有二次衬砌混凝土或充填混凝土时要考虑局部屈曲的影响。

　　此外，即使进行二次衬砌的施工，在二次衬砌浇筑期间，因主肋并没有得到加固，在使用极限状态的验算中，有必要注意对屈曲影响的处理。

(2) 钢管片接头的验算

因各种形式的接头用在钢管片的管片接头及环间接头上，有必要按照接头形式进行验算。以一般的螺栓接头为例，必须验算螺栓的拉力及抗剪承载力、接头板的抗弯承载力及抗剪承载力、主肋与接头板结合部的承载力。

在管片接头单体时（Case-1）与拼接主肋存在时（Case-2）的2种条件下进行钢管片的管片接头抗拉试验，两者的实验结果及比较表示在图Ⅴ.18.13～图Ⅴ.18.16中。在接头单体的Case-1中，随着受拉荷载的增加，接头板的变形不断发展，发生了如图Ⅴ.18.15所示的很大的变形。但是，最终即使螺栓发生了破坏，在接头板及接头板与主肋的焊接处并没有发生重大损伤。这样在面外方向上发生很大变形后的接头板向主肋及面板的力的流动变得复杂，在改变螺栓个数、螺栓配置等条件后为了进行详细的验算，有必要使用FEM计算等手段。另一方面，根据配有拼接主肋的Case-2的实验结果，在管片接头发生破坏以前环间螺栓发生了破坏，如图Ⅴ.18.14所示，荷载与管片接头所发生的相对变形（开裂）的关系也与Case-1相异。在验算接头处时，有必要考虑接头的这些力学特点来进行。

试 验 工 况   表 Ⅴ.18.5

试验工况	试验项目
Case-1	管片接头单体抗拉试验
Case-2	拼装有邻接主肋板的管片接头的抗拉试验

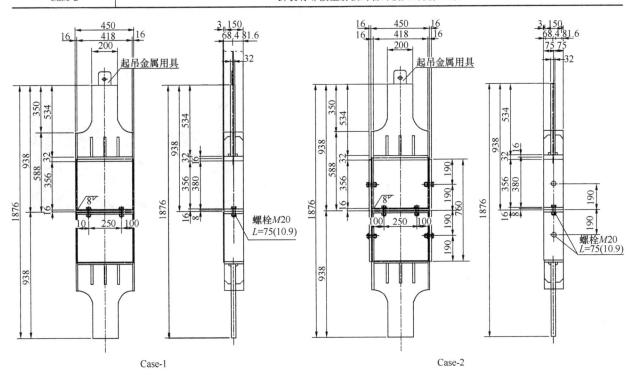

Case-1   Case-2

图Ⅴ.18.13 钢管片的管片接头抗拉试件[83]

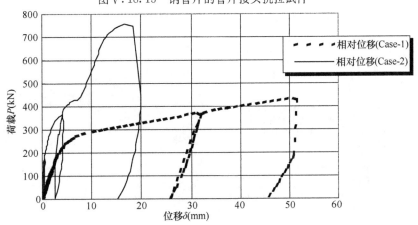

图Ⅴ.18.14 荷载与位移的关系（实验结果）[83]

图Ⅴ.18.15　Case-1 接头的变形状况[83] 　　　　　图Ⅴ.18.16　Case-2 接头的变形状况[83]

　　在图Ⅴ.18.17～图Ⅴ.18.19 中表示了有二次衬砌混凝土与拼接主肋时以钢管片接头处为对象的抗弯试验结果。依据此试验结果可以看出钢管片的主断面及接头都具有很大的变形能力。

　　在图Ⅴ.18.18 中，表示了拼接主肋达到全塑性弯矩时的荷载与有 2 个接头螺栓时的屈曲荷载叠加后的数值，试验中的最大荷载超过了此值，得出了在承载力极限状态中管片主断面的全塑性承载力与管片接头的屈服承载力可以叠加的结果。

　　在此试验中如图Ⅴ.18.17 所示，配置有 4 个接头螺栓。有必要注意在承载力的计算中只考虑靠近主肋的 2 个螺栓。

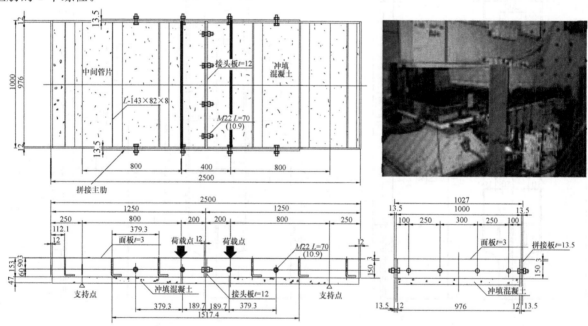

图Ⅴ.18.17　具有二次衬砌钢管片的拼装抗弯试验构件[84]

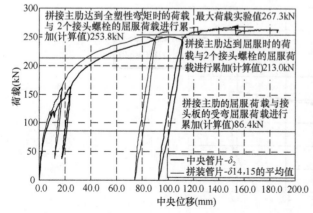 

图Ⅴ.18.18　荷载与试件中央位移的关系（实验结果）[84]　　　图Ⅴ.18.19　实验完成后试件的状况[84]

18.3 使用极限状态的验算

(1) 开裂及错位极限值的考虑方法

管片的防水是通过配置在接头处的密封材料来进行的。在《管片密封材料防水设计指南》[85]中，在密封材料的设计条件中需要定义接头处的设计开裂量与错位量。图Ⅴ.18.20为设计开裂量与错位量的概念，由此可以看出由荷载作用引起的变形要素与施工拼装精度的要素所组成。在过去的设计中，因没有验算错位量与开裂量，没有对上述的2要素进行区别。另一方面，在使用极限状态的验算中，对接头的变形要进行错位量与开裂量的验算，有必要对施工中拼装精度的要素进行区别来设定这些极限值。以下对这些考虑方法进行整理。

荷载作用引起变形的因素 （极限值）		施工精度因素		密封材料设计条件
开裂量:a	+	开裂量:b	=	开裂量:c
错位量:d		错位量:e		错位量:f

（开裂量，错位量的限值与密封材料设计考虑方法）

图Ⅴ.18.20 设定开裂量与错位量的概念图

隧道的完全防水是以管片的防水设计为前提条件的，如图Ⅴ.18.20所示，依据由荷载作用引起的变形量与施工精度叠加后的开裂量与错位量来进行防水材料的设计。因此，在使用极限状态的验算中，验算由荷载作用引起的变形量。在具体计算中将在实际的隧道中不会产生问题的开裂量与错位量的平均值作为其极限值。在图Ⅴ.18.21中表示了在过去中小口径隧道工程中开裂量与错位量的实际测量数值的统计值。于是，考虑此图的平均数值来确定中小口径盾构隧道工程中验算的极限值，开裂量为0.5mm左右，错位量为1.0mm左右。

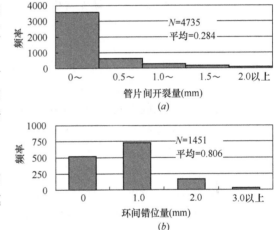

图Ⅴ.18.21 过去中小口径盾构隧道工程的
开裂量，错位量的监测实例
（混凝土管片钢制箱型接头）[48]
（a）管片接头的开裂量；（b）环间接头的错位量

(2) 混凝土管片受弯裂缝的计算公式

作为受弯裂缝宽度w的计算方法，在2002年版的《混凝土设计规范 结构性能验算篇》中由式（Ⅴ.18.3）来确定。

$$w = 1.1 \cdot k_1 \cdot k_2 \cdot k_3 \cdot \{4 \cdot C + 0.7 \cdot (C_S - \phi)\} \cdot (\sigma_S/E_S + \varepsilon_{csd}) \qquad (Ⅴ.18.3)$$

这里，k_1：反映钢材的表面形状对裂缝宽度影响的系数；

k_2：反映混凝土品质对裂缝宽度影响的系数；

k_3：反映轴方向钢筋层数影响的系数；

C：轴方向钢筋的保护层厚度（mm）；

C_S：轴方向钢筋的中心间隔（mm）；

ϕ：轴方向钢筋直径（mm）；

σ_s：轴方向钢筋的应力（N/mm²）；

E_s：钢筋的弹性模量（N/mm²）；

ε_{csd}：为考虑混凝土的收缩及蠕变等引起的裂缝宽度增加的数值。

式（Ⅴ.18.3）中的"$1.1 \cdot k_1 \cdot k_2 \cdot k_3 \cdot \{4 \cdot C + 0.7 \cdot (C_S - \phi)\}$"项为反映受弯裂缝发生的间隔，采用轴方向钢筋的中心间隔与直径及保护层厚度的函数来计算裂缝的间隔。在以往对此问题的研究[86]中，因混凝土管片分布钢筋断面面积的不足，提出了关于初始受弯裂缝发生在分布钢筋的正上方的钢筋间隔中的报告，于是作为受弯裂缝宽度的计算公式，提出了式（Ⅴ.18.4）。

$$W_S = b_P \cdot (\sigma_S/E_S + \varepsilon_{csd}) \qquad 式（Ⅴ.18.4）$$

这里，b_P：管片分布钢筋间隔。

　　表 V.18.6 表示了省略二次衬砌的盾构隧道 3 个测量点的受弯裂缝与分布钢筋位置关系的调查数据。由表 V.18.6 可知在调查结果中全部的受弯裂缝发生在分布钢筋的上方。照片 V.18.2 为在表 V.18.6中的 C 隧道中所拍摄的在分布钢筋间隔处发生的受弯裂缝的实例。

　　考虑到以上情况，在混凝土管片受弯裂缝的计算中，采用将受弯裂缝的间隔取为分布钢筋间隔的式（V.18.4），可以认为能够取得与盾构隧道的受弯裂缝的实际发生状态的整合性。

　　但在应用式（V.18.4）时，需要满足分布钢筋的间隔比由式（V.18.3）计算出来的弯曲裂缝的发生间隔大的条件。此外，在分布钢筋间隔很小时，因考虑到会过小评价裂缝宽度，在《盾构隧道设计规范》中规定将由式（V.18.3）计算出来的受弯裂缝发生间隔的 1/2 作为受弯裂缝计算中分布钢筋间隔的下限值。

受弯裂缝与分布钢筋的位置关系　　表 V.18.6

调查对象隧道	受弯裂缝数量	分布钢筋上的裂缝数	出现率
A	7	7	100%
B	14	14	100%
C	7	7	100%
合计	28	28	100%

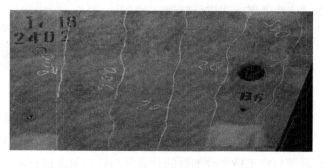

照片 V.18.2　受弯裂缝实例（C 隧道）

　　ε_{csd} 为考虑混凝土的收缩及蠕变等引起的裂缝宽度增加的数值，在《混凝土设计规范》中取为 $100\times10^{-6}\sim150\times10^{-6}$ 左右。另一方面，在《标准管片》中，因管片由制造到出厂大多需要几个月甚至半年以上的时间及隧道断面为圆形、闭合的地中结构物，也可以不考虑此数值。在《隧道设计规范》中，从管片的安全设计来考虑，将此值取为 150×10^{-6}。在进行合理的论证及文献调查后，也可以减小为了考虑混凝土的收缩及蠕变等引起裂缝宽度增加的数值。

　　此外，在使用极限状态安全性能验算中所使用的混凝土与钢的弹性模量比可以考虑为采用实际弹性模量比（$n=E_s/E_c$）的方法与 $n=15$ 的方法。前者为《混凝土设计规范》、《铁路结构物等设计规范及解说混凝土结构物》[46]等采用极限状态设计法的大多数规范标准的取值。后者为过去的容许应力法断面计算中常用的方法，考虑了混凝土的蠕变影响等。

　　在《隧道设计规范》"极限状态设计法篇"的使用极限状态验算中，要进行应力与裂缝宽度的验算。在裂缝宽度验算中，在计算裂缝宽度时因将蠕变的影响通过其他途径作为应变来考虑，在使用 $n=15$ 时会造成对蠕变影响的重复评价而变得不合理。因此，在裂缝宽度计算中有必要将混凝土与钢的弹性模量比取作实际的弹性模量比。

19　密　封　材　料

19.1　密封材料的历史

最近盾构隧道工程取得了显著的发展，即使对过去看来困难的条件也可以进行可靠的施工。但是伴随着都市的高层化与近郊的住宅化，由于市政工程的新建与扩建，地下结构物的建设面临着更加苛刻的条件。特别是需要回避已建的地下结构物、盾构隧道的建设向着越来越深的方向发展，这些都增加着隧道建设的难度。

在考虑漏水处理等带给生命周期成本的减少、对隧道内处的设备、轨道的维护管理、周边地层及地上结构物的影响后，管片接头面的防水性能成为重要的讨论事项。

密封材料在管片上的使用从1960年代的后半期开始增加。作为接头处的防水材料有沥青系列、聚乙烯（PE）及聚丙烯（PP）独立气泡体、未硫化丁基橡胶，硫化橡胶等，都使用了当时开发的各种密封材料。进入1970年代后半期，利用新材料开发了水膨胀性密封材料。作为盾构隧道深层化后，在高水压作用下的防水材料，发挥了其防水效果并得到广泛的应用。

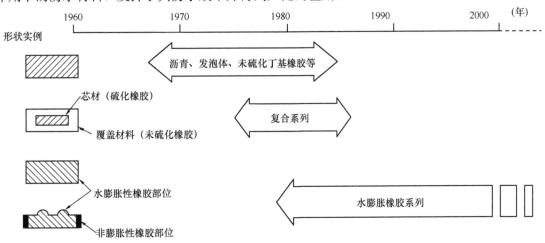

图 V.19.1　密封材料的历史

过去有使用实例的丁基橡胶系密闭材料等因以未硫化橡胶作为基材，在盾构机千斤顶反复推力作用下发生了塑性变形。此外因随着时间的流逝，接触弹性及复原力会降低，从而被指出防水效果降低。对于防水效果的降低，有通过增加密封材料厚度、增大压缩率来提高防水性能的考虑方法，但密封材料增加后，因在管片拼装时会导致密封材料脱落的增加及助长密封材料的塑性变形，并没有取得预想的效果。此外在施工中及投入使用后的隧道中，由于不均匀沉降的发生导致管片接头开裂时，密封材料在复原范围之内在一定程度上可以适应开裂。但对此以上的开裂，为完全不能发挥防水性能的状态。为了消除此缺点，开发了水膨胀性密封材料。

由于水膨胀性密封材料与过去的密封材料相比厚度较薄，故在管片拼装时脱落很少，可以防止千斤顶推力的影响带来的塑性变形。因水膨胀性能可以提高密封材料的压缩反力，其密封效果得到加强，从而提高了防水效果。基于以上的理由，水膨胀性密封材料被认为是管片合适的防水材料。从1970年后半期开发以来，在国内外积累了很多应用实例。

此外，在海外应用实例较多的管片接头面的防水材料都有垫圈存在。因可以通过垫圈的压缩反力来进行防水，在日本国内也有应用在榫接头管片上的实例。但最近由于应用实例的减少，本章省略。

19.2　密封材料的种类

如图 V.19.2 所示，到目前为止使用的防水材料大致可分为定型与不定型，其定型产品有水膨胀性密封材料与非膨胀性材料。

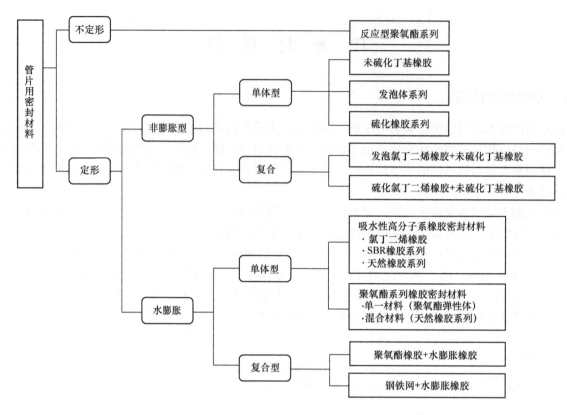

图Ⅴ.19.2 管片密封材料的种类

其中，在水膨胀性密封材料制造中，一般向天然橡胶及氯丁二烯橡胶等合成橡胶中配入加硫剂、老化防止剂、增强性充填剂、软化剂等各种添加剂及吸水性材料。配合后的材料通过具有立体网状结构的复合一体化弹性橡胶交联体，兼有橡胶的弹性机能与水膨胀性机能。吸水材料有分子中含有作为亲水基的离子性基，非离子性基等功能基的吸水性高分子材料与只含有非离子性亲水基的吸水性聚氧酯橡胶等。

如图Ⅴ.19.2所示，水膨胀性密封材料的种类根据材料与结构大致可以分为吸水性高分子材料系、聚氧酯橡胶材料系及复合型水膨胀材料系。此外，聚氧酯橡胶系分为由聚氧酯橡胶单体组成的材料与在合成橡胶原料中混合的材料。复合型水膨胀材料系为水膨胀性材料与氯丁二烯橡胶或钢网等非膨胀材料复合后的材料。

从吸水性能出发，吸水性高分子材料因与水的亲和力大，吸水能力高，可以根据要求来设定吸水性能（吸水倍率）。但盐水等电解质水溶液会抑制其吸水性能。因聚氧酯橡胶材料系不含离子性基，不容易受到水质的影响。但因与水的亲和力小，不能设定较大的吸水性能。各种吸水材料都各有长处与短处，现在考虑到施工性能、防水环境、防水效果、材质的强度、膨胀倍率的稳定性，将膨胀倍率取为3～5倍左右。

此外，从密闭材料的结构和形状出发，有只使用水膨胀性材料制作的单体型与氯丁二烯橡胶或采用与不锈钢网等非膨胀材料的复合化、考虑膨胀方向的限制及应力缓和特性等后的复合型材料。密封材料的形状有矩形、梯形、肋条状等。

19.3 防水机理

关于防水材料的防水机理，基本上是通过作用在盾构隧道上的水压与密封材料上所发生的接触面压力的关系来验算的。

日本隧道协会的《管片密封材料的防水设计指南》[85]对密封材料的设计作了系统的总结。依据密封原理（垫圈理论），采用了将密封材料的原材料及硬度作为参数，根据受压应变计算接触面压力，将此值与作用水压进行比较，验算防水性能的手法。按照各种防水材料的原材料，进行了列举，并论述了防水的考虑方法。本书的考虑方法如下所示。

《管片密封材料的防水设计指南》[85]中的方法多应用在隧道的规划阶段。此外，有必要注意在本书的方法中原则上以0.5MPa（500kN/mm²）以下的水压力为研究对象。

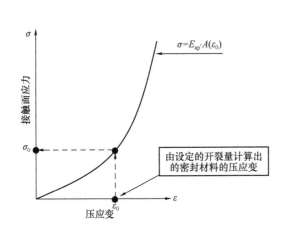

$\sigma_0 = E_{ap} \cdot A(\varepsilon_0)$
$A(\varepsilon_0) = [(1+\varepsilon_0) - (1+\varepsilon_0)^{-2}]$
$E_{ap} = (4+3.290 \cdot S^2) \cdot G$
$S = a_e/2t$
a_e：考虑设定错位量后密封材料的有效宽度
t：接缝中密封材料变形前的总厚度
E_{ap}：应变平均值的名义弹性模量
ε_0：密封材料的压应变
G：密封材料的横向弹性模量
S：密封材料的形状率
$P_{w1} \leqslant \sigma_1 = \sigma_0 \times \gamma_s \times \rho_1 \times \mu_1$
$P_{w2} \leqslant \sigma_2 = \sigma_0 \times \gamma_s \times \rho_2 \times \mu_2$
γ_s：考虑密封材料的尺寸，硬度离散性的系数
P_w：设计水压力（1—施工时，2—使用时）
σ_0：考虑设定的开裂量、错位量后的密封材料的初始接触面应力
σ：由计算得到的密封材料的接触面应力（1—施工时，2—使用时）
ρ_1：考虑施工时应力缓和的有效率
ρ_2：考虑使用时应力缓和与水膨胀后的有效率
μ：自封作用引起的增加率（1—施工时，2—使用时）

图 V.19.3　依据《管片密封材料防水设计指南》[85] 的防水原理

　　此外，有通过抗压试验等来计算密封材料的接触面应力，将其值与作用水压力比较，进行验算的方法。在进行验算时，采用与上述相同的密封理论（垫圈防水理论），基于"如果密封材料的接触面压力比对作用的水压力（P_w）大，就不会发生漏水"的考虑方法（参照图 V.19.4）。依据抗压试验等经验，对防水性能采用将垫圈系数作为参数导入到接触面压力与作用水压力的关系后的验算公式来进行。在各种计算方法中，关于密封材料的防水机理，都提出了在密封材料受到压缩、或由于膨胀受到约束时的接触面压力来抵抗设计水压的考虑方法。

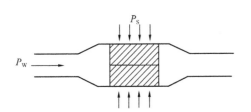

$P_s > \gamma \times P_w \rightarrow$ 止水
P_s：密封材料的推定接触面压力
γ：垫圈系数
P_w：设计水压力

图 V.19.4　依据密封理论的防水原理[85]

19.4　密封材料，密封槽与防水性能

　　为了发挥密封材料的防水性能，以密封材料粘贴在密封槽中为前提。不设密封槽而粘贴密封材料时，管片的拼装会使密封材料受到压缩达到超过其弹性范围的领域。这时密封材料发生了塑性变形，不能得到弹性反力及水膨胀力。因此，在使用中管片接头发生开裂时，密封材料适应开裂变得困难，无法保证长期的防水性能。

　　通过在混凝土管片的模板中设置防水材料沟的"凸"形突起，来设置密封槽。但是到目前为止，在钢管片等接头处设置密封槽的事例还很少。由此可以推测因上述的理由不能满足密封材料的长期防水性能。一般在使用钢管片的隧道多建有二次衬砌，考虑到其功能，可以认为二次衬砌可以起到弥补密封材料的长期防水性能不足的作用。但是，在现状中多只进行一次衬砌的隧道施工，为了保证长期的防水性能，可以认为在钢管片上设置密封槽是不可缺少的。进一步来说，大部分采用混凝土管片组成只有一次衬砌的隧道，在曲线部等局部采用钢管片的区间，因建造的二次衬砌厚度比较小❶的原因，最好能在钢管片上设置密封槽❷。

---

　　❶　依据《标准管片》，二次衬砌的厚度为 200～300mm 左右。与此相比，二次衬砌的厚度为 100mm 左右；
　　❷　参考《标准管片》中所示的主肋高度与主肋厚度，主肋高度达到 100mm，主肋厚度达到 10mm 时，可以设置密封槽。比此值小的主肋高度与厚度时，在考虑密封槽的形状与螺栓孔的尺寸及其配置、密封材料的压缩反力的影响、钢材市场情况的基础上，有必要论证是否设置密封槽。

19.5　密封材料的设计方法

在密封材料设计中，在管片接头面两侧设计密封槽时的设计流程如下所示。

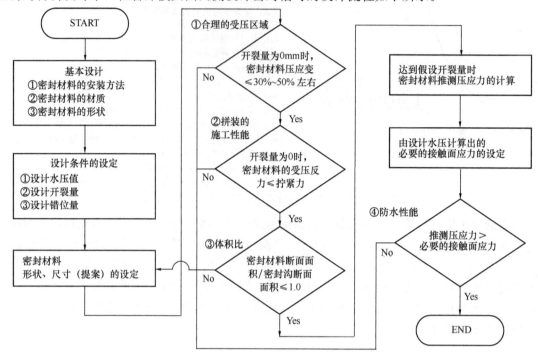

图 V.19.5　密封材料的设计流程实例

19.5.1　密封材料的初始验算项目

在密封材料的初始设计中讨论如下的项目，有必要论证是否能够反映在设计条件中。

①密封材料的材质：橡胶材料，结构。

②密封材料的形状：矩形，梯形，六角形，凹凸的有无等。

③密封材料的设置：单面设置，或两面设置；只在地层侧设置，或者也在坑内侧设置。

④密封材料的加工：有无边角部分的加工，有无环加工。

⑤黏结剂的选定：溶剂系黏结剂，或者无溶剂系黏结剂，是否有底漆等

(1)密封材料的材质

在前项中也作了记述，水膨胀性密封材料按照橡胶成分有氯丁二烯橡胶、天然橡胶、SBR 等很多种类。此外具有水膨胀性功能的材料有吸水性树脂、聚氧酯树脂等。现在作为主流的有氯丁二烯橡胶与吸水性树脂、聚氧酯树脂等。而且并不仅仅只有水膨胀性材料单体，还开发了复合非膨胀材料的产品。通过复合化，将水膨胀方向限制在厚度方向上，可以提高防水性能。

(2)密封材料的形状

开发了各种形状的密封材料。在设定形状时需要考虑防水性能的可靠性及在进行管片施工时不会发生脱落及分离等不正常现象。并且对前面所述的复合类型，在膨胀方向要具有可靠的约束效果。也开发了在密封材料上表面设肋(突起)的形状，通过突起使密封材料在局部发生压应力从而来提高防水效果。表 V.19.1 表示了密封材料的主要形状。

主 要 形 状 实 例　　　　　　　　　　　　　　　表 V.19.1

类别	矩形	带肋	梯形	六角形
断面形状				

续表

类别	矩形	带肋	梯形	六角形
主要应用于实绩	下水道，铁路	下水道，铁路，共同沟，电力	道路，铁路，共同沟，储水管，电力	道路，电力，放水路隧道

▨：水膨胀部　　　　■：非膨胀部

(3)密封材料的设置

关于密封材料的设置方法，其代表性的安装方法如表Ⅴ.19.2所示。对是否设置密封槽可分为3种类型，即：接头的两侧、接头单侧、无密封槽。密封材的粘贴方法有2种类型，即全周粘贴和在单侧进行L形粘贴(参照图Ⅴ.19.6)。

典型安装方法　　　　　　　　　　　　　　　　　　　　表Ⅴ.19.2

No.	①	②	③	④
密封槽	接头面　两侧	接头面　两侧	接头面　单侧	无
密封材	密封槽　两侧	密封槽　单侧	密封槽　单侧	接头面　单侧
粘贴方法	全周粘贴(边角加工)	L形粘贴(边角加工)	L形粘贴	L形粘贴
适用实例	上下水道，电力，道路，铁路，共同沟及其他	下水道，雨水干线(混凝土管片，钢管片)	下水道，雨水干线(混凝土管片，钢管片)	小口径下水道(钢管片)

单侧密封时，因可以减少密封材料(是两侧密封的一半)，在经济上是有利的，但只能靠单侧粘贴的密封材料来适应接头部的开裂量。由开裂造成的密封材料压缩率的降低及由此引起的弹性压力(接触面应力)的降低比两侧密封要大。此外，对两侧具有密封槽而只在单侧粘贴密封材料时，有必要使用较厚的密封材料。为了保证防水性能，要对此密封材料进行边角加工，与两侧密封相比缺少经济优越性。

另一方面，两侧密封时，相对于开裂量，压缩率的降低只为上述的一半，弹性压力的减少量也很小。因此，管片一旦开裂，在采用单侧密封时，其对开裂的追随性能劣于两侧密封，漏水的危险性变大。此外，在采用单侧密封时，有必要验算开裂量的设定是否与实际情况一致，设计条件的确定变得困难。因此，从保证对开裂量的适应性及防水性能出发，最好能对管片的密封材料采用两面密封的方式。

相对于地层侧也有在隧道内侧设置密封材料的方法。此密封材料作为对管片千斤顶推力的缓冲材，达到向隧道内侧完全防水的目的，起到辅助防水的作用。此外，在有内水压作用的隧道中，隧道内侧的密封材料达到防止接头金属构件腐蚀的目的，对内水压力具有防水材料的功能。这时，最好能与螺栓密封垫圈(参照本篇"20 防腐蚀与防锈，螺栓孔填充，接缝工程及螺栓密封")等并用。

(4)密封材料的加工

在密封材料厚度变大时，在管片边角部粘贴的密封材料一般使用在工场进行边角加工后的材料。进行边角加工后的密封材料不仅仅是为了提高防水性能，还具有减少在粘贴密封材料施工时不均的优点(参照图Ⅴ.19.7)。

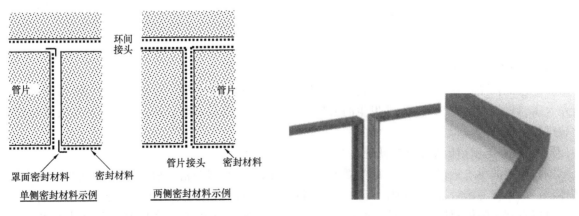

图Ⅴ.19.6　安装方法概念图　　　　　　　　　图Ⅴ.19.7　边角加工实例

(5)黏结剂的选用

使用橡胶系列的溶剂系黏结剂粘贴普通的密封材料。但是，必须在隧道内涂敷黏结剂，及在密闭的环境中进行涂敷而不能设置局部排气装置时，也会使用无溶剂黏结剂。此时与橡胶系列的溶剂系黏结剂相比，无溶剂黏结剂的硬化时间及干燥时间变长，有必要对密封材料采取养生等措施，也会给施工性能带来影响。

19.5.2　密封材料的设计条件

在考虑盾构隧道的施工环境、接头的种类等各种因素的基础上，来确定密封材料的设计条件。一般在设计密封材料时其必要的设计条件如下所示。

①水压承载力：设计水压力，施工时水压力，使用时水压力，地震时水压力。

②开裂量：施工时的接头开裂量，使用时(平常时)的接头开裂量。

③错位量：接头处的错位量。

(1)水压承载力

在进行密封材料设计时，通常选用最大水压力处的数值作为设计水压，考虑水压变动后来设定使用时的水压力值。关于施工时水压力的设定，在考虑壁后注浆材料的注入压力等基础上，多采用使用时水压力加上 0.1～0.3MPa 后的数值。

(2)开裂量

依据接头的结构与种类，来设定施工时与使用时的开裂量。在过去的实例中，施工时多取为 1～2mm，使用时多取为 2～3mm。在过去的大断面盾构隧道中，也有施工时取为 3mm，使用时取为 5mm 的情况。考虑到偏于安全的设计，有必要设定偏大的开裂量，但也担心会成为偏大的设计，有必要充分注意开裂量的设定。

(3)错位量

根据接头的结构和种类来确定。在采用螺栓连接式接头时，多由螺栓直径与螺栓孔之间的间隙来确定。接头在结构上不会发生错位或者错位极小，但考虑到偏于安全的设计，也可采用与上述间隙同等的数值。

19.5.3　密封材料的形状，尺寸的计算

在设计密封材料时，对以下项目分别进行研究来确定形状与尺寸。

①合理压缩区域的研究(最大压应变的计算)。

②管片施工性能的研究。

③密封材料与密封槽体积比的研究。

④防水性能研究。

(1)合理压缩区域的研究

因密封材料的原材料为树脂(橡胶)，即具有发生应力缓和(长期使用后接触面应力逐渐减少的现象)的可能性。确认了密封材料在初始状态(管片拼装时)受到过度的压力时会加速应力缓和。由此，最大能将初始压力引起的密封材料的压应变控制在 50%左右。另外，对混凝土管片，考虑到压缩反力对混凝土的影响多取 40%左右作为上限。并且为了保证可靠的防水性能，采用了即使在最大开裂量时密封材料之间处于压缩或应该处于接触状态的考虑方法。为了满足这些条件来决定密封材料厚度与密封槽的深度。

(2)管片施工性能的研究

有必要论证粘贴在管片上的密封材料的压缩反力是否会给管片的施工性能(拼装性能)带来影响。具体就是，密封材料在最大压缩率时所发生的密封材料压缩反力的总和与管片接头及环间接头总的拧紧力相比较进行验算。

(3)密封材料与密封槽体积比的研究

依据在前项的防水机理中所记述的垫圈理论，合理的密封材料与密封槽的体积比(密封材料体积/密封槽体积：以下称为密封材料体积比)可以得到自封效果，发现具有可靠的防水性能。在过去的实例中，有时也可以看到上限值超过 100%的情况，但近年以 100%作为上限值。这是因为在超过 100%时，密封材料成为介于接头处之间的"异物"，人们担心会给管片的拼装性能带来不良影响，从此观点出发得出了以上结论。因此，使体积比处于 80%～100%来设定密封材料与密封槽的体积(参照图 V.19.8)。

(4)防水性能的研究

关于在前面(1)～(3)项中设计的密封材料与密封槽，要论证在水压力作用下依靠开裂量的设计条件是否可以起到防水的功能。关于防水性能的验算，可以参照"19.3 防水机理"。

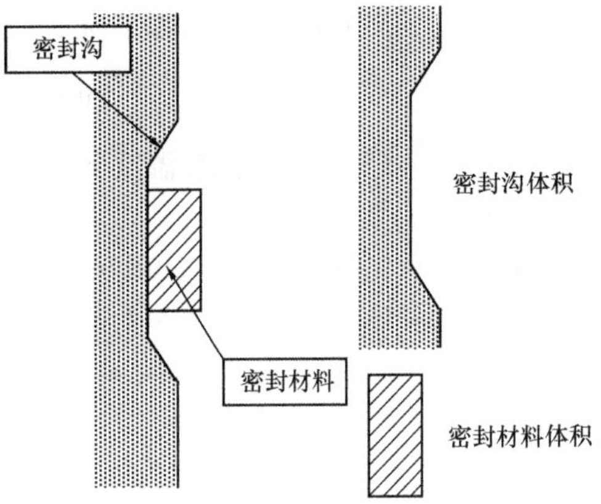

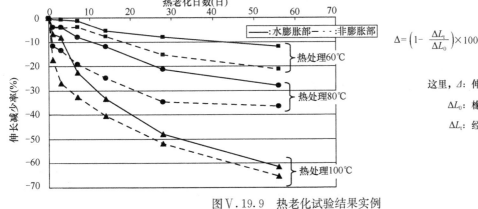

图 V.19.8　密封槽体积

19.6　密封材料耐久性的验算实例

在土木构造物，建筑构造物长期寿命化中，其所使用的材料要求与主体构造物同等的寿命。

在本章中，对采用氯丁二烯橡胶的水膨胀性密封材料的耐久性，从以下的观点出发将讨论的结果作为实例进行介绍。

①原材料自身的耐久性：依据热老化试验来推定寿命。

②防水性能的耐久性：依据应力缓和试验来推定寿命。

19.6.1　原材料自身的耐久性

关于工业材料(高分子材料)的耐久性能的评价，在实地进行试验可以认为是最有效的方法，但在各种环境下实地的使用证明也只有大约 30 年的实际使用结果。

因此，作为长期耐久性的判断方法，可以考虑为在人工环境下进行加速试验来推定长期寿命。但目前还没有建立关于长期耐久性能试验方法，一般是采用加速材料劣化方法。基于化学反应速度论的考虑方法，使用阿伦尼乌斯理论，即"劣化是化学反应，劣化速度随着温度的升高而变快"。也就是使用不同的温度，更快地促进劣化。通过把握各温度下材料的劣化状态，近似地求出温度与劣化速度的关系，来推定实际使用环境温度中的设计寿命。目前这个方法被认为是有效的方法。

由氯丁二烯橡胶与吸水性树脂组成水膨胀橡胶部位，及氯丁二烯橡胶单体的非膨胀橡胶部位在各温度(60，80，100℃)下，在 1～56 日(1344 小时)期间进行加速劣化。依据试验结果，在实际使用环境的温度中，推测的寿命结果如下所示。此外，规定破坏伸长量为劣化前的 50% 时作为推测寿命。并且试验按照 JISK6301 硫化橡胶的试验方法来进行。

$$\Delta = \left(1 - \frac{\Delta L_t}{\Delta L_0}\right) \times 100$$

这里，Δ：伸长减少率

ΔL_0：橡胶的初始伸长量

ΔL_t：经过时间 t 后橡胶的伸长量

图 V.19.9　热老化试验结果实例

能量与反应速度之间的关系式即阿伦尼乌斯理论公式如下所示。

$$K = A \cdot e^{-E/RT} \qquad\qquad (V.19.1)$$

这里，K：速度系数；

A：频率系数；

R：气体常数(1.987cal/mol/deg)；

T：绝对温度(K)；

E：反应活化能。

对式（V.19.1）进行变形后如下所示。

$$\ln(1/t) = (E/R) \cdot (1/T) + \ln K \tag{V.19.2}$$

由式（V.19.2）来求达到各温度下推定寿命的时间，由其近似曲线来计算速度系数（K），反应活化能（E），变为下式：

非膨胀部：$\ln(1/t) = -10.9(1/T) + 22.9$ （V.19.3）

水膨胀部：$\ln(1/t) = -12.5(1/T) + 26.8$ （V.19.4）

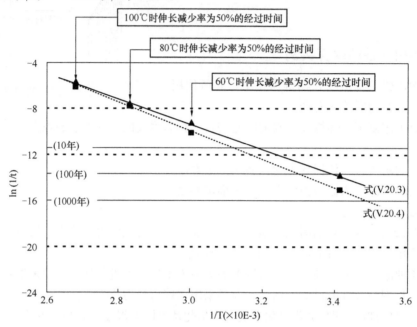

图V.19.10　阿伦尼乌斯理论数据点（伸长减少率为50%）实例

向式（V.19.3）与式（V.19.4）中代入实际使用温度（20℃），采用外插法计算达到推定寿命（伸长减少率50%）时的时间，其计算结果如表V.19.3所示。

计算寿命（伸长减少率50%）实例　　　　　　　　　　　　　　表Ⅴ.19.3

试　料	计算寿命（年）	试　料	计算寿命（年）
水膨胀橡胶部	869.6	非膨胀橡胶部	215.9

注：将20℃作为实际使用温度来计算寿命。

在实际使用环境中温度为20℃时计算出达到推定寿命的时间为200年左右。因此，实际的水膨胀橡胶处与非膨胀橡胶处具有以100年为单位的寿命。

此外，由过去桥梁用橡胶支承的使用实例（约20年）出发，作为氯丁二烯橡胶的寿命预测结果，有寿命为85～200年的报告[60]。

19.6.2　防水性能的耐久性

为了维持密封材料的防水性能，有必要保证密封材料的压缩反力（接触面应力）。密封材料受到压缩而产生接触面应力，随着时间的流逝发生了应力缓和，有导致应力降低的可能性，这也是硫化橡胶特有的性质。为了维持长期的防水性能，最好能采取适当的措施来阻止接触面应力降低。

水膨胀性密封材料通过水膨胀压力来补充接触面应力的降低，从而可以确保防水性能的长期性。此外，水膨胀功能也可考虑为密封材料防水性能安全储备的一部分。

因此，作为密封材料防水性能耐久性指标，可认为偏小的接触面应力（压缩反力＋水膨胀压力）降低率是最重要的。

关于采用氯丁二烯橡胶的复合型水膨胀性密封材料在空气中与水中的应力缓和的倾向，在《东京湾横断道路隧道防水试验报告书》[87]中报告了密封材料压缩反力与经过日数的关系。图V.19.12表示了采用图V.19.11所示的固定冶具与压力测量器所测的密封材料受压反力的变化。

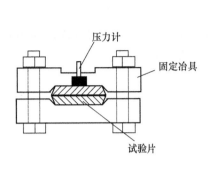

图V.19.11　长期应力监测装置

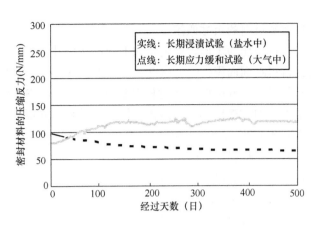

图V.19.12　长期受压应力变化实例[87]

依据所得到的复合型水膨胀性密封材料的长期受压应力的变化，对近似曲线采用外插的方法来推测长期使用后（50年后，100年后）的接触面应力，得到了如下数值，见表V.19.4。

各制品的接触面应力计算值（50年后，100年后）实例　　　　　　　　表V.19.4

	初始接触面应力	50年后的接触面应力计算值	100年后的接触面应力计算值
大气中	3.03	1.70 （有效率56%）	1.63 （有效率54%）
水中		3.82 （有效率126%）	3.97 （有效率131%）

注：接触面应力（N/mm²）为图V.19.12的密封材受压反力（N/mm）除以密封材料宽度的数值。

由此结果可以得出水膨胀性密封材料的接触面应力超过了初始值。关于此水膨胀性密封材料的接触面应力，可参考详细报告事例[88]。

19.7　密封材料的设计实例

关于密封材料的设计方法有依据《管片密封材料防水设计指南》[85]方法及密封材料生产商推荐的方法，但在本章中依据此指南将设计程序作为参考实例表述如下。

19.7.1　设计条件

在设计密封材料时，设计条件如下所示。

①施工时的设计水压：$P_{w1}=0.35MPa$

②使用时的设计水压：$P_{w2}=0.25MPa$

③施工时的设定开裂量：$\delta_1=2.0mm$

④使用时的设定开裂量：$\delta_2=3.0mm$

⑤设定错位量：$\Delta=3.0mm$

⑥管片结构：

● 管片外径：$D_o=4800mm$

● 管片宽度：$b=1000mm$

● 管片的肋高：$h=200mm$

● 接头形式：钢制箱形接头类型（短螺栓接头）

● 使用螺栓：M22（88）

19.7.2　密封槽及密封材料的尺寸选定

(1) 密封槽的尺寸假定

密封槽的深度：$d=3.0mm$

密封槽的底面宽度：$b=29.0mm$

（2）密封材料的尺寸假定

将密封材料作为矩形，假定为如下的形状尺寸。

密封材料断面面积：$S_1 \leqslant \{(29+35)/2 \times 3.0\} \times 2 = 192.0\,\text{mm}^2$

（当开裂量为0mm时，密封材料断面面积以小于密封槽底面宽度×沟深度所得断面面积为基本原则，但是也有加算楔形部分的面积、使密封材料断面面积处于此数值以下的方法。）

施工时压应变：$\varepsilon_1 = 0.20$

施工时密封材料的厚度：$t_1 = 2 \times d + \delta_1 = 2 \times 3.0 + 2.0 = 8.0\,\text{mm}$

密封材料的原有厚度：$t_0 = 8.0/(1-0.20) = 10.0\,\text{mm}$

密封材料的宽度：$a = S_1/t_0 = 192.0/10.0 = 19.2\,\text{mm} \rightarrow 19.0\,\text{mm}$

密封材料的有效宽度：$a_e = a - \Delta = 19.0 - 3.0 = 16.0\,\text{mm}$

密封材料的形状率：$S = a_e/(2 \cdot t_0) = 16.0/(2 \times 10.0) = 0.80$

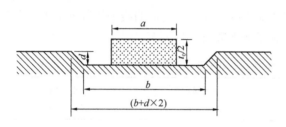

图Ⅴ.19.13　密封材料，沟的形状

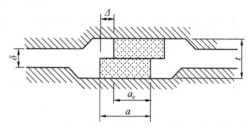

图Ⅴ.19.14　密封材料的有效宽度

19.7.3　针对防水密封材料的设计

（1）密封材料初始接触面应力（σ_1，σ_2）的计算

● 横向弹性模量（G）

基材的材料性质为氯丁二烯橡胶。

密封材料的硬度（H_s）为 45° 时的横向弹性模量（G）由硬度（H_s）由 50° 时的橡胶剪切弹性率（α）= $0.715\,\text{N/mm}^2$ 按照如下公式进行换算。

$$G = (\alpha \cdot H_s)/(100 - H_s) = (0.715 \times 45)/(100 - 45) = 0.585\,\text{N/mm}^2$$

● 名义弹性模量（E_{ap}）

$$E_{ap} = (4 + 3.290 \cdot S^2) \cdot G = (4 + 3.290 \times 0.80^2) \cdot 0.585 = 3.572\,\text{N/mm}^2$$

● 密封材料的压缩应变（ε_1，ε_2）｛压缩以正来表示｝

施工时压缩应变　$\varepsilon_1 = (t_0 - 2d - \delta_1)/t_0 = (10.0 - 2 \times 3.0 - 1.0)/10.0 = 0.20$

使用时压缩应变　$\varepsilon_2 = (t_0 - 2d - \delta_2)/t_0 = (10.0 - 2 \times 3.0 - 2.0)/10.0 = 0.10$

● 密封材料的初始接触面应力（σ_1，σ_2）

施工时：$A(\varepsilon_1) = [(1+\varepsilon_1) - (1+\varepsilon_1)^{-2}]/3 = [(1+0.20) - (1+0.20)^{-2}]/3 = 0.254$

$\therefore \quad \sigma_1 = E_{ap} \cdot A(\varepsilon_1) = 3.572 \times 0.2542 = 0.908$

使用时 $A(\varepsilon_2) = [(1+\varepsilon_2) - (1+\varepsilon_2)^{-2}]/3 = [(1+0.10) - (1+0.10)^{-2}]/3 = 0.112$

$\therefore \quad \sigma_2 = E_{ap} \cdot A(\varepsilon_2) = 3.572 \times 0.112 = 0.398$

（2）密封材料的接触面应力（σ_3，σ_4）的计算

施工时　$\sigma_3 = \sigma_1 \cdot \gamma_s \cdot \rho_1 \cdot \mu_1 = 0.908 \times 0.65 \times 0.55 \times 1.80 = 0.58$

使用时　$\sigma_4 = \sigma_2 \cdot \gamma_s \cdot \rho_2 \cdot \mu_2 = 0.398 \times 0.65 \times 1.00 \times 1.00 = 0.26$

这里，γ_s：考虑密封材料的尺寸和硬度不均后的材料系数（=0.65）

ρ_1：考虑施工时应力缓和后的接触面应力的有效率（=0.55）

ρ_2：考虑使用时应力缓和后的接触面应力的有效率（=1.00）

μ_1：施工时的自封作用引起的接触面应力的增加率（=1.80）

μ_2 使用时的自封作用引起的接触面应力的增加率（=1.00）

（3）防水性能的验算

施工时的防水条件　$P_{w1} \leqslant \sigma_3 \rightarrow P_{w1} = 0.35 \leqslant \sigma_3 = 0.58$　$\therefore$ OK

使用时的防水条件　$P_{w2} \leqslant \sigma_4 \rightarrow P_{w2} = 0.25 \leqslant \sigma_4 = 0.26$　$\therefore$OK

$\therefore$ 满足施工时及使用时的防水条件。

19.7.4　管片拼装时密封材料的设计

（1）粘贴在管片接头面上密封材料所发生反力（R_s）的计算

● 密封材料的初始变形：开裂量为 0mm 时的压缩应变（ε_0）〔压缩以正来表示〕

初始压缩应变　$\varepsilon_0 = (t_0 - 2d)/t_0 = (10.0 - 2 \times 3.0)/10.0 = 0.40$

● 密封材料的形状率（错位量为 0mm 时的形状率）

$$S = a/(2 \cdot t_0) = 19.0/(2 \times 10.0) = 0.95$$

● 名义弹性模量（E_{ap}）

$$E_{ap} = (4 + 3.290 \cdot S^2) \cdot G = (4 + 3.290 \times 0.95^2) \cdot 0.585 = 4.077 \text{N/mm}^2$$

● 密封材料的初始接触应力（σ_0）

$$A(\varepsilon_0) = [(1 + \varepsilon_0) - (1 + \varepsilon_0)^{-2}]/3 = [(1 + 0.40) - (1 + 0.40)^{-2}]/3 = 0.726$$

$\therefore$　　　　　　$\sigma_0 = E_{ap} \cdot A(\varepsilon_0) = 4.077 \times 2.593 = 2.96$

● 粘贴在管片接头面上的密封材料长度 $L = 1000$m

● 粘贴在管片接头面上的密封材料所发生的反力（R_s）

$$R_s = \sigma_0 \cdot a \cdot L = 2.96 \times 19 \times 1000 = 56 \text{kN}$$

（2）管片接头面上所配置螺栓拧紧力的总和（P_b）

$$P_b = A_b \cdot n \cdot \sigma_{ba} \times 0.8 = 303.4 \times 2 \times 290 \times 0.8 = 141 \text{kN}$$

这里，A_b：螺栓的有效断面面积（mm²）；

　　　　n：螺栓个数；

　　　　σ_{ba}：螺栓的容许应力（N/mm²）。

（3）将密封材料封入密封槽中所需的力（N_p）

接头形式为钢制箱型，以内边缘为转动中心通过弯矩的平衡来求将密封材料封入密封槽所需的力（N_p）（参照图 V.19.15）

$$N_p = R_S \cdot l_2/l_1 = 56 \times 125/50 = 140 \text{kN}$$

这里，l_1：考虑接缝后管片下边缘到螺栓中心的距离 56mm；

　　　　l_2：考虑接缝后管片下边缘到密封材料中心的距离 125mm。

（4）管片拼装时密封材料的验算

$$N_p \leqslant P_b \rightarrow N_p = 140 \text{kN} \leqslant P_b = 141 \text{kN}$$

$\therefore$ 可以将密封材料封入密封槽直到开裂量到达 0。

19.7.5　密封槽与密封材料尺寸（例）的决定

依据以上讨论，决定了下述尺寸的密封材料，密封槽（例），见图 V.19.16。

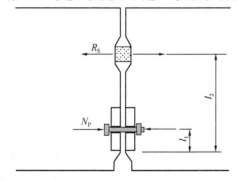

图 V.19.15　密封材料的反力与螺栓的封入力

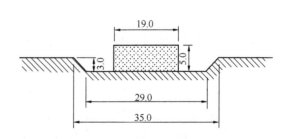

图 V.19.16　密封材料与密封槽的尺寸实例

20　防腐蚀与防锈，螺栓孔充填，接缝工程与螺栓密封

20.1　钢管片的涂装方法实例

　　作为长期防腐蚀涂装实例，在参考表 V.20.1 所示的方法后，在道路隧道的钢管片（钢壳）内表面有进行施工的实例。另一方面，在铁路隧道的铸铁管片及钢管片的内表面，有采用膜厚为 $100\sim200\mu m$ 左右的丙烯树脂、变性环氧树脂来进行油漆的实例。

　　作为短期防腐蚀的实例，对下水道等的钢管片，以施工期间为大致标准，多采用一般的防锈油漆等进行防腐蚀处理。

　　关于涂装在管片上油漆的耐久性（耐用年数），最好能在考虑隧道的用途与设计使用寿命的基础上，从隧道的维护和维修的观点来设定其标准。可参考 ISO 12944。

对道路隧道钢管片（钢壳）内表面进行涂装的实例
（一般内表面 喷射涂装）

表 V.20.1

涂装系	适用部位	涂装工程		涂装名	涂装规格	使用量 g/m² 次	次数	涂装方法	目标膜厚 μm	涂装间隔	施工
AF-D	箱梁及桥脚内表面	前处理	质地调整	原板喷射 ISO Sa2 1/2 SPPS Sd2，Sh2						╳	钢桥工程承包方等
										喷射后直接使用	
			底漆	无机浓锌底漆	SDK P-401	160	1	喷射	15		
										为 6 个月以内	
		工场	质地调整	动力工具处理 ISO St 3 SPSS Pt 3							
										质地调整后直接使用	
			第1层	变性环氧树脂内表面用涂料	SDK P-415	410	1	喷射	120		
										1～10 日	
			第2层	变性环氧树脂内表面用涂料	SDK P-415	410	1	喷射	120	╳	

　　注：依据《桥梁涂装设计施工要领》。

20.2　接头构件的防腐蚀处理实例

　　接头的防腐蚀处理方法可以考虑为对各个接头构件自身的防腐蚀处理。对这些防腐蚀处理方法所要求的性能可以列举如下：高防腐蚀性能、不会给母材带来坏的影响、在进行螺栓拧紧施工时不容易受到损伤等。为了满足这些功能，提出了融解锌镀层、锌粉铬氧化物镀膜处理、树脂涂层等防腐蚀处理方法。此外，根据防腐蚀处理的种类，也有与还没固结混凝土发生化学反应的报告。在选定防腐蚀处理方法时，有必要对混凝土管片的适用性进行充分的论证。

　　接头构件的防腐蚀处理方法的实例如表 V.20.2 所示。

接头构件的防腐蚀处理工法实例（依据《标准管片》）　　　　表 V.20.2

表面处理种类	防锈油漆	溶解锌镀层	锌粉铬酸化物覆盖膜（达克乐处理）	树脂包层		
				氟素树脂涂膜	饱和聚酯树脂涂膜	变性聚氧树脂涂膜
镀层的结构	—— 防锈油漆 —— 金属	—— 锌镀层 合金镀层 ///金属///	锌粒子 $nCrO_3 \cdot aCrO_3$ 铁质地	—— 氟素树脂涂膜 防锈基层镀层 ///金属///	—— 饱和聚酯树脂涂膜 金属	—— 变性聚氧树脂涂膜 金属
特点	①为 JIS K5621 中所规定的一般用防锈油漆，采用干性油与防锈颜料等搅拌融合，通过所制作液体的酸化，为自然干燥的涂料。②通过涂刷，形成 30～40μm 的皮膜。③作为一般的防锈临时被使用。④省略二次衬砌时，有必要与螺栓孔充填工程并用	①浸渍在溶解后的锌溶液中，形成涂膜。②涂膜由金属质地的合金涂膜及锌涂膜组成，付着量为 50～500g/m²。③应用于栅栏，护栏，桥梁，铁塔等	①通过浸渍在处理液后，在烘焙炉中通过大约 300℃ 的加热，来形成涂膜。根据需要，来进行包层。②由锌薄片与铬化合物形成涂膜（4～8μm），具有很高的防锈、防腐蚀性能。③开发当初主要用于汽车部件，也适用于管片，桥梁，铁塔等	①通过磷酸盐进行质地处理后，喷射氟素树脂形成涂膜。②通过质地皮膜（2～5μm）与氟素树脂涂膜（30μm 以上）形成二层结构，具有很高的防锈、防腐蚀性能。③应用于海中工作平台、石油化学工厂、桥梁、管片等	①进行喷射处理后，在加热炉中加热到 250～350℃，通过流动浸渍及静电涂装法来进行涂装，形成涂膜。②和各种金属的粘着性好，因可以进行较厚涂膜的涂装（150～1500μm），故具有较强的防腐蚀性能，在耐盐害性能、耐候性、耐摩擦性、耐冲击性方面具有很多优点。③应用于钢管接柱、道路防护栏、栅栏、桥梁、海洋构件、管片等	①采用混合树脂并把变性后的环氧树脂涂料称为变性环氧树脂。基本上采用 2 液型环氧树脂，采用硬化剂来硬化涂膜。②与环氧树脂涂料具有同等的防腐蚀性能，根据使用条件有各种种类。③适用于桥梁、钢结构物、管片等
备注		作为螺栓的防腐蚀处理，在日本已有所应用，最近也应用于其他国家	作为螺栓的防腐蚀处理，有很多应用实例	作为螺栓的防腐蚀处理，有很多应用实例	作为螺栓的防腐蚀处理，有应用实例	

20.3　注浆孔及起吊金属器具的防腐蚀对策实例

对注浆孔和起吊金属器具，也要根据隧道的用途在考虑防腐蚀的环境条件、使用环境条件（摩擦，冲击等）的基础上，按照与接头构件相同的方法，有必要进行金属器具的防锈、防腐蚀处理。

图 V.20.1 表示了使用合成树脂制成的注浆孔及起吊器具的实例。

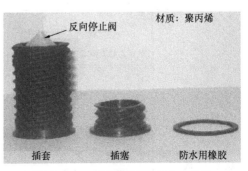

材质：聚丙烯

反向停止阀

插套　　插塞　　防水用橡胶

图 V.20.1　合成树脂注入孔，起吊金属器具实例（依据《标准管片》）

20.4 螺栓孔充填方法实例

在不设二次衬砌的盾构隧道中，为了达到接头构件的防腐蚀、保证内表面平滑性的目的，多进行螺栓孔充填施工。表 V.20.3 表示了其实例。

螺栓手孔充填实例（依据《标准管片》）　　　　　　　表 V.20.3

	手填方法	喷射方法	喷射发泡聚氨基甲酸乙酯方法
概念图	将砂浆分数层进行手填；表面用镘刀抹光；螺栓手孔；砂浆	表面用镘刀抹光；螺栓手孔；喷射；短纤维混入砂浆	树脂砂浆抹光粘贴FRP板陶瓷板；螺栓手孔；硬质发泡聚氨基甲酸乙酯
施工方法概要	●手工充填砂浆	●将短纤维预先混入材料与水进行混合，进行表面喷射处理。	●通过使用2液喷射枪来喷射发泡聚氨基甲酸乙酯来形成硬质层，使用砂浆来抹光表面。 ●也有粘贴FRP板与陶瓷板来代替表面的砂浆。
材料	●轻量砂浆 ●无收缩砂浆	●短纤维混入砂浆	●发泡聚氨基甲酸乙酯 ●树脂砂浆 ●FRP板 ●陶瓷板
施工性能	●虽然下半部施工性能良好，但有必要将上半部分成几层来进行施工 ●有必要在上半部进行防脱落处理 ●因手工作业的原因，施工速度慢	●施工速度快 ●有必要在上半部的喷射中添加快速硬化剂 ●与过去的喷射工法相比，材料的下流与反弹少，但有必要对飞散的材料进行处理与清扫	●施工速度快 ●反弹损失比较少
与管片的黏结性能	●在上半部要防止脱落	●通过选定轻密度材料及短纤维可以防止脱落	●由于材料的发泡膨胀性能，充填性能好 ●具有适度的黏结性能，不会脱落
水密性能、耐腐蚀性能、材料强度等	●通过选定砂浆材料来进行对应	●通过选定砂浆配合来进行对应	●在电力、共同沟等干燥环境中使用，不适用于有水压作用的隧道
	注入工法	安装混凝土块方法	喷射发泡苯乙烯方法
概念图	排气管；螺栓手孔；聚氯乙烯盖板；注入管；砂浆；发泡苯乙烯	填孔用垫块（通过树脂砂浆固定）；螺栓手孔；用树脂砂浆黏结；轻量混凝土块；预埋件；插入螺栓	用树脂砂浆抹光；螺栓手孔；发泡聚氨基甲酸乙酯；用树脂砂浆黏结
施工方法概要	●在螺栓手孔中安装盖板，通过注浆孔注入砂浆 ●与发泡苯乙烯并用，也可以减少注入量	●涂装树脂砂浆后，通过螺栓将轻量混凝土块安装在螺栓手孔中	●涂装树脂砂浆后，向螺栓手孔中装入发泡苯乙烯块并进行黏结，在表面用树脂砂浆进行抹光

续表

	注入工法	安装混凝土块方法	喷射发泡苯乙烯方法
材料	●砂浆 ●发泡苯乙烯 ●聚氯乙烯	●轻量混凝土块 ●树脂砂浆 ●安装螺栓,填孔用垫块	●发泡苯乙烯 ●树脂砂浆
施工性能	●施工速度快 ●螺栓手孔小时注入压力的管理变得困难	●螺栓孔大时,混凝土块的重量变大,施工性能变差 ●为安装二次制品,品质管理变得容易	●装入块为轻量型,施工性能好
与管片的粘结性能	●通过目视不能确认注浆状况	●混凝土块通过螺栓来固定,没有脱落的危险	●因采用树脂砂浆来粘结轻量块,没有脱落的危险
水密性能、耐腐蚀性能、材料强度等	●通过实验来确认聚氯乙烯盖板的耐磨性能	●通过选定混凝土配合比来进行对应	●通过树脂砂浆来得到强度 ●通过调整表面树脂砂浆的厚度来进行对应

20.5 接缝施工

在混凝土管片接头的内边缘为了达到内表面平滑的目的,有进行接缝施工的情况。关于接缝施工中所用的材料与施工实例如表Ⅴ.20.4所示。

接缝施工实例 表Ⅴ.20.4

材料名		高弹性环氧树脂	弹性环氧树脂	柔性环氧树脂	高强度环氧树脂
外观	主剂	白色浆糊状	灰色润滑脂状	灰白色柔软黏土状	灰白色柔软黏土状
	硬化剂	灰色浆糊状	白色润滑脂状	暗灰色油灰状	暗灰色油灰状
主要成分	主剂	环氧树脂	变性环氧树脂	变性环氧树脂	变性环氧树脂
	硬化剂	特殊变性硅胶树脂	变形脂肪族多聚胺	聚酰胺-胺	聚酰胺-胺
比重	主剂	1.30	1.30	1.70	1.70
	硬化剂	1.30	1.30	1.40	1.65
混合比(主剂,硬化剂)		100：100	100：100	100：100	100：100
抗压强度(N/mm^2)		—	—	51.0	66.6
抗拉强度(N/mm^2)		2.5	2.6	17.6	22.5
抗弯强度(N/mm^2)		—	—	22.5	47.0
伸长率(%)		120	90	20	—
抗弯粘结强度		5	3.9	6.4	6.4
接缝状态		湿润	湿润	湿润	湿润
施工		通过两种成分组成,机械搅拌,定时等使管理变得容易。可以使用喷射枪或竹刀抹光。施工后内表面变得平滑	通过两种成分组成,机械搅拌,定时等使管理变得容易。可以使用喷射枪或竹刀抹光。施工后内表面变得平滑	两种成分组成,搅拌为手搅拌。充填为手工充填。要求熟练	两种成分组成,搅拌为手搅拌。充填为手工充填。要求熟练
搅拌		机械搅拌	机械搅拌	手工搅拌	手工搅拌
充填方法		使用接缝枪	使用接缝枪	手工充填	手工充填

续表

材料名	高弹性环氧树脂	弹性环氧树脂	柔性环氧树脂	高强度环氧树脂
特征	1. 可在湿润面进行施工； 2. 因伸缩性大，可充分适应接缝的变化； 3. 在具有内水压隧道的接缝中有应用实例； 4. 适用于高水压的接缝	1. 可在湿润面进行施工； 2. 因伸缩性为中等程度，可以在一定程度上适应接缝的变化； 3. 适用于高水压接缝	1. 在湿润面施工良好； 2. 因只具有一定程度的伸缩性能，接缝变大时无法适应； 3. 因抗拉强度高的原因，在管片界面有产生剥离的情况	1. 在湿润面粘结性能良好； 2. 因硬化后伸缩性能差，适应接缝的变形性能（开裂，错位）低； 3. 因抗拉强度高的原因，接缝开裂有可能造成管片主体出现裂缝； 4. 多用于维修工程中
适用于	铁路，下水道，共同沟，地下河川	铁路，下水道，共同沟	铁路，下水道，共同沟，电力隧道	铁路，下水道，共同沟，电力隧道
接缝形状（例）	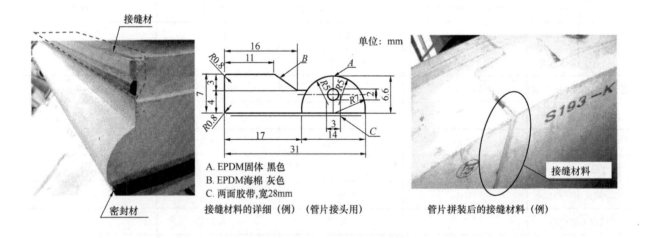			

注：其他情况下有的考虑采用硅胶树脂，但作为管片的接缝材料，几乎没有采用硅胶树脂的情况。

　　另外，考虑到施工性能，也有在管片拼装前采用与密封材料相同的方法来粘贴接缝材。其使用如图Ⅴ.20.2所示。

图Ⅴ.20.2　管片拼装前安装接缝材料实例[90]

20.6　螺栓密封

　　主要在铁路隧道及公路隧道中，使用螺栓密封来进行螺栓孔的防水处理。过去所使用的螺栓密封用垫圈有Ｏ型环、水膨胀橡胶组成的环状型（垫圈型）、垫圈与密封材一体化（烧接型）类型（密封型）。表Ⅴ.20.5表示了其实例。

螺栓密封实例　　　　　　　　　　　　　　　　表Ⅴ.20.5

品　名	O 型环	垫圈型	密封型
形状与组成	非膨胀橡胶	水膨胀橡胶	垫圈　水膨胀橡胶
材质	氯丁二烯（CR）橡胶，EPDM 橡胶等	水膨胀橡胶	水膨胀橡胶＋钢制垫圈（烧制一体型）
施工性能，止水性能等	在橡胶使用量大时，拧紧螺栓过程中，橡胶会被从安装处挤出，有降低拧紧性能的可能性。另一方面，考虑到拧紧性能，将使用量设得偏小时，有由于偏心而降低防水性能的可能性	在橡胶使用量大时，拧紧螺栓过程中，橡胶会被从安装处挤出，有降低拧紧性能的可能性。另一方面，考虑到拧紧性能，将使用量设得偏小时，有由于偏心而降低防水性能的可能性	采用适量的水膨胀橡胶，拧紧性会变得很好
施工实例	在多种多样的机械产品中得到使用（注：通用品）	铁路隧道，公路隧道	公路隧道，铁路隧道
注意事项	在拧紧螺栓时，由于拧紧转动的高速化，有损坏橡胶的可能性。另外，也有忘记安装防水材料的可能性	防水性能良好。在安装时，有损坏橡胶的可能性	即使在偏心时，防水性能及螺栓的拧紧性能也良好。另外，不会发生忘记安装防水材料的情况

参 考 文 献

以下列举了本书中参考与引用的文献。此外，关于文献编号［1］～［8］，［10］，［14］，［15］如"第Ⅰ篇 容许应力设计法 1.3 相关规范与标准"所述，关于［28］如"第Ⅰ篇 容许应力设计法 2.1 土压力与水压力的考虑方法"中所述。在本书中对引用频率很高的文献，采用了略称来进行记述，并没有注释文献编号。望能注意。

［1］　土木学会：トンネル標準示方書，シールド工法・同解説，2006.7
［2］　土木学会・日本下水道協会共編：シールド工事用標準セグメント，2001.7
［3］　土木学会：コンクリート標準示方書，設計編，2008.3
［4］　土木学会：コンクリート標準示方書，施工編，2008.3
［5］　土木学会：コンクリート標準示方書，維持管理編，2008.3
［6］　土木学会：コンクリート標準示方書，規準編，2008.3
［7］　土木学会：コンクリート標準示方書，耐震性能照査編，2002.12
［8］　日本道路協会：道路橋示方書，Ⅰ～Ⅴ編・同解説，2002.3
［9］　日本工業標準調査会：日本工業規格（JIS）
［10］　運輸省鉄道局監修・鉄道総合技術研究所編：鉄道構造物等設計標準・同解説，シールドトンネル，2002.12
［11］　日本道路協会：シールドトンネル設計・施工指針，2009.2
［12］　日本下水道協会：下水道施設の耐震対策指針と解説，2006.8
［13］　日本下水道協会：下水道施設耐震計算例，管路施設編，2001.4
［14］　先端建設技術センター：地下河川（シールドトンネル）内水庄が作用するトンネル覆工構造設計の手張き，1999.3
［15］　首都高速道路㈱：トンネル構造物設計要領，シールド工法編，2008.7
［16］　東京都下水道サービス㈱：下水道シールド工事用二次覆工一体型セグメント設計・施工指針，2009.2
［17］　東京都下水道サービス㈱：下水道仮設計マニュアル，2002.10
［18］　土木学会：トンネルへの限界状態設計法の適用，トンネルライブラリー第 11 号，2001.8
［19］　土木学会：都市 NATMとシールド工法との境界領域，荷重評価の現状と課題，トンネルライブラリー第 13 号，2003.10
［20］　土木学会：トンネルの維持管理，トンネルライブラリー第 14 号，2005.7
［21］　土木学会：シールドトンネルの施工時荷重，トンネルライブラリー第 17 号，2006.10
［22］　土木学会：シールドトンネルの耐震検討，トンネルライブラリー第 19 号，2008.12
［23］　ジオスター㈱：セグメントパンフレットより
［24］　日本シビックコンサルタント㈱：所蔵写真より
［25］　JFE 建材㈱：セグメントパンフレットより
［26］　（株）クボタ：セグメントパンフレットより
［27］　新日本製鐵㈱：セグメントパンフレットより
［28］　東京地下鉄㈱：シールドトンネル（セグメント）の設計指針，2008.4
［29］　土木学会：セグメントの設計，トンネルライブラリー第 6 号，1994.6
［30］　日本ビクトリック㈱：可撓セグメントパンフレットより
［31］　西武ポリマ化成㈱：可撓セグメント，弾性ワッシヤーパンフレットより
［32］　田嶋，岸田，川田，小林，斉藤：併設シールドトンネルの影響評価方法に関する検討，トンネル工学研究論文・報告集，第 13 巻，2003.11
［33］　土木学会：コンクリート標準示方書解説，1980，4
［34］　山本：セグメントの設計について，土木学会第 3 回トンネル工学シンポジウム，1968.11
［35］　土木学会：シールド工法指針，1969.11
［36］　土木学会・日本下水道協会共編：シールド工事用標準セグメント，1973.8
［37］　例えば，河田，植野，土井：セグメントの継手剛性に関する実験とその考察(1)，日本国有鉄道構造物設計資料，No.43，1975.9

［38］　例えば，河田，上野，宮崎，土井：セグメントの継手剛性に関する実験とその考察(2)，日本国有鉄道構造物設計資料，No.45，1976.3

［39］　例えば，東京都交通局高速電車建設本部：12号線セグメント設計基準，1983.11

［40］　久保，結城：シールドセグメントの応力に対する継手剛性の影響，土木学会論文集，第150号，1968.2

［41］　結城：継手の剛性と組み方を考慮したシールドセグメントの解析，土木学会論文集，第176号，1970.4

［42］　例えば，村上，小泉：セグメントリングの耐荷機構について，土木学会年次学術講演会概要集，第1部，1973.9

［43］　例えば，岡村，小泉：セグメントの継手の挙動について，土木学会年次学術講演会概要集，第3部，1976.9

［44］　村上 小泉：シールド工事用セグメントのセグメント継手の挙動について，土木学会論文集，第296号，1980.4

［45］　土木学会：トンネル標準示方書，開削工法・同解説，2006.7

［46］　国土交通省鉄道局監修・鉄道総合技術研究所編：鉄道構造物等設計標準・同解説，コンクリート構造物，2004.4

［47］　国土交通省鉄道局監修・鉄道総合技術研究所編：鉄道構造物等設計標準・同解説，鋼・合成構造物，2000. 7

［48］　吉本，阿南，大塚，小泉：地中送電用シールドトンネルの性能規定と限界状態設計法による照査，土木学会論文集，Ⅲ－67，2004.6

［49］　国土交通省鉄道局監修・鉄道総合技術研究所編：鉄道構造物等設計標準・同解説，耐震設計，1999.10

［50］　豊島，三宅，神津，安藤：シールド工事用標準鋼製セグメント－鋼製セグメントの圧縮挙動に関する研究，土木学会第59回年次学術講演概要集第Ⅲ部，2004.9

［51］　東京地下鉄㈱：一般設計図並びに標準図，2004.4

［52］　土木学会：トンネル標準示方書，シールド工法・同解説，1996.7

［53］　㈱奥村組：ハニカム工法パンフレットより

［54］　西松建設㈱：凸形セグメントパンフレットより

［55］　大成建設㈱：所蔵写真より

［56］　シールド工法技術協会：パンフレットより

［57］　㈱熊谷組：11号線清澄工区パンフレットより

［58］　㈱間組：12号線六本木駅工事パンフレットより

［59］　鹿島建設㈱：13号線神宮前工事パンフレットより

［60］　大豊建設㈱：所蔵写真より

［61］　飛島建設㈱：石田地下横断歩道建設・高速鉄道東西線石田駅連絡通路建設パンフレットより

［62］　大成建設㈱：ハーモニカ工法パンフレットより

［63］　ジオスター㈱：所蔵写真より

［64］　コンパクトシールド工法研究会：セグメントパンフレットより

［65］　JFE建材㈱：所蔵写真より

［66］　(株)大林組：アンカーシート工法パンフレットより

［67］　林，井上，原，石川：PET繊維混入RCセグメント実物大耐火実験報告，土木学会第63回年次学術講演概要集第Ⅵ部，2009.9

［68］　下水道新技術推進機構：大深度雨水貯留管構築に適用するシールド工法に関する技術資料，2008.3

［69］　高橋，高久，阿部，松本：駅舎開削部と上下併設シールドとの横坑連結，トンネルと地下，2002.7

［70］　土橋：都市の地下空間を拓く－都市トンネル技術の挑戦－，土木学会誌，2009.2

［71］　三井住友建設㈱：セグメントパンフレットより

［72］　リングロックセグメント研究会：セグメント資料より

［73］　シールド工法技術協会：拡大シールド工法技術資料，2007.6

［74］　三井住友建設㈱：所蔵写真より

［75］　国土交通省都市・地域整備局企画課大深度地下利用企画室：大深度地下使用技術指針・同解説，2001.6

［76］　土木学会：構造力学公式集，1986.6

［77］　F. Leonhardt und H. Reimann："Betongelenke"，DerBauingenieur，41，1966

［78］　志波，川島，加納，大日方：シールドトンネルの耐震解析に用いる長手方向覆工剛性の評価法，土木学会論文集，第398号/Ⅰ－10，1988.10

［79］　西野：シールドトンネルの軸方向挙動に関する研究，早稲田大学学位論文，1989. 2

［80］　今野，向野，足羽：ダクタイルセグメントの局部座屈に関する研究，土木学会第60回年次学術講演概要集第Ⅲ部，2005.9

［81］　土木学会：座屈設計ガイドライン，1987.10

［82］　豊島，三宅，青柳，品川：シールド工事用標準セグメント－二次覆工を施した鋼製セグメントの曲げ挙動に関する研究，土木学会第 58 回年次学術講演概要集第Ⅲ部，2003.9

［83］　石田，品川，橋口，松岡：鋼製セグメントのセグメント継手の終局破壊性状，土木学会第 60 回年次学術講演概要集第Ⅲ部，2005.9

［84］　前島，鰰田，染谷，清水：シールド工事用標準鋼製セグメント－二次覆工を施した鋼製セグメントの添接曲げ挙動に関する研究，土木学会第 59 回年次学術講演概要集第Ⅲ部，2004.9

［85］　日本トンネル技術協会：セグメントシール材による止水設計手引き，1997.1

［86］　中村，石村，西尾，湯浅，増野：RCセグメントの水密性に関する評価について，トンネル工学研究論文・報告集，第 11 巻，2001.11

［87］　日本トンネル技術協会：東京湾横断道路トンネル防水試験報告書［東京湾横断道路㈱委託］，1991.9

［88］　大塚，塩冶，小林，小泉：水膨張シール材の長期的な耐久性の評価について，土木学会論文集，Ⅵ－55，2002.6

［89］　首都高速道路株式会社：橋梁塗装設計施工要領，2006.4

［90］　積水化学工業㈱：コーキング材パンフレットより